# 一人っ子政策と中国社会

小浜正子 著
KOHAMA MASAKO

京都大学学術出版会

【画像出典】

家族〈表紙〉，母子〈背表紙〉，赤脚医生〈裏表紙〉，赤脚医生と母子〈本扉〉：浙江省衛生防疫站・杭州市衛生防疫站編画『衛生宣伝美術資料』（1978年）より

## 1　計画出産の普及（1970年代）

◀ 1

◀ 2

◀ 3

1970年代に入ると、農村部を含めて中国全国で計画出産が推進されるようになり、大々的な宣伝が始まった（第5章、第6章に詳述）。当時は文化大革命がまだ続いている時期だったので、「革命のために計画出産を実行しよう！」がスローガンとなった。図版はいずれも政府・公的機関による宣伝用媒体で、1は、子供は二人を推奨するポスターで、「女の子だけでも良い」というメッセージが伝わる。2は、「計画出産を実行する政治的意義」を、「マルクス・レーニン主義、毛沢東思想を学習するのに有利」から「女性と子供の健康、民族の健康と繁栄の増進に有利」「次世代を養育し、プロレタリア革命の後継者を育てるのに有利」まで多面的に説く。3は、「革命を重視し、生産を促そう」と書かれたエプロンを着けた女性が『計画出産宣伝手冊』を掲げている。

1：甘粛省計画生育領導小組弁公室刊、1974年。U.S. National Library of Medicine コレクション
2：浙江省衛生防疫站・杭州市衛生防疫站編画『衛生宣伝美術資料』人民衛生出版社、1978年
3：向陽（作）、上海人民出版社、1974年。『中国宣伝画』上海宣伝画芸術中心、2011年所収

## 2　浸透する「一人っ子政策」

▲ 4

▲ 5

▲ 6：香港中文大学中国研究服务中心所蔵

1980年代初頭から、全国的に「一人っ子政策」が開始されて、政府・公的機関による大々的な宣伝が展開された（第4章〜第6章に詳述）。4・5の『人口教育掛図』（江蘇教育学院・江蘇省電化教育館編画、人民教育出版社）は、「一人っ子政策」の必要性を浸透させる大衆教育のためのもので、1982年頃に刊行された大判（縦522mm × 横769mm）の16枚組みの彩色図。「人口と自然環境」「我が国の人口の特徴」「人口と四つの近代化」「人口増加のコントロール」「女性の保健を重視しよう」「次世代を心を込めて育てよう」などの内容からなる。5は「人口増加のコントロール（その一）」。6は、2002年に「人口と計画生育法」が施行された時の宣伝用の絵本『学唱知用法』（中国人口文化促進会・北京市計画生育宣伝教育中心編、中国人口出版社、2002年）。「避妊を中心とし、インフォームドコンセントで安全に」などとある。

# 3　農村における「一人っ子政策」の推進と現場の対応

▲ 7

▲ 8

湖南省H県農村部でみた計画出産関係の風景。7は、「法を守ろう」と書かれた柱の右側の壁には、出稼ぎ家庭のための「留守家庭は安心、出稼ぎ工は心配せず、計画出産サービスは心を込めて」、左側には「女の赤ん坊への虐待を厳禁する。法に依って女性と少女の権益を保護する」と書かれている。8は、B村（本書6章）のある郷の計画出産サービスセンター。避妊や人工流産などの措置が無料または安価で受けられる。9はH県某村の計画出産関係の掲示板。村の子供の出生情況、社会扶養費（すなわち「計画外」の子の罰金）の徴収情況、一人っ子への奨励金の支給情況、計画出産工作の優秀な工作人員への奨励金支給情況、二度続けて婦人科検診に来なかった村の女性の名前、などが赤裸々に公開され、農村における計画出産の受け止めの実態が垣間見える。

▲ 9

7、9：筆者撮影（2013年8月）、8：筆者撮影（2010年8月）

## 4　調査村における母子衛生と計画出産

▲ 10

◀ 11

10 は、第 5 章の舞台の遼寧省 Q 村で、穏やかな起伏のある土地でトウモロコシや大豆を栽培し、荒地では放牧された羊が歩む。11 は、Q 村の直近の鎮の病院で、調査当時、村の多くの女性はここで出産していた。現在はこの病院の産科はなくなり、もっと大きな W 市の病院に出産は集約化されている。

▲ 12

◀ 13

12 は、第 6 章の舞台の湖南省 B 村の小学校で、塀には「男の子も好い、女の子も好い、比率のバランスが取れたらなお良い」などの計画出産のスローガンが大書されている。
13 は B 村の様子で、平坦な土地に綿花・麻・アブラナなどを稠密に植え、河や池では魚の養殖も行われる。「魚米の郷」と呼ばれる地域だったが、現在は水稲は栽培されなくなった。

10 ～ 11：筆者撮影（2009 年 1 月）
12 ～ 13：筆者撮影（2010 年 8 月）

目次

# 序章

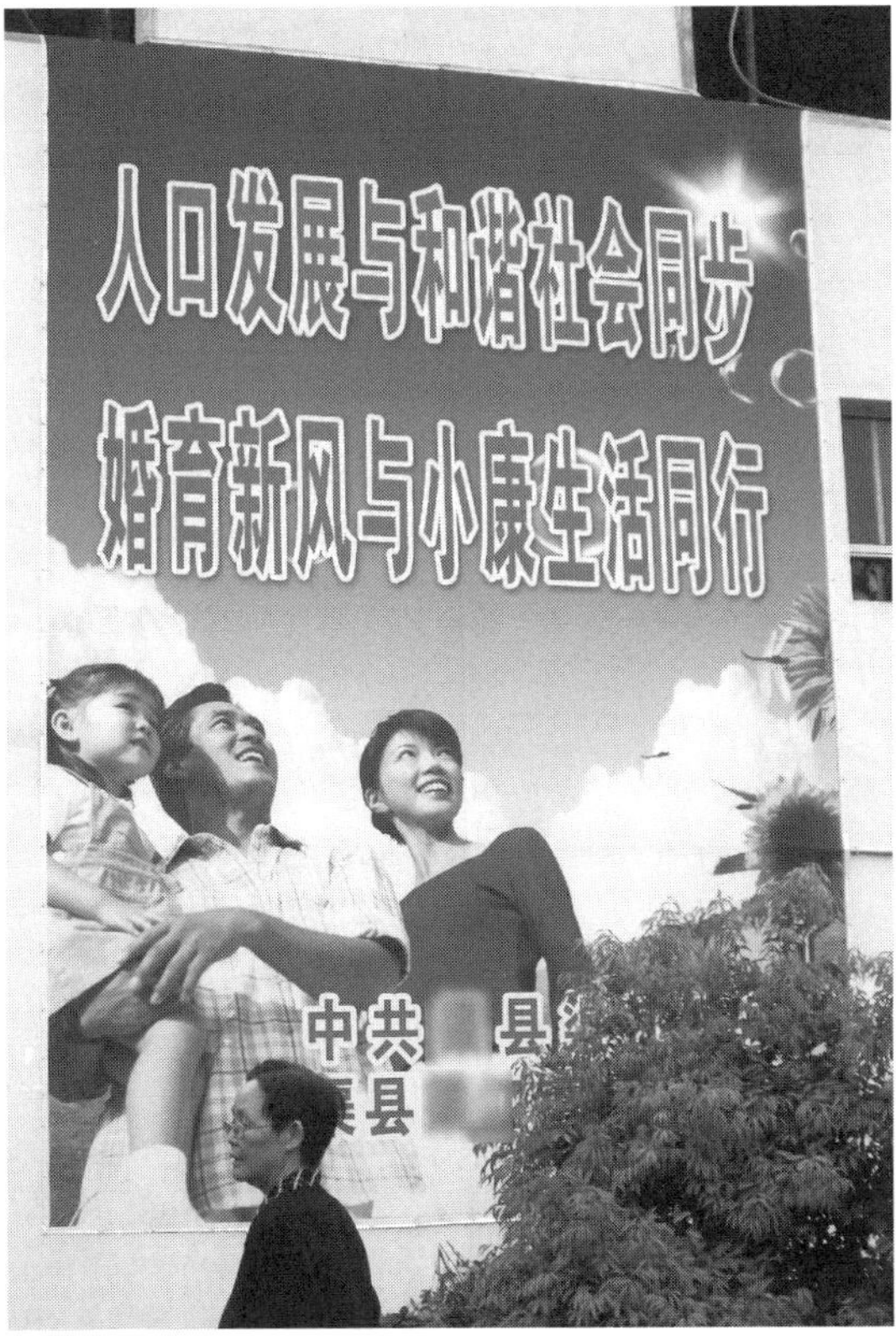


計画出産を促すスローガン。「人口の発展と調和のとれた社会は共に歩み、結婚出産の新風俗とゆとりのある生活は共に実現する」と書かれている。四川省Ａ県にて（筆者撮影、2010年8月）

## 1　元産科医の「伯母」は蛙の悪夢を見る――はじめに

『蛙』[1]という小説をご存じだろうか。中国のノーベル賞作家・莫言《モーイエン》《ばくげん》が、計画出産（いわゆる「一人っ子政策」）を描いた作品で、莫言の故郷の山東省高密県の農村を舞台に、語り手の「わし」の言葉で、計画出産委員会主任だった産婦人科医の伯母を主人公として、計画出産をめぐる村の歴史と人々の喜怒哀楽がつづられる。

伯母は、中華人民共和国の命の誕生をめぐる光と闇を一身に体現している。近代医療の訓練を受けた産婦人科医や助産士[2]、あるいは「はだしの医者」が村々に配置されて、妊産婦や乳幼児が死なずにすむようになったことは、人民共和国の医療史の輝かしい一ページだ。良い時代になったと人々がたくさん子供を産んだら、結果、人口が急速に増えすぎて、今度は計画出産をしなくてはならなくなった。

計画出産のもとでは、産んでもよい子供の数が政策で決められている。生殖年齢の既婚女性は避妊が義務づけられ、計画外に妊娠してしまった場合には、「補救措置」――妊娠中絶――を取ることが、社会的なルールだ。とはいえ、それを受け容れない人もいて、少なくない違反者――抜け駆けを試みる者――がでる。かくして、元来は優秀な産婦人科医として多くの母子の命を救ってきた伯母は、計画出産の責任者となってからは、鉄の意志をもって政策を遂行し、計画外の妊娠を取り締まることになる。

取り締まりの際には、伯母は「心を砕いて道理を説き、政策を説明し、靴底をすり減らして歩き回り、唇が薄くなるまで説得する」が、従わない農民も多い。従って、ときには警察力をも動員した野蛮な方法も取らざるを得ない。小説は、そこで発生する駆け引きと悲劇をドラスティックに描く。

たとえば、娘が三人続いて四人目を妊娠した女性が、河を泳いで計画出産委員会専用船から逃げる間に流産して亡くなった事件がある。語り手の「わし」の最初の妻も、犠牲者の一人である。「子供一人」が基本政策となっても、農民は、第一子が女の子なら、数年の間隔を空ければ第二子を産むことができた。だが「わし」は軍人で農業戸籍でなかったので、二人目は産めない（農業戸籍など、中国の戸籍制度については二二五頁参照）。このような場合、じつはなんとかして――農業戸籍に戻ったり、ごまかしたりして――子供を産むこともままあるのだが、厳格な伯母はむしろ身内に厳しく、妊娠後期の中絶をすることになり、不幸にも手術が失敗して妻は亡くなった。さらに、友人夫婦が上の娘と間を空けずに二人目を生もうとして、中絶させようとする伯母と水上の捕り物劇を演じた挙句に早産を起こし、赤ん坊は伯母に助けられたが産婦は死亡するという事件も起こる。

彼女は、「都会ではこんな野蛮は必要なかろうし、ましてや外国では必要なかろうよ……（中略）……だけど、わたしらは中国の農村にいて、相手は農民だよ」という。子供をたくさん産むことは本質的な悪ではないが、国のルールから外れるので取り締まらねばならない。「計画出産は、小さな非人道で大きな人道に取って代わらせること」なのだ。

伯母は引退後、蛙の悪夢にうなされ、たくさんの子供の形の泥人形を並べている。それは、計画出産の規定外だとして、彼女が妊娠中絶させた多くの胎児の形代だ。この小説は、計画出産の裏をかいて抜け駆けしようとす

1……莫言『蛙』上海文芸出版社、二〇〇九年。邦訳は、莫言『蛙鳴《あめい》』（吉田富夫訳）中央公論新社、二〇一一年。

2……中国語では助産士と表記するので、以下、本書ではこれに従う。

る農民だけでなく、これまでほとんど語られなかった、計画出産を受け容れ推進している人々の、内面の矛盾や苦悩をも描く。蛙の悪夢にうなされる伯母だけでなく、自身の将来のために子供を中絶させた「わし」も、良心の呵責を抱え続け、「人に罪あり、我に罪あり」と呻く。

本書で後述するように、私たちが調査した村にも、人々に罵られることもいとわずに、鉄の意志をもって、日夜計画出産を推進した婦女主任がいた。同時に、この小説に出てくるような、ひそかに避妊リングをはずして規定外の出産を企図する村人にも出会った。『蛙』の登場人物たちの悲喜こもごもは、筆者がインタビューした人々のそれと重なる。

皆が罪を背負いながら、中国の出生率は低下して近代化へのテイクオフに成功し、近年は農村でも豊かさが現実のものとなってきた。二人目の出産も全面的に認められ、計画出産の悲劇はようやく過去のものになろうとしている。計画出産は、社会的に「反思（反省的思考）」される段階になり、社会問題を直視する中国の文学者である莫言は、これに正面から向き合った。

日本の歴史研究者である筆者は、中国の女性にとって計画出産がどのようなものであったかを理解したいと考えて史料を読み、女性たちに話を聞いて歩いた。以下ではまず、そうして出来た本書の視点と研究方法について述べる。

## 2　中国の計画出産

中国の「計画出産（中国語で「計画生育」）」は、じつは日本で言われる「一人っ子政策」と、必ずしも同じではない。日本語で「一人っ子政策」（英語圏ではOne Child Policy、台湾では「一胎化政策」）と呼ばれているものは、ふつう、中国で一九七九年から二〇一五年まで行われた、一組の夫婦に子供一人を基本として国家が強制力をもって出生をコントロールする基本国策を指し、本書でも「一人っ子政策」の語は、その意味でもちいる。だが、中国では直訳して「一人っ子政策」となる言い方は一般にはされず、ふつう「計画出産」ないし「計画出産政策」と呼ばれている。[3]

「計画出産」は、一九七九年よりもかなり前から始まっている。詳しい軌跡は本書でたどるが、上海など早いところでは一九五〇年代後半から始まり、当初は「節制生育」といわれた。農村ではそれより遅れたが、『蛙』の舞台の村では、一九六五年末に最初の運動が起こったとされている。初めの頃は、避妊による生殖コントロールを普及させ、子供を少なく産むことが宣伝された。その後、一九七〇年代には全国で強力に推進され、一九七九年からは「ひと組の夫婦に子供一人」を基本とする強制力を持った基本国策となった。

ところで、「計画出産（計画生育）」という語は、日本語で「一人っ子政策」という場合のような政策をさすだけではなく、中国語の日常的な語彙としてもっと幅広い使われ方をしており、「産児制限」「バース・コントロール」とでも訳したいような使い方も多い。筆者の友人の中国人女性が、「計画出産は私を解放した（計画生育解放了我）」と言ったことがある。この場合、「一人っ子政策が私を解放した」というよりは、「バース・コントロールによって私は解放された」と訳すほうが、よりニュアンスが伝わるだろう。

出産を制限する政策と、そのための手段である生殖コントロールがおなじ「計画出産」という言葉で表現されることは、本書で見ていくような、上からの政策によって中国で生殖コントロールが普及したという歴史的経緯の結果である。そのことが、中国社会における独自の捉え方を導き、生殖コントロールに関する政策と手段が同じ「計画出産」という言葉で表現されるようになっている。

日本を含む多くの先進国では、国家は国民が子供をいつ、どれだけ持つかの決定に関与すべきではないと考え

3……中国政府は、「全ての夫婦に一人っ子を強要するものではない」として「一胎化政策」という言い方を避けてきた。「独生子女政策」（「独生子女」とは一人っ子のこと）という言い方もされることがあるが、計画出産（政策）の方がずっと広く使われている。

られている。これは、リプロダクティブ・ライツ[4]（性と生殖に関する権利）の前提である。だが中国では、国が子供の数を管理することは当然とされてきた。「一人っ子政策」の時期、中国の多くの人は「一人では少なすぎる」とは思っても、子供の数をお上が制限すること自体は当たり前と思っているようだった（コラム1参照）。「一人っ子政策」が終了して、どの夫婦も第二子を産んでもよくなった現在も、子供の数を政府が決める体制（すなわち計画出産政策）は続いている。[5]

リプロダクション（次世代の育成）には、産む女性だけではなく、そのパートナー、家族、彼らの属する組織や職場、地域のコミュニティ、さらに国家などの多様な行為主体《アクター》（ないしは利害関係者《ステイクホルダー》）が、それぞれの立場で関与する。子供は、母親だけではなく、社会全体で育てるものである。親が如何に「自分で育てる」と思っても、教育や医療などの社会制度があってこそ、健全な次世代の育成が可能となる。

それゆえ、その関与に応じた様々なアクターの介入も起こってくる。そうした中で、産み育てる個人とカップルが生殖に関する決定権をもつとするのがリプロダクティブ・ライツの考え方であり、逆に、中国の計画出産では国家が生殖の決定権を持つ。

もちろんそのことに、人々に不満がないわけではない。それを歓迎しない人は多いし、善いことだと考えていない人も、たぶん少なくない。しかし、食料をはじめとする資源が充分でない中で、中国の人々が計画出産を受け容れてきたのは、我々が東日本大震災で電力不足の時に、強制的な計画停電をやむをえないと受け容れたようなものかもしれない。冒頭で紹介した『蛙』で、莫言は「わし」にこう語らせている。「過ぎ去った二十年あまり、中国人はある種の極端な方法で人口激増の局面をついに制御しました。実事求是で言えば、これは中国自身の発展にとってのみならず、全人類にとっての貢献でした。……西側の人々の中国の計画出産に対する批判は公正を欠くところがありましょう。」（邦訳二〇六頁）これは、中国の知識人――政府のみでなく――の想いを代弁したものと思われる。してみると、中国では少なくない知識人層も、その「罪」を背負いつつも、計画出産は中国の発展と人類への貢献であったとして、「一人っ子政策」を含む政策を容認しているようだ。

とはいえ、そのように政府が上から子供の数を規制するのが当然、という状況は、はるか以前からあったものではなく、二〇世紀後半の中国の社会と政治の動きの中で形成されたものである。

本書は、中国で計画出産が普及し、国が子供の数を決める体制が成立した過程を、人々が生きる現場からたどり、なぜ、どのようにして、国家による生殖コントロールが定着し、人々がそれを容認するようになったのかを、とりわけ生殖の当事者である女性の視点を重視しつつ、跡づけようとするものである。

4……リプロダクティブ・ヘルスとリプロダクティブ・ライツが国際社会で広く重視される契機となったカイロ国際人口・開発会議（一九九四年）で採択された行動計画において、リプロダクティブ・ヘルス&ライツは、次のように規定されている。「リプロダクティブ・ヘルスは、人間の生殖システムの機能とプロセスのすべての事柄について、単に疾病、障害がないというばかりでなく、身体的、精神的、社会的に完全に良好な状態にあることをいう。したがって、リプロダクティブ・ヘルスは、人々が安全で満ち足りた性生活を営むことができ、生殖能力をもち、子どもを産むか産まないか、いつ産むか、何人産むかを決める自由を持つことを意味する。」（行動計画第七章第二項）「リプロダクティブ・ライツは、すべてのカップルと個人がその子どもの数と、出産の間隔、そして時期を自由にかつ責任を持って決定すること、そしてそれを可能にする情報と手段を有することを基本的人権として承認し、また、最高水準のセクシュアル・ヘルスとリプロダクティブ・ヘルスを得る権利である。」（同第七章第三項）翻訳は筆者による。（参考：兵藤智佳「国際人口会議行動計画と思春期リプロダクティブ・ヘルス／ライツ」、原ひろ子・根村直美編『健康とジェンダー』明石書店、二〇〇〇年）

5……計画出産の基本法である、中華人民共和国「人口と計画出産法」（二〇〇一年制定、二〇一五年一二月二七日修正）には計画出産に関する国家と公民の権利義務が定められている。第二条は、「我が国は人口の多い国であり、計画出産を実行することは国家の基本国策である。国家は総合的な措置により、人口の数をコントロールし、高める」とされている。第一七条は、「公民は出産の権利を持ち、また法によって計画出産を実行する義務がある。夫婦双方は計画出産の実行に共同の責任がある」とする。第一八条は、制定時は「国家は現行の出産政策を安定させるために公民の晩婚晩育を奨励し、一組の夫婦が一人の子供を生むことを奨励する。法律法規の規定する条件に符合すれば、第二子の出産の割当てを要求できる」とされていたが、二〇一五年末の修正により、「国家は一組の夫婦が二人の子供を生むことを提唱する。法律法規の規定する条件に符合すれば、さらに子供を生むことの割当てを要求できる」となった。（「人口与计划生育法」http://www.gov.cn/xinwen/2015-人口与计划生育法 12/28/content_5028414.htm 二〇一九年一〇月一九日アクセス）

## 3　アジアのリプロダクション

中国における計画出産の展開を含めて、二〇世紀のアジアでは、リプロダクションのあり方は大きく変容した。ここではその論点の大要を示して、本書の考察の手がかりとしたい。詳しくは、本章に続く解説「アジア近代のリプロダクションの変容——出産の近代化と家族計画の普及」で論じているので、そちらを参照していただきたい。

生殖《リプロダクション》は人類の再生産であり、そのコントロールは、法・倫理・経済・人口・医療衛生・ジェンダー・家族などの多様な要因に関連する。歴史上人類は、避妊・堕胎・嬰児殺しなどの方法によって人間の再生産の量を調節してきた。こうした行為は、単に経済要因だけで論じられるものではなく、人の生命観、倫理観、家族観念、ジェンダーおよび技術的条件などに深く関わる問題であり、それぞれの時代を生きる人々が、その環境の中でさまざまな条件を考えた末のぎりぎりの選択の結果であった。

多くの前近代社会では、女性は家庭で家族に見守られて子供を産んできた。近代になって、ヒトは病院で医師の監督下で生まれ、出生は国家に管理されるものとなった。出産の医療化・施設化・国家化すなわち出産の近代化である。おかげでお産はそれまでよりも安全なものとなり、出産の際の母子の生命の危険は大きく減少した。

リプロダクション以外の分野でも医療や生活の条件が向上した二〇世紀は、人類の社会がそれまでに経験したことのない人口の急増を見せた世紀となった。それは特に世紀の後半の途上国での「人口爆発」——死亡率が低下したが出生率は高いため、人口が急増する——に顕著であり、そこでは、いかにして出生率を抑えて、「多産多死」から「少産少死」への人口転換を完了するかが、国家社会の将来に関わる重大な課題とされるようになった。

欧米の社会は一八世紀～二〇世紀前半に出生率の低下を経験した。遅れて日本・韓国・台湾など東アジアでは、一九五〇年代～七〇年代に政策的に出生率の低下がはかられた。アジア・アフリカ・ラテンアメリカの他の地域でも、おおむね七〇年代以降の人口政策によって「人口爆発」をストップさせることが試みられた。中国の「計画出産」も、このような二〇世紀後半にアジアで展開された上からの政策的な出生抑制の試みの一つであり、さらに言えば人類の多くの社会が経験している人口転換から少子化への過程の一例でもある。本書では「一人っ子政策」を、中国の特異な政策というよりは、アジアの多くの国が二〇世紀後半に経験した上からの政策的な生殖コントロールの普及の一つの――独自の個性を持った――事例として捉えたい。

　もちろん、上からの生殖コントロール／家族計画の普及過程は国・地域によって多様であり、それが人口構造だけでなく社会や家族のあり方、女性の生活に与えた影響も様々である。

　アジアで政策的に家族計画が推進される際には、「伝統」と「近代」と重ね合わせる形で、「自然」と「科学」の対比が語られ、家族計画は「近代的」「科学的」で豊かな生活を送るためだとされることが多かった。そこでは伝統社会で行われていたよりも確実な出生統制の方法として、永久不妊手術や、ＩＵＤ・ピル・デポプラベラなどの近代的な方法による避妊が推進された。とはいえ、どのような方法の生殖コントロールが普及するかには多様な要因が影響するので、政策の意図するとおりに事態が展開するとは限らない。また、キリスト教社会ではタブーとされてきた妊娠中絶は、日本や中国では前近代から必要悪として黙認されてきたが、近代国家がそれを出生調節の手段として公認するかどうかも、当該社会の宗教的背景や、政策的な必要、また女性や医療界といった利害関係者の圧力などの影響を受ける。女性の身体に働いて生殖をコントロールするための技術は、まさに彼女を取り巻く生‐権力《バイオ・パワー》の具現化したものであった。

　そもそも家族計画の目的は何だろうか。国家の経済発展か、家族の生存戦略か、女性と子供の健康と幸福か。女性の身体は、生殖をめぐってつねに家族・共同体・国家などが介入する場であった。こうした社会におけるリプロダクションをめぐる政治――身近な人々との交渉――において、上からの家族計画は、新たな力学を持ち込んだ。女性自身もまた、その中でしたたかに交渉する行為主体《エージェント》として振る舞ってきた。その社会の出生率が低下する／しないという結果は、個別の出産をめぐる多様な行為者《アクター》による交渉の総和としてもたらされる。その様相は、それぞれの場の条件と力学に応じて多様である。

上からの家族計画が推進される時、そのスタッフは、行政官の場合も、医療職の専門家の場合も、現地社会の住民の場合もあり、女性の時も、男性の時もある。そうした国家の家族計画プロジェクトの最前線の代理人《エージェント》と生殖の当事者である女性との間の権力関係と相互干渉の過程は、家族計画の結果に大きく影響した。日本における生殖が戦時中に「産めよ増やせよ」と公領域化されたのちに戦後に一転して私領域化されたこととは対照的に、中国では、二〇世紀後半に生殖は国家化されていった。その過程は本書で詳述するが、日中の異なった歴史的文脈は、上からの家族計画／計画出産による産むべき宿命からの「解放」にも異った性格を与えたのである。

## 4　計画出産をめぐる議論

中国の計画出産については、すでに中国語・英語・日本語等による多くの研究があり、また社会的な議論もさかんである。

英語圏では、中国が改革開放政策を始めて外国人が現地調査に入れるようになったのとほぼ同時に「一人っ子政策」が始まって、その実態が伝えられ、批判が高まった。その嚆矢となったのは、モーシャーの実態調査[6]である。ここで明らかにされた強制的な堕胎を含む「一人っ子政策」の実態は、妊娠中絶を認めない政治的宗教的保守派から、リプロダクティブ・ライツの侵害に抗議するフェミニストまで、広範な人々による批判を巻き起こした。以来、アメリカでは「一人っ子政策」への批判的な世論が広まり、妊娠中絶を行っている中国政府に援助していることを理由として歴代の共和党政権が国連人口基金への資金拠出を拒否したりしてきた。近年では、メイ・フォン[7]が、多様な角度から「一人っ子政策」への批判を展開している。

しかし英語圏の議論の多くは「一人っ子政策」開始後の八〇年代以降を中心に論じており、それ以前の情況については、あまり注意が払われていない。そのため、「一人っ子政策」によって出生率が低下したという認識が一般的であり、その政策実施の方法の強制性が批判的に論じられて、女性達は不妊手術や中絶を強要された犠牲者と捉えられている。[8]そこでは欧米における人権意識を前提に、遅れた他者としての中国社会の非人道性を批判する視点が強く、中国の計画出産を内在的に捉えようとする姿勢は一般的とはいえない。

とはいえ、専門家による研究の中には、社会主義時代からの計画出産の経緯を踏まえて、一人っ子政策の展開過程や実態を内側から明らかにしたものも存在する。シェイピングは人口学的な視点から計画出産政策の展開過程を明らかにしており、政策に反対していたのは、欧米のような個人ではなく農民の家族である、という指摘は重要である。[9]ホワイトは大衆動員による農村部での政策実行の実態を描き出した。[10]また、グリーンハル[11]は中国の

6……Mosher, Steven W., *Broken Earth : the Rural Chinese*, Free Press, 1983（邦訳：モーシャー、スティーブン『中国農民が語る隠された過去――一九七九―一九八〇年、中国広東省の農村で』（津藤清美訳）どうぶつ社、一九九四年）。モーシャーには、計画出産の実態を述べた続編の *A Mother's Ordeal : the Story of Chi An : One Woman's Fight against China's One-child Policy*, Warner, 1993（同『チャイニーズ・マザー（上）（下）』（池田真紀子訳）祥伝社、一九九五年）もある。

7……Mei Fong, *One Child : the Story of China's most Radical Experiment*, Houghton Mifflin Harcourt, 2016.（邦訳：メイ・フォン『中国「絶望」家族――「一人っ子政策」は中国をどう変えたか』（小谷まさ代訳）草思社、二〇一六年）。

8……代表的なものとして、アメリカの大学でよく使われる教科書の Jonathan Spence, *The Search for Modern China*, 2nd edition 1999. New York : W.W. Norton, pp.647-652. など。

9……Scharping, Thomas, *Birth Control in China 1949-2000: Population Policy and Demographic Development*, Routledge Curzon, 2003. pp.10-11.

10……White, Tyrene, *China's Longest Compain: Bith Planning in the People's Republic, 1949-2005*, Cornell University Press, 2006.

11……Greenhalgh, Susan & Winckler, Edwin A., *Governing China's Population: from Leninist to Neoliberal Biopolitics*. Stanford: Stanford University Press, 2005. Greenhalgh, Susan, *Just One Child: Science and Policy in Deng's China*. Berkley and Los Angeles: University of California Press, 2008. Greenhalgh, Susan, *Cultivating Global Citizens : Population in the Rise of China*, Harvard University Press, 2010. Greenhalgh は他に多くの調査報告も刊行している。

人口問題と計画出産を継続的にさまざまな角度から研究してきた。とりわけその「一人っ子政策」の政策決定過程、すなわち「例外なき一人っ子政策」を推進することが「科学的」に正しいとして政策が決定された過程を明らかにし、「科学」(とされるもの)が改革開放期中国の政治をリードする構造が形成される様子をつまびらかにした研究は、科学技術と社会の関係を考える上でも重要である。[12] こうした優れた研究によって、計画出産の実態がかなり立体的に明らかにされている。

中華人民共和国では、計画出産に関する研究は数多い。多くは、人口学的にそれぞれの時期の状況を明らかにした上で、どのような政策が如何に実施されたかに関するものである。計画出産政策の時期ごとの内容は、こうした研究から知ることが出来る。代表的なものといえる『新中国人口五十年』とそれを更新した『新中国人口六〇年』(特にそれぞれ第一七章「計画生育事業」)や、『中国人口和計画生育史』は、基本的に中国政府の立場に立って、政府がその時々の政策をどのように決定し展開していったのかを述べる。そして、中国は人口増の抑制に成功して発展を可能にし、世界の人口増加を遅らせるのに貢献したことを誇る。[13]

こうした研究を、たんに政府の立場を代弁するものであって、民間の人々の考えや感情は全くべつだと簡単に切り捨てることには、先に紹介した『蛙』の語り手を借りた莫言の言葉からも、慎重であるべきだと考える。彼らはなぜ、そのように評価するのだろうか。本書では、中国国内の計画出産への評価を、国外の価値観を基準に切って捨てるより、彼らがそのように評価する社会的実態とその文脈《コンテキスト》を理解することに務めたい。

計画出産の第一線で活動していた女性団体、中華全国婦女連合会は、最前線に立って計画出産を推進し、「計画出産の実行は、女性に生育自主権《リプロダクティブ・ライツ》を獲得させる」と政策を評価している。[14] 日本や西欧で想起されるリプロダクティブ・ライツの文脈からは奇異に感じられるこの言い方もまた、たんなる政策の圧力の下での不本意な発言と捉えるより、女性の立場から政府内で発言することを使命とする婦女連が、計画生育が女性達に産まない自由を獲得させたことを評価していると理解できるかもしれない。

とはいえ、右のもの以外にも中国国内で膨大に発行されている計画出産関係の書物のほとんどは、政策立案・

執行者の立場から全体としての人口の特徴や政策執行の方法などを述べるもので、生殖の現場に注目したものは少ないし、女性は政策の対象あるいは受け手と捉えられているだけで、その主体性に注意されることもあまりない。

その中で、朱楚珠・李樹茁の研究は、比較的早い時期に女性の健康という視点から計画出産の正負の両面を評価しており、異色のものといえる。[15] 湯兆云は、人民共和国成立以来の農村の計画出産を多面的に論じ、今後の人口問題への見通しを述べる。[16] 具体的な農村の調査に基づいて計画出産の影響を論じた研究には、鄭衛東の山東省東村に関するものと、胡桂香の湖南省西村に関するものがある。[17] これらはその村に対する深い理解に基づいて、計画出産の諸側面を論じた研究であり、とりわけ後者は時間をかけたインタビューから計画出産政策の中での実践者としての村の女性の姿をさぐる。

日本では、若林敬子が早くから中国の人口問題を多面的に論じており、「一人っ子政策」についても注目している。若林の姿勢は実態を明らかにすることに務めるもので、改革開放政策の開始以来、中国人口の多様な側面

12……Greenhalgh, op.cit, *Just One Child*.

13……路遇主編『新中国人口五十年（上・下）』中国人口出版社、二〇〇四年。路遇・翟振武主編『新中国人口六十年』中国人口出版社、二〇〇九年。国家人口和計画生育員会編『中国人口和計画生育史』中国人口出版社、二〇〇七年。

14……全国婦聯婦女研究所『一九九五～二〇〇五年――中国性別平等与婦女発展報告』社会科学文献出版社、二〇〇六年、一六〇頁。

15……朱楚珠・李樹茁『計画生育対中国婦女的双面影響』西安交通大学出版社、一九九七年。

16……湯兆云『農村計画生育与人口控制』江蘇大学出版社、二〇〇九年。

17……鄭衛東『村落社会変性与生育文化—山東東村調査』上海人民出版社、二〇〇七年。胡桂香『中国的計画生育政策与西村婦女一九五〇—一九八〇』中国社会科学出版社、二〇一七年。

18……若林敬子『中国の人口問題』東京大学出版会、一九八九年。若林敬子『現代中国の人口問題と社会変動』新曜社、一九九六年。若林敬子・杉山太郎編『ドキュメント中国の人口管理』亜紀書房、一九九二年。若林敬子『中国の人口問

# 決まり（「規定」）



筆者は一九九〇年代のはじめ、幼かった息子を伴って、上海で暮らしていたことがある。中国の保育園にお世話になって、ママ友をはじめとする現地の人々とおしゃべりをしているなかで、しばしば尋ねられたのが、「日本では、子供は何人という決まり（中国語では「規定《グェイティン》guiding」）になっているの？」ということだった。「日本ではそんな〝決まり〟はなくて、子供を何人産むかは自分たちで決める」というと、「ふう〜ん」という顔をされたものだ。「一人っ子政策」の厳しい時期で、一人しか子供を持てないことに不満な人も少なくなかったようだが、子供の数を政府が決めること自体は当然という感覚で、日本では自由という答えにとまどった感じがあった。

その後、計画出産についてのインタビューをするようになって、「その時の計画出産の決まり（規定）はこうだった……」という話を、いろいろなケースで聞いた。そしてインタビューを重ねているうちに、計画出産の「規定《グェイティン》」だと彼女たちがいう「決まり」には、がっちりした明文規則から、職場や村の規範やルール、あるいは「空気」の様なものまで、どうやらかなりの幅があることがわかってきた。

「規定《グェイティン》」という中国語は、日常会話にもしばしば使われて、日本語の「規定」や「規則」より適用範囲が広い。小学館の『中日辞典』の用例には、「学校規定毎天下午七点上晩学習」という用例があって、「学校では、毎日午後七時に夜の自習に出るよう決めている」という訳がついている。これなどは、しっかりとした規則というよりは、申し合わせのような感じだが、実際の会話でも、明文化された規定だけでなく、ルールや申し合わせのような時にも「規定《グェイティン》」は使われているようだ。

とはいえ、明文規定なら必ず遵守しなくてはならないが、ソフトな申し合わせならその必要なし、とは限らない。生きる場の規範や、自分にとって影響力のある人の意向には、明文規定でなくても抗いがたいこともあるかもしれない。

中国政府は計画出産を、初期にはソフトな規範として、のちにはどうしてもやり遂げなくてはならない基本国策として推進した。基本国策となってからも、その実施には、明文規定から、飴とムチの賞罰、政治的なプレッシャーまで様々な手段を駆使した。かくして計画出産の「規定《グエイティン》」には、いろいろなレベルのものが含まれることになった。中国の人々は、そうした様々な種類の「決まり」の中で生きているのだ。

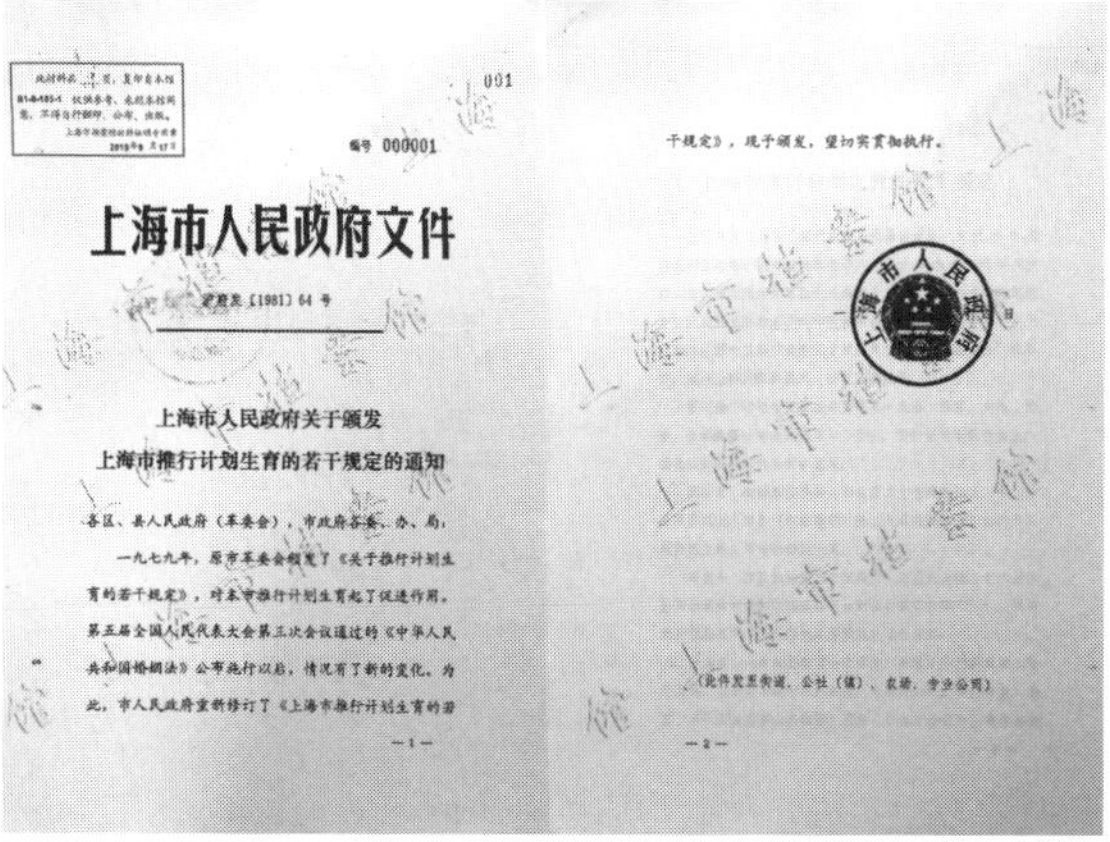
001
编号 000001
上海市人民政府文件
沪府发〔1981〕64号
上海市人民政府关于颁发
上海市推行计划生育的若干规定的通知
各区、县人民政府（革委会），市政府各委、办、局：
一九七九年，原市革委会颁发了《关于推行计划生育的若干规定》，对本市推行计划生育起了促进作用。第五届全国人民代表大会第三次会议通过的《中华人民共和国婚姻法》公布施行以后，情况有了新的变化。为此，市人民政府重新修订了《上海市推行计划生育的若
—1—
干规定》，现予颁发，望切实贯彻执行。
—2—

計画出産の明文規定の配布通知。「上海市推行計画生育的若干規定」（1981年7月、本文185頁参照）が制定されたので、上海市人民政府が所属の各区・県や部局に通知する文書（上海市檔館所蔵 B1-3-195-1）。

COLUMN

をタイムリーに日本で紹介してきた[18]。その論調は抑制的であるが、中国という巨大な人口を抱える社会を、立体的に理解しようと苦闘してきた。本書も、若林らが整理した中国人口に関するデータに多くを負っている。他に、秦兆雄は湖北農村家族の研究のなかで計画出産の情況を描き、李東輝は一人っ子政策によって出現した「黒孩子《ヘイハイツ》（闇っ子）」（政策に反して生まれたために戸籍のない子供）の実態を研究している[19]。

以上のように計画出産と一人っ子政策についてはたくさんの研究と議論があり、とりわけ政策の変化については、多くのことが明らかにされてきた。ただ、そうした「上から」の研究に比して、生殖の現場の状況についてのものは多くはないし、とりわけ政策の「対象」であった産む女性がどのように計画出産に対応したかを彼女たちの主体性に注目して考察したものはたいへん少ない。また、多くの研究では、リプロダクションに関わる問題に多様な側面で影響するジェンダー要因に対する注意も不十分である。

## 5　本書の視点と資料、構成

以上のような先行研究を踏まえ、本書では、一九五〇年代以来の中国の計画出産の展開過程を、いくつかの地域に即して明らかにする。とりわけ生殖の主体であり政策の対象である女性たちが、どのような条件の下で、なぜ、どのように政策を受け容れ／抵抗し、他のアクターと如何なる交渉を繰り広げたのかに注目して、人類史上にもまれな大実験といわれた「一人っ子政策」を女性の目から理解し、中国の出生率の低下と少子化について考察していきたい。その際、以下のような点に留意する。

第一に、一九七九年からの「一人っ子政策」開始後だけではなく、一九五〇年代の計画出産の初期から二一世紀にいたる半世紀あまりの計画出産を対象とする。そして中国近現代における少子化の進展を、長いタイムスパンの中でアジアをはじめとする他の国や地域と比較して、その特徴を考察する材料としたい。

第二に、地域差を考慮し、三つの地域を比較しつつ考察する。計画出産に限らないが、巨大な国土をもつ中国では地域による差異は非常に大きい。都市と農村は、制度的にも異なった扱いを受ける。そのため、本書では、もっとも出生率の低下が著しい大都市である上海と、比較的計画出産が順調に進展した遼寧省Q村、計画出産の展開が紆余曲折の歩みをたどった湖南省B村の三つの地域について研究し、それぞれの異なった状況を踏まえて中国の計画出産を立体的に理解するようにしたい。とはいえ、三つの地域とも居住しているのは基本的に漢族であり、少数民族地域については検討出来ないことは、あらかじめご諒解いただきたい。

第三に、生殖の主体である現場の女性の目線を重視して計画出産の実態を明らかにする。人口動態や、中央政府による政策の変遷を踏まえながら、現場の幹部・医療者や生殖の当事者である女性の政策に対する受容・抵抗・交渉などの諸相に注目し、それらの総体的な過程の結果としてリプロダクションの変容を考察する。そのために、文献史料だけでなく、出産経験のある女性や行政幹部・医療幹部へのインタビューによる口述資料も使用し、生殖する女性や現場の幹部がアクターとして、どのような条件の下で如何に行為主体性を発揮しているかを明らかにすることに努める。

第四に、計画出産と母子保健との関連を重視し、当該地域の出産の近代化の状況を踏まえて家族計画の展開を考察する。出産と家族計画、言い換えれば産むことと産まないことはリプロダクションの両面である。家族計画の普及には、妊産婦死亡率・乳幼児死亡率が低下し、出産が安全で、子供が健康に育つことが期待できることが、必要な条件である。冒頭で紹介した『蛙』の事例に限らず、計画出産の推進が、母子保健のための施設や人員に

題と社会的現実』ミネルヴァ書房、二〇〇五年。若林敬子・聶海松編著『中国人口問題の年譜と統計――一九四九～二〇一二年』御茶の水書房、二〇一二年。

19……秦兆雄『中国湖北農村の宗族・家族・婚姻』風響社、二〇〇五年、第八章。李東輝「中国農村地域における「隠された子ども」の生活実態」『日本家政学会誌』五三―一一、二〇〇二年。李東輝「中国農村女性の出産意識に影響を与える要因に関して――農村地域における「黒孩子」の実態調査から」（奈良女子大学）『人間文化研究科年報』一七、二〇〇一年。

よって基層で担われることも多い。計画出産を論じる際に、出産の近代化や母子保健のあり方との関連は必ずしも注意されていないが、本書では母子保健と計画出産の両方を視野に入れ、相互の関連に留意しつつ地域に即して状況を考察してゆく。

第五に、計画出産が中国の人々、特に女性のリプロダクティブ・ヘルス&ライツにどのような影響を与えたかを重視する。前述のように、本書は中国の計画出産を国外の基準に照らして評価するというよりは、内在的に状況の理解に努めようとするものである。にもかかわらず国外から導入された概念であるリプロダクティブ・ヘルス&ライツに留意するのは、計画出産の目的と評価軸を、国家の経済発展や近代化とする考えとは、距離を置くからである。バース・コントロールの目的には、社会の安定を重視するものと女性の自主性を重視するものとの両者があった[20]。中国政府が計画出産を推進したのは、基本的に安定や経済発展などの国家の利益が目的である。本書では、そうした中で論じられることの少なかった個人、とりわけ生殖の主体である女性にとって計画出産がどのような意味を持ったかに注目するが、その際にリプロダクティブ・ヘルス&ライツは重要な概念となる。

以上のように本書では、なぜ、どのように計画出産が中国社会に浸透し定着したのかを、一九五〇年代から二一世紀初頭までの半世紀にわたって、三つの地域の事例から明らかにする。そして「一人っ子政策」をどのように人々が受け止め、対応したのか、を異なったそれぞれの地域の母子保健の状況を踏まえて考える。その際に、現場の女性のリプロダクティブ・ヘルス&ライツにとって、計画出産・「一人っ子政策」はどのような意味を持ったのかを、具体的な事例を踏まえて考察する。

## ▒本書で使用する資料

本書では、中国の計画出産の展開について、文献史料と口述資料を用いて研究する。文献史料は、新聞・雑誌などの公刊資料や地方志などを含む書籍と、公文書やその草稿などの檔案である。同時に、上海およびQ村・B村で行ったインタビューによる口述資料も使用した。

インタビューは、大別すると、医療幹部・行政幹部などの計画出産に関する仕事に就いていた人に対する仕事に関するものと、出産経験のある女性に自身のリプロダクションについて語ってもらったものとになる。後者は、半構造式のインタビュー調査であり、上海およびQ村・B村で、基本的に同じ質問内容にそって自身の出産と生殖コントロールの経験について伺い、また自由に語っていただいた。上海では、一九五〇年代に出産経験のある女性一八人と、その後の時期に出産した数人に筆者がインタビューした。Q村とB村では、現地語の話せる中国人女性共同研究者と筆者を含む研究グループで、一九五〇年代〜二〇〇〇年代に出産した村の女性に、できるだけ各年代をカバーするように配慮して、それぞれ合計三六人にインタビューした。ここでは、共通する質問の内容をあらかじめ紹介する。

インタビューでは、はじめにその女性と家族の状況について伺った。本人の出生年月、両親の出生年・職業（物故者・退職者は以前のもの、以下同じ）、兄弟姉妹それぞれの出生年・男女・職業、本人の出生地・学歴・職歴（居住地）・結婚した年・子供を産んだ経歴（第一子の出生年・男女、第二子以下も同じ）、夫についても、子供を産んだ経歴以外の同じ内容を聞き取った。その後、以下のような内容について質問し、自由に答えていただいた。

1　あなたが最初のお子さんを産んだ時の様子を教えてください。
どこで産みましたか？　誰がそばにいましたか？
取り上げたのは「男医生」ですか、それと「女医生」ですか？
子供を産む場所と方法はどのように決めましたか？　費用はどれくらいでしたか？

20……初期のバース・コントロール推進者にも、貧困が社会不安をもたらすとする新マルサス主義者たちと、「自主的母性」を要求したフェミニストたちとの両方があった。「解説」参照のこと。

二番目のお子さんを産んだ時の様子はどうでしたか？
三番目のお子さんを産んだ時の様子はどうでしたか？
2　どのようにしていつ子供を産むか決めましたか、何人産むか決めましたか？
3　産前検診を受けましたか？　産後検診は？
受けた方は、どこでですか？　費用はいくらでしたか？
4　産後はどこで養生しましたか？　何日休みましたか？
誰が世話をしてくれましたか？
5　どんな方法で避妊をしていましたか？
避妊具などはどこで手に入れましたか？　費用はどれくらいかかりましたか？
あなたの職場の関連部門は避妊の問題に関与しましたか？
あなたの取っていた避妊方法は、何か問題がありましたか？
6　自然流産または人工流産の経験がありますか？
あった方は、どんな状況でしたか？
7　婦人科の病気にかかったことがありますか？
ふだん健康診断を受けますか（全般的なものと婦人科のものと）？
8　あなたはいつ月経について知りましたか？　何歳で初潮がありましたか？
9　いつ、どのようにして子供が産まれることについてのいろいろなことを知りましたか？

インタビューの内容はすでに資料集として刊行してあり、[21]女性たちのプロフィールの概要などは第三章・第五章・第六章でそれぞれ紹介した。インタビューの理解については最大の努力を重ねたが、起こりうる誤りなどはすべて筆者の責任である。本書は、これらのインタビューイーおよび一緒に調査をした共同研究者のおかげで執筆できたものであり、深甚なる謝意を表する。

**図0−1　上海・遼寧省Q村・湖南省B村の位置**

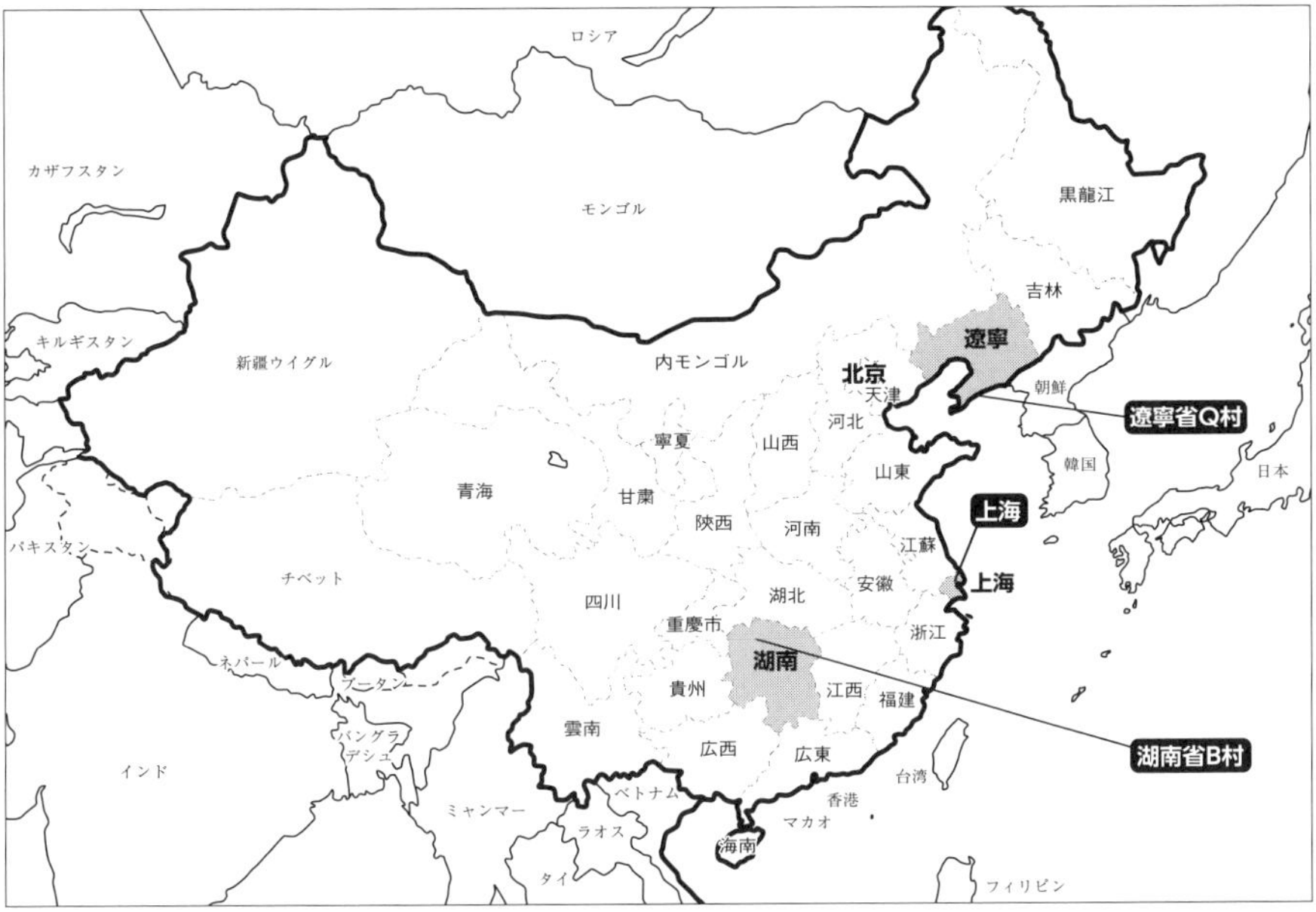


## ■本書の構成

本書の構成は、以下のようである。第一部「中国の人口問題と計画出産」では、計画出産を考える際に念頭に置くべき中国の人口問題の性格を確認する。第一章「中国の人口と人口政策」は、古代から近代までの中国の人口史をジェンダーとリプロダクションに注目して通観した上で、中華人民共和国の人口動態と人口政策の変遷をたどる。第二章「非合法堕胎から計画出産へ——人民共和国成立前後の性と生殖をめぐる言説空間の変容」では、中華人民共和国

21 小浜正子『中国近現代における母子衛生政策の研究』平成一四～一七年度科学研究費補助金（基盤研究C2）研究成果報告書、二〇〇六年。小浜正子・何燕俠・姚毅『中華人民共和国における生殖コントロールと女性たちの対応』平成一八～二〇年度科学研究費補助金（基盤研究C）研究成果報告書、二〇〇九年。小浜正子・姚毅『中国農村におけるリプロダクションの変遷——B村の女性たちの語り（資料集）』平成二一～二三年度科学研究費補助金（基盤研究C）「中国の計画生育政策とリプロダクティブ・ヘルス／ライツの研究」報告資料集、二〇一四年。

成立前後のリプロダクションをめぐる言説の変化から、生殖が政治に統御される構造が成立したことをしめす。

第二部「上海の計画出産」では大都市上海の計画出産の展開を見る。第三章「都市の女性に浸透する計画出産——一九五〇~六〇年代上海におけるリプロダクションの変化」は、全国に先がけて計画出産が展開した上海で、どのように人々がそれを受け容れていったかを檔案とインタビューから明らかにする。第四章「上海における一人っ子体制の成立——一九七〇~八〇年代」では、一九八〇年前後の上海で、急速に一人っ子が普遍的になっていく状況を探る。

第三部「中国農村の計画出産」は、ふたつの農村での異なった計画出産の過程を分析する。すなわち第五章「先進的農村における計画出産の展開——遼寧省Q村」では、計画出産が比較的順調に展開した村の二〇世紀後半のリプロダクションの変化を、続く第六章「「遅れた」農村における計画出産の紆余曲折——湖南省B村」では、計画出産がより複雑な展開を辿った村の状況を考察する。最後に、終章で本書の主張をまとめる。

計画出産の実態に興味のある読者は第三章第二節から、特に「一人っ子政策」に関心のある方は第四章から読み始められてもよいし、農村の状況を知りたい読者は第三部から読まれてもよい。

また、本書の各章に関連する内容をべつにコラムとして掲げたので、併せてご覧いただきたい。次ページをはじめとする各章の最終ページのカットは『衛生宣伝美術資料』(浙江省衛生防疫站・杭州市衛生防疫站編画、一九七八年)による。当時の雰囲気が伝わればと思う。

为革命实行计划生育

# 解説

# アジア近代のリプロダクションの変容——出産の近代化と家族計画の普及

## 1　リプロダクションの変容

人が子供を産み育て世代をつなぐ営みは、古来より繰り返されてきた。しかしその実際の状況は、それぞれの地域ごとに時代とともに大きく変化した。二〇世紀は、アジアの女性にとって、生殖《リプロダクション》のあり方がとりわけ大きく変化した時期であった。

リプロダクションをめぐる問題は、家族構造やセクシャリティ観、出産の当事者である女性がどの程度医療やケアにアクセスできるかなどの、その社会のジェンダー構造と密接に関連している。出生率は、経済発展や医療の水準だけでなく、どのような子供が望まれるかという社会のあり方で左右されるのであり、それは民族や人種、性別、身体条件、親の社会関係などによってそれぞれ異なる。人間の社会は、必ずしもおおっぴらに語られるわけではないが、堕胎・避妊・嬰児殺しなどの手段で育てる子供の数と質を統御しようとしてきた。近代的な生殖コントロールの開発と普及によって、それは以前よりも操作可能性が増しているが、同時に誰が、何を目的として操作するのかが、より大きく問われるようになったともいえる。

アジア各地の社会で二〇世紀後半に生じた生殖をめぐる変化は、大きくいえば出産の近代化と家族計画の普及と概括できるだろうが、それはそれぞれの社会の文脈の中で読み解かれると同時に、相互に比較することによって、より立体的にその意味を考察することができるだろう。ここでは、その際に注意すべき問題について論じてみよう。

## 出産の近代化

多くの前近代社会では、女性が子供を産む／人が生まれる場所は、生活の場である家庭であり、出産を介助するのは、家族や地域社会で経験をつんだ産婆（Traditional Birth Attendant: TBA）であった。出産／出生は、母子にとって生命の危険を伴う関門で、これを無事に通過するための儀礼も発達していた。[1]

このような出産のあり方は、やがて認定された助産師が助産を行い、さらには医学の専門的訓練を受けた産科医師が出産を取り仕切るように変化した。出産の場所は、自宅から病院へと移った。出産は、近代医学のパラダイムの下で捉えられる事項となり、医師とそれを認定し権威づける国家が管理監督するものとなり、人の出生は国家に管理されるものとなった。出産の医療化・施設化・国家化であり、こうした近代における出産の変化は出産の近代化と呼ばれる。産科医師は男性であることが多いので、これは出産が女性たちの領域から男性の監督下に移行することでもあった。[2]

その経緯は地域によって一様ではなく、さまざまなアクターのせめぎ合いの中で複雑な過程が各地域でたどられた。欧米では、出産の近代化は比較的長い時間をかけて進行し、おおむね二〇世紀前半までに出産の医療化・施設化が完了した。[3] その結果、母子の出産時の死亡は大きく減少し、出産は以前ほど大きな母子の生命の危険を伴うものではなくなった。[4]

1……松岡悦子『出産の文化人類学――儀礼と産婆（増補改訂版）』海鳴社、一九九一年。松岡悦子・小浜正子編『世界の出産――儀礼から先端医療まで』勉誠出版、二〇一一年。

2……ラジェ、ミレイユ『出産の社会史――まだ病院がなかったころ』（藤本佳子・佐藤保子訳）勁草書房、一九九四年。ショーター、エドワード『女の身体の歴史』（池上千寿子・太田英樹訳）勁草書房、一九九二年。ジョーダン、ギリジット『助産の文化人類学』（ロビー・デービスｰフロイド改訂・拡張、宮崎清孝・滝沢美津子訳）日本看護協会出版会、二〇〇一年等。

3……男性外科医は一五世紀後半から帝王切開にかかわるようになったが、一八世紀には産科が独立した医学領域となって男性産科医が助産師と競合し、産婆は駆逐されていった。二〇世紀前半には病院出産が増加した（マクラレン、アンガス『性の儀礼――近世イギリスの産の風景』（荻野美穂訳）人文書院、一九八九年等）。

一方アジアでは、主として二〇世紀の国民国家形成の過程で、出産の近代化が上から進められた。乳幼児死亡率が近代化の指標の一つとされ、近代国家を担う健康な国民の再生産に、後発の近代化を進めるアジア諸国は積極的に取り組んだのである。

日本では、出産の医療化、すなわち近代的な助産教育を受けた助産師（新産婆）による助産は、明治後半から戦前までの時期に普及し、自宅での助産師の介助による出産が一般化して、近代的な産科医療制度も整った。戦後、一九六〇年前後には急速に出産の施設化が進展し、ほぼ一〇年で病院出産が普及し、出産の施設化も完了した。[5]現在、日本の乳幼児死亡率・妊産婦死亡率は世界で最も低い水準だが、出産のできる施設の減少などの新たな問題が起こっている。

中国の伝統社会では、中国医学の体系が発達しており、とりわけ産科は早くも宋代（一〇～一三世紀）に独立した部門となって高度の発達を遂げていた。[6]このような社会に近代になって西洋医学が導入され、中国医学と西洋医学の対抗関係をはらみつつ近代的医療制度が整えられる中で産科医・助産士の養成が始まった。産科医は女性が中心となるなど、中国における出産の近代化は独自の展開を見せた。[7]中華人民共和国下では、都市部でははやくから母子保健ネットワークが整えられ（本書第三章第二節参照）、農村部でも「はだしの医者」が活用されて全国的にプライマリ・ヘルス・ケアが普及して出産の医療化が進み（本書第五章第一節参照）、総体的にかなり良好な母子保健指標——乳幼児死亡率・妊産婦死亡率の低下——が実現した。[8]その後、中国は改革開放政策に転じ、二〇〇〇年代には農村部でも出産の施設化が急激に進展したが、それは政府による母子保健の推進、医療の市場化の中での病院の対応、ユーザーのニーズの変化などの複合的な要因の中で起こった。[9]

アジアの植民地では、宗主国の制度の影響を受けた近代医療の体系が導入されたが、出産の近代化はあまり進展しなかったことが多い。独立後は、それとは異なった体系の医療制度が敷かれることもあり、出産をめぐる医療衛生システムの構築は、必ずしも順調に進まなかった。このような植民地的近代の複雑な経緯に、出産の近代化の展開も規定され、二〇世紀末まで妊産婦死亡率、乳幼児死亡率が高いままで、出産における母子の安全が確保できていなかった地域もある。[10] 国連ミレニアム開発目標（ＭＤＧｓ）は、妊産婦死亡率・乳幼児死亡率の低下を最重要課題の中に掲げ、二一世紀初頭には多くの地域で改善が見られたが、現在もさらなる努力が続けられて

4……母子の死亡率の低下には、一九世紀後半に細菌感染が知られて消毒が行われるようになり、産婦の産褥熱と新生児の破傷風が減少したことが大きい。それ以前の病院での出産は、逆に院内感染を招いたため、家庭出産より産婦死亡率が高かった。現在では、さらなる出産の医療化が進展している反面、行き過ぎた医療化に対する反省から、自然出産や自宅出産が見直されているところもある（鈴木七美『出産の文化人類学——産婆世界の解体から自然出産運動へ』新曜社、一九九七年）。

5……藤田真一『お産革命』朝日新聞社、一九七九年。中山まき子『身体をめぐる政策と個人——母子健康センター事業の研究』勁草書房、二〇〇一年、等。

6……姚毅「中国における医療・身体とジェンダー」、小浜正子等編『中国ジェンダー史研究入門』京都大学学術出版会、二〇一八年。李貞徳『女人的中国医療史』三民書局、二〇〇八年。Bray, Francesca, *Technology and Gender: Fabrics of Power in Late Imperial China*, Berkeley: University of California Press, 1997. Furth, Charlotte, *A Flourishing Yin: Gender in China's Medical History, 960-1665*, Berkeley: University of California Press, 1999. Wu, Yi-Li, *Reproducing Women: Medicine, Metaphor, and Childbirth in Late Imperial China*, Berkeley: University of California Press, 2010.

7……姚毅『近代中国の出産と国家・社会——医師・助産士・接生婆』研文出版、二〇一一年。周春燕『女体与国族——強国強種与近代中国的婦女衛生一八九五—一九四九』台北：国立政治大学歴史学系（政治大学史学叢書一九）、二〇一〇年。趙婧『近代上海的分娩衛生研究（一九二七—一九四九）』上海辞書出版社（上海城市社会変遷叢書）、二〇一四年。

8……賀蕭（Gail Hershatter）「生育的故事——一九五〇年代中国農村接生員」、王政・陳雁編『百年中国女権思潮研究』復旦大学出版社、二〇〇四年。姚毅「「はだしの医者」の視覚表象とジェンダー」、中国女性史研究会編『中国のメディア・表象とジェンダー』研文出版、二〇一六年。小浜正子「「はだしの医者」の誕生と消滅——中国農村の母を支えた女性医療者たち」、高田京比子・長志珠恵・三成美保『〈公〉を担う〈母〉の構築——〈母〉と息子の比較文化史』神戸大学出版会、近刊。

9……張開平・温益群・梁平編『従赤脚医生到郷村医生』雲南人民出版社、二〇〇二年。姚毅「「国家プロジェクト、医療マーケットと女性身体の間——中国農村部における病院分娩の推進」、小浜正子・松岡悦子編『アジアの出産と家族計画——「産む・産まない・産めない」身体をめぐる政治』勉誠出版、二〇一四年。

10……台湾近代の産婦人科医療とジェンダーについては、傅大為『亜細亜的新身体——性別・医療・与近代台湾』群学出版有限公司、二〇〇五年、参照。アジア各地の出産の情況については、前掲松岡・小浜編『世界の出産』参照。

いる。

## 上からの家族計画の推進

望まない妊娠を避けたり、妊娠してしまった場合に中絶したりして子供を産む時期と数を人為的に調整することは、古くから各地の社会で様々な方法で行われてきた。

近代になって、家庭の中の子供の数を「適当」な水準に留めようという考え方が、欧米では一九世紀までにある程度普遍化し、二〇世紀前半までに一人の女性が産む子どもの数は、大きく減少した[11]。欧米諸国では、国家による政策ではなく民間の自発的な動きによって出生率の低下がもたらされた。一九世紀後半、人口増が貧困による社会不安をもたらすとする新マルサス主義者たちは避妊を唱え始めた。一方、フェミニストたちは女性がいつどれだけの子供を持つかを決める権利として「自主的母性」を要求し、禁欲によってそれを実現するとした。社会の安定を重視するものと、女性の自主性を重視するものとの、二つの考え方が、その後、多くの地域で対抗しながら生殖コントロールが広がってゆく。女性の身体的自決権をもとめて一九一四年に「バース・コントロール」という新しい言葉で避妊推進の運動を起こしたマーガレット・サンガーが、のちには「劣等」な人々が多くの子を産んで人口が増加するのを防ぐべきとする優生学に接近することになったように、両者の関係は錯綜したものであった[12]。

アジアの各地域は、第二次世界大戦後に「多産少死」、すなわち出生率が高いままでの乳幼児死亡率等の低下を実現し、人口の急増に見舞われた。これに対して、地球規模での「人口爆発」を食い止め、人口増加を適正な規模に抑えるため、一九五二年に国際家族計画連盟が、一九六七年には国連人口基金が設立され、これらの先進国主導の国際機関の援助のもとで、各国政府は家族計画を推進してバース・コントロールの普及がはかられるようになった[13]。子供の少ない家庭の価値と、近代的な手段による各種の避妊が国によって大々的に宣伝され、場合によっては既婚女性は避妊を義務づけられた。そこでは女性が自身の身体をコントロールすることよりも、国家の指導の下で家族が子供を計画的に産み育てることが重視された。こうしたアジアにおける上からの家族計画の推進は、欧米とは異なったリプロダクションの環境を現出させた。

戦後のベビーブームに見舞われた日本では、一九五〇年代初頭から優生保護法によって中絶が可能になり、まもなく避妊が推進された。合計特殊出生率は一九四七年の四・五四から一九六〇年の二・〇〇へと一九五〇年代に一気に低下したが、このような急激な出生の減少は、上からの人口抑制政策が行われたためだけではなく、女性たちの積極的なそれへの呼応もあって、もたらされたものである。[14] 一方、アメリカの直接統治下にあった沖縄では、逆に当局は人口政策への直接介入を避け、日本本土で施行された優生保護法も適用されず、家族計画の開始は本土より十数年遅れるというねじれた経過をたどった。[15] 日本にやや遅れて一九六〇年代までに、韓国、台湾でも国家による家族計画の推進が開始された。韓国、台湾は冷戦の最前線となっていた地域だが、後ろ盾となって

11……イギリスではまず中産階級が生活水準を維持するために子供の数を減らし始め、労働者にもその考えが広まった（バンクス夫妻『ヴィクトリア時代の女性たち――フェミニズムと家族計画』（河村貞枝訳）創文社、一九八〇年）。ドイツでは二〇世紀初めに一組の夫婦の産む子供の数はそれまでの五人から二人へと減少した（フレーフェルト、ウーテ『ドイツ女性の社会史――二〇〇年の歩み』（若尾祐司等訳）晃洋書房、一九九〇年）。アメリカでも、白人女性の産む子供の数は一八〇〇年の七・〇四人から一九〇〇年の三・五六人へと、一九世紀に大幅に減少している（荻野美穂『中絶論争とアメリカ社会――身体をめぐる戦争』岩波書店、二〇〇一年）。このような出生率の低下は、結婚している夫婦が避妊などによって子供の数を意図的に制限するようになったことを示している。

12……荻野美穂『生殖の政治学――フェミニズムとバース・コントロール』山川出版社、一九九四年。

13……ウィットワース、サンドラ『国際ジェンダー関係論――批判理論的政治経済学に向けて』（武者小路公秀他監訳）藤原書店、二〇〇〇年。特に第四章「国際家族計画連盟（ＩＰＰＦ）」。

14……田間泰子『「近代家族」とボディ・ポリティクス』世界思想社、二〇〇六年。

15……澤田佳代「「日本一」の出生率と沖縄の子産み――日米支配と家父長制下の家族計画」、前掲小浜等編『アジアの出産と家族計画』、二〇一四年。澤田佳代『戦後沖縄の生殖をめぐるポリティクス――米軍統治下の出生力転換と女たちの交渉』大月書店、二〇一四年。

いたアメリカの強いテコ入れの下で家族計画が推進された[16]。このような人口政策により、日本では一九五〇年代に急速な出生率の低下がみられ、やや遅れて韓国・台湾でもそれが出現した。

本書で詳述するように、中国では一九五〇年代後半から計画出産が始まり、一九七〇年代に全国的に推進されて急激な出生率の低下が起こった。その後さらに出産を統制しようという「一人っ子政策」が始まると一九八〇年代には大きな反発が起こったが、一九九〇年代後半から出生率はさらに低下した。現在、日本・韓国・台湾・香港・中国など東アジアは世界でもっとも出生率の低い地域のひとつとなり、人口置換水準を下回っている[17]。

一方、東南アジアや南アジアでは、国際機関の援助のもとでの家族計画が効果を表すのには時間がかかった国も多い[18]。人口をめぐる状況は国によって一様でないが、国際社会では、一九七四年のブカレスト世界人口会議で経済開発による人口増加抑制が強調されたのに対して、一九九四年のカイロ国際人口・開発会議ではリプロダクティブ・ヘルス&ライツの実現や女性のエンパワーメントが人口安定化の鍵として重視されるようになり、家族計画に対する認識は大きく変化した[19]。

バース・コントロール／家族計画の普及過程は、国・地域によって多様であり、それが人口構造のみならず社会や家族のあり方、女性の生活に与えた影響もさまざまなのである。

## 2　リプロダクションのテクノロジー

### 「自然」と「科学」、「伝統」と「近代」

家族計画の普及によって、子供は「授かりもの」から計画して「作るもの」になった。もっとも「伝統」社会でも、完全に「自然に任せて」生殖活動が営まれてきたわけではない。それぞれの地域では、薬草その他による様々な土着の避妊・堕胎の方法が女性たちの間で受け継がれていた。産婆がその技能を保持していたことも多い。どんな子供をどれだけ育てるか育てないかは、家族や共同体が、それぞれの生態環境・経済条件・家族制度・ジェンダー構造などの下でケースごとに決定してきた。堕胎は（嬰児殺とともに）多くの前近代社会で行われていた。キリスト教的な背景のある欧米社会では公認されることがなかったが、東アジアの前近代社会では、堕胎に対する大きな宗教的タブーは存在せず、伝統医療や土着の方法等によって女性たちの間で行われてきた。こうした伝統社会における出生調節の方法は、それが正統な行為ではないと考えられていたり、文字を使うことの少ない女

16……郭文華「美援下的衛生政策——一九六〇年代台湾家庭計画的探討」、李尚仁編『帝国与現代医学』、台北：聯経、二〇〇八年。Kuo, W. H. 'When state and policies reproduce each other: Making Taiwan a population control policy.' In A.K.L.Chan, G.K. Clancery & H.C. Loy, ed., *Historical Perspectives on East Asian Science, Technology and Medicine*. Singapore: Singapore University Press. 2002. DiMoia, John P. "'Let's Have the Proper Number Children and Raise Them Well!': Family Planning and Nation-Building in South Korea, 1961-1968.' *East Asian Science, Technology and Sociery: an International Journal*, 2:3, 2008. 権慈玉（クォン・ジャオク）「韓国における朴正煕政権の開発事業と家族計画事業——一九六〇—一九七〇年代を中心に」、木本喜美子・喜堂嘉之編『ジェンダーと社会——男性史・軍隊・セクシュアリティ』旬報社、二〇一〇年。

17……東アジアの低出生率については、落合恵美子「東アジアの低出生率と家族主義——半圧縮近代としての日本」、同編『親密圏と公共圏の再編成——アジア近代からの問い』京都大学学術出版会、二〇一三年。瀬地山角「少子高齢化の進む東アジア——「東アジアの家父長制」からの二〇年」、同編『ジェンダーとセクシュアリティで見る東アジア』勁草書房、二〇一七年。

18……幅崎麻紀子は、一九五〇年代以来のネパールにおける家族計画の取り組みを跡づけ、一九九〇年代以降に出生率が急激に低下するに至った状況を明らかにする（幅崎「「リプロダクションの文化」としての家族計画——ネパールにおける生殖統制の条件」、前掲小浜等編『アジアの出産と家族計画』）。むしろ国内の事情は人口増加を求めているのに、国際援助が必要なので家族計画を導入したため、現場が翻弄されるラオスの様子は、嶋澤恭子が明らかにしている（嶋澤「ラオスにおける「生殖コントロール」の様相——女性の健康プロジェクトとしての導入」同前）。

19……兵頭智佳「国際人口会議行動計画と思春期リプロダクティブ・ヘルス／ライツ——カイロ国際人口・開発会議を中心として」、原ひろ子・根村直美編『健康とジェンダー』明石書店、二〇〇〇年。兵頭智佳「人口政策におけるリプロダクティブ・ヘルス／ライツとトランスナショナルNGOネットワークの役割」、根村直美編『ジェンダーで読む健康／セクシュアリティ——健康とジェンダーII』明石書店、二〇〇三年。兵頭智佳「リプロダクティブ・ヘルス／ライツに関するバックラッシュとトランスナショナルなNGOによる対抗戦略」、根村直美編『ジェンダーと交差する健康／身体——健康とジェンダーIII』明石書店、二〇〇五年参照。

性の間で伝承されてきたりしたため、記録は少ないことが多いが、研究も進んでいる。[20]

アジア諸国で政府・国際機関によって家族計画が推進される際、従来「自然に任せて」行われてきた生殖に「科学」的な方法を導入し、自然を克服して、計画的に人間の再生産を行うことは、近代的で進歩的なことである、といった宣伝がなされた。近代化によって豊かな生活を実現するためには、子供の数を減らすことが重要であるとして、家族計画は生活の近代化プロジェクトの一環となったのである。[21] このように「伝統」と「近代」と重ね合わせる形で、「自然」と「科学」の対比が語られ、「近代的」「科学的」だとされた後者が上から推進されたのは、日本を含めたアジアの家族計画の特徴だといえる。

## 避妊のテクノロジー

家族計画が推進される際、どんな手段がどのように普及がはかられたのかは多様である。以前から行われていた禁欲、周期法や膣外射精などの確実性の高くない避妊法や、コンドーム、ペッサリーなどの器具を使う避妊に加えて、二〇世紀には、女性の卵管結紮や男性の精管結紮の永久不妊手術や、ＩＵＤ・ピル・デポプラベラなどの効果が高いとされる避妊方法が開発された。アジアにおいて家族計画が上から推進された際、できるだけ急速かつ大規模な普及のためにこれらが推奨され、宣伝された。だが、避妊は性行為や出産という文化の多様な側面にかかわる行動であり、どのような方法が普及するかは、たんなる効果効率だけでは測れない。

日本では、敗戦まもなくベビーブームの中で、優生保護法によって妊娠中絶が可能になって出生が減少し、つづいて家族計画の導入によって避妊が普及した。避妊方法としてはコンドームが圧倒的に多く使われるようになり、コンドームで避妊し、もし「失敗」した場合は中絶するという出生調整の方法が一般化した。より確実性が高く欧米諸国では多用されたピルは、様々な利害関係者間の力学が働いた結果、長く許可されなかった。[22] ようやく一九九九年に解禁された低用量ピルは、しかしその後、それほど使用が広がっていない。これについては女性側に避妊の責任を持たせるピルは、日本では忌避感が強いからであるという見方がある。[23]

アジアでは、男性の精管結紮（パイプカット）が確実かつ簡便な手段として政府によって推奨されても、社会的に広くは受け容れられない地域も少なくない。一九七七年にインドのインディラ・ガンジー政権が倒れたのは、その強行が大きな原因であった。第三章でみるように、中国では、一九五〇年代後半に計画出産が導入された時には、ペッサリー・経口避妊薬・ＩＵＤ・精管結紮・卵管結紮などが紹介され、妊娠中絶も解禁されたが、その後、女性の体に負担の多い卵管結紮と妊娠中絶が多用されるようになった。一方、一九六〇〜七〇年代に台湾・韓国でも家族計画が普及するが、その際に多く用いられたのは、アメリカによって提供されたＩＵＤであった。[24]

以上の各国の状況からは、どのような避妊方法が普及するかは、技術的な問題だけでなく、当該社会の政治権

20……高橋梵仙『堕胎間引の研究』第一書房、一九八一年。グリーン、シャーリー『避妊の世界史』（金澤養訳）講談社、一九七四年。ポッツ、マルコム『文化としての妊娠中絶』（池上千寿子訳）勁草書房、一九八五年、等。たとえば、一七世紀のオランダ領スリナムではアフリカ系女性奴隷たちがオウコチョウの種子で中絶しており、それは女性画家メーリアンによってヨーロッパ社会に知らされたが、その知見はながく黙殺されてきた（シービンガー、ロンダ『植物と帝国――抹殺された中絶薬とジェンダー』（小川眞里子・弓削尚子訳）工作社、二〇〇七年）。

21……荻野美穂『「家族計画」への道――近代日本の生殖をめぐる政治』岩波書店、二〇〇八年。田間泰子『母性愛という制度――子殺しと中絶のポリティクス』勁草書房、二〇〇一年。前掲田間『「近代家族」とボディ・ポリティクス』。

22……ノーグレン、ティアナ『中絶と避妊の政治学――戦後日本のリプロダクション政策』（岩本美砂子監訳）青木書店、二〇〇八年。

23……松本彩子『ピルはなぜ歓迎されないのか』勁草書房、二〇〇五年。一方、ラオスでは、コンドームは婚外交渉を連想させるとして結婚している男女間での使用は好まれないという（前掲嶋澤「ラオスにおける「生殖コントロール」の様相」）。また、ネパールでは、既婚女性の避妊方法としてディポ注射が好まれ、ピルは好まれないが、これは女性自身より医療専門家が身体に作為する方が抵抗が少ないためだという（前掲幅崎「「リプロダクションの文化」としての家族計画」）。

24……前掲郭「美援下的衛生政策」。Kuo, op.cit, 'When state and policies reproduce each other'. DiMoia, op.cit, "Let's Have the Proper Number Children and Raise Them Well!"".

**表解説—1　各国の避妊方法（2008年）**

TFR 以外は（%）

| 国　名 | TFR | 総避妊率 | 近代的避妊率 | ピル | IUD | 注射 | コンドーム | 男性不妊手術 | 女性不妊手術 | 他 |
|---|---|---|---|---|---|---|---|---|---|---|
| 全世界 | 2.7 | 63 | 57 | 8 | 14 | 4 | 6 | 4 | 21 | 1 |
| 先進国 | 1.6 | 71 | 62 | 18 | 6 | - | 20 | - | 13 | 3 |
| 途上国 | 2.9 | 62 | 56 | 7 | 15 | 4 | 4 | 3 | 22 | 1 |
| 途上国（除中国） | 3.3 | 53 | 45 | 9 | 6 | 5 | 4 | 1 | 18 | 1 |
| 中国 | 1.6 | 86.9 | 85.9 | 1.7 | 39.6 | 0.1 | 4.3 | 6.9 | 33.0 | 0.3 |
| 日本 | 1.3 | 55.9 | 55.1 | 0.8 | 1.5 | - | 43.1 | 0.6 | 3.0 | 6.1 |
| 北朝鮮 | 2.0 | 68.8 | 58.4 | 3.7 | 42.8 | 0.0 | 5.8 | 0.8 | 4.4 | 0.9 |
| 韓国 | 1.1 | 80.5 | 66.9 | 1.8 | 13.2 | - | 15.1 | 12.7 | 24.1 | - |
| タイ | 1.6 | 71.5 | 70.1 | 30.9 | 1.2 | 10.4 | 1.4 | 1.0 | 24.5 | 0.7 |
| ベトナム | 2.1 | 75.7 | 61.0 | 9.0 | 35.9 | 1.2 | 7.6 | 0.5 | 5.8 | 1.0 |
| インド | 2.8 | 56.3 | 48.5 | 3.1 | 1.7 | 0.1 | 5.2 | 1.0 | 37.3 | 0.0 |
| イギリス | 1.8 | 84.0 | 81.0 | 22.0 | 6.0 | 3.0 | 18.0 | 17.0 | 13.0 | 2.0 |
| フランス | 2.0 | 79.3 | 75.7 | 45.4 | 17.3 | - | 7.4 | 0.0 | 4.7 | 0.9 |
| イタリア | 1.4 | 60.2 | 39.2 | 3.4 | 3.6 | - | 4.1 | - | 5.8 | 0.0 |
| オーストラリア | 1.8 | 84.8 | 74.9 | 26.8 | 1.2 | 1.9 | 22.9 | 11.2 | 8.6 | 2.3 |
| カナダ | 1.5 | 81.0 | 72.0 | 21.0 | 1.0 | 1.0 | 15.0 | 22.0 | 11.0 | 1.0 |
| アメリカ合衆国 | 2.1 | 72.9 | 68.5 | 17.2 | 1.9 | 2.2 | 12.0 | 11.2 | 21.7 | 2.3 |

典拠：2008 Population Reference Bureau, FAMILY PLANNING WORLDWIDE, 2008 DATA SHEET（http://www.prb.org/pdf08/fpds08.pdf）（2013 年 3 月 14 日アクセス）

力のあり方や経済的・社会的条件、家族計画を行う女性と男性をめぐる家族・ジェンダー関係などが作用する、きわめて錯綜した問題であることがわかる。女性の身体の内部に働いて生殖をコントロールする技術のかたちは、まさに彼女を取り巻く生ー権力《バイオ・パワー》[25]の具現化したものである。表解説—1は、世界の各国で近年使われている避妊方法を示すものだが、これが示すものを読み解くのには非常に複雑で周到な分析が必要なのである。

## ■妊娠中絶

出産調整の手段としての様々な方法による妊娠中絶 abortion は、避妊や嬰児殺し infanticide とともに、多くの前近代社会で行われてきた。欧米では、堕胎は未婚の女性が行うものと考えられて、一八世紀までは犯罪として罰されることはなかった。日本や中国でも、堕胎はよいことではないと考えられたが、法によっては罰されず、既婚の女性が子供を産みたくない時にも行われていた[26]。

国家の法によって中絶が禁止されるようになるのは、ヨーロッパでは一九世紀である。日本の明治国家も一九〇七年に刑法堕胎罪を制定した。中華民国でも、一九二七年に医師が医療上の必要があって行う以外の妊娠中絶は禁止された。二〇世紀後半になると、日本では一九五〇年代初頭から優生保護法によって妊娠中絶が刑法堕胎罪の例外として認められるようになり、ひろく中絶が可能になった。中華人民共和国でも、一九五〇年代後半に計画出産が始まった際に中絶の条件が緩和され、出生調整目的の中絶が可能となった。これらは、欧米で一九六〇年代以降に、女性運動の中で中絶の権利が要求されて実現していったのより早く、人口増加を抑制する政策の下で、「産まない選択」が可能になった例である[27]。しかし権利としての生殖の自己決定権が保障されたものではないという問題は残った。アメリカでは近年まで、中絶を認めるかどうかは、大統領選の行方をも左右する論点であった[28]。

アジアで中絶が基本的に違法な国は、現在でも台湾、タイ、フィリピン、インドネシア、スリランカ、ラオス、ブータンなど少なくない。中絶が認められない時、産めない女性は非合法堕胎を行うことになる。それは合法的な中絶より危険で、しばしば女性の命に関わる[29]。リプロダクティブ・ライツの欠如はリプロダクティブ・ヘルス

25……「生-権力」については、フーコー、ミシェル・L『性の歴史I　知への意思』(渡辺章訳) 新潮社、一九八六年、参照。

26……前掲ポッツ『文化としての妊娠中絶』、前掲高橋『堕胎間引の研究』、前掲荻野『中絶論争とアメリカ社会』、三成美保『ジェンダーの法史学――近代ドイツの家族とセクシュアリティ』勁草書房、二〇〇五年。

27……中国については第三章参照。日本については、前掲荻野『「家族計画」への道』等。

28……前掲荻野『中絶論争とアメリカ社会』。

29……前掲ポッツ『文化としての妊娠中絶』。なお、アメリカ統治下の沖縄では、優生保護法は施行されずに中絶がヤミで行われていた(前掲澤田『戦後沖縄の生殖をめぐるポリティクス』)。

を大きく脅かす。女性たちが中絶にアクセスできるのか、中絶は社会的に如何に受け止められ、それは家族計画推進の過程で変化したのか、等を明らかにすることは、生殖の問題を考える際、避けて通れない課題である。

### 家族計画のスタッフ

避妊や中絶などのバース・コントロールの手段は、どのような人々によって女性たちに提供されたのか。政策的な家族計画の最前線のスタッフは、行政官の場合も、医療職の専門家の場合も、現地社会の住民の場合もあり、女性の時も、男性の時もある。そうした国家の家族計画プロジェクトの最前線の代理人《エージェント》と生殖の当事者である女性との間の権力関係と相互干渉の過程は、家族計画の結果を大きく規定する。日本における女性の家族計画普及員の果たした役割はすでに指摘されており[30]、中国では本書で論じるように「はだしの医者」や婦女主任が大きな役割を果たした。それぞれの地域における、家族計画普及の政策決定過程および実施システムのあり方、現場での推進の方法とそれに関わったスタッフの仕事ぶり、生殖年齢の女性をはじめとする地域の住民の反応と対応との相互関係に見られる力学などを、それに影響を与えた国際組織から家族内の権力者までのさまざまなアクターと多様な社会関係に注意しながら、家族計画の普及過程における重層的な権力の相互交渉として分析し、その結果として家族計画の進展の成否を捉えることが重要である。

## 3　リプロダクションの政治

### 国家・家父長制・女性

アジアにおける家族計画は、上からの政策として普及が図られたので、広範な女性に生殖コントロールへのアクセスを可能にしたと同時に、個々の女性や家族にとってそれが本当に必要で最適かどうかが、充分に考慮されないままに推進された場合もあった。

生殖する女性の身体は誰のものなのか？　子どもは誰のものなのか？　国家か、家族か、夫か、当の女性か。子供を産むのは生殖する女性であるとはいえ、一人のヒトを育てるにはさまざまな人や組織が関与するので、これは簡単に答えの出る問題ではない。家族計画の矛盾が先鋭化した時、この問題は具体的な様相で立ち現れる。そもそも家族計画は誰のためのものなのか？　国家か、個々の家族か、女性か。その目的は、国家の経済発展か、家族の生存戦略か、女性と子供の健康と幸福か。多様なアクターの関わるこの問いの答えは複雑なものでありうるが、筆者は国家の経済発展の視点からの評価だけでなく、生殖の当事者である女性の立場からの検証が不可欠だと考える。

アジアの伝統社会においては、多くの場合、子供は家族のものであった。双系制の東南アジアでは伝統社会においても子供の性別による選好はなかったし、近年の日本社会では女児への選好も見受けられるが、父系制の家族制度が支配的な儒教圏やインド文化圏の社会の多くでは、家の跡継ぎとなる男児への選好が見られ、女性は男児を産むまで家族・親族から強いプレッシャーを受け続け、男児を生む義務を内面化している場合も多かった。しかも生殖についての決定権を、女性自身ではなく夫や姑などの家庭内の権力者が持っていることも多く、乳幼児死亡率の高い社会では、家族の確実な再生産のために一定数の子供を産むことが女性に期待されていた。[31]そうしたプレッシャーと女性の対応の具体的状況は、国や地域によって多様だが、生殖をめぐる権力関係は、産む女性に対して自らが生きる社会での身近な人間関係を通して顕現してきた。このような社会におけるリプロダクションをめぐる政治――身近な人々との交渉――において、上からの家族計画は、新たな力学を持ち込んだ。

30……前掲田間『「近代家族」とボディ・ポリティクス』、前掲荻野『「家族計画」への道』。

31……逆に、「よぶんな」嬰児を育てない嬰児刹 infanticide の習慣がある社会も少なくなかった。中国語ではそれは「溺女」というジェンダー化された語で表現された。

## 生殖の国家化と私領域化

家族計画は国家の人口政策として出生調整を普及させようとするものだが、それは必ずしもむき出しの権力をもって女たちの生殖を管理するとは限らない。戦後日本における家族計画は、女性たちの「自発性」に支えられて進展して急激な出生率の低下を実現した。戦中の総力戦体制下における産むべき宿命から「解放」された女性たちは、「自発的」に中絶や家族計画を行っていった。同時に生殖は私領域化され、女性たちの身体の奥でなされる避妊も中絶も出産も、国家の統制を離れて「自発的」に自由に行われるようになっていったが、そこからマイノリティは排除されているなど、その私領域化は強い政治性を帯びていた[32]。

生殖を私領域化した日本と対照的に、中国では、生殖は国家化されていった。本書でみるその経緯は、日本の戦後のリプロダクションの変容過程と比較すると、どのような特徴が浮かび上がるだろうか。

女性の身体には、生殖をめぐってつねに家族・共同体・国家などが介入してきた。近代国家建設への過程で家族計画が導入されて各種のアクターの力の働き方は以前とは変化したが、女性自身もその中でしたたかに行為主体《エージェント》として交渉しつづけてきた。二〇世紀後半のアジアでは、生殖をめぐってさまざまなアクターが関与しつつ、出産のあり方が変化し、家族計画が展開してきた。その様相は、それぞれの場の条件と力学に応じて多様である。こうした多様なあり方を比較史的に考察することから、リプロダクティブ・ヘルス&ライツの保障された生殖を実現する道筋を考えていくことが可能になるのではなかろうか。

32……田間泰子「「産む・産めない・産まない」と日本の戦後——女たちの人生」、前掲小浜等編『アジアの出産と家族計画』。

# 第一部

## 中国の人口問題と計画出産

# 第一章

# 中国の人口と人口政策

## ——ジェンダーとリプロダクションからみる中国人口史

女児を産んだ女性を責める男性を戒める漫画（上）と、性別選択的中絶につながる胎児の性別鑑定を厳禁する病院の超音波診断室の前の掲示（下）。漫画では、舅あるいは夫と思われる男が、若い母親に「お前は何で男の子を産まない」と、難題（“男”題　中国語では同じ音になる）を迫っている。（上は『計画生育漫画選』より。192 ～ 193 頁参照。下は紅房子医院にて筆者撮影、2010 年 9 月）

本章および次章からなる第一部では、第二部以下で個別の地域の計画出産の状況を見る前提として、中国全体の人口とリプロダクションをめぐる問題を検討する。

本章では、まず、古代以来の前近代中国の人口動態をたどった後、二〇世紀前半の人口問題を概観する。ついで、中華人民共和国成立以来の人口動態と中央政府の人口政策の変遷について述べる。

## 1　前近代中国の人口と人口調節

中国は、現在に続く最も長い歴史を持つ文明圏であり、そうした長期の歴史的変化の結果として、現在、世界で最も多い人口を抱える国となっている。この中国の人口史は、歴史的に見た時、それ以外にも他の国や地域にない特徴を持っている。

第一に、二千年前の前漢時代から現在まで、戸籍という人口統計が曲がりなりにも存在しており、継続する文明圏の長期的な人口について考えることのできる人類史上まれな地域である。もちろん戸籍に完全な正確さを期待することはできないが、だからといってまったく役に立たないわけでもないので、我々は二千年にわたる人口動態を史料にもとづいて議論することがとにもかくにも可能である。

第二に、中国の漢族社会は文字に書かれた歴史を持つようになった先秦時代以来、ずっと父系家族を基本としており、父系血統の存続を重視する中国社会の人口問題は、そうでない地域以上にジェンダー要因に大きく規定されている。

ここでは、中国の人口史を、中国社会に特徴的なジェンダー秩序、とりわけ家族に対する考え方のもとでコントロールされたものとして眺め、出産や生殖コントロールのあり方の変化がどのような意味を持ったかを、マクロな人口動態とミクロな個々の家族や女性の人口調節の営為という両面から考えてみたい。

## (1) マクロの人口動態と変動要因

中国の人口統計の最初のものといえそうなのは、前漢の元始二年(西暦二年)の戸籍の計五九五九万四九七八人(一二二三万三〇六二戸)というものである。その後も、各王朝の編纂した戸籍によって総人口がわかる。いうまでもなく戸籍とは税や徭役を取り立てるためのものであり、遺漏や意図的なごまかしがあることや、時期によってカバーする領域が異なることには留意すべきであるが、中国の大まかな人口動態を把握するためには有用なものといえる。ここでは、中国の人口統計が「戸」すなわち家族を基にヒトを掌握するものであったこと、その家族は父系の嫁入り婚によるものであり、中国ではそのような家族形態が紀元前から定着していたことに注意しておこう。漢族社会では、二重の意味での家父長制——父系制の、男性家父長が権力をもつ家族——が、すでに紀元前に成立し、以後、ながく標準的な家族形態とされてきた。一戸の人数は各時代を通じておおむね五人程度であり、「五口之家」という言葉はある程度実態を反映しているといえる。戸籍には男女は明記されていたはずだが、それを編成した資料からは、残念ながら性比の内訳はわからないものが多い[1]。

図1—1は、そのような各王朝の残した戸籍から得られる人口変動の概略を表したものである。中国の人口は、

1……葛剣雄主編『中国人口史(全六巻)』復旦大学出版社、二〇〇〇~二〇〇二年、等参照。

**図1－1　中国の人口動態の長期的趨勢**

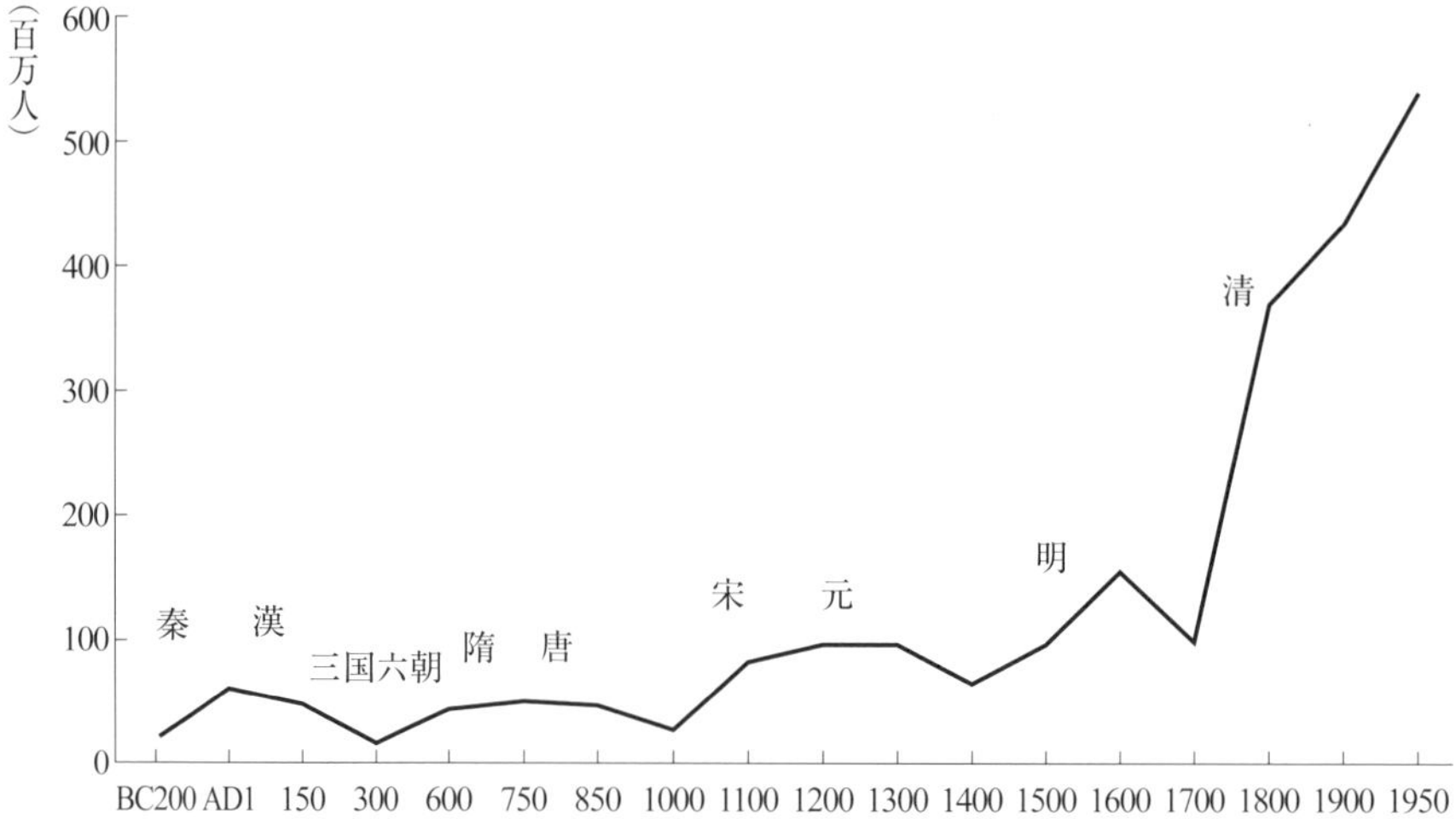


出典：岡本隆司編『中国経済史』名古屋大学出版会、2013 年、20 頁、図 1（上）。

最初の統計のある漢代の約六〇〇〇万人を上限として、唐末までの約一〇〇〇年の間、統治の安定した時期には増加し、王朝交替の混乱期には減少するという「一治一乱」の様相を見せつつ推移する。これは、華北の黄河流域の中原を基盤とした当時の中国の環境が養える人口がその程度であったことを示している。[2]

その後、唐末五代の混乱期を経て、宋元時代には人口のスケールが拡大する。江南デルタの開発によるものである。戸籍によると約九〇〇〇万人であるが、実際には一億人を超えていたと多くの人口学者は推計している。[3]

さらに、元末明初の減少をへて、明代一六世紀には一億六〇〇〇万人程度まで人口が増加した。この背景には、新大陸原産のトウモロコシ、サツマイモなどが導入されて、辺境の開発が進んだことがあった。一七世紀には明清交替の混乱のために一億弱にまで減少するが、清朝の統治が安定した一八世紀には人口は急速な増加を見せ、一九世紀半ばまでには四億を超えた。その後、太平天国による混乱などで停滞がみられるが、一九一〇年に最初の近代的人口センサスがおこわなれた時には四億三六〇〇万人となっていた。

このように、前近代中国の人口動態をマクロに見ると、統治の安定と混乱に応じるように増減を繰り返しながらも、開発の進展によってスケールが拡大してきた。

### (2) ミクロの人口調節——人々の対応

以上のようなマクロの人口動態を示す中国で、人々はどのように対応して生きていたのか。その際の主体は、中国社会では個人ではなく家族——父系父権の家族——であった。そこでは男系の血統をつなぐことが何よりも重要であり、女児よりも男児を重視することが早くから行われた。紀元前の戦国時代の書物『韓非子』六反篇には、「男を産めば則ち相賀し、女を産めば則ち之を殺す」という記述が見え、性差別的な人口調節が非常に早い時期から行われていたことがわかる。『漢書』には、生まれた子を育てないことが「不挙子（子を挙げず）」と記されている。[4]

「不挙子」についての史料は、宋代以降に多く見られるようになる。詩人にして地方官の蘇軾（蘇東坡、一〇三七～一一〇一）は、「小民貧者」の不挙子が珍しくないことを書き残しており、家族規模の調整が行われていたことがわかる。南宋では朱熹の上奏により嬰児殺しを止めさせるため「挙子倉」を設けて産婦に米を与えさせたという。元代には嬰児殺しは成長した子を殺すのと同罪とされたが、民間の意識では近代に至るまで、嬰児殺しは好ましくないことではあるが犯罪とは考えられていなかった。[5] 清代になると嬰児殺しは「溺女」と呼ばれ、

2……岡本隆司編『中国経済史』名古屋大学出版会、二〇一三年、二〇～二三頁。

3……竹内啓「紹介論文『中国人口史』葛剣雄主編 復旦大学出版社」『国際学研究』二五、二〇〇四年、同「葛剣雄主編『中国人口史』論評」*International & regional studies*, 26, 二〇〇五年。

4……『漢書』巻七二王吉伝等。

5……『東坡志林』巻五。『元典章』巻四二「溺子依故殺子孫論罪」条。劉静貞「殺子与溺女——宋人生育問題的性別差異」、鮑

明白にジェンダーの刻印が押される行為となる。貧しい家だけでなく、豊かな家も結婚の費用をおもんばかって「溺女」を行った。[6]地方官はこれを社会問題として戒め、また捨てられた嬰児を育てるための民間慈善施設である育嬰堂が江南を中心に各地に建てられたが、そこに収容された嬰児の九割以上は女児であった。[7]

清代の人口の特徴は、以上のような文書資料によるだけでなく、近年の歴史人口学の成果からも明らかになっている。一八～一九世紀の北京の皇族や東北地方の遼寧省道義の旗人（清朝の軍事組織である八旗に登録されている人々）の人口登録記録を精査した李中清らの研究に拠れば、中国の人口は「自然に任せた」多産状態にあったのではなく、様々な方法でコントロールされていたという。[8]第一に、当時の中国の婚姻内出生力はあまり高くなかった。結婚してから数年後に初めての子供を産み、出産間隔は長く、最終出産年齢も比較的若い。子供の数の平均は、道義の旗人では六・三人、北京の皇族では四・五人となり、西欧の出生力水準を下回る、低位から中位のレベルであった。第二に、ではどれくらいの人が婚姻していたかだが、女性はほぼ全員が結婚する皆婚社会で生涯未婚率は一パーセントに満たないが、男性は、道義の旗人の場合で一三パーセントが生涯未婚であった。このような不均衡が発生するのは、第三に、男性の方が人口が多い「男余り」の社会だったからである。それには「溺女」による性別選択的な出生調整とともに、成長する際にも女子の方が死亡率が高く、男性の寿命の方が女性よりも長いという人類社会で一般的でない状況があった。中国社会は、ライフサイクルを通じて女児・女性への不利な扱いがある、まさに文字通り女性が生きにくい社会であった。

このように、清代の中国社会は、性別選択的に家族規模の調整が行われている、極めてジェンダー化された人口構造をもつ社会であった。それは男性にとっては過酷な競争社会であり、「光棍」と呼ばれた結婚できない男性が大量に存在した。彼らは家族の外にあって良家の女性たちを脅かす存在と考えられ、そのような男性と接触せずに家の中にいる女性が良い女性と考えられた。[9]

また、よりよく出生をコントロールするための「産科」「婦科（婦人科）」は中国医学のとりわけ発達した分野でもあった。中国医学による身体と生殖のとらえ方は西洋のものとは異なるが、女性の心身の健康（そのためにはセクシャルな満足も大きな意味をもつ）を基盤によりよい状態で子供を産むための医学が発達し、月経の規律がとりわけ重視された。同時に、月経不調治療のための調経剤と堕胎薬との区別は困難で、家の跡継ぎを産む、生殖する女性の身体は、注意深く取り扱われるべきものとされていた。[10]

以上のように、前近代中国では戸すなわち家を基盤として人口の再生産が続けられ、増加と減少のサイクルを繰り返しながらも、人口規模が拡大してきた。それはけっして「自然」な過程ではなく、家族ごとにジェンダー・バイアスをもって子供をどれだけ育てるかが戦略的に調整された結果であった。

## 2 近代中国における民族と生育

一九一二年に中華民国が成立してから一九四九年に中華人民共和国に政権が移るまで、中国の歴史は混乱と戦争の連続であった。この間、信頼できる全国的な人口統計は欠けている。一九四九年の人口は五億四〇〇〇万人

6……林麗月「風俗与罪愆——明代溺女記録及其文化意涵」、遊鑑明主編『無声之声（Ⅱ）近代中国的婦女与社会（一六〇〇—一九五〇）』中央研究院近代史研究所、二〇〇三年。小川快之「清代江西・福建における「溺女」習俗と法について——「厚嫁」「童養媳」等の習俗との関係をめぐって」、山本英史編『中国近世の規範と秩序』東洋文庫、二〇一四年。

7……夫馬進『中国善会善堂史研究』同朋舎出版、一九九七年。

8……李中清・王豊『人類的四分之一——馬爾薩斯的神話与中国的現実（一七〇〇—二〇〇〇）』北京：生活・読書・新知三聯書店、二〇〇〇年。

9……スーザン・マン『性からよむ中国史——男女隔離・纏足・同性愛』（小浜正子・L・グローブ監訳、秋山洋子・板橋暁子・大橋史恵訳）平凡社、二〇一五年、参照。

10……姚毅「中国医学における医療・身体とジェンダー」、小浜正子・下倉渉・高嶋航・江上幸子編『中国ジェンダー史研究入門』京都大学学術出版会、二〇一八年。

余であったといい、一九一〇年の四億三六〇〇万人から、混乱と戦争にもかかわらず中華民国期に人口は微増していた。前近代の王朝末期のような人口崩壊は起こっていない。[11]

人口の実態は不明ながら、近代中国では生殖《リプロダクション》をめぐる議論はさかんになった。もっぱら儒教的家族制度の論理からとらえられていた生育問題は、清末には亡国滅種の危機感から、民族の論理でとらえられるようになった。康有為・梁啓超らは、纏足廃止と女子教育を両輪とする女性解放を提唱しはじめる。彼らは導入されたばかりの社会進化論と優生学を念頭に、「種の強化」のため、母である女性には健康な身体と知力が必要と考えた。[12]

また、男尊女卑の伝統的中国家族の変革は中国の近代的改革の重要な課題であることが革新的知識人の共通認識となり、五四新文化運動は家族改革を大きな課題として提起した。一九二〇～三〇年代にはあるべき家族の姿がさまざまに議論されたが、恋愛によって当事者の意思で結婚した一夫一婦と未婚の子女とからなる「小家庭」が、あるべき家族像と考えられるようになっていった。[13]「小家庭」は欧米近代に正統となった「近代家族」イデオロギーと共通するところがあり、家族を統括するのは夫であってけっして男女平等ではなかったが、従来の儒教的な家族に比して、より若者や女性の自由を認めるものであった。

一九二二年のマーガレット・サンガーの訪日に続く訪中は、近代的な方法による生殖コントロールという考えを中国にもたらした。サンガーは、もともと貧しい子だくさんの女性を救うためにバース・コントロールを提唱し始めたのだが、この頃には逆淘汰を防ぐための下層階級の産児制限という優生学的な議論を展開していた。このような考え方は、中国人の民族的資質を高めて強権の支配する世界で生き残ってゆこうとする知識人達に注目された。これを契機に「節制生育」と中国語で呼ばれるようになった生殖コントロールをめぐって、恋愛論や性道徳とも関連した議論が展開され、こうした議論を通じて知識人の間には節制生育の観念が広まった。[14]しかし絶対多数の女性は非識字者で雑誌など無縁であったから、実際に近代的な生殖コントロールを行いえたのは、経済力や知識に恵まれたごく限られた層だけであった。

一方、国民の身体・健康を向上させるための具体的施策として、近代的産科医・助産士を養成し、これを制度化して国家の医療システムに組み込む試みも始まった。当時の中国の乳児死亡率・妊産婦死亡率に関する全国的な統計は存在しないが、おおむね乳児死亡率は二〇〇パーミル、妊産婦死亡率は一五パーミル（一五〇〇／一〇万）で欧米の四、五倍であるという説が定着し、これを低下させるための努力が行われた。南京政府衛生部は、この高い死亡率は、助産の大半を司っていた伝統的な産婆の無知と不潔さのせいだとして、近代的助産士・産科医による新式出産（消毒などの近代医療のトレーニングを受けた専門家が介助する出産）を普及させるとともに、「科学的」な医学観を普及させ、清潔の概念を人々に定着させようとした。「衛生の制度化」への試みが、母子保健の領域でも始まり、北京のモデル地区では、警察や法院をも動員して、産婆を排除した近代医療の下での出産が推進された。また、南京政府が一九三〇年代に展開した新生活運動においても、国民の「母」である女性の出産の近代化が追求された。[15]

このように、二〇世紀前半の中華民国期には、民族の論理から家族や出産の改革が提唱されるようになったが、それが実現したのは一部の都市の知識人の間でだけであった。

11……侯楊方『中国人口史（第六巻）一九一〇—一九五三年』復旦大学出版社、二〇〇一年。

12……坂元ひろ子『中国民族主義の神話——人種、身体・ジェンダー』岩波書店、二〇〇四年。Dikötter, Frank, *The Discourse of Race in Modern China*, London: Hurst & Company, 1992. Dikötter, Frank, *Sex, Culture and Modernity in China: Medical Science and the construction of Sexual Identities in the Early Republican Period*, London: Hurst & Company, 1995.

13……江上幸子「近代中国における家族および愛・性をめぐる論議」、前掲小浜等編『中国ジェンダー史研究入門』。

14……姚毅「母性自決か、民族改良か——一九二〇年代の中国における産児調節の言説を中心に」『中国女性史研究』一一、二〇〇二年。呂芳上「個人の選択か、国家の政策か：近代中国産児調節運動の展開——サンガー夫人の訪中および『婦女雑誌』の産児調節特集より」、村田雄二郎編『『婦女雑誌』からみる近代中国女性』研文出版、二〇〇五年。

15……姚毅『近代中国の出産と国家・社会——医師・助産士・接生婆』研文出版、二〇一一年。周春燕『女体与国族——強国強種与近代中国的婦女衛生（一八九五—一九四九）』台北：国立政治大学歴史学系、二〇一〇年。丹野美穂「民国期中国における「清潔」の希求と「国民」の創出——新生活運動の婦嬰衛生工作からみえるもの」『（立命館大学）言語文化研究』一〇—五・六、一九九九年。

**図1−2　中国の出生率・死亡率・自然増加率の推移（1949年〜2006年）**

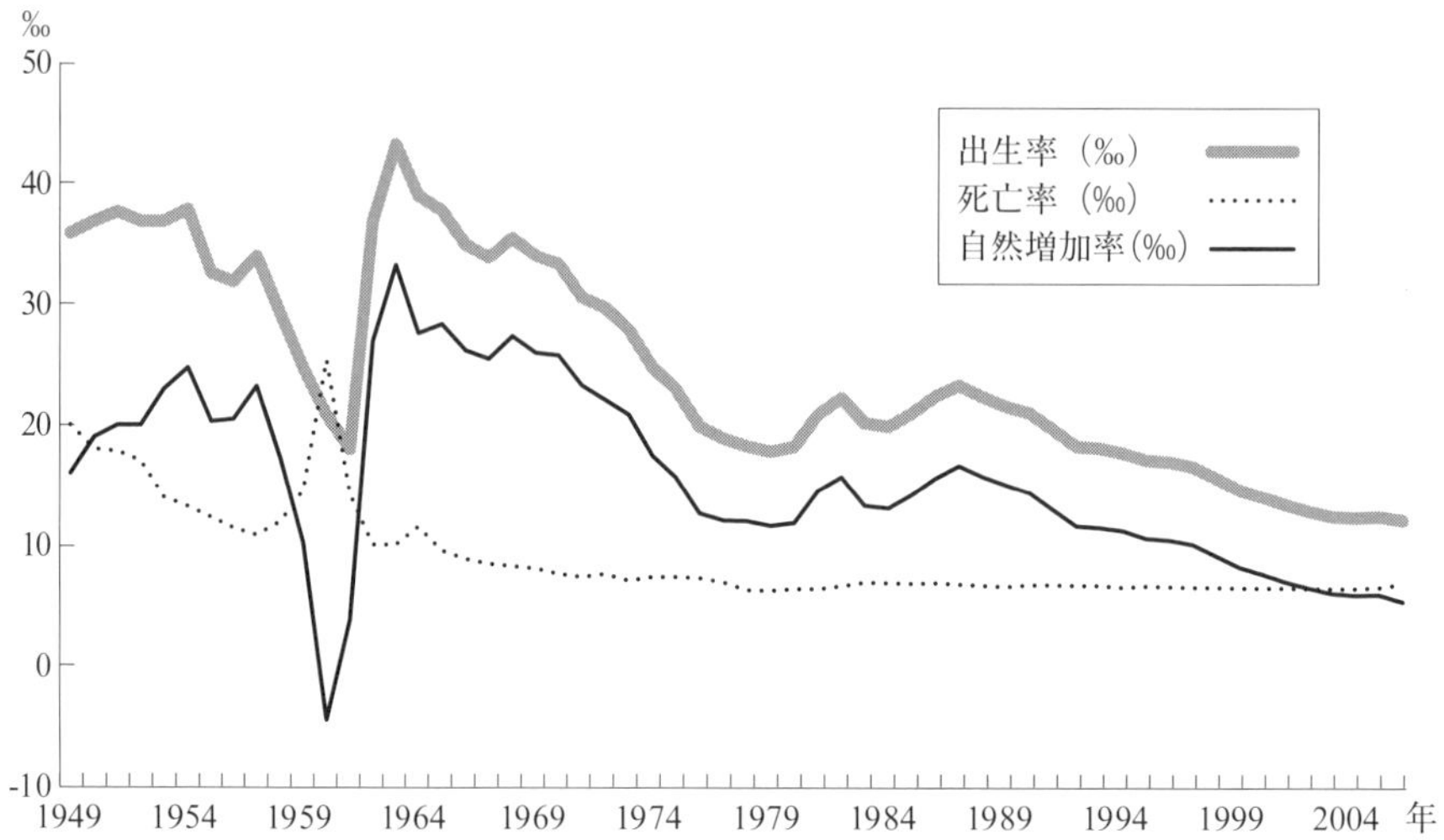


典拠：若林敬子・聶海松編『中国人口の年譜と統計―― 1949 〜 2012 年』御茶の水書房、2012 年、116 頁のデータによる。

## 3　中華人民共和国の人口動態

一九四九年に中華人民共和国が成立し、共産党政権の統治が浸透して、中国のリプロダクションと人口をめぐる状況は大きく変化する。ここではまず、中華人民共和国の人口動態を概観しよう[16]。

まず中華人民共和国の人口動態の概略をみる。図1―2は、人民共和国の出生率・死亡率・人口自然増加率の推移である。一九四九年の人民共和国成立時の人口（台湾・香港・マカオを除く）は五億四一六七万人であった。この年に二〇パーミルであった死亡率は五〇年代に急速に低下する。これには、戦乱が終息して貧しい農民や労働者も家庭がもてるようになって生存の基礎が創出され、また栄養条件や衛生条件が向上して、死の危険が大きく減少したことが大きい。第三章第二節でみるように、初期の人民政府が感染症対策と母子保健に重点的に取り組んだことも寄与している。しかし五九〜六一年には、「大躍進」政策（生産力の「大躍進」をスローガンに毛沢東が進めた現実ばなれした政策）の悲惨な失敗による飢餓のため死亡率は鋭い山を描き、人口学者はこの時期に約二〇〇〇万人の「非正常死（餓死）」があったと推計している。飢饉が過ぎ去ると、死亡率はさらに低下を続けて六五年には九・五パーミルと一〇パーミルを切り、七七年以降六パーミル台で安定した。その後、老年人口割合が増加して二〇〇八年以降は七パーミルを超えた。

一方出生率は、人民共和国初期には社会が安定してベビーブームが起き、三〇パーミル台の高い数値を示していた。五八～六一年の大飢饉の時期には大きな落ち込みがあったが、それが過ぎた六二年からはリバウンドで大変高くなって六三年には四三・四パーミルを記録し、七一年に三〇・七パーミルと七〇年代初頭まで三〇パーミルを超えていた。この間、中国の人口は「多産小死」による急増を見せて七一年には建国時から三億人増の八億五二二九万人となった。七〇年代には計画出産の普及により出生率が低下して七九年には一七・八パーミルとなるが、八〇年代には五〇～六〇年代に出生したベビーブーム世代が出産年齢に入り、再び出生率は二〇パーミルを超えた。「一人っ子政策」が開始された人口学的背景には、八〇年代の生殖年齢人口の急増があった。その後、九〇年代からは出生率は逓減してこれに伴って自然増加率も低下し、九八年には出生率一五・六パーミル、自然増加率九・一パーミルとなったが、絶対人口は一二億人を超え、二一世紀に入っても毎年数百万人ずつ増加していた。しかし近年は、出生率がさらに低下して二〇〇九年には一一パーミル台にまで下がり、自然増加率も同年五パーミルを切った。中国の人口は国連や中国政府の公式見解では二〇三〇年まで増加し続けてその後減少に転じるとされているが、さらに早く減少しはじめるという意見もある。[17]

次に合計特殊出生率（TFR）の動向を見る。図1―3は、中国（全国）と都市および農村の合計特殊出生率

16……本節の中国人口のデータは、歴年の『中国統計年鑑』、『中国人口和計画生育年鑑』などのデータを人口学者が整理した若林敬子・聶海松編『中国人口問題の年譜と統計――一九四九～二〇一二年』御茶の水書房、二〇一二年、に拠っている。出生率・死亡率・自然増加率は同書一一六頁による。

17……「中国、人口減少に反転「二七年から」　政府系シンクタンク予測」SankeiBiz（二〇一九年三月七日）https://www.sankeibiz.jp/macro/news/190307/mcb1903070500011-n1.htm（二〇一九年一一月九日アクセス）

**図1−3　中国全国・都市・農村の合計特殊出生率（TFR）の推移（1949年〜2009年）**

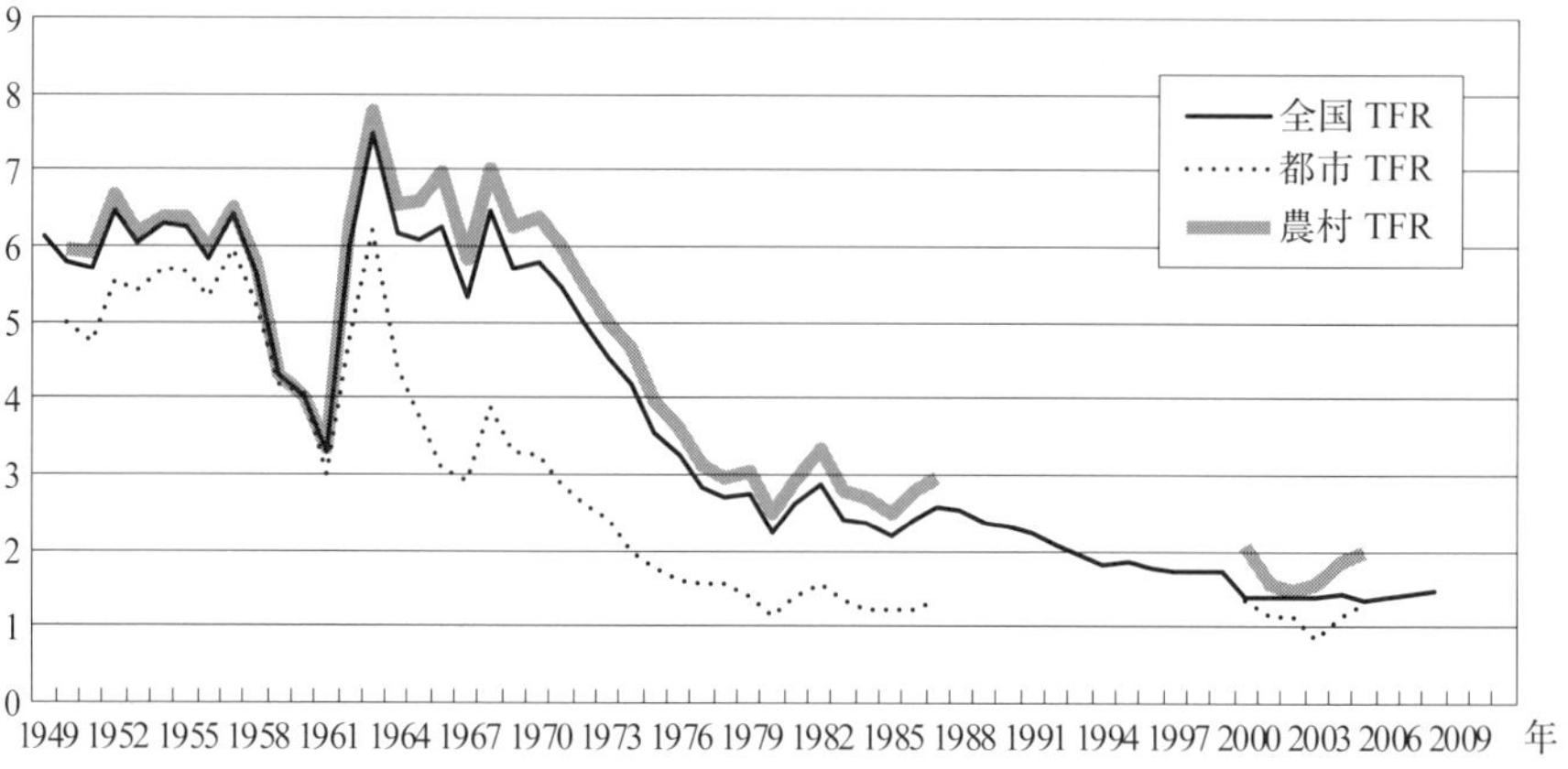


典拠：若林・聶編『中国人口問題の年譜と統計』126頁のデータによる。1996〜2000年は推定値の中位を取った。

である。中国全体のＴＦＲは、五〇年代はベビーブームで六前後の高い数値を示し、五九~六一年の飢餓の時期には深い谷を描いた。[15] その後、リバウンドで急上昇して六三年に七・五〇の最高値を記録したのちも六〇年代にはおおむね六前後で推移した（六四年に六・一八、七一年に五・四四）。一方、都市のＴＦＲは、六〇年代半ばから急低下して三程度にまで下がった。ただし一九七〇年代までの中国の都市人口は全体の二割に満たなかったので、人口動態全体への影響は限定的であった（その後、都市人口の比率は徐々に上昇し、二〇一一年には半分を超えた）。

全中国のＴＦＲは七〇年代に急落し、七九年には二・七五となった。七九年以降、「一人っ子政策」が始まった。都市のＴＦＲは七〇年代末にはすでに一台の後半になっていたが、八〇年代には八三年の一・五八を除いて、判明する限り一台の前半で上下した。農村のデータはさらに変動が激しく、おおむね二台の後半を中心に上下していた。粗出生率と違って人口の年齢構成の影響を受けないＴＦＲの数値が上下していることは、政策の混乱と、関連するデータの混乱によるものであろう。その後、九二年にはＴＦＲは人口の置換水準を割る二・〇五となり、九〇年代にさらに低下する。（データの不確かさは残るが）二〇〇〇年には都市一・三五、農村二・〇六の全国一・六八～一・七七という数字と、一・四という数字がある。近年のTFRについてもデータの異同があるが、世界銀行のデータでは一・六台とされており、置換水準を下まわった状態が長く続いている。また、一九八二年には一〇七・二であった出生性比は、一九九〇年に一一三・八九、二〇〇〇年に一一九・九二、二〇一〇年に一二一・二一と上昇し続けている。[19]

以上のように、中華人民共和国の人口動態を概観したとき、次のようなことが言える。第一に、中国の人口は世界で最も多く、二〇世紀後半に急速に増加した。第二に、中国でもっとも急速に出生率および合計特殊出生率が低下したのは「一人っ子政策」開始以前の一九七〇年代である。第三に、中国国内でも都市と農村には相当な違いがあり、都市部の出生率の低下は農村部より早く始まって、現在も非常に低い。第四に、急速に出生率が低下し、その後も上昇していない中国では、少子高齢化が進んでおり、今後はむしろ人口減少が問題になる。第五に、いびつな出生性比は、今後多くの男性が結婚難に陥るなどの多くの社会問題をもたらす。[20]

## 4　中華人民共和国の人口政策――計画出産の展開

本節では、一九四九年の中華人民共和国成立以来の人口政策の展開過程を概観する。

計画出産、すなわち出産を人為的にコントロールして子供の数を制限することは、早くも一九五〇年代後半か

18……TFRの数値は、前掲若林・聶編『中国人口問題の年譜と統計』一二六頁。

19……出生性比の数値は、前掲若林・聶編『中国人口問題の年譜と統計』一三一頁。

20……中国の人口学者が、少子高齢化や出生性比の問題について大きな危機意識を持って取り組んでいることは、田雪原・王国強編、中国人口学会著『中国の人口資源――豊かさと持続可能性への挑戦』（法政大学大学院エイジング総合研究所訳）法政大学出版局、二〇〇八年、等参照。

ら提唱され始めた。それが「一人っ子政策」に至り、近年「二人っ子政策」となるまでには、振幅の大きな政策の方向と強度の変化が何度もあった。そうした人口政策の変化は、おおむね以下のように時期区分することができる。[21]

第Ⅰ期は、「一人っ子政策」以前である。これは、中華人民共和国成立初期の①出産奨励期（一九四九～五三年）、②計画出産開始期（一九五四～五八年）――一九五三年の人口センサスで人口が六億人に達していることが判明して都市部でバース・コントロールが導入され始めた、③「大躍進」による計画出産中断期（一九五八～六一年）、④計画出産推進期（一九六二～七〇年）――「大躍進」が悲惨な失敗に終わり、その後の出産ラッシュによる急激な人口増の下で計画出産が再開された、⑤計画出産全面推進期（一九七一～七八年）――農村部を含む中国全国で計画出産が推進されて出生率が急落した、に分けることが出来る。

第Ⅱ期の「一人っ子政策」期は、⑥「例外なき一人っ子政策」期（一九七九～一九八四年）――普遍的に「一組の夫婦に子供一人」が要求された、⑦「一人っ子政策」調整期（一九八五～九〇年）――多くの農村部で「第一子が男なら一人っ子、女なら間隔を空けて二人」の「一・五子」体制になった、⑧「一人っ子政策」強化期（一九九一年～九〇年代半ば）――政策の規定の厳格な執行が追求された、⑨「一人っ子政策」変容期（一九九〇年代後半～二〇〇〇年代半ば）――リプロダクティブ・ヘルスなどの考え方を取り入れたよりヒューマンな対応も模索されるようになった、さらに、政策転換が射程に入った⑩「一人っ子政策」終束期（二〇〇〇年代半ば～二〇一五年）に分けられる。

そして、二〇一六年には第Ⅲ期「一人っ子政策」以後に入って、⑪「二人っ子政策」期（二〇一六年～）――「一組の夫婦に子供二人」が普遍的に認められた、となったのである。

中国の人口政策については、序章で述べたように多くの研究があるが、現場での政策の実施状況には大きな地域差があり、地方ごとに異なった規定もたくさん出されている。各地域の状況については、次章以下でそれぞれ扱う地域に即して述べることとし、ここでは全国的な政策の変化について述べる。

## ⑴「一人っ子政策」以前

一九四九年に中華人民共和国が成立した際、建国の基本理念を示した暫定憲法に相当する中国人民政治協商会議共同綱領は、第四八条に「母親と嬰児、児童の健康の保護」を掲げている。人民共和国初期の①出産奨励期（一九四九～五三年）には、平和な社会になったので人民は安心して子供を産み育てられるはずだとして、子どもを産むことが奨励された。第二章で詳しく見るように、堕胎は旧社会や資本主義国の現象だと糾弾され、避妊も批判されるようになり、また人工流産・永久不妊手術に対する制限が徐々に強化された。

こうした出産奨励は、一九五三年の人口センサスで人口が想定以上の六億人に達していることが判明して修正され、②計画出産開始期（一九五四～五八年）となる。

すなわち一九五四年五月、当時副総理であった鄧小平が衛生部に避妊の推進を指示し、七月、衛生部は避妊と人工流産の制限を緩和した。一二月には、中共中央・国務院は節制生育問題座談会を開催し、五五年三月には、中共中央が衛生部・党組織に対して、党中央が節制生育に賛成である、という指示を出した。一九五六年になると、衛生部は生殖コントロールへの制限をさらに緩和し、六月の全国人民代表大会では衛生部長の李徳全や邵力子が強力に生殖コントロールを推進すべきであるという意見を述べた。八月、衛生部は避妊の宣伝強化を指示し、九月、周恩来が全人代で適度な妊娠調節を提唱するなど、中央政府の生殖コントロール推進の姿勢がはっきり示された。一九五七年には、さらに大規模に節育推進が展開され、新聞紙上でもキャンペーンが展開された。こうした中で、当時推進されていた計画経済と並んで、「計画的に子供を生む」ことが「計画出産」といわれるよう

21……若林敬子『中国の人口問題と社会的現実』ミネルヴァ書房、二〇〇五年。路遇・翟振武主編『新中国人口六十年』中国人口出版社、二〇〇九年。国家人口和計画生育委員会編『中国人口和計画生育史』中国人口出版社、二〇〇七年、等参照。ここでの時期区分はこれらを参照した筆者による。

になった。[22]

一九五七年にはまた、呉景超・全慰天・費孝通らが、人口増加が早すぎると生産力発展が追いつかないので人口増加抑制が必要、という意見を相継いで発表して、いわゆる「人口論論争」が始まっていた。七月には馬寅初[23]が「新人口論」を発表する。五八年に入って、現実ばなれした生産増加をめざす「大躍進」政策が始まる中で、「馬寅初はブルジョア的なマルサスの観点に立っている」「人は最も重要な富であり、発展の源である。」といった人口抑制を批判する意見が相継ぐようになり、六月には毛沢東が「人が多ければ……意気ごみも大きい」という人口資本説を発表した。[24] 七月には馬寅初批判の大字報が張り出されて論争の帰趨が見え、その後、人口抑制に与する議論は急速に姿を消した。こうして③「大躍進」による計画出産中断期（一九五八〜六一年）となり、計画出産の推進は中断した。

「大躍進」は悲惨な失敗となり多数の餓死者を出したが、政策が変わると反動で出産ラッシュが起きた。そのため急激な人口増にブレーキをかけるべく計画出産が再開され、④計画出産推進期（一九六二〜七〇年）となった。上海や大連などの計画出産の先進地域では一九六二年の早い時期から計画出産が再開されていたが、中央がそれにゴーサインを出したのは、六二年一二月二八日の中共中央・国務院の「真剣に計画出産を提唱することについての指示」[25]であり、一九六四年一月には国務院計画生育弁公室が設置されている。一九六四年四月四日の国務院「計画出産経費の支出問題についての規定」で、男女の永久不妊手術・避妊リングの着脱・人工流産などの費用は減免されることになり、[26] 六五年には、「一人でも少なくない、二人が良い、三人は多い（一個不少、二個正好、三個多了）」のスローガンが全国で提起された。[27]

一九六六年に文化大革命がはじまると、政治的な混乱の中で、計画出産工作は中断・挫折したとされる。しかし文革中にも計画出産工作は一定程度、継続していた。一九六八年九月、国務院に計画生育領導小組が、衛生部軍管会業務組内に栗秀真[28]を主任とする計画生育弁公室が設置された。のちに「一人っ子政策」が始まって専門の部門が設置される以前は計画出産は衛生部門が主管しており、栗秀真が以後の七〇年代の計画出産を指導してゆくことになる。周恩来は、六九〜七〇年、経済計画を論じる計画会議において計画出産の必要性を説いた。また、文革期間中、農村では一九六五年の毛沢東の六二六指示に従って広範に「はだしの医者」が養成されていたが、彼らにも計画出産の方法と避妊薬具の使用方法が伝授された[29]。

一九七一年七月、国務院が「計画出産工作をしっかりやることに関する報告」（五一号文件）を批准したことが、⑤計画出産全面推進期（一九七一〜七八年）の開始の画期となる。同文書は、一九七五年までに都市の人口自然増加率を一〇パーミル前後、農村は一五パーミル以下にする目標を掲げ、党・政府が計画出産工作に真剣に取り組むようにとうながした。こうして「一人でも少なくない、二人が良い、三人は多い」の子供二人を理想とする人口政策が正式に打ち出された[30]。

一九七二年から七四年にかけて、計画出産工作は徐々に強化される。一九七二年一月に全国計画生育工作会議

22……②計画出産開始期の政策と言説については、第二章八四〜九二頁および第三章一三一〜一三九頁を参照のこと。

23……馬寅初（一八八二—一九八二）は、経済学者で当時、北京大学校長。この時に人口増加抑制を主張したことによって右派として批判されて校長を辞任し、失脚した。文化大革命終息後に名誉回復して復活。彼を批判したことは、のちに「一人を誤って批判して、五億の人口増加を招いた」と言われた。

24……『紅旗』創刊号巻頭。「人口論論争」の経緯については、京都大学人文科学研究所研究報告『中国近現代論争年表（下）一九四九〜一九八九』同朋舎出版、一九九二年、参照。六〇年前半まで『新人口論』を批判する論説が発表されている。

25……彭佩雲主編『中国計画生育全書』中国人口出版社、一九九七年、四頁。

26……当代中国叢書編輯委員会編『当代中国的計画生育事業』当代中国出版社、一九九二年、六七頁。

27……史成礼編著『中国計画生育活動史』新疆人民出版社、一九八八年、一五二〜一五三頁。

28……栗秀真（一九一五—二〇一一）は、看護士出身の中国共産党古参幹部で一九五〇年代から衛生部で活躍していた。女性。

29……前掲史成礼編著『中国計画生育活動史』一五五〜一五八頁。

30……前掲史成礼編著『中国計画生育活動史』一六〇〜一六一頁。五一号文件は、前掲彭佩雲主編『中国計画生育全書』六四〜六五頁。

が開催され、一一月には山東省で計画生育・婦幼衛生・節育技術経験交流会が開催されて、「計画出産は個人的なことではなく全体に関係する大事」であり、計画出産と母子保健を関連づけて工作を進めることが強調された。一九七三年七月一六日、華国鋒を組長、栗秀真を主任とする国務院計画生育領導小組が成立し、この年から人口増加指標が国民経済発展計画に組み込まれた。また同年一二月の全国計画生育工作匯報会では、「晩・少・稀」の原則が強調された。「晩」は晩婚・晩産、「少」は子供の人数を多くても二人とすること、「稀」は出産間隔を四年前後空けることを指す。[31]

『人民日報』紙上では、計画出産に言及する記事が七一〜七二年から見えだし、七三〜七四年にはかなり増える。人口問題よりもむしろ母子保健と計画出産を関連づけてともに促進しようという論調や、[32]計画出産によって女性の労働力を保護することができ、女性の革命と生産への貢献度が向上するという議論が目立つ。[33]計画出産は基本的に速すぎる人口増を抑制することを企図する人口政策であるが、七〇年代前半には、人口工作というより女性への福利工作という側面が強調されている。

また当時展開されていた批林批孔運動（左派の四人組が林彪批判・孔子の封建制批判にこと寄せて実務派の周恩来・鄧小平を攻撃した政治運動）に関連させて、計画出産によって「移風易俗（風俗習慣の改良）」「破旧立新（古いものを捨てて新しくする）」をはかろうという論調も見える。[34]しかし五〇年代とは異なって、七〇年代以降は計画出産は政治闘争の方向の変化に関わらず一貫して推進され続ける。鄧小平が批判される時には彼は計画出産を阻害したことがその理由としてあげられ、四人組が打倒されてからは四人組は計画出産に反対したとされるのである。[35]一九七四年一二月二九日、毛沢東は国家計画委員会で「人口はコントロールしなくては立ちゆかない（人口非控制不行）」と述べた。これを受けて一九七五年二月一〇日、中共中央は「計画出産は毛主席が提唱されたもので、人口はコントロールしなくては立ちゆかない」と指摘し、一九七五年には、全国で計画出産のキャンペーンが展開された。この年に中国全体で実施された計画出産関連の手術数は、「一人っ子政策」開始以前では一番多い。[36]第四章で見るように、Q村にもこの波が及んだ。

一九七六年は、「平凡ならざる一年」といわれ、周恩来死去・第一次天安門事件・唐山地震・毛沢東死去・四人組事件の続いた激動の年であり、七七年も動揺が続いていた。しかし計画出産工作は、七五年ほどの大規模なキャンペーンは行われないものの、一定の規模で継続していた。

### (2)「一人っ子政策」期

一九七〇年代末、中国は文革に代表される革命路線から近代化を至上とする改革開放政策へと舵を切った。七八年一二月の中国共産党第一一期三中全会がその画期とされる。人口政策も、近代化を推進するために適切な人口を実現するためという観点から策定されるようになるが、そこで打ち出されたのが「一人っ子政策」であった。中国は、近代化路線への転換と同時に、基本国策として「一人っ子政策」を開始したのである。

一九七八年中に中央で計画出産強化の政策の骨子が固まり、七九年から大々的な宣伝動員が始まるのだが、正確にいつ、「一人っ子政策」が開始したかについては、議論がある。本書では、通説のように一九七九年から「一人っ子政策」が開始したとし、その最初の段階を、⑥「例外なき一人っ子政策」期（一九七九～一九八四年）

31……前掲史成礼編著『中国計画生育活動史』一六一～一六六頁。

32……「婦幼保健工作的生力軍」『人民日報』一九七二年三月一〇日等。

33……「積極防治婦女病　保護婦女労働力」『人民日報』一九七三年三月一三日、「切実加強党対計画生育工作的領導」『人民日報』一九七三年七月三〇日等。

34……「発動群衆移風易俗堅持晩婚節育　文登県深入批林批孔　計画生育工作取得成績」『人民日報』一九七四年一月二七日等。

35……「聯繫衛生革命批判鄧小平」『人民日報』一九七六年四月二一日、「不許〝四人組〟破壊計画生育工作」『人民日報』一九七七年三月一五日。また、White, T. *China's Longest Compain: Bitth Planning in the People's Republic, 1949-2005*, Cornell University Press. 2006, Chap.3 参照。

36……前掲史成礼編著『中国計画生育活動史』一六八～一六九頁。前掲『中国人口和計画生育史』一〇七～一〇八頁。

とするが、その具体的な経緯は次のようなものである。すなわち一九七八年一〇月二九日に中共中央は政策強化の画期とされる「国務院計画生育領導小組第一回会議的報告」（六九号文件）を批准し、「一人がいい、多くとも二人（最好一個、最多二個）」として一人っ子を推奨した。一一月の第一次全国人口理論科学討論会では、経済規律・経済手段（すなわち罰金と奨励金）を用いて計画出産を行うことが提起された。一九七九年一月、全国第六次計画生育弁公室主任匯報会が開催され、一九八〇年の人口の自然増加率を一パーセント以下にするという目標が掲げられ、「一人がいい、多くとも二人、出産間隔は三年以上（最好一個、最多二個、間隔三年以上）」の政策方針の貫徹が要求された。この後、全国農村の各人民公社で計画出産工作機構が設立され、専門幹部が配置されて、工作が推進されてゆくようになる。[37] 八月一一日、『人民日報』紙上に、国務院計画生育指導小組組長である陳慕華副総理が「四つの近代化を実現するためには、必ず計画的に人口増加をコントロールしなくてはならない」を発表し、近代化のために計画出産によって人口増加を抑制するという国家方針が示された。[38]

こうして「一夫婦に子供一人（只生一個）」を基本とする「一人っ子政策」が打ち出された。ただしこの時には「一夫婦に子供一人」は目標であって、全ての夫婦が絶対に子供一人しか産んではならない、というものではなかった。それが、厳格に「一夫婦に子供一人」を実現し例外を認めない、という厳しい政策となったのは、グリーンハルによれば、一九七九年一二月に四川省・成都で行われた第二回人口理論科学討論会が画期であった。[39] 成都会議では、サイバネティックス（制御システム理論）の専門家であるロケット学者の宋健をはじめとする科学者のグループが、コンピュータを使って描いた夫婦の子供の数ごとの何通りかの人口予測グラフを提出し、「例外なき一人っ子」を実現しないと人口の爆発的増加が予測される、と述べた。鄧小平が打ち出した世紀の変わり目に一人当たりＧＤＰ一〇〇〇ドルの豊かな未来を実現するためには、八〇年代の生殖年齢人口の増加に対して、「例外なき一人っ子政策」を行うことが必要であり、また可能である、と主張したのである。会議に出席した人々は、この考えに強く影響された。これに対して、そのようなことは不可能であり、将来的に少ない生産年齢人口が多くの老人を扶養しなくてはならない「四・二・一」現象が起こって大きな社会的混乱を招く、と主張した社会科学者の梁中堂らの意見は、影響力をもたなかった。一九八〇年の前半には、宋健らの意見は副首相・計画出産委員会主任の陳慕華のバックアップの下で国家の指導者たちの支持を得て、「例外なき一人っ子政策」が国家の方針として全国に示された。[40]

この頃が、全国で計画出産の要求が「もっとも厳しかった」とされる時期であり、都市と農村を問わず、すべての夫婦に子供は一人だけ、とされた。しかし普遍的な一人っ子の要求は各地で大きな混乱を巻き起こした。本書第二部・第三部からもその一端がうかがえる。「計画外」の妊娠に対して中絶が要求されたことは大きな反発を招いた。またとりわけ農村部では、跡継ぎの男児を求める農民による女の赤ん坊の殺害、戸籍の登録されない「闇っ子」、女児と女児を産んだ女性への虐待などが頻発した。[41]

こうした中で、中央は政策の修正を余儀なくされて、⑦「一人っ子政策」調整期(一九八五~九〇年)となる。一九八四年四月一三日、中共中央は国家計画生育委員会党組「計画出産工作の情況についての報告」(七号文件)を批准し、計画出産政策の修正(緩和)を打ち出した。[42] そこでは、状況によって第二子の出産を認めるとされており、中央は「例外なき一人っ子」を放棄せざるを得なかったのである。各地方では、これに基づいて「計画出

37……前掲史成礼編著『中国計画生育活動史』一七五~一七七頁。六九号文件は前掲彭佩雲主編『中国計画生育全書』一一~一四頁。

38……「為実現四個現代化、必項有計画地控制人口増長」『人民日報』一九七九年八月一一日。

39……Greenhalgh, Susan, *Just One Child: Science and Policy in Deng's China*, Berkely and Los Angeles: University of California Press. 2008, Chap.6.

40……Greenhalgh, op.cit, Chap.7.

41……秋山洋子編訳『中国女性―家・仕事・性』東方書店、一九九一年、等参照。

42……前掲史成礼編著『中国計画生育活動史』二九六~二九七頁。七号文件は前掲彭佩雲主編『中国計画生育全書』二四~二六頁。

産条例」が制定され、第二子出産の条件が定められていった。第一子が非遺伝性疾患の場合、再婚カップルである場合、等の他、もっとも適用対象が多かったのは、多くの農村部で第一子が女児の場合、数年間（多くは四年間）の出産間隔を空ければ第二子の出産が認められるという規定である。[43] 都市ではかなり厳格な「一人っ子政策」が継続していたが、多くの農村部ではほぼ半数の夫婦に第二子が認められることとなり、「一・五子（一・五胎）」などと言われた。本書でも、このシステムを「一・五子」体制と呼ぶ。

この「一・五子」体制は、女児は男児より価値が劣ることを国家が公認した、きわめてジェンダーバイアスの強い政策であり、男女平等を国是としてきた中華人民共和国政府は、父系血統主義の家父長制との大きな妥協を強いられたといえる。「一人っ子政策」が策定された時、これを実行すればひどい女児・女性迫害が起こることは想定されておらず、宋健ら科学者のグループは出生率は政策で自由にコントロールできると考えていたという。社会科学者の梁中堂たちさえジェンダー問題には注意を払っていなかった。[44] この時期はちょうど改革開放政策の開始期で、集団農業が解体して農業の個別農家請負制が広がった（つまり小農経営が復活しつつあった）時で、農家が力仕事ができ跡つぎとなる男児を望む気持ちが強くなっていたことが、ジェンダー問題の先鋭化に拍車をかけたという側面もあった。「一・五子」体制は、農村の計画出産の現場をある程度は落ち着かせた。とはいえその後も、出生性比の不均衡はだんだんとひどくなり、九〇年代に胎児の超音波診断装置が普及すると、性別選択的中絶が（如何に禁じられても）まかり通るようになった。

八〇年代後半には、このように中央の意図が必ずしも貫徹せず、出生率も低下しなかった。こうした中で、一九九〇年代には政策の規定のより厳格な執行が追求されるようになり、⑧「一人っ子政策」強化期（一九九一〜九〇年代半ば）となる。一九九一年五月、中共中央国務院「計画出産工作を強化し厳格に人口増加をコントロールすることについての決定」（九号文件）が出された。[45] これは計画出産をさらにしっかりと指導するため、各レベルの（計画出産担当者だけでなく）党・政府の指導者が責任を持って工作を進めよ、というものである。この後、計画出産の達成度は以前にも増して幹部の評価の上で重視されるようになり、現場でのサボタージュなどは難しくなった。

一九九五年、北京で第四回国連女性会議が開催された。天安門事件後、欧米諸国から制裁を受けていた中国が国際社会に復帰する上でも重要な会議であった。ここではリプロダクティブ・ヘルス&ライツの重要性が議論され、また女性を教育などによってエンパワメントし開発によって経済発展を実現することが出生率を下げることが示された。婦女連合会はこの会議に運営も含めて深く関わったが、計画出産の第一線で働いてきた婦女連の幹部をはじめとする多くの中国の人々が、上記の様な考え方に触れて「世界と軌道を接した」ことは、計画出産に新しい風を吹かせる要因となった。[46] 九〇年代半ば以降、出生率が低下して、人口増加を抑えることが以前ほど緊張した仕事でなくなったこともあり、計画出産にはリプロダクティブ・ヘルスを取り入れたよりヒューマンな「優れたサービス」も模索されるようになって、[47] ⑨「一人っ子政策」変容期（一九九〇年代後半~二〇〇〇年代半ば）となった。二〇〇一年には、各地の計画出産条例を集大成した中華人民共和国「人口と計画出産法」も成立して、ようやく計画出産に法的根拠が与えられた。[48] こうして法に基づいたよりソフトな政策執行が目指されるよ

43……上海などの大都市近郊農村ではより条件が厳しく、全ての農村ではない。漢族以外の少数民族は、一人多い子供が許され、また、井戸掘りなど危険な仕事を世襲している場合も多めの子供が許されるなど、規定には詳細な条件がある。

44……Greenhalgh, op.cit, pp.263-268.

45……前掲路遇・翟振武主編『新中国人口六十年』八一七頁。九号文件は前掲彭佩雲主編『中国計画生育全書』三三~三五頁。

46……第四回国連世界女性会議については、秋山洋子「中国におけるフェミニズムと女性/ジェンダー研究の展開」、前掲小浜等編『中国ジェンダー史研究入門』、参照。

47……顧宝昌「計画出産の改革——リプロダクティブ・ヘルスをめぐって」、若林敬子編著『中国 人口問題のいま——中国人研究者の視点から』（筒井紀美訳）ミネルヴァ書房、二〇〇六年。張開寧主編『中国性与生殖健康三〇年』社会科学文献出版社、二〇〇八年。

48……同法の日本語訳は、前掲若林・聶編『中国人口問題の年譜と統計』二五〇~二五三頁で見ることができる。

うになったが、国家による出生統制自体は、当分の間継続するものとされた。

二一世紀にはいるとさらに出生率は低下して政策転換が射程に入り、⑩「一人っ子政策」終束期（二〇〇〇年代半ば～二〇一五年）となった。むしろ将来の少子高齢化を心配する人口学者も出現して、[49]いつ、どのように（「一・五人」体制を含む）「一人っ子政策」を終了するかが議論されるようになった。二〇一三年には「単独二孩」（夫婦の一方が一人っ子なら法的第二子を許可）が実施され、政策が緩和された。[50]

### (3)「一人っ子政策」以後

二〇一五年一〇月、翌年一月から全ての夫婦に第二子の出産が認められることになり、翌二〇一六年より、⑪「二人っ子政策」期（二〇一六年～）となった。[51]計画出産は、大きな節目を迎えたといえる。しかしながら出生数は政府が予想していたほどには増加せず、進展する少子高齢化に如何に対応するかが中国社会の課題であることが明確になった。[52]また、計画出産政策そのものは現在も継続しており、子供をいつどれだけ産むかは、依然として国家の統制下にあることも忘れてはならない。


以上、中国の中央政府の人口政策の変遷をたどってきた。とはいえ中国では中央の政策が必ずしも全国の末端までその通りに実行されるとは限らず、地方による偏差がとても大きい。それは、制度自体が地域の状況に合わせて柔軟に制定される部分を含むということと、規定通りにそれが実行されない――行政幹部のサボタージュや抵抗のためのこともあれば、住民の面従腹背や反抗のための部分もある――ことがあるという、制度と運用の両方の理由による。それゆえここに示したものは、そのような各地域の実態を見るうえでの目安となる中央の政策とその時期区分であり、各地の現場でその時期区分通りに政策執行の実態が変化したわけではない。

次章以下で、このような人の出生を国家が完全に統制する体制が如何にして形成され運用されていったのかを、具体的に見てゆこう。次章では、生と生殖に関わる言論がプライベートなものから政治に統御されるように変化した一九五〇年代の言説空間の変化を、新聞記事から探る。

49……代表的な著作として、易富賢『大国空巣――反思中国計画生育政策』中国発展出版社、二〇一三年。また、何亜福『人口危局――反思中国計画生育政策』中国発展出版社、二〇一三年。

50……二〇一三年一二月二八日に全国人民代表大会常務委員会を通過した「関於調整完善生育政策的決議」により、地方ごとに現地の情況に基づいて、夫婦の一方が一人っ子の場合は第二子の出産を認める運用が可能になり、多くの省や特別市で二〇一四年前半から実施された。(https://baike.baidu.com/item/%E5%8D%95%E7%8B%AC%E4%BA%8C%E5%AD%A9#2 二〇一九年一一月九日アクセス)

51……序章注5参照。

52……前注17参照。

# 第二章

# 非合法堕胎から計画出産へ

## ——中華人民共和国成立前後の性と生殖をめぐる言説空間の変容

母子の保護は新中国の政策の柱のひとつであった。写真は『中国衛生画刊』(中央人民政府衛生部衛生画刊編審委員会主編、1950年）より。見出しには「母親と児童・嬰児の健康を保護する」とある。

中華人民共和国の成立は、中国社会に支配秩序と正統性の転換を伴う大きな変動をもたらした。それは、たんなる支配者の交代にとどまらず、善悪・正邪の構造転換を含む文化の変容であった。本章では、こうした価値体系の変化の中の、新聞というメディアにおける生殖コントロールに関する言説を、中華民国期から人民共和国初期の一九五〇年代までの間について検討し、政治権力が生殖に介入することを正統化するような認識が中国社会においてどのようにして形成されたかを考察する。

人の再生産を量的にコントロールする避妊・堕胎（人工流産）などに関する認識は、その社会の経済的条件をはじめ、生命観、倫理観、家族観念、ジェンダー構造および技術的条件などを反映する。前章で見たように、中華人民共和国の人口政策は、一九五〇年代にとりわけ大きく変動した。この間、政府の宣伝部の指導下におかれた新聞紙上で生殖コントロール、ひいてはリプロダクション全般がどのように論じられているかから、当時の中国社会における生殖をめぐる言説空間の構造とその変化を検討し、政府が強力に人口政策を打ち出し子供をいつ何人産むかに介入できるような認識がどのように形成されたのかを考察する。従来の研究は、近代中国において知識人が産児調節や優生学をどのように論じてきたかを、かなり明らかにしてきた。[1] しかし具体的な手段である堕胎や避妊の論じられ方や、そこに反映される政権や民衆の性と生殖をめぐる意識については、あまり注意してこなかった。本章では、『文匯報』をはじめとする新聞紙上で避妊や堕胎・人工流産がどのように論じられていたかを検討し、中華人民共和国成立前後の生殖コントロールをめぐる言説空間の構造とその変容を論じてゆく。

## 1 新聞紙上に出現する「避妊」と「堕胎」

本章で使用する基本史料は『文匯報』および『人民日報』『新民晩報』(各電子盤)である。[2] 特に一九三〇年代から発行されて長期的な変化をたどることのできる『文匯報』を中心に、中国共産党中央機関紙の『人民日報』と、夕刊紙の『新民晩報』の記事も併せて検討する。

『文匯報』は、日中戦争中の一九三八年一月に「孤島」上海で創刊され、三九年六月に対日協力政権により停刊とされて四五年八月一八日に復刊、四七年五月末に国民政府に命じられて再度停刊し、中国共産党による上海「解放」直後の四九年六月に再復刊した。その後、五六年四月に中央政府より刊行を終結して北京で『教師報』を創刊するよう命じられたが、同年一〇月に上海での復刊を許されている。『新民晩報』は四六年五月より上海で夕刊紙として刊行され、四七年五月に『文匯報』と同様に停刊するも同年七月復刊、解放後も引き続き刊行を許された。『人民日報』は四六年五月に華北の解放区で晋冀魯豫軍区中央機関紙として創刊され、四九年八月より中国共産党中央委機関紙となった。

1……Dikötter, Frank, *Imperfect Conceptions : Medical Knowledge, Birth Defects and Eugenics in China*, Columbia Univ Press, 1998. 姚毅「母性自決か、民族改良か――一九二〇年代の中国における産児調節の言説を中心に」『中国女性史研究』一一、二〇〇二年。坂元ひろ子『中国民族主義の神話――人種・身体・ジェンダー』岩波書店、二〇〇四年。呂芳上「個人の選択か、国家の政策か:近代中国産児調節運動の展開――サンガー夫人の訪中および『婦女雑誌』の産児調節特集より」、村田雄二郎編『『婦女雑誌』からみる近代中国女性』研文出版、二〇〇五年。吉澤誠一郎「二〇世紀中国における人口論の展開」『歴史学研究』九七八、二〇一八年。陳永生編著『中国近代節制生育史要』蘇州大学出版社、二〇一三年。

2……《文匯報図文数拠光盤(一九三八―一九九九)》文匯新民聯合報業集団、二〇〇三年、《新民晩報図文数拠光盤(一九四六―一九九九)》同前、《人民日報五二年図文数拠系列光盤》人民日報社、一九九八年。

**表2－1　『文匯報』『新民晩報』『人民日報』紙上に「避孕」の語の出現する記事数**

| 年 | 1938 | 1939 | 1940 － 1944 | 1945 | 1946 | 1947 | 1948 | 1949 |
|---|---|---|---|---|---|---|---|---|
| 文匯報 | 0 | 1 | 停刊 | 0 | 2 | 3 | 停刊 | 8 |
| 新民晩報 | | | – | | 0 | 1 | 5 | 2 |
| 人民日報 | | | – | | 0 | 0 | 0 | 0 |

| 年 | 1950 | 1951 | 1952 | 1953 | 1954 | 1955 | 1956 | 1957 | 1958 | 1959 |
|---|---|---|---|---|---|---|---|---|---|---|
| 文匯報 | 8 | 4 | 0 | 0 | 0 | 4 | 10* | 55 | 21 | 3 |
| 新民晩報 | 0 | 3 | 0 | 0 | 1 | 8 | 24 | 70 | 41 | 1 |
| 人民日報 | 0 | 2 | 0 | 0 | 1 | 0 | 10 | 68 | 22 | 1 |

| 年 | 1960 | 1961 | 1962 | 1963 | 1964 | 1965 | 1966 | 1967 | 1968 | 1969 |
|---|---|---|---|---|---|---|---|---|---|---|
| 文匯報 | 1 | 0 | 3 | 3 | 2 | 1 | 0 | 0 | 0 | 0 |
| 新民晩報 | 0 | 0 | 13 | 26 | 13 | 4 | 1 | | 停刊 | |
| 人民日報 | 0 | 0 | 1 | 0 | 1 | 0 | 1 | 0 | 0 | 1 |

| 年 | 1970 | 1971 | 1972 | 1973 | 1974 | 1975 | 1976 | 1977 | 1978 | 1979 |
|---|---|---|---|---|---|---|---|---|---|---|
| 文匯報 | 1 | 1 | 0 | 2 | 0 | 0 | 0 | 1 | 4 | 5 |
| 新民晩報 | | | | | 停刊 | | | | | |
| 人民日報 | 1 | 1 | 1 | 3 | 1 | 2 | 1 | 1 | 6 | 10 |

| 年 | 1980 | 1981 | 1982 | 1983 | 1984 | 1985 | 1986 | 1987 | 1988 | 1989 |
|---|---|---|---|---|---|---|---|---|---|---|
| 文匯報 | 9 | 9 | 17 | 27 | 11 | 10 | 11 | 6 | 12 | 13 |
| 新民晩報 | 停刊 | | 12 | 15 | 6 | 6 | 10 | 11 | 23 | 25 |
| 人民日報 | 37 | 33 | 33 | 42 | 26 | 27 | 40 | 29 | 34 | 37 |

《文匯報図文数拠光盤（1938 － 1999）》《新民晩報図文数拠光盤（1946 － 1999）》（ともに文匯新民聯合報業集団、2003年）、《人民日報五十年図文数拠系列光盤》（人民日報社、1998 年）の検索より作成。

＊『文匯報』は、1956 年 4 月 28 日～ 9 月末の間、停刊している。
『新民晩報』は、1966 年 8 月～ 1981 年末の間、停刊している。

### 表2―2　『文匯報』『新民晩報』『人民日報』紙上に「堕胎」の語の出現する記事数

| 年 | 1938 | 1939 | 1940 - 1944 | 1945 | 1946 | 1947 | 1948 | 1949 |
|---|---|---|---|---|---|---|---|---|
| 文匯報 | 32 | 14 | 停刊 | 0 | 5 | 3 | 停刊 | 5 |
| 新民晩報 | | | – | | 1 | 4 | 5 | 3 |
| 人民日報 | | | – | | 0 | 1 | 0 | 1 |

| 年 | 1950 | 1951 | 1952 | 1953 | 1954 | 1955 | 1956 | 1957 | 1958 | 1959 |
|---|---|---|---|---|---|---|---|---|---|---|
| 文匯報 | 11 | 14 | 1 | 0 | 1 | 2 | 0* | 14 | 1 | 0 |
| 新民晩報 | 2 | 9 | 2 | 2 | 1 | 1 | 5 | 5 | 1 | 1 |
| 人民日報 | 0 | 4 | 0 | 1 | 2 | 0 | 2 | 9 | 3 | 1 |

| 年 | 1960 | 1961 | 1962 | 1963 | 1964 | 1965 | 1966 | 1967 | 1968 | 1969 |
|---|---|---|---|---|---|---|---|---|---|---|
| 文匯報 | 0 | 1 | 2 | 0 | 0 | 0 | 0 | 0 | 0 | 0 |
| 新民晩報 | 0 | 0 | 0 | 1 | 2 | 0 | 0 | | 停刊 | |
| 人民日報 | 0 | 2 | 0 | 0 | 0 | 0 | 0 | 0 | 0 | 0 |

| 年 | 1970 | 1971 | 1972 | 1973 | 1974 | 1975 | 1976 | 1977 | 1978 | 1979 |
|---|---|---|---|---|---|---|---|---|---|---|
| 文匯報 | 0 | 0 | 0 | 0 | 0 | 0 | 0 | 0 | 0 | 0 |
| 新民晩報 | | | | | 停刊 | | | | | |
| 人民日報 | 0 | 0 | 0 | 0 | 0 | 0 | 0 | 1 | 0 | 0 |

| 年 | 1980 | 1981 | 1982 | 1983 | 1984 | 1985 | 1986 | 1987 | 1988 | 1989 |
|---|---|---|---|---|---|---|---|---|---|---|
| 文匯報 | 2 | 7 | 3 | 1 | 2 | 8 | 5 | 7 | 7 | 4 |
| 新民晩報 | 停刊 | | 2 | 4 | 1 | 4 | 8 | 8 | 7 | 6 |
| 人民日報 | 5 | 3 | 4 | 3 | 6 | 9 | 4 | 8 | 10 | 9 |

《文匯報図文数拠光盤（1938 − 1999）》《新民晩報図文数拠光盤（1946 − 1999）》（ともに文匯新民聯合報業集団、2003 年）、《人民日報五十年図文数拠系列光盤》（人民日報社、1998 年）の検索より作成。

＊『文匯報』は、1956 年 4 月 28 日～ 9 月末の間、停刊している。
『新民晩報』は、1966 年 8 月～ 1981 年末の間、停刊している。

まず、データベース検索によって一九八九年までの各紙上で「避孕」(避妊の中国語表現)・「堕胎」の語が出現する本文記事の数を年ごとにまとめると、表2―1・表2―2のようであった。

表2―1・表2―2より、「避孕」「堕胎」の語の出現する記事の数は、時期によって差があるが、各紙の間では記事数が多い時期と少ない時期は基本的に一致していることがわかる。

「避孕」の語は、民国期から『文匯報』『新民晩報』でときどき使われていたが、五一年以後、三紙ともに出現回数の多い年と、三紙ともに全く見えない年との差は明白である。すなわち五二・五三年にはこの語はともに全く使われず、五六～五八年には三紙ともに二桁の使用頻度が見える。五九年には三紙ともに使用回数はわずかで、六一年にはともに全く出現していない。その後も、六二～六四年に『新民晩報』での出現数がやや多い他は、おおむね六〇～七〇年代の出現数は少なく(ただし『新民晩報』は六六年八月に文革が開始してから八一年末まで停刊している)、八〇年代になると三紙ともに多くなっている。「人工流産」の語の出現回数も、同じ傾向があった。[3]五二年以後、生殖コントロールが政策的に推進される時期に、こうした生殖コントロールの具体的手段を示す語の出現回数が増えるはっきりした傾向があるといえる。

「堕胎」の語は、民国期および人民共和国成立当初にとくに『文匯報』にかなり出現し(『人民日報』にはあまり出現していない)、その後は減少して、一九五七年にまた出現回数が増えている。六〇～七〇年代にはほとんど見えず、八〇年代には時々使用されるようになっている。

各紙の論調の違同についてあらかじめ述べておけば、各時期の具体的な問題についての論調には各紙で大きな差はなく――とはいえ特定の問題については違いが見られることもあった[4]――基本的な方向は一致していた。つまり、『人民日報』が全体として生殖コントロール推進の時期は、『文匯報』も『新民晩報』もそうであり、『人民日報』は推進派で『文匯報』は反対派だ、というようなことは基本的には見られない。このような各紙の論調の基本的一致は、人民共和国成立直後から新聞各紙の重要ニュースは新華社の原稿を基準とするものとされ、五二年頃までには中国共産党宣伝部による各新聞への内部的指導が、強力に行われるようになったためである。[5]

新聞は、報道ではなく宣伝のツールであり、党と政府の「喉と口」だという体制は、人民共和国樹立後すみやかに成立した。したがって、ここでそれぞれの時期の各紙の記事を取り上げるのは、各紙の論調を比較するというよりは、その時期の議論を相補的に論じるためである。

では、具体的にどのように論じられたのか、記事を見ながら検討しよう。

## 2 中華民国期の堕胎をめぐる観念

二〇世紀前半の中華民国期の中国社会では、嬰児殺し（infanticide）は、法律上は、清代以前と同じく殺人として扱われた。だが実際には、「溺女」と呼ばれて、とりわけ女児に対して、あまり犯罪意識なくしばしば行われていた。

堕胎（妊娠中絶、abortion）については、やや複雑である。刑法（一九一二年の刑法草案および一九三五年の中華民国刑法）は、堕胎を犯罪と規定していた。[6]また、北洋政府が制定した管理医師暫行規則（一九二二年）および助

3……各紙の電子版の検索による。『人民日報』については、小浜「中華人民共和国初期の上海における人口政策と生殖コントロールの普及」、富田武・李静和編『家族の変容とジェンダー』日本評論社、二〇〇六年、表11―2に数値を掲げた。

4……例えば一九五七年の所謂「人口論論争」では、『人民日報』より『文匯報』の方が、人口増加抑制を主張する意見が相対的に多いように思われる（この点について、文匯報報史研究室『文匯報史略一九四九・六―一九六六・五』文匯出版社、一九九七年、一一七～一二二頁参照）。ただし同時期の「避孕」をめぐる議論では、大きな違いは見られない。

5……張済順「従民弁到党管――上海市営報業的改制与改人（一九四九―一九五三）」『遠去的都市――一九五〇年代的上海』社会科学文献出版社、二〇一五年。また張詒和『嵐を生きた中国知識人』（横澤泰夫訳）集広舎、二〇〇七年、第二章。

6……中国第二歴史檔案館編『中華民国史檔案史料匯編　第三輯政治（一）』江蘇人民出版社、一九九一年、二六五～二六六頁、『同第五輯第一編政治』江蘇人民出版社、一九九四年、四九九九頁。

産士を取り締まる全国的な法律として始めて制定された南京国民政府の助産士条例（一九二八年）は、医師や助産士は堕胎を行ってはならず、その場合は免許取消になる、と規定していた。助産士が堕胎を行えない規則はその後もずっと存在するが、医師については一九二九年の医師暫行規則にはその規定が消滅しており、治療のための人工流産への道を開くものと思われる[7]。

避妊については、伝統的民間療法（「単方」）によるものは清代以前から行われていたが、マスメディアの上に登場するのは、一九二二年にサンガー夫人が中国を訪問して産児調節を説いてからであり、これを契機に中国語で節制生育と呼ばれた生殖コントロールが活発に議論されるようになった[8]。表2―1では、人民共和国成立以前の新聞記事に「避孕」の語が登場する回数は、『文匯報』の一九三八年一月～三九年五月に一本、四五年八月～四七年五月には五本で、それほど多くはない。その内容は、「陳愈衷医師指導避孕法」（『文匯報』一九三九年四月五日）のように、実際の避妊方法を紹介するものがほとんどである。べつに、避妊の処置をしている医院などの広告もときどき新聞紙上に見える[9]。民国期には、節制生育の概念は知識層を中心にある程度浸透していたが、実際に避妊をしていたのは、ごく一部の人々であったと思われる。すなわち避妊は推進・普及させるべきものと捉えられているが、あまり大がかりに宣伝されているわけではなかった。

「堕胎」の語の方が、新聞紙上に登場する回数が多かった。一九三八年一月～三九年五月末の『文匯報』の記事で「堕胎」の語が使われているものは合計四六本あった（表2―1）。そこでの「堕胎」という語の使用法はいろいろで、小説の中で使われたり、一般論として堕胎を論じるものもあるが、ここでは実際に起こった事件が報じられた事例を検討する。

「堕胎」関連で報じられた事件は一五件である。そのうち、女道士が病気治療のつもりで針をうって妊娠しているとは知らずに女性を流産させてしまった事件が一件あるが（『文匯報』一九三八年八月二八日）、これは意図して行った堕胎ではない。それ以外の一四件のうち、既に六人の子どもがある既婚女性が妊娠して堕胎しようと服薬したが、失敗して入院し堕胎が露見して刑法堕胎罪により処罰された事例が一件、同じく五人の子持ちの女性が堕胎しようとして死亡し、薬を売った医師が処罰された事例が一件ある（同一九三八年三月二四日、一九三九年三月九日）。子だくさんの既婚女性の堕胎はこの二件である。

次の例の女性は身元不明だが、いかにも人に知られず堕胎しようとした様子である。

……去年の七月一五日の夜、女中のような様子の女性が中国医学の王医師の所にやって来て、堕胎をしてくれと頼んだ。一五元で話がまとまり、まず一〇元を払って、王は手術を行った。はからずも王の手術は失敗し、女性はその晩絶命した。王は大きな禍がやって来たことを知り、家族を連れてその夜のうちに逃げ出した……（翌朝、近所の女性が女性の死体を発見して警察に届け）……王は逮捕されて裁判所に送られた。（『文匯報』一九三八年一二月二〇日）

残りの一一件は、婚姻外性関係の結果の妊娠に関わるものである。うち三件は、相手の男性が堕胎させようとしたが、女性が同意せず訴えるなどして、結局堕胎しなかったケースで、[10] 八件は、堕胎した結果、女性が重病になったり死亡したりして露見し、当の女性、堕胎師、相手の男性、堕胎師を紹介した者などが裁かれて新聞沙汰になったものである。[11] このうちのひとつは、著名な実業家朱葆三の娘婿の陸某が自宅で女中として働いていた女

7……陳明光主編『中国衛生法規史料選編一九一二—一九四九・九』、上海医科大学出版社、一九九六年。

8……李伯重「堕胎・避孕与絶育」、李中清等『婚姻家庭与人口行為』北京大学出版社、二〇〇〇年、また前註1参照。

9……避妊をする医院の広告は、『申報』一九四〇年六月二五日、同一九四三年一二月一四日等。避妊方法の紹介は、郭我力編著『新女性手冊』中国図書雑誌公司、一九四〇年、五四六頁等にもみえる。

10……『文匯報』一九三八年一一月六日、一一月九日、一二月二三日。

11……『文匯報』一九三八年七月六日、九月九日、九月一三日、一〇月二七日、一一月一日、一九三九年一月一三日、一月三〇日。

性を妊娠させ堕胎させたことが訴えられた事件である。これは当時世間を騒がせたスキャンダルで、関連記事が一〇回以上に渡って掲載されている。[12]また、次のような例もある。すなわち、紹興人の寡婦童徐氏は、三五才で女中をしていたが、やもめ暮らしに耐えかねて密かに情を通じて身ごもった。人に見つかるのを恐れて、紹介された揚州人の陳陳氏のところで一一元払って堕胎をした。しかし童徐氏は堕胎によって体内が傷つき、下部の流血が止まらずひどくなったので、病院に行って治療しようとして堕胎をしたことがわかり、静安寺の警察に通報された。陳陳氏と堕胎を教唆した男性らは逮捕された。童徐氏は入院中なので、日を改めて訊問する、と。(『文匯報』一九三八年九月九日)

以上に見た堕胎に関わる記事の報じられ方より、次のようなことがわかる。第一に、堕胎は禁じられていたが、服薬や医師、産婆などの手によってかなり頻繁に行われていた。そのうち、女性が同意せずに訴えたり失敗して病院に担ぎ込まれたり死亡したりといった事件性のある場合に露見し、法によって処罰されてニュースとなっている。このことは、人々に(非合法な)堕胎は危険である、というイメージを持たせるものでもあったろう。第二に、報道された堕胎は、婚姻外性関係による妊娠のケースが多いことである。一四例中の一一件がそうで、先の身元不明の女性の一件もその可能性が非常に高い。

当時の人々が堕胎をどのように考えていたかは、次の記事からも見て取れる。

堕胎による悲劇は尽きることがなく、重大な社会問題でもある。……あわれ彼女はことの軽重をわきまえず「夫の収入が少なく」「出産が過密すぎて疲れ果てている」という二重の原因のもと、敢えて法に反して罪を犯して堕胎という間違いを犯し、その結果、胎児だけではなく母体までも亡くしてしまった。

……もうひとつの原因は、上海は犯罪都市で、色情の誘惑に満ちていることで、青年男女がやむにやまれず情に任せて身ごもっても、……種種の条件が許さず恋人と家庭を持つことがかなわないとなると、両親と自分の「名誉」のため、特に女性の方は、未来の子供を親族友人の前に公表することができず、こっそりと医者や無知な産婆の所へ行って堕胎するものも少なくない。(『文匯報』一九三九年三月一五日)

これによると、堕胎は貧しさ等により子だくさんを回避するためのものと、婚姻外性関係の結果の妊娠を始末するためのものとの、二つの場合があると思われていた。そして、事件性のあるケースが報道された民国期の新聞紙上には後者が登場することが圧倒的に多かった。ここで見たような報道からは、堕胎とはたんに非合法なだけでなく、婚姻外性関係と関連が強い、危険なものである、というイメージが作られ、堕胎は二重三重に「うしろ暗いこと」だ、という観念が形成されていたと思われる。

『文匯報』は戦後、一九四五年八月一八日に復刊し、四七年五月二五日から再度停刊する。この間の紙面で「堕胎」に言及した記事は、三八〜三九年より減少して合計八本である。この時期には警察当局が囮捜査で堕胎医を摘発した事件や、堕胎を不良風俗として市政府が禁じたことなどが報じられており[13]、三〇年代と較べると、とくに事件性がなくても「堕胎そのもの」が、当局からより問題視されるようになっている。

## 3 中華人民共和国初期の言説空間

一九四九年一〇月に成立した中華人民共和国は、建国の原則に、男女平等と、母親と嬰児・児童の健康の保護

12……『文匯報』一九三八年九月二日、一〇月二日、一〇月七日、一〇月九日、一〇月一九日、一〇月二八日、一一月一八日、一一月三〇日、一二月一一日、一二月一二日、一二月一三日、一二月二二日、一二月二九日、一九三九年一月一六日等。

13……『文匯報』一九四六年一〇月一九日、一一月二三日。

を掲げ、五〇年五月には男女平等原則に基づく「中華人民共和国婚姻法」が公布施行された。また、新聞は階級闘争の道具であるとされ、上海で発行されていた各民営新聞は政府の統制下に入った。『申報』『新聞報』は反動的な政治背景があるとして没収されたが、停刊していた『文匯報』は復刊を遂げ、『新民晩報』は刊行を継続して、政務院文化教育委員会所属の新聞総署の管轄下におかれることになった。[14] こうした中で、生殖コントロールはどのように論じられたのか、検討していこう。

## (1) 堕胎への糾弾

人民共和国成立直後の『人民日報』の「児童保育事業的発展」（一九四九年一一月九日）という記事は、「人民政府は明確に溺嬰や堕胎を禁止している」として、「旧中国の社会では打胎（＝堕胎）や溺嬰や子供の売買はとてもありふれた現象であった」ことと対比させている。このように、旧社会と堕胎を結びつけ、新中国をそれと対照させる言説は他にも見える。

> 旧社会では女性と子供は弱者であって最も抑圧されていた。封建社会では女性には全く地位がなく、資本主義社会では女性は働くことができても非常な差別を受け、特に子供のいる女性は最も嫌われた。……多くの既婚の女性は働くために未婚だと偽り、子供は世話のしようがなく、妊娠したらお腹をきつく捲いて（わからないようにし）、時にはみだりに堕胎する（しかない）など、その苦痛たるや想うべしである。
> 新中国の女性はそうではない。真に解放され、工場や他の職場で既婚の女性を雇わないことはもはやなく、出産には休暇があり給料が出て、託児施設のあるところまであり、子供を気にかける必要はもうない。（「婦女解放与幼児教養」（章柳泉）『文匯報』一九五一年三月七日）

また、社会体制の優劣を堕胎と結びつけて論じる記事もある。ソ連では母子保健の水準は世界一で、堕胎は禁じられ、子供がたくさんいると補助があるのに対して、日本では多くの女性が生活苦から堕胎している、と資本主義国である日本の女性や子供の悲惨さを強調するのに堕胎の多さが挙げられている[15]。以上のような言説は、第一の類型である貧しさによる堕胎を、新中国では必要なくなった、とするものである[16]。こうした論調は、やがて次のような、堕胎した女性を「ブルジョア思想の影響」を受けていると糾弾するものへとエスカレートした。

当地のある小学校教師は、……妊娠していることがわかると、勝手に服薬して堕胎した。のち、全校の教員は怒って彼女を問いつめ、真面目に反省することを迫った。しかし彼女はかえって理路整然と堕胎は「生活」のためだと開き直った。……誰でも知っているが、解放後、物価はとても落ち着いており、とくに三反・五反運動（汚職・腐敗に反対する政治運動）の後は多くのものが値下がりし、一般庶民の生活水準はおしなべて向上した。……彼女の堕胎は決して「生活」のためではなく、「より良い教育をする」ためでもなく、実のところ「享楽」のためである。……個人の楽しみを追求するために、次世代を傷つけるとは、ブルジョア思想の影響をひどく受けていることを証明していないか？　子供は個人の私有財産だというのか？　欲しかったら産み、要らなかったら堕ろす、こんなことは人民の教師のすることといえるか？「堕胎」は人道にもとり、違法な行為であり、ブルジョア階級の社会でのみ存在するもので、新中国では絶対に許されず、我々もけっして許さないものである。（『文匯報』一九五二年六月二六日）

14……前掲張済順「従民弁到党管」参照。

15……『文匯報』一九五〇年一一月七日。

16……『文匯報』一九五一年三月二九日。『人民日報』一九五一年三月三〇日、六月二〇日。なお、日本では戦後のベビーブームによる出生の急増に対して、急速すぎる人口増を抑える意味で優生保護法が改正され妊娠中絶への制限が大幅に緩和されて、この時期には中絶件数が非常に多かった（やがて避妊が普及して中絶はやや減少する）。こうした現象が当時の中国では、資本主義制度の故である、という文脈で紹介されていたわけである。

このようにして、新中国では生活苦などのために堕胎することはもはや許容されない、という言説空間が形成されていった。逆に、多子の母親を「光栄ママ」などとして表彰することも行われるようになった[17]。堕胎の第二の類型、すなわち婚外関係に関わるものは、婚姻法の原則を定着させるために当時全国的に展開されていた婚姻法貫徹運動の中で指弾された。次の例を見てみよう。

> 新婚姻法は堕胎行為を必ず制裁する。人民法院は最近二つの堕胎事件に判決を下した。
> 一、趙秀英（女、二一才）は、まだ結婚していないが、妻のある王友洪と姦通して妊娠した。去年の陰暦一二月四日、王友洪は産婆の徐桂英と費用を相談の上、午後に堕胎を実行した。ことは衛志忠の知るところとなり、趙の父に告げられて新涇交番に届けられ、趙・王・徐は捕えられた。訊問の際、趙は逆に衛志忠が強姦したと誣告した。人民法院は取り調べの後、判決を下して、趙は妻のある相手と姦通して堕胎し、また人を誣告したと八カ月の徒刑に処した。王は結婚していながら人と姦通し、堕胎を手伝ったとして六カ月の徒刑となった。衛は無罪となった。……（『文匯報』一九五〇年六月一一日）

この記事の二番目の事件は、婚外関係によって妊娠した有夫の女性が堕胎して発覚し、姦夫・堕胎を施した産婆とともに処罰された、というものである。また、ある職工が「原告を誘って肉体関係を結び、目的を達した後は原告を捨てて顧みなかった。しかも原告に堕胎しろと迫った。このように心を失い理に悖って女性を蹂躙するのは、実に婚姻法の許さないものである」（『文匯報』一九五一年一二月二日）と処罰された例も見える。

このように、婚姻法貫徹運動の中で、さまざまな婚姻外性関係は厳しく批判され、堕胎はそれに伴う悪行として糾弾された。婚姻法は「溺嬰の厳禁」を明記していても（第一三条）、堕胎については特に規定はないのだが、先の記事は「新婚姻法は堕胎行為を必ず制裁する」と、堕胎それ自体を許さない、としている。

また人民共和国成立後、繰り返される政治運動の中で、人民の敵として糾弾される対象の悪行として堕胎に言及されることもしばしばあった。ある地主が卑女を妊娠させ堕胎させた、特務《スパイ》流氓《チンピラ》悪覇《ゴロツキ》が妊婦を蹴飛ばして堕胎

（流産）させた、などである。また、土地改革の中で処罰された反革命犯の悪行に、多くの女性を妊娠・堕胎させたことが並べられている例もある。[18] こうして堕胎は、婚姻外性関係と関連した倫理的な悪行としてイメージされるだけでなく、政治的に問題のある人物とも強い相関を持つようになっていった。

さらに、医療関係者が堕胎を施すことも、強い社会的制裁の対象となった。

本市邑廟区……に住む旧産婆張臘梅は、今年三七才である。二四歳の時から助産を始めて、現在までに一四年になる。しかし彼女は表では助産をして、裏ではなんとあの〝堕胎〟という非合法の商売をしていたのだ。去年三月、彼女は妊婦に堕胎を紹介したとして廬湾区人民法院の訓戒を受けた。

最近、邑廟区人民政府衛生科は旧産婆の学習班を組織して、張臘梅も参加させた。理に照らしていえば、学習を通じて、彼女はよく改造され、自分を高めて進んで人民のために奉仕するようになるべきだ。にもかかわらず張臘梅はそのようには考えず、口では耳ざわりの良いことを言いながら、心の中では〝以前の商売〟を忘れられなかった。今年五月に、また一度商売をしたが、しかし二時間も経たないうちに張の秘密の商売は邑廟公安分局の捜査するところとなり、つかまって人民法院に送られた。法院は彼女が何度も諭されても改めないことを明らかにし、一年の徒刑に処した。（『新民晩報』一九五三年六月一五日）

紹興でも、「馮学秀という女性が婦人科小児科病院の院長である義母が非合法に人に堕胎をしていることを通

17……『文匯報』一九五〇年六月三日。「光栄ママ」の顕彰はその後も行われるが、一九五一年以後は朝鮮戦争での戦死者の母親に対するものになってゆき、現在、新聞紙上で確認できた多子であること自体に対する顕彰は一九五〇年のものだけである。しかし聞き取りをしていると、人々の記憶の中には、「五〇年代には子供の多い母親を「光栄ママ」として表象して子だくさんを奨励した」ことは、強く印象づけられていた（小浜正子『中国近現代における母子衛生政策の研究』一二〇頁、一二四頁）。

18……『文匯報』一九五〇年八月八日、一九五一年五月一六日、六月二九日。

報した。この件は法院の公開審判となって、それを通して全市の医療従事者を教育した」(『文匯報』一九五一年一一月二日)という事例が伝えられた。次章で見るように、人民共和国成立後、旧産婆は再教育を受けて認められないと出産介助の仕事を続けられなかったし、病院の経営も、合作医療化が始まっていた。このように医療関係者がそれまでの営業を継続しがたくなっていたところに、非合法堕胎によって摘発される動きが広がったのは、彼女たちにとって大きな脅威と感じられただろう。

以上のようにして、新中国では堕胎の原因であった生活苦や婚外関係はなくなったとされ、堕胎は旧社会や資本主義社会と結びつけられた。「堕胎は悪である」という言説は、倫理的にだけではなく、政治的な意味合いをもまとって、非常に強化されたのである。

## (2) 避妊への非難の開始

もうひとつの生殖コントロールの方法である避妊はどう論じられただろうか。

人民共和国成立直後の『文匯報』紙上には、読者からの相談に応えて、「消極的な堕胎ではなく、積極的な避孕をするように」と節制生育を推進する医師の主張が見える。

一　あなたの手紙によれば、生活の困難とまもなく革命事業に参加するため、すでに身ごもっている子供を堕ろすという。あなたの情況には同情するが、しかし医師は治療のためにだけ人工流産ができるので、決して違法な堕胎はできないから、あなたの要望には応えられない。しかも、あなたは初めての妊娠であるからとりわけ堕胎してはならない。……当局の合理的な保護と世話も受けられるので、あなた達が堕胎などという考えを捨てることを希望する。

二　田舎の民間の子堕ろしのやり方に至っては、とても危険だから、万が一にも試したりして生命をおもちゃにすることのない様に。

三　最後に、これからは事前に積極的な避妊をすることをお勧めする。決して事後の消極的で、違法で、人道に悖る、危険な堕胎はしないように。(『文匯報』一九四九年一〇月二九日)

こうした観点から避妊方法を広める記事も一九五〇年中は掲載されていた。[19]だがそうした記事は、一九五一年五月二八日のものを最後に『文匯報』紙上から姿を消した。[20]同じ頃、『新民晩報』の記事は、次のように生殖コントロールを批判した。

資本主義国の人民が産児調節をする原因は二つある。少数のブルジョアジーは自分の享楽のために子供を嫌う。多数の労働人民は個人の生活のために子供を産むのを恐れる。戦後アメリカ帝国主義に植民地化された日本で、「子供はいらない」の声が日毎に強くなっているのは、まったく後者の理由のためだ。

我々はといえば、今日、節制生育は否定されるべきである。……我々の出産は単純に自分の「老後の備え」のためだけではなく、未来の美しい社会にしっかりした基礎を打ち立てるためでもある。だから今日、我々が節育を口にする時には、きっぱりと否定すべきである。

節育と堕胎は自然の生理に背き、女性の健康に危険を及ぼす可能性があるのは、周知のことである。以前の傀儡政権の法律の「明文規定」も表面上は堕胎を禁止していたが、実際には他の不合理な制度がかえってその盛行を促していた。もっとも顕著な例は、働く女性が結婚しているというだけでクビになる役所や企業があったことで、ましてやたくさんの子供がいたりしたら！　しかし現在の労働保険条例には女工の出産に対して充分な世話をし保障があり、各レベルの行政は出産に対して適切な精神的物質的援助を与えている……（「反節育」（棲君）『新民晩報』一九五一年四月一六日）

同年九月一四日の『人民日報』の「読書来信」欄は、「世界の有名女性紹介」にサンガー夫人が挙げられてい

19……避妊を推進する記事は、『文匯報』一九五〇年一月二〇日、四月四日、一一月二七日にみえる。

20……『文匯報』一九五一年四月一五日、四月二〇日、五月二八日。

たが、このような「完全に人民の利益と国家の政策に反して」「盲目的に節育理論を宣伝する」人物を掲載するのはけしからん、とする投書を掲載した。

このように一九五一年の春頃から、避妊を含めた節制生育全体が批判されるようになった。その後しばらく、新聞紙上に「避孕」の語は見られなくなった[21]。

以上のように人民共和国成立後の新聞紙上の言説は、生殖コントロールへの糾弾を強化していった。堕胎をしなければならないような生活苦は旧社会のもので、新中国にはなくなった（はずである）。また堕胎に繋がるような婚姻外性関係や、女性を堕胎させるような人民の敵も、旧社会の遺物として建国後の運動の中で打倒された（はずである）。したがって新中国では、解放された女性は安心して子供を産み育てられる（はずな）ので、堕胎は不要なもの、あるはずのないものであり、そのような行為は許されない――中華人民共和国成立直後の「堕胎」をめぐる言説空間は、このようなものであった。堕胎はよいことではない、という民国期以来の観念を基盤に、新中国の政治体制の優位性を根拠として、堕胎を政治的な文脈で論じるような言説空間が形成され、さらには堕胎だけでなく避妊を含む節育＝生殖コントロール全般が、批判されるようになっていったのである。

## 4　政策の変化と言説の変容――生殖コントロールの制限緩和（一九五四〜五八年）

一九五三年の人口センサスの結果、中国の人口は六億人を越えていることが判明した。これが明らかになった一九五四年から、政策は節制生育を推進する方向に変化しはじめた。次章で詳しく見るように、五四〜五五年頃には一部の病院などで節育措置が始まったが、まだ大規模には宣伝されていなかった。マスコミが節制生育を論じるようになるのは、一九五六年六月の全国人民代表大会の頃からである[22]。中国ではその後、さかんに避妊や節制生育が宣伝されるようになり、それは五八年夏頃まで続いた。すなわち人民共和国初期に激しく糾弾された堕胎や避妊が、一転して容認・宣伝されるようになったのである。そこではどんな議論が展開され、言説空間は如何に変化したのかを、検討してゆこう。

### (1) 節育の目的――母子の健康、国家と民族の発展

まず、生殖コントロールの目的はどのように論じられたのだろうか。

一九五四年に最初に公然と節育を主張したのは、邵力子だという。[23] 邵は民国期から節制生育を主張していた人物だが、同年の全人代で憲法制定に関連して次のように発言した。

人が多いのは良いことだが、困難の多い環境にあっては、いくらかの限度もあるべきだろう。憲法が、母親と児童が国家の保護を受けると規定しているのは、非常に人を鼓舞するものである。しかし、もし母親が必ず毎年一人ずつ子供を産むとしたら、身体はとても弱り、負担は重すぎる。そのうえ子供を産まない方法がないとすると、国家が彼女たちを保護するのもとても大変で、彼女たち自身の受ける苦痛は言うまでもない。……我が国では、堕胎の問題は論じずに擱くとしても、避妊の医学理論や方法は絶対に広めるべきだし、避妊の方法と道具も実際に指導し供給すべ

21……表2―1参照。なお、「堕胎」の語が何度か見えるのは、おおむね反革命犯や地主などが女性を堕胎させた、という指弾の文脈である。

22……『文匯報』は、一九五六年四月二八日～九月末の間、休刊している。しかし『人民日報』には、全人代の報道の中で、五一年九月以来ほぼ五年ぶりに「節育」の語が現れた。ソ連で、一九三二年以来禁止されていた人工流産が、スターリンの死後、一九五五年一一月に許可されたことも、こうした変化の背景にあったと思われる。

23……呉躍農「邵力子与馬寅初的『新人口論』」、章立凡編『記憶往事未付紅塵』陝西師範大学出版社、二〇〇四年。邵力子（一八八二―一九六七）は、中国共産党発起人の一人でのち離党して中国国民党で活躍し、両党をつなぐ「和平老人」としても活躍した。人民共和国では政治協商会議常務委員などを務めた。

きである。[24]

毎年のように子供を産んでいる母親たちの負担が過重になっているので、憲法で規定された母親と児童の保護を実現するため、節育を進めよう、というのである。人民共和国初期に堕胎を攻撃する根拠とされた女性と子供の保護は、ここでは節制生育の根拠とされている。

翌年の新聞紙上には、「私はまだ三〇才にならないのにもう五人の子供がいて、仕事と学習以外にこのたくさんの子供を育てなくてはならず、本当に大きな苦労を感じている。だから私は、本当に避妊は母親にとっての、特に子供の多い母親たちにとっての福音だと思う。しかしそうは思わない同志もいる。彼らは、我々が今日、社会主義を建設するのは、次の世代の幸福のためではないのか？　子供は未来の希望であり、幸福の花であり、多いほどいいではないか？　と言う」との質問に対して、「母親の心身の健康のため、より良い次の世代の扶養と教育のため、避妊措置を執るのはとても自然なことである」という回答が見える。[25]五四～五五年頃のこうした主張は、建国の原則である女性と子供の保護を前提に、生育の当事者である女性の負担軽減という視点から出発して、彼女たちの健康と子供のよりよい養育のために節制生育の必要を論じるものである。

衛生部は一九五六年八月に「避妊工作に関する指示」を出して避妊の宣伝を開始し、一一月の全国婦幼衛生工作座談会でも避妊の宣伝を推進している。その際には、避妊宣伝工作の目的は「民族の健康と繁栄のため」とされ、[26]「民族」が前面に出されていた。

衛生部長李徳全[27]は、五七年三月の第二期第三次全国政協会議では次のように述べている。

> 避妊については、この仕事が我が国の建国富強と、個人の家庭の次世代の幸福に重要な意義があることをまだわかっていないものが多く、避妊は人道に悖ると思っているものさえいる。……節育避妊を提唱し、出産の間隔を適切に調節し、計画的に出産することは、不道徳でないのみならず、まさに道徳的なやり方であり、国家が人民に高度に責任

を持つやり方である。……計画的な出産は、国家・家庭・個人・次世代に対して重大な意味がある。この宣伝を津津浦々の家ごとの男女が皆わかるまで行い、全ての避妊に対する間違った考えによる障害を打ち砕こう。(『文匯報』一九五七年三月八日)

李徳全は、少なからぬ反対者を説得するために、節制生育には個人や家庭のレベルだけでなく国家的な意味があり、また国家が責任を持つべき工作だと主張する。節育は人道的でないという反対者たちの主張は、まさに人民共和国初期に喧伝されたものであった。言説を転換させるため、国家や民族が前面に出されるようになっている。

一九五七年になると、前章で紹介したように、いわゆる「人口論論争」がたたかわされ、呉景超・全慰天・費孝通らが、人口増加が早すぎると生産力発展が追いつかないので人口増加抑制が必要、という意見を発表したのに対し、中国の人口が速いスピードで増えることの是非・国家の人口政策のあり方が議論された。『文匯報』も、紙上討論会を開催して議論を盛り上げた[28]。論争の中では、人口増加を抑制すべしとする論者も、その必要はないとする論者も、人口問題を政策的見地から論じ、生殖は国家政策の対象であることが議論の前提となっていた。


24……邵力子「在第一届全国人民代表大会第一次会議上的発言(一九五四年九月一七日)」(傅学文編『邵力子文集(下冊)』中華書局、中国近代人物文集叢書、一九八五年)一〇六八頁。

25……「怎様認識節制生育的問題」『文匯報』一九五五年四月二六日。

26……「避孕工作怎様開展」『文匯報』一九五六年一一月二六日。

27……李徳全(一八九六―一九七二)は、中華人民共和国の初代衛生部長(大臣)。クリスチャン将軍と呼ばれた馮玉祥の夫人。女性運動に活躍し、人民共和国成立後は中国紅十字総会会長、全国政治協商会議副主席などを務めた。

28……前註4および第一章五六頁参照。

女性の健康という視点から節制生育を提唱した人々も、こうした論争の中では、国家的見地から論敵を説得する必要に迫られただろう。

中華全国民主婦女連合会主席の章蘊は、五七年九月の中国婦女第三次全国代表大会の報告で、生殖コントロールについて次のように述べている。

（五）婚姻・家庭・母親と児童を保護する新しい気風をさらにしっかり打ち立てよう。

計画出産については、……女性と児童の健康を保護するため、よりよい子供の養育のため、家庭生活をさらに幸福に送れるようにするため、同時にまた社会主義建設をさらに早く発展させるため、我々は（少数民族地区を除く）全国範囲で計画出産の提唱を続ける。……計画出産を実行するには、避妊をしっかりやることが主要な方法であり、やむを得ない状況の下でのみ、人工流産を採用する。……（『文匯報』一九五七年九月一〇日）

ここでは生殖コントロールは、女性と子供の保護のためであると同時に、速やかな社会主義建設のためでもあるとして、個人的な視点と国家的な視点の両方から提唱されている。こうして生育問題は、個々の女性と子供の健康や幸福のためだけでなく、国家の社会主義建設と結びついた政策の対象となっていった。

## (2) 避妊は「不道徳」か？——「科学的」「計画的」な生育へ

一九五七年には、各地で節制生育の宣伝運動が展開され、北京で開かれた避妊知識宣伝展覧会はのべ一六四万人、上海の節制生育展覧会には一四万人を動員するなど、キャンペーンが繰り広げられた[29]。とはいえ、さきの李徳全の発言にもみえるように、さまざまな反対や抵抗があって、そう簡単にはこうしたキャンペーンは浸透しない。

同年一月の上海市二期人民代表大会では、次のような意見も出された。

この多くの女性たちは、すぐに避妊したいのだができないでいる。原因は社会にまだ少なからぬ思想上のさしさわりがあるからである。……現在、まだ多くの人が旧思想の影響を受けていて、子供を産むのは自然なことで、人為的な方法でそれに関与すべきでないと思っており、避妊を宣伝することと男女関係を乱すことを一緒にしている者もいる。
(『文匯報』一九五七年一月九日)

ここでは、「旧思想」の影響で避妊が広まらないことが報告されている。またある記事は、「避妊は性に関わるが、性は何千年来、聖人君子が恥じて語らぬことであった。性を語ると必ず人から「淫乱」「下品」と非難された。こうした封建観点は現在では正統なものではないが、しかしいまだ影響力をもっている。」そのため避妊講座を開いても誰も参加しようとしない。また女性たちが避妊をしようとしても男性から圧力を受けることがある。ある女性は避妊具を買ってきたら夫から「恥知らず」といわれたし、避妊具をもっていると同僚から嘲笑されたりされる、という。この記事は「ソ連人は避妊をあたりまえの科学的知識と見なしており、人民にはみな避妊を選択する自由がある」と、「科学的」なソ連を引き合いに出して、上にみえるような「封建観点」を批判している。[30]

次の紡績女工の様子を報じた記事も、状況をよく伝えている。

人々はまた、多くの女工が科学的な方法を知らず、民間療法を乱用して避妊や堕胎を行って危険を招いていることにも注意している……多くの工場では女工が妊娠するとキニーネや痧薬水(コレラ用の中医薬)を飲んだり、焼酎を飲んだり、混んだ電車に乗ったり、重い物を運んだりして人工的に流産することをもくろむ。

29……彭佩雲主編『中国計画生育全書』中国人口出版社、一九九七年、一二五七頁、一二五九頁。
30……「為什么不敢談避孕」『文匯報』一九五七年二月一二日。

実情を知る者には、女工達のこうした無茶なやり方もわからないものではない。統計によれば、全上海の一八万人余りの紡績女工は、平均すると毎年四人に一人が子供を産む。国棉一三廠の去年の調査では、全工場の二六才から三五才の七五六人の女工のうち、半数以上が五回以上出産している……。

出産が多すぎ、間隔が詰まりすぎているため、すでに女工達の健康と次世代の健康に影響が出ている……とても多くの女工がいつも妊娠した状態で、八時間の仕事の後でさらに子供の面倒を見、家事をしなければならないため、まだたいした年齢でもないのに弱っており、文化や技術の学習にも影響が出ている。女工の中では貧血や神経衰弱や妊娠中の高血圧や静脈膨張などの症状がとても多い。多くの女工は出勤後、子供を誰も面倒を見る人のない家の中に放っておいたり、田舎に預けたりせざるをえない。

このような事情で、女工達の避妊の要望は切実である。しかしどのようにして女工に効果的な避妊をさせるかは、今、社会が注意を払うべき問題である。現在、女工に科学的な避妊教育を行うに当たって、いつも遭遇する三つの障害がある。まず、多くの女工が結婚や出産を神秘的な私事とみなして、人に指導されることを肯んじなかった。この現象は、宣伝・教育を経て、すでに変わった。次いで、最大の障害は、今に至るまで避妊教育が女工向けのものに留まっていて、多くの男性労働者や住民の間には社会的に行き渡った宣伝が行われていないことである。とても多くの女工は、夫の同意と協力が得られないので、避妊ができない。多くの男性は妻の身になって考えようとせず、避妊の意味を理解せず、ひどい場合には妻の行動を疑ったりする。国棉九廠では、ある女工が夫に避妊を要求したら「恥知らず」と罵られた。この女工はまだ三二才なのに八回も出産しており、四十過ぎの様に見える。最後に、多くの女工は科学的な避妊の方法はとても面倒で、避妊の道具は値段が高すぎるとも感じている。これは関連方面の研究と配慮が求められる問題である。(『文匯報』一九五七年三月一日)

この記事からは、前述のような、結婚や出産を「私事」として性と生殖に関することを公共空間で語ることを恥ずかしがり、さらには避妊をすること自体が不道徳だとする観念が広範に存在していたこと、しかし多くの子供の養育の負担に喘いでいた女性の間では生殖コントロールへの要求は切実で、様々な方法で堕胎も試みられていたこと、などが見て取れる。避妊宣伝工作は、そのような女性の間ではかなり効果を挙げたが、男性にはなかなか浸透しない、というのである。
民国期から優生学者として活動していた周建人[31]は、「科学技術は党の指導から離れてはならない」という文章の中で、生殖コントロールについても触れている。

……さらに言えることは、節制生育は明らかに進歩的な措置だということである。受胎自体は生理的な自然作用であるが、現在の科学的な方法による計画的なコントロールは、はっきりと自然への支配を推し広げることで、進歩的なことである。しかも出産を減らすことは、女性の生理上の負担、両親の精神的な負担および経済的な負担を軽減することで、より多くの力を物質と精神の生産に使えるようにし、その成果をよりよいものにすることができ、社会にとって、非常に利するところがある。しかるにアメリカのサンガー夫人という看護士は、節制生育を宣伝して獄に繋がれた。これは全く不思議ではない。アメリカでは商人がもとより金儲けのために避妊薬や用具を売っているが、公開宣伝は許されない。なぜなら宗教はそもそも科学によって自然をコントロールすることに反対しており、当然人工的な避妊にも反対するからである。これが一つ。しかも、資本家と帝国主義者はより多く労働者から搾取するために産業の後備軍を必要とする……ただ社会主義体制の国家においてのみ、公開で避妊の宣伝を議論できることは、明白な道理である。（『文匯報』一九五七年三月九日）

科学によって生殖コントロールを行うのは進歩的なことであり、金もうけや宗教が幅をきかせる資本主義国ではなく社会主義国においてのみそれが可能なのだ、というのである。以前は悪しき資本主義の代表のようであったサンガー夫人は、節制生育を提唱したためにアメリカでは入獄しなければならなかった、と評価が逆転してい

31……周建人（一八八八―一九八四）は、魯迅（本名・周樹人）・周作人の弟で生物学者・優生学者。

る。とはいえ、資本主義国との対比の上で中国の体制の優位を主張する、言説の作法は変わっていないが。

性と生殖に関わることを公共空間で語らない習慣は、たしかに「旧社会」から存在しただろう。同時に、人民共和国成立後、生殖コントロールは「ブルジョア思想の影響」だとされるようになり、人々は「新中国」の情況に対応するためにも、それを語らなくなっていたと思われる。このような言説空間のあり方を転換し、生殖コントロールを普及させるため、それは「科学的」だ（から大いに普及させよう）といういい方で宣伝されている。

こうした中で、中国語で「節制生育」といっていた生殖コントロールを「計画出産（中国語では「計画生育」）」という言い方も登場した。[32] 当時、経済体制も私営企業が国営・公営化されて社会主義体制下の計画経済へ移行しつつあったが、ヒトの再生産も「科学的方法を用いて計画的にコントロールすることが……進歩的である」[33]とされた。出産は定められた運命として自然に任せるのではなく、人がコントロールすべきで、節制生育とは「計画的に出産すること（有計画地生育）」であり、「現代の人は、生活・学習・工作の各方面でみな計画することができ、出産の方面でも必ず計画がなくてはならない」（「節制生育是使生育計画化」『文匯報』一九五七年三月一九日）と、計画的に出産をコントロールすることが提唱されたのである。コントロールするのは誰かという点については、毛沢東は早い時期から国家がそれを計画すべきだという考えをもっていたという指摘もあるが、[34] 一般には当時、いまだ誰が――国家か、家族か、産む女性か――計画するかは、問題になっていなかった。

### (3) 「非法堕胎」から「人工流産」へ

ところで、一連の節育宣伝の中で、避妊は積極的に推進されているが、もうひとつの方法である堕胎（妊娠中絶 abortion）はどうか。[35] 人民共和国成立後、政治的な意味も含めて強く指弾され厳しく制限されていた堕胎は、一九五四年以降、政策が節制生育推進に転じる中で、徐々に制限が弛められる。具体的な経過は次章で詳述するが、では言説の上では、あのように強く指弾された堕胎は、いかにして容認されるようになったのだろうか。

ポイントのひとつは、「堕胎」と「人工流産」の用語の区別（＝言い換え＝すり替え？）である。前出の人民共和国成立直後の医師の発言には、医師が治療上の必要のために行う「人工流産」と、非合法な「堕胎」とを区別する言い方が、すでに見えていた。やがて治療上の必要がなくても生殖コントロールのために行う妊娠中絶も許容されるようになると、法令で許された範囲で認可された医師が行う妊娠中絶は「人工流産」と呼ばれ、それ以外の「堕胎（ないしは打胎）」とは区別された。[36] そしてすでに多くの史料に見たように、女性がキニーネを飲むなどの他の方法で自ら試みるものも、産婆や医師が非合法に行うものも含めて、「堕胎」は危険なので決して行わないように、ということが強く宣伝されている。

このように一方で非合法な堕胎を戒めながら、生殖コントロールの方法として「人工流産」を認めることには、賛成・反対両方の様々な意見が表明され、一九五七年三〜五月頃を中心に、各紙上で活発な議論が交わされた。その詳細な内容は次章に譲るが、人工流産よりは避妊の方が望ましいことを共通認識とした上で、やむを得ない

32……『人民日報』に「計画生育」という語が初めて見えるのは、一九五六年八月二六日。その後、五七年三月八日以後、しばしば使用される。ただし当時はまだ「節制生育」の方が一般的で、その略語である「節育」は五七年の同紙にはなんと五九回、また「避孕」（避妊）の語は六八回使われている。ともに五五年には一回も見えず、またキャンペーンがすぎた五九年には「避孕」が一回見えるだけである。『文匯報』に初めて「計画生育」の語が登場するのは、一九五七年三月八日の李徳全の演説の報道においてである。当時は、「有計画地生育」といういい方も多く見られる。

33……周建人「科学技術不能離開党的領導」『文匯報』一九五七年三月九日。

34……蒂倫・懐特「中国計画生育方案的起源」、李小江等主編『性別与中国』北京：生活・読書・新知三聯書店、一九九四年。

35……いまひとつの当時よく行われていた生殖コントロールの方法である「絶育」（永久避妊）については、第三章参照のこと。

36……妊娠中絶の条件を定めた法令等には、中央衛生部「関於基幹部隊婦女幹部打胎限制的弁法」（一九五〇年四月）、中央衛生部「限制節育及人工流産暫行弁法」（草案）（一九五二年一二月）、「中央衛生部関於改進避孕及人工流産問題的通報」（一九五四年一一月）、「衛生部関於人工流産及絶育手術的通知」（一九五六年三月）、「同前」（一九五七年五月）などがある（いずれも前掲『中国計画生育全書』所収）。母体の生命に危険がある時以外は「打胎」禁止、としている最初のもの以外は、みな「人工流産」の語で、その許可条件を定める。第三章参照。

# 人工流産と「引産」

子供の人数を調整するために、妊娠した子を中絶・堕胎したり、生まれた子供を育てないことは、中国の伝統社会でも行われていたが、「計画的に子供を産む」いいかえれば「子供を作る」という考え方が登場したのは近代になってのことで、それを大衆化させたのは計画出産の宣伝である。計画出産は簡単に無料で中絶できる環境を整え、望まない妊娠をしてしまった時の選択肢となった。中国語では妊娠中絶はふつう、「人工流産」といい、「人流」と略されることも多い。なかでも中後期のものは「引産《インチャン》 yinchan」という。

「一人っ子政策」が始まって計画出産政策が厳しくなると、人工流産が増えた。人工流産のうちの多数を占めるのは、妊娠がわかってすぐの早期のもので、多くは病院で吸引式の処置を受けていたようだ。一方で、中国医学の民間薬による口服薬や薬草などによる堕胎も行われていた。

計画出産の聞き取りをしていて、「引産」に話が及ぶと、みな暗い顔になる。「望まない妊娠」と言っても、「望まない」のは誰だろうか。当の女性は望んでいるのに、お上（政策）は望まない場合、往々にして中絶するのが遅れて中後期の「引産」になる。嫌がる女性を説得したり、場合によっては暴力的に捕まえてきたりして、手術させるのである。妊娠二八週までしか引産できない、という規定は九〇年代に出来たが、実際には分娩間際まで引産は行われていた。産まれてしまったら殺すことは許されないヒトだが、それまでは中絶してもよい胎児だというのが、中国社会の暗黙の了解になっていた。

人工流産と引産について、湖南省K県（第六章参照）の産婦人科の女医は次のように語っている。

**3—Aさん：郷衛生院の産婦人科医（当時）**

——人流（人工流産）と引産はどんな区別があるの？

人流は妊娠八〇日以内に手術することが出来る。人流は〝毛毛（胎児）〟の月が小さいので、子宮を拡張させてするので、子宮拡張器で子宮を拡げた後で、胎児を管で吸い出す。八〇日を過ぎて、一〇〇日前後だとしたら、鉗挟術というのをする。鉗子で挟んで少しづつ引っ張り出し、後で管で子宮の中を吸ってきれいにする。引産は五カ月以上にならないとしてはいけなくて、羊膜腔注射をする、当然区別はあるわよ。羊膜腔に注射すれば、薬は子宮の中に届いて、二四時間後に自然に陣痛が起きて子宮の強い収縮が始まって、自力で出てくる。ただ子供を産むのに比べても痛みが強いんじゃない、俗に「瓜が熟したら落ちる」というでしょう！　子供を産む場合はそういう状態になって自然に分娩するわけだけど、引産の場合は、子供はお腹の中の深いところにいるので、薬で強く降ろしてこなくてはいけない、当然違いはある。私はこういった手術をたくさんやった！　とくに人流の手術。これは計画出産の手術だ！　人工流産、引産、鉗挟、リングの装着に取り出し、結紮など全部計画出産の手術さ。村ではできなくて、ぜんぶ病院へ来てやる。……

私が一番よく覚えているのは、X村のある女性が、三十何歳で癌にかかっていて、上に女の子を産んでいて、お腹にもう一人出来て、もしも男の子だったら家を継がせることができると思っていた。その後彼女を捉まえてきて引産の注射を打って、家中の人が私に跪いて打たないでくれと懇願された。本当のところ手を緩めて、胎児の致命的なところを外して打って、胎児は産まれてきて、生きていて、男の子だった。ほんとにまあ、家中の人がみな私の所にやって来て何べんも跪いて、村からも泣きついてきた。これが私の経歴だ。本当のことさ、良いこともたくさんしたし、悪いこともたくさんした。

（二〇一〇年八月三一日インタビュー）

政策遂行のためにたくさんの手術をしてきた彼女の回憶は、『蛙』の伯母さんと重なる。中国の現場の産婦人科医はほとんどが女性なのだが、彼女たちは、計画出産の政策展開に伴って、卵管結紮の「絶育」手術、避妊リングの着脱、人工流産などの手術で大変忙しかったそうだ。とくに「引産」の手術には、ときとして小さくない葛藤を抱えながら当たっていたことは、他の産婦人科医のインタビューからも感じられた。

COLUMN

次善の手段としての人工流産を認めるか否かについて、賛否両論が交わされている。そしてそのように多くの論者によって公開の新聞紙上で議論が交わされること自体が、節制生育の宣伝となっていたのである。衛生部は五月一五日、人工流産の制限を大幅に緩和した新規定を通知した。これにより、希望する女性のほとんどが人工流産を行うことが可能になった[37]。

こうして、人工流産は避妊に代替しうる生殖コントロールの方法として認可された。堕胎を倫理的・政治的に指弾した人民共和国成立初期の言説空間はすでに変化している。

言説空間を変化させた仕掛けのひとつは、生殖コントロールを「不道徳」「恥ずかしい」などとする観念を「旧思想」「封建観念」等として批判し、節育を「科学的」な「計画のある出産」だとして価値の転換を図ったことであった。また、医師が合法的に行う「人工流産」と非合法な「堕胎」とが、別の概念として区別され――もっとも現実には両者の用語法はしばしば混同されていたが――、「人工流産」は容認できるものとされた。こうした価値の転換を背景に、婚外関係や人民の敵と関連が深いと観念されていた「堕胎」とは違う「人工流産」や、「科学的」「計画的」な避妊が、結婚している夫婦が子供の数と出産間隔を調整する方法として認められるようになったのである。

とはいえ一九五八年の夏以降、節制生育に関する議論を展開することは、また困難になった。前述のように、急速すぎる人口増加の抑制を論じた馬寅初らが「右派」として批判されたのである。生殖コントロール推進の記事は紙面から姿を消していった[38]。その後も、生殖コントロールが政策的に強く推進される時期は節制生育推進の記事が増え、そうでない時期には減少する、ということが繰り返されるが、性と生殖に関わる言説が政治に統御される構造はずっと継続する。

## 5 倫理から政治へ——言説空間を統御する力

本章では、新聞紙上の性と生殖をめぐる言説空間に注目して、人民共和国成立前後の生殖コントロールをめぐる認識の変化を考察し、次のような点が明らかになった。

まず、中華人民共和国の新政権は、民国期の政治権力が基本的に放任していた堕胎や避妊による出生統制＝生殖コントロールに対して、強い介入をしている。民国期には非合法であったが強くは取り締まられていなかった堕胎は、人民共和国成立直後から強く取り締まられた。その根拠は、人民共和国の体制の優位性を前提にして、女性と子供の健康を守ることであった。その後、介入の方向は大きく変動するが、生殖問題に政権が強く介入する姿勢は一貫している。新中国の政権は、人々の生活の様々な側面に介入しようとするが、[39] リプロダクションについても同様であった。

その際、生殖コントロールを厳しく制限または推進・宣伝する時の、正当化の論理構造はどのようなものだったのか。当初、生殖コントロールを制限する理由としては、民国期以来の「堕胎はよくない」という観念を基盤に、建国の原則であった「女性と子供の健康の保護」が掲げられており、前提として新中国の社会制度の優位性が想定されていた。それは堕胎を行ったものを政治的に指弾するような激しさを帯びるものにもなった。

37……『文匯報』一九五七年五月一七日。前掲彭佩雲主編『中国計画生育全書』八九三～八九四頁。
38……節制生育推進の記事は、一九五八年八月二八日のものを最後に、『人民日報』から姿を消している。
39……日本上海史研究会編『建国前後の上海』研文出版、二〇〇九年、参照。

数年後、人口急増に対応して、一転して生殖コントロールは推進されることになり、議論を反対の方向に転換させるには、かなり強引な論理の転換が必要となった。そこで反対派を論破し、また民衆層を説得するためには、「女性の健康」だけでは説得力が足りず、より大きな価値であった「国家の富強」や「速やかな社会主義建設」が目的として掲げられた。また、生殖コントロールは「科学的」であり「計画的」なことだと主張された。「科学的」であることは自明の価値をもつものとされており、人民共和国の体制は節制生育によってそれを可能にする、と主張されたのである。当時進められていた計画経済と対応するように、計画出産といういい方も登場した。

人民共和国成立後、以上のような言説空間が形成され、生殖コントロールに関わる政策の方向転換と、それを正当づける議論の展開の中で、性と生殖をめぐる言説空間が政治に統御される構造が形成されていった。リプロダクションを統御するものはもはや倫理ではなく、政治に変化した。やがて政策の方向が変わると、節制生育・計画生育はまたにぎにぎしく論じられたり、論じられなくなったりするが、それが政治に統御される構造は、その後もずっと継続する。

では、このような言説空間と呼応しながら展開された政策の具体的な情況を、第二部・第三部で見ていこう。

# 第二部

## 上海の計画出産

# 第三章

# 都市の女性に浸透する計画出産

## ――一九五〇～六〇年代上海におけるリプロダクションの変化

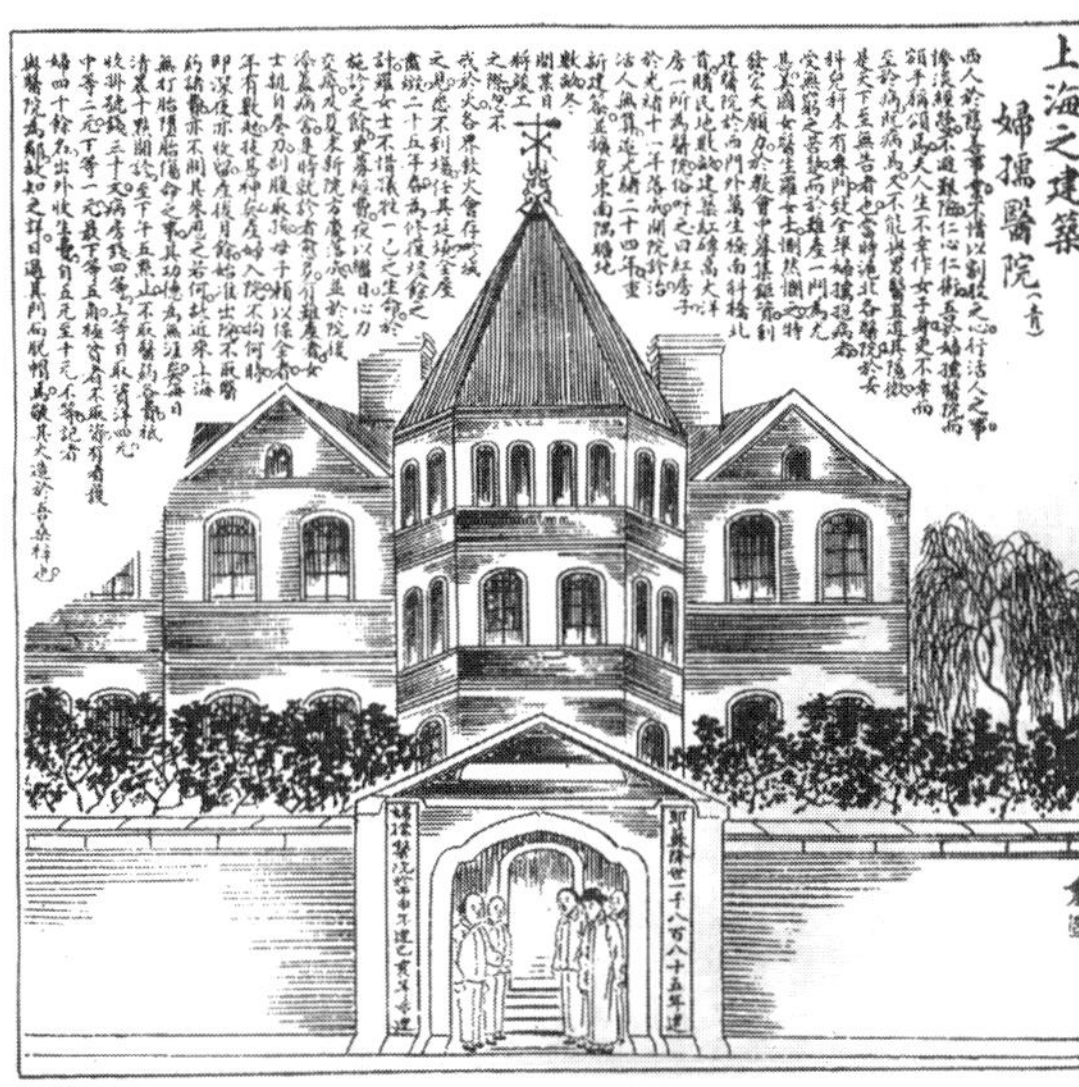


19 世紀に専門の産婦人科病院として上海に設立された西門婦孺医院（俗称紅房子医院）。20 世紀はじめ、ここで難産の女性が救われている様子は、当時流行した画報『図画日報』でも取り上げられた（『図画日報』66 号 2 頁、1909 年）。上は、現在の紅房子医院（正式名称は復旦大学附属婦産科医院）（2010 年 9 月　筆者撮影）。

## 計画出産がもっとも浸透した街・上海

本章および次章よりなる第二部では、中国最大の都市・上海で計画出産が始まり、展開し、浸透して、リプロダクション――子供を産むこと／産まないこと――が変化した過程を跡づける。上海は、中国でももっとも計画出産が早くから浸透し、もっとも完璧な一人っ子体制を実現した都市であった。本章では、人民共和国初期の一九五〇～六〇年代の上海で、それまでごく一部の人々にしか知られていなかった生殖コントロールが都市社会の各層の女性たちに浸透し、上海の女性たちにとって産むこと／産まないこと、の意味と現実がドラスティックに変化した様子を分析する。ついで次章では、一九七〇年代から八〇年代初頭の上海で、一組の夫婦に子供一人の体制が成立してゆく経緯を見る。

このように上海で一人っ子政策が中国の中でもとりわけ「成功」を収めた背景には、上海社会の性格と特徴がある。それは第一に、中華人民共和国成立以来の農村とは区別された都市社会のシステムであり、第二に、近代に発展した上海という都市独自の性格である。

第一の、都市と農村との制度的差異は、とりわけ社会主義時代に大きかった。[1]都市では、公民はその生活を基本的に国家によって保障されている。すなわち職場（「単位《ダンウェイ》」）や地域の居民委員会（政府の組織した町内会のような組織で地域住民を把握する。上海では里弄とも呼ばれる）[2]などを通して都市住民の食糧・住居・教育・医療・社会福祉などを提供する。住民は、基本的に国営・公営の職場（「単位」）によって把握され、「単位」はそのメンバーの仕事だけでなく生活全般を掌握するとともに必要な資源を提供し、さまざまな側面にわたって世話をし、介入するのである。具体的には、都市住民は、「単位」の宿舎に住み、子供はその付属幼児園に通い、医療費は「単位」で払戻し（報銷）することが出来る。初等中等学校は公立で学費は無料であり、食料をはじめとする生活必需品は配給で供給が保障されている。職場は、中等教育修了時に政府（具体的にはその都市の労働局）の「分配」によって配属される。都市住民を基本的に掌握してるのはその職場（「単位」unit）であり、無職の者は地域の居民委員会が管轄した。いっぽう農村部では、人民公社が農業だけでなく地域の生活すべてを包括する共同体《コミューン》であり、食料・教育・医療・社会福祉などは基本的に人民公社で自給するものとされていた。人民公社はこれらを自給した上で、国家に割当てられた食料を上納するのである。こうした体制は、農村部から集めた食料を基礎に工業建設を進めて冷戦期を勝ち残ろうとした中央政府の政策のもとで、都市の住民を農民より優遇するシステムとして社会主義時代に確立した。

　このように都市と農村は制度的にはっきりと区別され[3]、一九五八年に戸籍法が制定されて以来、自由な移動はできなくなった[4]。したがって、本書第二部でみる上海（の都市部）と第三部で見る農村とは、ある意味別世界であり、計画出産を含むさまざまな政策についても、その条件は大きく異なっていた。

　第二に、上海という都市独自の性格についてみてみよう。周知のように、上海はアヘン戦争後の一九世紀半ばに欧米に対して初めて開港した中国の都市のひとつである。開港時は郊外を含めて約五〇万人、うち県城は二〇万人ほどの人口であったのが、租界を中心とした国際都市として発展する中で、各地から多くの移民を吸収

1……浜口允子『現代中国都市と農村の七〇年』左右社、二〇一九年、等参照。

2……里弄はもとは上海独特の二―三階建ての長屋式住居の様式のこと。転じて、地域の居民委員会を指して「里弄」と言ったり、そこで働くことを「里弄で働く」と表現したりした。

3……現在は、都市と農村の差別を縮小しようとする改革が進展している。

4……それ以前は移住は自由だったので、本章のインタビューイーにも農村から移住してきた人が少なくない。

して「五方雑処」の街として急激な近代的都市発展を遂げ、一九〇〇年には約一〇〇万人、一九一五年には約二〇〇万人、一九三〇年には約三〇〇万人と急激な人口増を見せた。日中戦争期も各地からの避難民を吸収して多い時には四〇〇万人近い人口を抱え、人民共和国成立時には約五〇〇万人余となっていた。したがって当時の上海人口には上海生まれではない各地からの移民が多くを占めており、労働年齢人口の比率の高い移民都市であった。上海の産業の中心であった紡績業の主力は女工で、女性の労働力化も相対的に進んでいた。[5] このように上海が比較的伝統に囚われないハイブリッドな文化的土壌をもつ移民都市であったことは、この街で生殖コントロールが急速に浸透した背景となった。[6]

なお、中華人民共和国の一級行政区（省とならぶ最上級の地方行政区）としての上海市（正確には上海特別市）は、都市に区分される市街地（市区）と農村に区分される郊外の地域（郊県）を含む。本書における上海に関する叙述は基本的に都市部についてのものであるが、人口統計などの行政区画を基盤としたものは郊県を含む上海市全体が対象なので注意が必要である。上海市の人口のうちの都市部と農村部の比率は、一九五七年までは、都市部が八五パーセント前後を占め、「大躍進」時期に低下して五九～六六年には六〇パーセント前後、文革中にさらに低下して七七年には五〇パーセントまで下がっていたが、その後上昇に転じて八九年には六割を超え、九八年には八割を超えた。二〇〇一年末に郊県は崇明県を除いて県から区（都市部）に変更されて、二一世紀の上海の人口は、九五パーセント以上が都市人口となった。[7]

以下、本章では、まず第一節で上海の人口動態を概観し、「多産多死」から「少産少死」への人口転換が一九五〇～六〇年代に起こったことなどを確認する。次いで第二節で、出産時の「少死」を実現し母子の安全を確保した一九五〇年代上海の母子保健政策の展開についてみる。その上で、第三節で、人民共和国成立から文化大革命までの時期の人口政策の変化と、それがどのように上海の女性たちに浸透し、リプロダクションのあり方が変化していったかの経緯を明らかにし、さらに第四節で、生殖コントロールの方法の特徴をめぐって考察を加え、最後に第五節で、性と生殖をめぐる国家と女性、技術と社会の関係を論じる。

本章で使用した主要な史料は、上海市檔案館所蔵檔案をはじめとする文献史料と、インタビュー調査による口述資料である。口述資料は、二〇〇三年三月〜二〇〇五年三月に上海において、一九五〇年代に上海で出産した経験のある一八人の女性および医療関係者などに対して行ったインタビューによる。前者は対象者の家族や元の職場、地域の居民委員会などを通じてインタビューを申し込み、同意を得た人に対して筆者が、本人の出産と生殖コントロールの状況について序章で示した項目に沿って半構造式のインタビューを行ったものである。一八人の女性の出生年は一九一八年から一九三八年までで、以前の仕事は労働者（「工人」）が一〇人、教員が三人、公務員が一人、居民委員会幹部が二人、主婦が二人である。出生地は上海都市部が六人で、それ以外の人は後に上海に来た。上海近郊および江南の農村出身者が八人、江北農村が一人で、三人は大学卒業後の職業配置により遠方の省からやってきた。結婚時の年齢は、一人は数え一五歳、数え一八〜二二歳が一三人、満二三〜二五歳が四人で、一六人は結婚後二年以内に最初の子供を産んでいる。学歴は高等教育修了者が三人、中学卒が五人（ただし成人後夜間中学に通った二人を含む）、小学卒が三人、小学中退が四人、幼時不就学が五人だが、六人は成人後識字学級に通っている。多くの人は複数の子供がいるので、出産時期は一九三九年〜六九年に及んでおり、この時期の上海のリプロダクションの情況についての貴重な証言となっている。インタビューの祥細は報告書に掲載

5……上海の都市社会については、古厩忠男・高橋孝助編『上海市——巨大都市の形成と人々の営み』東方書店、一九九五年、および小浜正子『近代上海の公共性と国家』研文出版、二〇〇〇年、等参照のこと。

6……Guo Shenyang, "Shanghai: Pioneer of Fertility Decline in People's Republic of China—Trends and Determinants of Fertility Transition, 1950-1984", (PhD. Dissertation, Univ. of Michigan, 1990.) は、上海でどこよりも急速に出生率の低下が実現したのは、主としてその社会経済の発展によるもので、政策の強さによるものではない、とする。本章は、そこで論じられていない女性達自身の主体的な決定のありようとその要因を重視するものである。

7……若林敬子『中国の人口問題と社会的現実』ミネルヴァ書房、二〇〇五年、二九三頁の表九—四「上海市の市区・郊県別人口の推移と前年増減数：一九四九〜二〇〇五年」参照。

8……小浜正子『中国近現代における母子衛生政策の研究』（平成一四〜一七年度科学研究費補助金（基盤研究C２）研究成果報告書、二〇〇六年）。

図3−1　上海の総人口の推移（1950〜2000年）

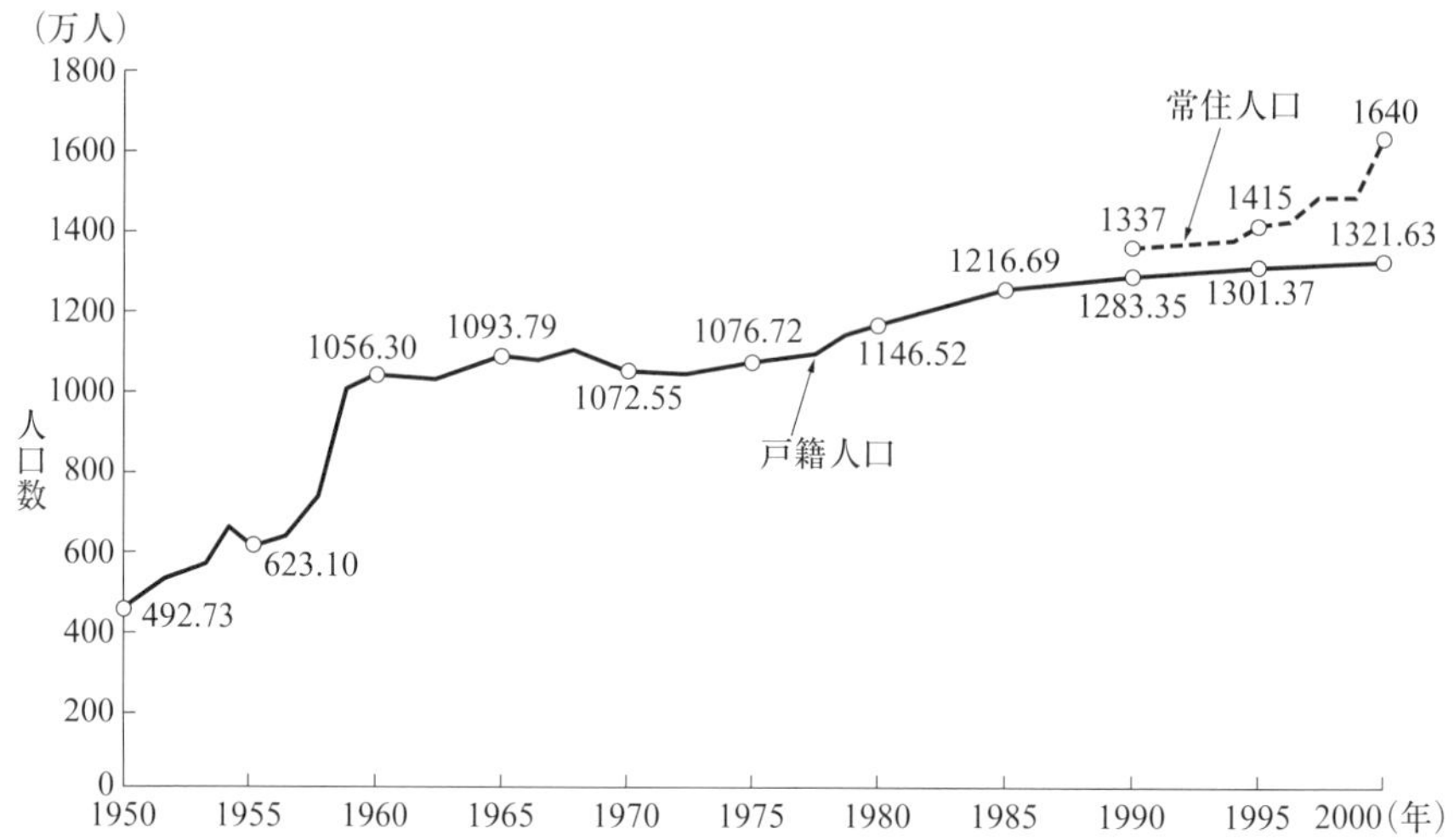


出典：若林敬子『中国の人口問題と社会的現実』ミネルヴァ書房、2005年、292頁、図9−1。

図3−2　上海全市戸籍人口の人口動態の推移（1950〜2011年）

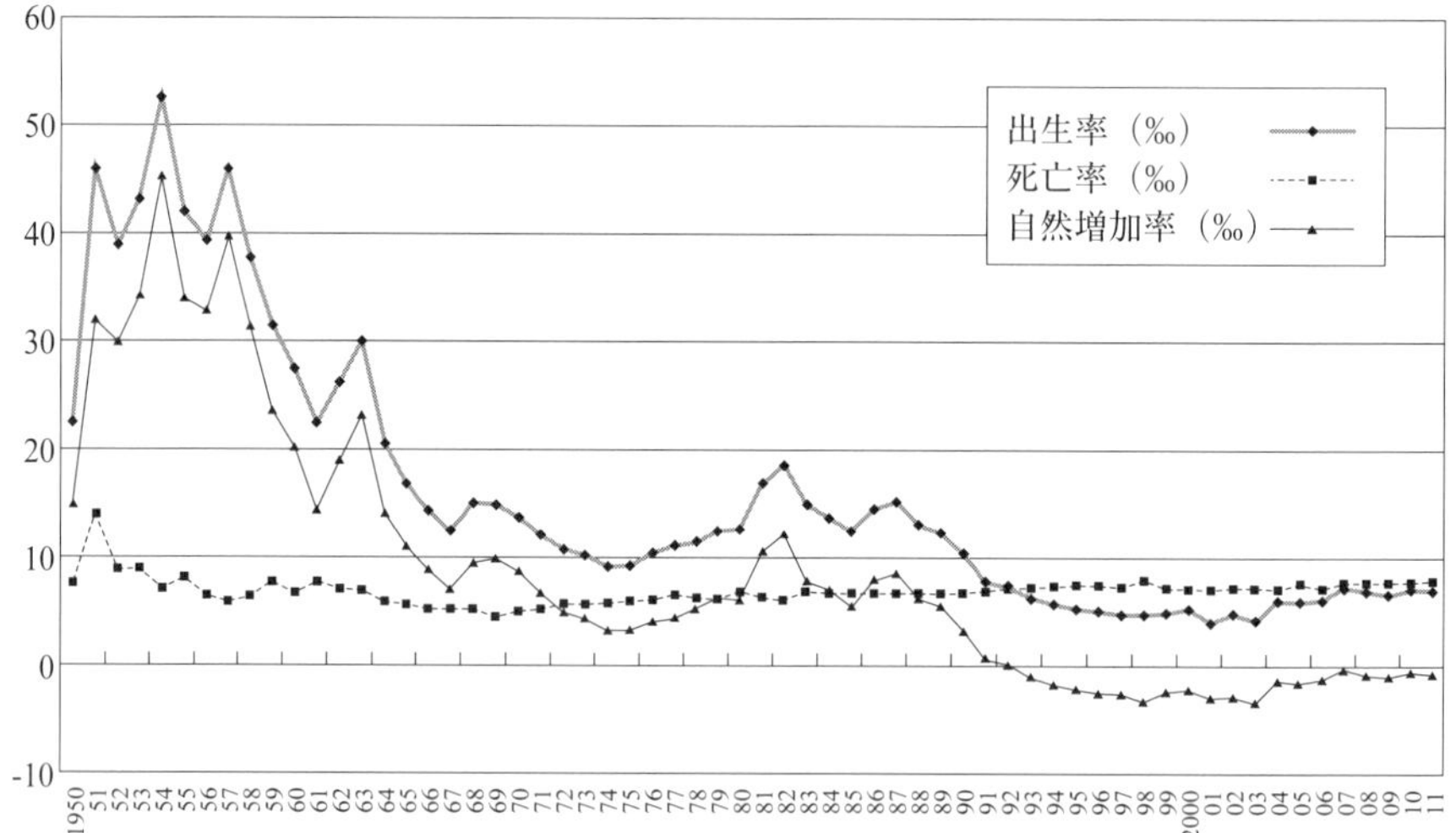


出典：若林敬子・聶海松編『中国人口問題の年譜と統計――1949〜2012年』御茶の水書房、2012年、187頁、118。

した。[8] 以後の第四章～第六章も同様だが、インタビューの内容は繊細なものであり、女性たちの仮名はプライバシーに配慮してあえて記号で記し、報告書とそろえた。

# 1 上海の人口動態

## (1) 高い出生率、低い死亡率

上海の一九五〇～六〇年代のリプロダクションの変容を考えるにあたって、まずその人口動態をみておこう。一九四九年の上海の全人口は五〇二・九二万人であった。[9] 出生率は一九五〇年代を通じて全国平均より高い数字を示し、特に五四年には五二・七パーミル（全国は三八・〇‰）にものぼり、「大躍進」政策の失政による飢饉の時期の六一年で二二・四パーミル（同一八・〇‰）であった。一方死亡率は全国平均より低く、五一年に一四・二パーミル（同一七・八‰）と比較的高かった以外は九パーミルを超えることはなく、五三年の八・九パーミル（同一四・〇‰）から逓減して五七年には六・一パーミル（同一〇・八‰）まで下がり、飢饉の時期にやや上昇したが最高は六一年の七・七パーミル（同六〇年の二五・四‰）であった。従って、一九五〇年代の上海人口は、全国平均よりかなり高い自然増が見られ、最も高かった五四年の自然増加率は四五・六パーミル（同二四・八‰）、飢饉の時期は最も低くなった六一年で一四・七パーミル（同六〇年でマイナス四・六‰）であった。飢饉の後は、反動で全国の出生率は五〇年代よりも高くなって六二年に三七・〇パーミル、六三年には四三・四パーミルを記録したが、上海では六二年に二六・一パーミル、六三年に三〇・三パーミルで、その後は六四年に二〇・六パーミルから六七年の一二・五パーミルまで逓減し、六八～七三年は一〇パーミル台の前半であった。上海の自然増加率は一九六二

9……前掲若林『中国の人口問題と社会的現実』第9章「巨大都市・上海市にみる人口」、二九三頁。

**図3−3　上海市の流出・流入・流出入超過の推移（1952〜2002年）**

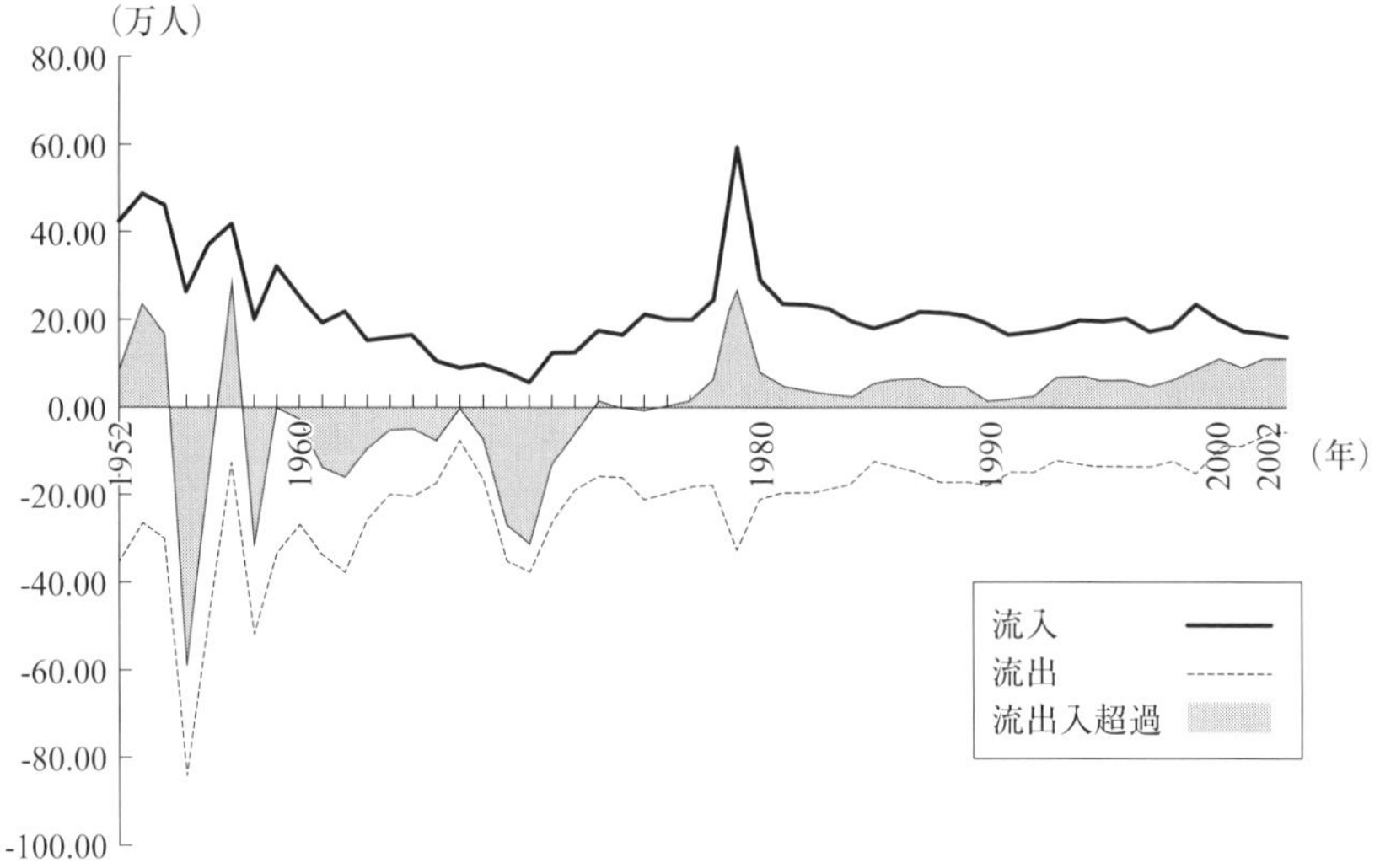


出典：若林敬子・聶海松編『中国人口問題の年譜と統計』187頁、119。

**図3−4　中国・上海・日本の合計特殊出生率（TFR）の推移**

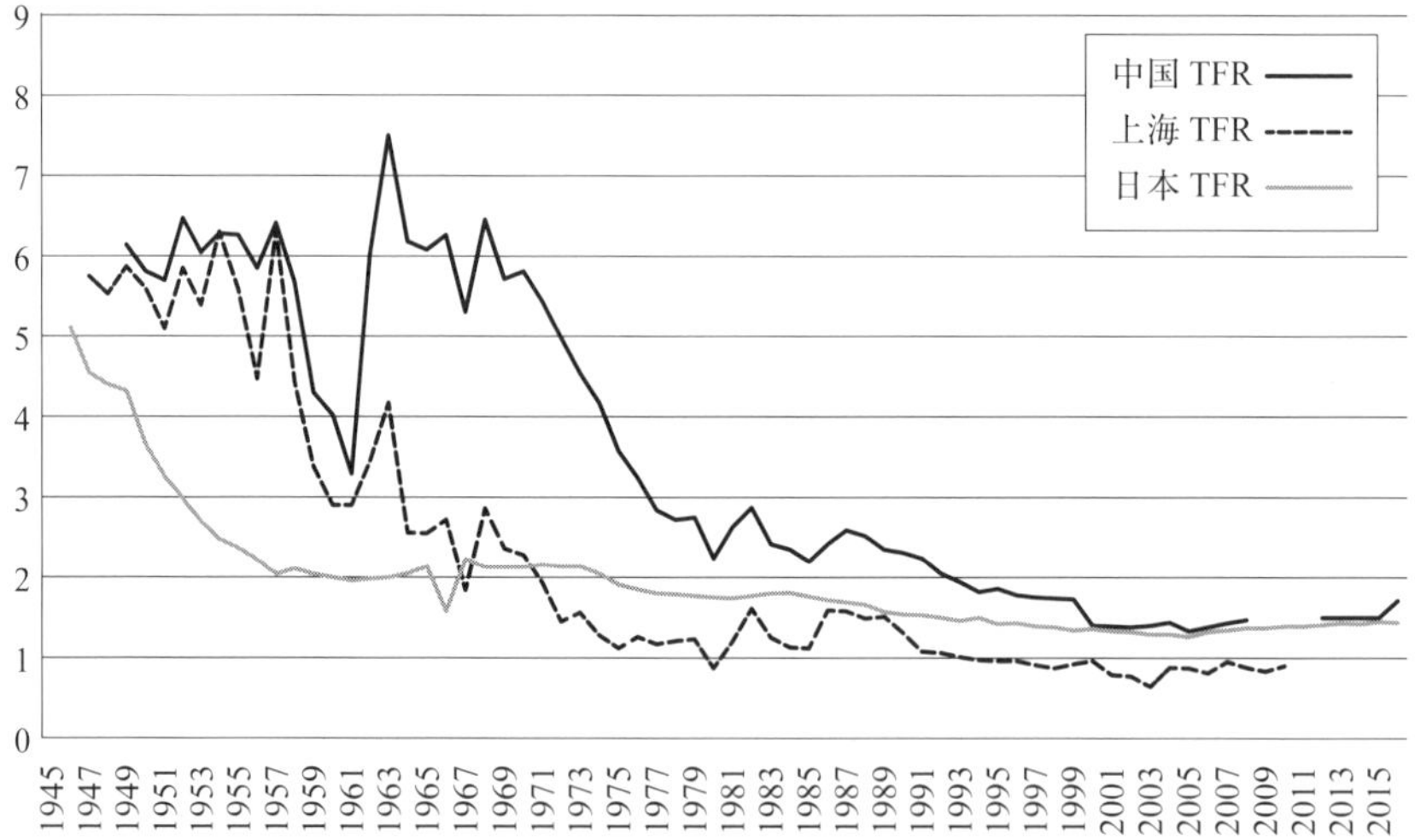


典拠：若林敬子『中国の人口問題と社会的現実』298頁、若林敬子・聶海松編『中国人口問題の年譜と統計』126、181頁、『上海人口与計画生育年鑑』各年版。『母子保健の主な統計』各年版、より作成。

年以降、全国平均より低くなり、その後は六三年から七〇年代半ばまで全国平均より一〇パーミル以上低い自然増加率であった[10]（図3―2参照）。

人口の社会的増減についてみると、一九五〇年代の上海人口の流動性は非常に高かった（図3―3参照）。特に一九五八年に戸籍法が定められて自由な移動が禁止される前の五七年までは毎年非常に多くの流入があり、五五年の流入が二六万人とやや少ない以外は毎年約四〇万人の流入があって、一九五〇～五七年の累計は四〇一万人にものぼった。流出は年によって増減が大きく、人民共和国成立直後の帰郷策がとられた五〇年、五一年および政策的な人口疎散策がとられた五五年は全市人口の一割を超える流出があり、その他の年も五七年の一三万人を最低にかなりの流出が見られた。差し引きすると、一九五〇～五七年の間に上海には約五〇万人の人口の社会増があったとされる。一九五八年以降は厳しい戸籍管理が行われるようになり、都市への流入を厳しく制限し、内陸部への流出を奨励する政策がとられたため、七〇年代半ばまでの上海ではおおむね流出が流入を上回るようになり、流出入、特に流入の絶対人数も五七年以前より少なくなった[11]。この間に上海の全人口は、一九五九年に一〇〇〇万人を超えて一〇二八・三九万人となり、その後は六〇年に一〇五六・三〇万人、六二年に一〇五七・八六万人、六八年に一一〇八・九七万人と微増している[12]（図3―1参照）。

以上より、一九五〇年代の上海は、中国の中でもとりわけ急速な人口増を経験して非常に高い人口圧力にさらされていたこと、六〇年代以降は強力なコントロールの下で全人口は微増にとどまったが、一〇〇〇万の人口を抱えて常に大きな人口圧力の下にあったことがわかる。

合計特殊出生率（TFR）についてみてみよう。図3―4は、上海のTFRの推移を、中国全国および日本と

10……前掲若林『中国の人口問題と社会的現実』一五六頁、二九六頁。

11……前掲若林『中国の人口と社会的現実』三〇二～三〇三頁。また胡煥庸主編『中国人口（上海分冊）』中国財政経済出版社、一九八七年、七六～七九頁。

12……前掲若林『中国の人口と社会的現実』二九三頁。

比べてみたものである。上海のTFRは、一九五〇年代は六前後で非常に高かった中国全体のTFRより少し低い程度である（出生率が全国より高いのは生殖年齢の割合が高いためである）。しかし五八年に全国で五・六八であったTFRが上海で四・四三と差が開きだしているのは、本章でみる生殖コントロールの普及の効果であろう。飢饉の時期に深い谷を描いた中国全体のTFRが、飢饉後にリバウンドしてから六〇年代を通じて高いままであるのに対して、上海では六二年に三・四五、六三年に四・一七となった後は急速に低下して六四年に二・五六となり、その後は六七年の一・八四をはさんで七〇年の二・二八まで二台で、七一年に一・九三となった後は、人口の置換水準を下回り続ける。[13] 日本と比べても、日本では五〇年代にTFRが急落したのち六〇年代から七〇年代前半はおおむね置換水準で安定しているが、上海は七一年に日本のTFRを下回り、その後は現在までずっと日本より低い。上海社会は七〇年代から日本より子供を少なく産む社会になっていて、一九九四年以降はずっとTFRは一以下であり、早くから超少子社会になっているのである。

以上より、上海社会は高い人口圧力のもとで日本より早くから少子化の進んだ社会であることが確認できる。

## 2　中華人民共和国成立前後の上海における母子保健政策の展開

中国、とりわけ上海で生殖コントロールが普及したということは、それを必要とし可能としたような条件が、中華人民共和国期の社会に形成されていた、ということに他ならない。それは一つには、乳幼児死亡率が低下し、産まれた子供は育つことが基本的に期待できる状況の実現であり、また一つには、産むことのできる性である女性の個々の身体に働きかけることの可能な体制の成立である。このような条件は、二〇世紀前半に一般に成立していたとは考えにくく、中華人民共和国成立後の比較的短い間に実現したといえる。

中国の乳児死亡率（一歳以前の死亡率）は、一九四九年より前は二〇〇パーミルにものぼったと言われるが、正確な全国統計は存在しない。人民共和国成立後の上海については表3―1のような数字があり、六〇年代初頭

**表3－1　上海の産婦死亡率・乳児死亡率**

| | 産婦死亡率（／10万） | 乳児死亡率（‰） |
|---|---|---|
| ～1949年 | 320 | 120～150 |
| 1952/53年 | 117（1953） | 83.1（1952） |
| 1961/62年 | 28（1962） | 30.4（1961） |
| 1978年 | 24 | 15.5 |
| 1992年 | 21 | 11.4 |
| 1996年 | 7.3 | 9.5 |

上海婦女志編纂委員会編『上海婦女志』上海社会科学院出版社、2000年、482頁による。ただし1949年以前については、上海衛生志編纂委員会編『上海衛生志』上海社会科学院出版社、1998年、270頁などで一般に挙げられる数字を用いた。

までに急激に低下し、その後も徐々に低下している。これは実数は大きく違っていても、他の地域にも共通する傾向である。[14] 先に見た全体の死亡率の変化と合わせて、上海における「多死」から「少死」への転換は、一九五〇年代から六〇年代前半までに基本的に実現したということができる。同時に、非常に高かった産婦死亡率も急激に低下し、お産は女性にとって、大きな命の危険が伴うものではなくなった。

このような急速な乳幼児死亡率の低下をもたらした母子保健政策などのように展開されたのだろうか。近現代中国の母子保健については、近年研究が進んでおり、[15] また中国の地方志の中の専業志として各地域で出版されている『衛生志』はおおむね「婦幼衛生」という章を設けていて、

13……前掲若林『中国の人口と社会的現実』二九八頁。

14……例えば全国の乳児死亡率が一九五四年に一三八・五パーミル、一九五八年に八〇・八パーミル（都市部五〇・八‰、農村部八九・一‰）、一九六三年に都市部で二二・三パーミルという数字がある。ただし、精度の高い統計ではない（中華全国婦女聯合会婦女研究所・陝西省婦女聯合会研究室編『中国婦女統計資料一九四九―一九八九』中国統計出版社、一九九一年、五三〇頁）。

15……姚毅『近代中国の出産と国家・社会――医師・助産士・接生婆』研文出版、二〇一一年。楊念群『再造〝病人〟――中西医衝突下的空間政治（一八三二―一九八五）』中国人民大学出版社、二〇〇六年、第四章「現代城市中的〝生〟与〝死〟」。周春燕『女体与国族――強国強種与近代中国的婦女衛生一八九五―一九四九』台北：国立政治大学歴史学系（政治

『上海衛生一九四九―一九八三』および『上海衛生志』にもかなり充実した記述がある。[16] 本節は、これらを踏まえつつ、上海市檔案館所蔵檔案などにも拠りながら、人民共和国期の上海で乳児死亡率の低下および女性の身体の管理が可能となった状況を、より社会史的な視点から明らかにしようとする。

### (1) 民国期上海の母子保健

#### ▒日中戦争期以前

一般に、近代医学の体系の下で養成された産科医師もしくは助産士による出産介助が普及することによって、妊産婦死亡率・乳幼児死亡率は急速に低下するとされており、このような出産介助を新式出産（中国語では「新法接生」）と呼ぶ。[17] 一九世紀後半に上海にそれを導入したのは、キリスト教会が開設した病院であった。やがて一八八五年には専門の産婦人科病院である西門婦孺医院が創られ、二〇世紀になると地方自治のリーダーとして名高い李平書や初期の西洋医学を修めた女医の一人である張竹君らによって一九〇五年に中西女子医学堂が設立されて、中国人女医の養成が始まった。西門婦孺医院（俗称紅房子医院）で、難産の女性が救われている様子は、当時流行した画報『圖畫日報』でも取り上げられ、新奇な方法は好感を持って受け入れられていた様子がわかる。[18]

民国期の上海では、中国人による私立病院がたくさん設立されたが、小規模な私立の産院も、一九一二～三三年に二二カ所が創設され、一九三六年には四七カ所を数えたという。[19] 上海では、富裕な人々はこれらの病院に入院して出産することが広まったが、自宅で近代的医療教育を受けた助産士、あるいはより安価な伝統的な産婆――中国語では「接生婆」などと呼ばれる――の介助によって出産する人も多かった。[20]

南京政府期、上海市政府衛生局は、一九二七年に中央に先駆けて「管理助産女士（産婆）暫行章程」を頒布し、二九年には呉淞に衛生模範区を設け衛生診療所を開いて、産前産後検査・乳児健康・児童栄養などの母子保健業務をも試験的に開始した。また一九三〇年に産婆訓練班を開設して、伝統的な産婆の近代医療体系による再教育を始めた。一九三六年には滬南・滬北両衛生事務所で正式に母子保健事業が始まるが、日中戦争により杜絶する。[21]

総じて、日中戦争以前の上海社会では、新式出産は一部の私立病院で広まりつつあったが、行政による母子保健政策は、着手されたばかりであった。

## 戦後国民政府期

戦後、国民政府下の上海市政府衛生局は、母子保健業務に力を入れてゆく。

一九四五年末、市政府衛生局は、市内各区に速やかに衛生事務所・同分所を設立しようとする。全市に八カ所・三二分所の設立が予定されている衛生事務所・分所は、清潔・医薬・食品等の調査・管理・取締りと伝染病予防・保健診療などの業務にあたる地域の保健行政の中心となる組織である。各衛生所には医薬組・環境衛生組・保健防疫組・総務組と、医師三〜五人、看護士五〜八人、助産士二〜四人、化学検査員一〜二人、薬剤員一〜二人よりなる診療室が置かれる。また、衛生分所は医師二人（一人は所長兼務）、検査員二人、公共看護士二人、

16……大学史学叢書一九）二〇一〇年。趙婧『近代上海的分娩衛生研究（一九二七―一九四九）』上海辞書出版社（上海城市社会変遷叢書）、二〇一四年。丹野美穂「民国期中国における「清潔」の希求と「国民」の創出――新生活運動の婦嬰衛生工作からみえるもの」『（立命館大学）言語文化研究』一〇―五・六、一九九九年。

17……新式出産は、臥産させること、臍帯を切る鋏・介助者の手指・会陰部の消毒、をポイントとする。

18……『圖畫日報』第六六号二頁、一九〇九年（上海書店刊影印版第二冊一八二頁）。

19……前掲『上海衛生志』二七一頁。

20……例えば、尚賢堂婦孺医院の入院費用は、頭等五元、二等四元、三等三元、普通〇・五〜一元であった（『上海市年鑑（民国二四年）』社会事業V39〜40頁）。庶民にとってはかなり高額だと感じられたはずである。

21……上海婦女志編纂委員会編『上海婦女志』上海社会科学院出版社、二〇〇〇年、四七九頁、四八一頁。

16……上海衛生工作叢書編委会編『上海衛生一九四九―一九八三』上海科学技術出版社、一九八六年、第一一篇「婦女与児童保健」。上海衛生志編纂委員会編『上海衛生志』上海社会科学院出版社、一九九八年、第七編「婦幼衛生」。

看護士二〜三人、助産士二〜三人、事務員一人が置かれて、診療・伝染病予防などにあたるものであった。[22] 当初の計画では、公衆衛生や伝染病予防が中心業務と考えられていたようである。

しかし翌一九四六年の三月八日の国際女性デーに際して、国民党中央宣伝部・三民主義青年団中央団部・軍事委員会政治部・社会部より母子保健運動を拡大して宣伝提唱するよう指示が下った。その要点は、以下のようである。一、母子保健運動座談会を挙行する。二、新聞雑誌を利用して特集号を組み、国際女性デーと母子保健を提唱する意義を明らかにする。三、よい母親の教育の重要性を宣揚する。四、女性が保育やその他の教育及び生産事業に従事することや、家庭衛生を改善することを奨励する。五、女性と子供の健康診断を行う。六、女性の非識字者をなくす。七、外国の女性の生活状況やその児童の保育事業を重視する精神を講演する。八、各レベルの婦女会組織を健全にし、自身のために福利を図る。[23] ここには、女性が次世代の児童を育てることを国家的に重視しバックアップしようという姿勢が窺え、新生活運動の中で展開された民族主義的な色合いを帯びた優生政策との関連が見て取れる。[24]

四六年一〇月、市衛生局は、各区の衛生事務所に母子保健と学校衛生を業務の中心とするよう指示した。各区の衛生事務所は計画書を作って母子保健事業を推進する。徐家匯区の計画によれば、母子保健の宣伝・産前の家庭訪問・産前検査・安全な助産の普及・産後の家庭訪問と産後検査・母親会と嬰児会の挙行・児童健康コンクールの挙行、を進めることになっていた。また江湾区事務所では、同様の事業とともに、出産費用を減免して貧しい産婦への新式出産の普及を行う、としていた。[25]

以上のように、戦後の上海では、母子保健事業が衛生行政の重点的な業務に位置づけられるようになり、それは上記のような活動を中心としていた。

また、母子保健事業の拠点となるべき市立の産科専門病院も設立された。行政院善後救済総署の母子保健部門による全国の五五〇機関に計一万床の産院を設置するという計画を承けて、上海では一九四五年一二月に計画が立てられ、一九四六年三月には市立産科医院（六〇床）が、一九四七年二月には市立婦嬰保健院（一〇〇床）が成立した[26]。こうして区衛生事務所の助産士では手に負えない難産を受け入れる病院が整えられた。

また市衛生局は、一九四六年五月の上海市助産士公会による産婆取り締まりの要請を承けて、翌六月、訓練産婆弁法を制定して旧式産婆の再教育に着手し、各区衛生所にこれを実施するよう指示している[27]。

このように各区の衛生事務所が積極的に母子保健事業を推進するようになって、扱う出産数は目に見えて増加した、という。一九四七年八月には各区事務所が合計一〇二四人を取り上げたが、これは全市の出生数の六分の一に相当した[28]。

こうした業務を担ったのは、各区衛生事務所の助産士たちである。彼女たちは、出産介護に当たるだけでなく、一人を取り上げると産後の家庭訪問を六回行うことになっており、産前産後の検査、母親会の開催などもあって、とても忙しい。一人当たり月一五人の出産とすると、目の回る忙しさで、実際には仕事が過重になって、助産士の手が回らないので、衛生事務所の看護士が替わって業務に当たることも起こった。そのため四七年一月、助産

22……「上海市衛生局関於衛生事務所組織編成」（一九四五年一一月〜一九四七年一一月）上海市檔案館所蔵檔案（以下、上海檔案と略記）Q400―1―2286。

23……「上海市衛生局関於記念〝三八〟婦女節提唱婦女衛生運動及発贈婦嬰衛生書本」（一九四六年三〜九月）上海檔案Q400―1―3397。

24……前掲丹野「民国期中国における「清潔」の希求と「国民」の創出」参照。

25……「上海市衛生局令各属単位切実推行以婦嬰為中心保健業務工作等」（一九四六年一〇〜一一月）上海檔案Q400―1―3387。

26……「上海市衛生局関於善後救済・婦嬰衛生・免費接生・招開婦女衛生工作会議等事宜」（一九四六年五月〜一九四七年一〇月）上海檔案Q400―1―3385。前掲『上海婦女志』四七九頁。

27……前掲『上海衛生志』二七四頁。

28……「上海市衛生局呈請増加各区衛生事務所助産士名額」（一九四七年九月〜一九四九年五月）上海檔案Q400―1―2288。

# 婚前健康検査と優生

中国近代の母子保健政策には、次世代の優秀な資質を持った国民を育てるという民族主義的な優生思想も強く見られ、こうした発想は人民共和国成立前から続いている。

中華人民共和国成立直前の一九四八年九月、蔣介石の国民政府治下の上海市政府は、「上海市市民婚前健康検査実施弁法」を制定した。これは「優生を提唱し、性病・肺結核等の伝染を防止するため」、結婚前の男女双方に指定の病院での健康検査を義務づけ、性病や肺結核を患う者には結婚を延期させ、「てんかん白《マ》痴《マ》その他の重篤の精神病」やハンセン病を患う者は結婚不可とする、というものであった。四九年一月には第一号の結婚健康証書が発行された。しかし、まもなく国民政府の統治は崩壊する。

人民共和国成立の翌一九五〇年の五月、婚姻法が公布施行された。その第五条には、「生理的な欠陥のため性行為のできない者」や「治癒していない性病や精神失調を罹っている者、ハンセン病その他の医学上結婚すべきでないとされる病気に罹っている者」（原資料のまま和訳）に対する結婚禁止規定があった。上海市人民政府は、一九五二年一二月二二日より婚姻登記工作を開始し、翌日から「上海市婚前身体検査暫行弁法」の試行も始まった。この「弁法」には、「家庭の幸福を保障し、結婚する人や次世代が健康でいるために」、公私立の病院や保健ステーション、工場や機関の医務室などで婚前検査を行い、「明らかな梅毒その他の性病の症状」「臨床上顕著な活動性結核」「顕著な神経異常」「ハンセン病」「医学上結婚すべきでないとされる病気」（同前）の者は、結婚を延期すること、とされていた。

婚前身体検査は翌五三年三月末まで試行され、一万六八一九人の男女が検査を受けた結果、一万六三一五人は結婚して問題なしとされたが、五〇四人は結婚延期とされた。だが、「男性の医者に下半身を検査されることを嫌う女性や、病気が発見されて結婚できなくなることを恐れる者、また検査費の負担を嫌う者」などは検査を受けようとしなかったし、「衛生知識の不足から検査の意義を理解しない者、病気があって結婚延期とされると反抗する者」などもいた。また既に同居していたり、甚だしい場合には妊娠してから検査を受けに来る者もいて、検査は形式的なものとなる場合も多かった。結局、「まず大衆に広範に宣伝教育を行い、大衆の意識を高め、同時に条件を整えてから再開する」ことになり、五三年五月、婚前身体検査は中止された。

「一人っ子政策」が始まった一九八〇年、上海で婚前健康検査が再開され、この年は受検率一一・四パーセントであった。この頃から「少生優生」のスローガンがいたるところで掲げられ、少数の優秀な子供を育てようという考えの浸透がはかられた。一九八八年には上海では婚前検査は結婚登記に必ず必要となり、一九九〇年の受検率は九七・四パーセントに達した。八〇年代に他の都市でも、九〇年代に入って農村部でも徐々に婚前検査が義務づけられるようになり、一九九四年の「中華人民共和国母嬰保健法」によって、全国で結婚証明の申請には婚前検査の証明が必要になった。

その後、婚前健康検査は二〇〇三年に再度任意に変更された。任意となってから受診率は大幅に低下し、多くの地方で一〇パーセントにも達していない。また、二〇〇一年に改訂された婚姻法には、第七条に「医学上結婚すべきでないとされる病気にかかっている者」の結婚禁止規定があるが、ハンセン病その他に関する文言はなくなっている。こうした点にも、リプロダクティブ・ヘルスを重視したヒューマンな「優れたサービス」への転換を図ろうとしている二一世紀の中国の姿勢が表れている。

（小浜「中華人民共和国成立前後の上海における母子衛生政策の展開」『中国近現代における母子衛生政策の研究』平成一四〜一七年度科学研究費補助金（基盤研究C2）研究成果報告書、二〇〇六年、参照）

*1*……結婚延期とされた者の理由は、梅毒四一八人、結核五一人、精神失常一人、厳重疾病七人、その他二七人。結婚延期となった者のうち一五〇人の婚姻状況の調査によると、もともと同居している者四一人、勧告を聞かずに同居した者五七人、勧告を受け入れて治癒した後に結婚した者三一人、勧告を受け入れてまだ結婚していない者二一人である。なお、当時の上海で婚前同居は多かったようで、筆者のインタビューでも、農村から働きに来て、同居していた男性と子供が出来てから結婚した女性がいた。

**表3−2　上海市母子保健業務実績（1947〜1951年）**

| | | 1947 | 1948 | (49.1〜5) | (49.6〜12) | 1949 計 | 1950 | 1951 |
|---|---|---|---|---|---|---|---|---|
| 産前訪問 | (人) | 6449 | 7227 | (1381) | (3807) | 5188 | 32357 | 68905 |
| | (回) | 7778 | 10838 | (1592) | (4831) | 6423 | 89017 | 168731 |
| 産前検査 | (人) | 16826 | 21158 | (6647) | (14050) | 20597 | 10045 | 15514 |
| | (回) | 28660 | 42428 | (15134) | (35562) | 50696 | 11186 | 17140 |
| 助　　産 | (件) | 8729 | 13231 | (4367) | (7727) | 12094 | 17730 (11.8% | 46797 (31.2%) |
| 産後訪問 | (人) | 12243 | 15493 | (6424) | (9367) | 15791 | 28754 | 63043 |
| | (回) | 37149 | 52960 | (17427) | (30608) | 48035 | 100769 | 221785 |
| 産後検査 | (人) | 3214 | 5464 | (1821) | (2615) | 4436 | 5947 | 8797 |
| | (回) | 3672 | 6504 | ( 2326) | (3392) | 5718 | 6663 | 8293 |
| 乳児健 | (人) | 3110 | 8902 | (4706) | (4137) | 8843 | 7636 | 6691 |
| 康問診 | (回) | 2676 | 12599 | (5366) | (4323) | 9689 | 7952 | 13259 |
| 児童会 | (人) | 10621 | 16316 | (6002) | (3577) | 9579 | | |
| | (回) | 506 | 663 | (192) | (121) | 313 | | |
| 母親会 | (人) | 7866 | 9900 | (3238 | (4322) | 7560 | | |
| | (回) | 334 | 412 | (144 | (184) | 328 | | |

［典拠］『上海市統計 1947 年』（資料来源：上海市衛生局統計室）、『上海市統合統計 1948 年』（同前）、「上海市衛生局編制解放前衛生業務的統計（1946-1949 年）及 1949 年衛生業務統計」（1946 年 1 月〜 1949 年 12 月）上海檔案 B 242-1-74、「上海市衛生局二年来城市衛生工作簡要報告」（1951 年）上海檔案B 242-1-281 より作成。

士の増員要求が衛生行政の現場から出された。これはこの年一二月に市政府で認められ、各事務所の看護士・事務員の定員を流用して、助産士が増員されることとなった。[29]

各区の衛生事務所による活動実績は上の表3―2の通りである。一九四七年には、すでに活発に母子保健事業が展開されている様子がわかる。一九四八年七月には、産前産後の検査・家庭訪問などの具体的方法を定めたマニュアル「上海市衛生局推行婦嬰保健工作細則」も制定された。[30]

助産士たちは、業務内容の改善にも熱心であった。一九四七年六月には、著名な産婦人科医である中央衛生実験院婦嬰衛生組主任の楊崇瑞を迎えて、市立各産科病院・各区衛生事務所の関係者が集まって婦嬰衛生座談会が二日間にわたって開かれた。婦嬰衛生座談会はこの年一一月と翌年六月にも開催され、技術的な検討が行われている。[31]

以上より、戦後の上海で、上海市政府衛生局所属の各区衛生事務所を拠点として、中央の指導を受けながら、行政主導で母子保健事業が整備されていった様子がわかるだろう。

## (2) 一九五〇年代上海の母子保健政策の展開――ネットワークの形成と大衆動員

### 中央の政策

一九四九年一〇月一日の中華人民共和国成立に際して、国家の基本原則を定めた中国人民政治協商会議共同綱領は、その第四八条に「国民の体育を提唱する。衛生事業と医薬事業を推進し、母親と嬰児、児童の健康の保護に注意する」と唱っている。同年一一月一日、中央人民政府に衛生部が成立したが、当初の四局の一つは婦幼衛生局であり、母子保健が非常に重視されていることがわかる。[32]

衛生部は一九五〇年八月七〜一九日、北京で全国衛生工作会議を開催し、「労働者農民兵士のために配慮する」

29……「上海市衛生局関於衛生事務所組織編成」(一九四五年一一月〜一九四七年一一月)上海檔案Q400—1—2286、「上海市衛生局呈請増加各区衛生事務所助産士名額」(一九四七年九月〜一九四九年五月)上海檔案Q400—1—2288。

30……前掲『上海衛生志』二七五頁。

31……例えば市衛生局は、一九四八年六月の第四回婦嬰衛生座談会での議論を承けて、「助産士が産婦の自宅で出産介助する際、胎児の搬出前に脳脊垂下剤を使用するのは危険なので、電話で医師の指示を仰ぐように」という通知を出している(「上海市衛生局関於善後救済・婦嬰衛生・免費接生・招開婦女衛生工作会議等事宜」(一九四六年五月〜一九四七年一〇月)上海檔案Q400—1—3385)。

32……衛生部設立当初の四局には、他に公共衛生局がある。

「予防を中心とする」「漢方医と西洋医が団結する」を衛生行政の三大方針と定めた。また母子保健については、新式出産の普及と旧式産婆の改造を進め、婦幼保健機構を発展させ、婦幼保健隊列を建立し、科学知識の宣伝普及をはかることとした。続いて八月二〇〜二三日、全国婦幼衛生座談会が開かれ、各地のこの部門の実務担当者にこの方針が伝えられた[33]。

## 上海「解放」と母子保健工作

上海は、人民共和国成立に先立つ一九四九年五月二七日に「解放」を迎えた。国民政府下の各行政部門や所属機関は人民解放軍によって接収され、衛生部門も、婦嬰保健院は六月四日に、市立産院は六月八日に、それぞれ中国人民解放軍上海市軍事管制委員会によって接収管理されて、あらたな支配者の管理下に入った[34]。だが人民解放軍の代表を受け入れた市衛生局とその所属機関（市立病院など）は、基本的に以前からその仕事に就いていた専門医療技術者によって仕事を継続しており、衛生局では職員二四八人のうち二三三人は留任している[35]。

表3―2より各区衛生事務所の母子保健業務の実績をみると、上海解放の前後で、基本的に同じ仕事が継続して行われていたことがわかる。業務内容では、産前訪問・産前検査・助産が解放後に増え、児童会・母親会は解放後には見えなくなっているなど、若干の変化はあるものの、全体として、統治者の交替にかかわらず母子保健業務は継続していたといえる[36]。

## 母子保健ネットワークの形成

上海市人民政府衛生局は、一九四九年六月一〇日に成立した。同月、はやくも衛生局は、上海市民主婦女聯合会・上海市総工会などの参加をえて上海市婦幼衛生委員会を組織し、これは一九五一年に、開業医師や助産士の参加を得て上海市婦幼保健委員会に改組された。また一九五〇年には市衛生局に婦幼衛生処が設立されている[37]。当時の市衛生局は、伝染病予防、清潔衛生運動とともに母子保健、学校衛生を重点的な工作項目としており[38]、戦後国民政府下の上海市衛生局と強い連続性が認められる。

一九五〇年七月、各区の衛生事務所は区人民政府衛生科に再編され、衛生事務所所属の診療室は診療ステーション（站）となり、いくつかの区では防疫ステーションも置かれた。またこの年、五つの区では、独立した婦児保健ステーションが設立され、いずれは各区に広げるものとされていた[39]。

市衛生局は、前述の旧産婆の改造、新式出産の推進を母子保健工作の中心とする中央の方針に沿って、旧産婆を再教育して助産員の免状を発行するとともに、近代的な母子保健や育児に関する知識を大衆に広めるため大規模な婦幼衛生展覧会を開催し、これは一九五〇年の間にのべ二三万九七七九人を動員した[40]。

また、母子保健ネットワークを形成し、市内各地区の女性と子供が体系的な医療サービスに与れる体制を整え

33……全国衛生会議については国史全鑑編委会編『中華人民共和国国史全鑑・第一巻』団結出版社、一九九六年、四三九頁、参照。この時期の母子保健については、姚毅「母子保健システムの連続と転換――建国前後の北京市を中心に」『近きに在りて』五八、二〇一〇年、も参照のこと。

34……「上海市軍管会関於委派軍代表接管医療単位的令」（一九四九年六月）上海檔案Ｂ２４２―１―７。

35……「上海市軍事管制委員会令（上海市衛生局及所属単位科以上衛生幹部調査名冊）」（一九四九年）上海檔案Ｂ２４２―１―１０７。前掲『上海衛生志』五四七頁。

36……各月別の統計を見ると、上海「解放」の月である五月には、さすがに工作量に落ち込みが見える（「上海市衛生局編制解放前衛生業務的統計（一九四六―一九四九年）及一九四九年衛生業務統計」（一九四六年一月～一九四九年一二月）上海檔案Ｂ２４２―１―７４）。

37……前掲『上海衛生 一九四九―一九八三』二〇八頁、前掲『上海衛生志』二七〇頁、五四七頁。

38……「上海市衛生局一九五〇年工作総結及工作計画」（一九五〇年一月～一九五一年一月）上海檔案Ｂ２４２―１―１５３。

39……「上海市政府・上海市衛生局関於撤消各区衛生事務所、成立区衛生科的批復」（一九五〇年一～一二月）上海檔案Ｂ２４２―１―１６７。「上海市衛生局一九五〇年工作総結及工作計画」（一九五〇年一月～一九五一年一月）上海檔案Ｂ２４２―１―１５３。

40……「上海市衛生局一九五〇年工作総結及工作計画」（一九五〇年一月～一九五一年一月）上海檔案Ｂ２４２―１―１５３。

ようとした。これは、市レベル・区レベル・基層の三つのレベルの医療機構を整え、下級は上級の指導を受け、上級は下級から送られた難産などの事例を引き受けるというものである。市レベルには上海市第一婦嬰保健院（市立婦嬰保健院が改組）・中国福利会国際和平婦幼保健院・上海医科大学付属婦産科医院（西門婦孺医院が改組、紅房子医院）の専門病院が置かれ、区レベルでは、市内各区に区婦幼保健所を設立し、また前述の区衛生科所属の婦幼保健ステーションも置かれた。基層では、市衛生局は開業助産士を動員して「聯合婦幼保健ステーション」の設立をすすめた。これは区の機関である婦幼保健ステーションとは異なって、民間の助産士たちが共同して開設する合作診療所である[41]。人民共和国成立直後の基層における母子保健政策の遂行に大きな意味を持った聯合婦幼保健ステーションについて、以下、やや詳しくみてみよう。

母子保健ネットワークを作るため、衛生局は市婦幼保健委員会を基盤に、区ごとに区衛生科を中心として婦女連合会、慈善機関、開業助産士・医師、公私立の病院などを組織して区婦幼保健協進会を組織した。例えば新成区（現黄浦区）婦幼保健共進会の場合、一九五一年九月一七日に関係者の座談会が開催され、その後三回の準備会の開催、市衛生局の批准を得て、一一月二日までに新成区婦幼保健協進会が成立している。五一年末までに各区共進会に市内の個人で開業する母子保健従事者の六一・一パーセント、母子保健機構の八四・四パーセントの参加をえた。そしてこの婦幼保健共進会を基盤として、条件の整っているところから、「自願の基礎の上に」、助産士三人以上によって聯合婦幼保健ステーションが設立されていった[42]。

聯合婦幼保健ステーションは、その地域で開業していた助産士が共同して開設する合作診療所である。参加する助産士は私有制を放棄して、共同の経済の下で営業する。公安の派出所ごとに聯合保健ステーションを開設してその地区の出産介助と母子保健工作に責任を持つ地区責任制をとる。各ステーションには、地域の婦女連合会、公安、里弄居民、漢方医および西洋医などによる工作推進委員会を創り、業務の進展や影響力の増大を助け、大衆の要求と意見を反映させるものとされた。部屋・器具は自弁するものとし、多くの場合それまで使っていたものを持ち寄り、助産士の一人が開業していた部屋を診療所とした。出産費用は市の統一基準により、条件に合う貧しい産婦は支払い免除としなければならない。無料出産介助に対する補助費も市から受け取ることが出来、また機器・衛生材料などの援助を市から受け、業務内容について学習する権利があり、また業務記録提出の義務を持つ[43]。

個別の聯合婦幼保健ステーションの組織状況は、次のようなものであった[44]。

新成区婦幼保健協進会（以下、婦幼保健共進会は略して記す）北京西路聯合婦幼保健ステーション（のち成都北路聯合婦幼保健ステーションと改称）は、一九五二年二月から、地域の開業助産士三人と産婦人科小児科の二人の医師によって設立が準備された。しかし医師達は個人営業を完全に止めることができなかったので、助産士三人で組織し、医師は特約医師として業務を手伝うことになった。区婦幼保健共進会の基準による出産介助費などの収入のうち、必要な経費や特約医師の診察費を除いたうち、三〇パーセントを器具備品の準備費として控除し、残りを三人の助産士で均分して給与とした。

新成区牯嶺路轄区聯合婦幼保健ステーションは、一九五二年一一月に、医師一名・助産士三名によって成立した。べつに特約医師が一名いた。

41……前掲『上海衛生 一九四九—一九八三』二〇九〜二一二頁、前掲『上海衛生志』二七一〜二七三頁。

42……「上海市衛生局関於上海婦児保健工作概況及解放前後保健工作顕著進展情況匯報」（一九五一年）上海檔案B242—1—304。「上海市衛生局同意新成・長寧・蓬莱等十個区成立聯合婦幼保健站、批復」（一九五一年一〇月〜一九五二年一二月）上海檔案B242—1—430。

43……「上海市衛生局関於上海婦児保健工作概況及解放前後保健工作顕著進展情況匯報」（一九五一年）上海檔案B242—1—304。「新成区婦幼保健共進会組織大綱」（「上海市衛生局同意新成・長寧・蓬莱等十個区成立聯合婦幼保健站批復」（一九五一年一〇月〜一九五二年一二月）上海檔案B242—1—430）。

44……「上海市衛生局同意新成・長寧・蓬莱等十個区成立聯合婦幼保健站、批復」（一九五一年一〇月〜一九五二年一二月）上海檔案B242—1—430。

**表3−3　上海市母子保健業務の発展情況（1949〜1959年）**

| 年 | 産院（所） | ベッド（床） | 婦幼保健所（所） | 婦幼保健站（所） | 聯合婦幼保健站（所） | 新式出産率（%） | 助産士（人） | 助産員（旧産婆）（人） | 新生児破傷風死亡率（%） |
|---|---|---|---|---|---|---|---|---|---|
| 1949 | 30 | 1045 | 0 | 0 | 0 | − | − | − | − |
| 1950 | 28 | 1261 | 0 | 8 | 4 | 46.5 | 307 | 63 | − |
| 1951 | 25 | 877 | 0 | 9 | 32 | 55.9 | 417 | 355 | 13.28 |
| 1952 | 25 | 1089 | 3 | 5 | 59 | 70.6 | 569 | 748 | 10.44 |
| 1953 | 28 | 1310 | 32 | 21 | 64 | 85.0 | 1007 | 1038 | 6.79 |
| 1954 | 24 | 1335 | 31 | 23 | 73 | 91.7 | 742 | 1066 | 5.55 |
| 1955 | 22 | 1341 | 30 | 23 | 79 | 95.4 | 800 | 996 | 4.00 |
| 1956 | 18 | 1337 | 18 | 27 | 99 | 97.3 | 968 | 918 | 2.06 |
| 1957 | 17 | 1454 | 18 | 32 | 101 | 97.9 | 1007 | 860 | 1.21 |
| 1958 | 36 | 1648 | 16 | 13 | 73 | 98.3 | 942 | 490 | 1.24 |
| 1958* | 553 | 3516 | 23 | 15 | 73 | − | 1007 | 925 | − |
| 1959.6* | − | − | − | − | − | − | 1976 | 2091 | − |

＊郊外の十県を含む。

出典：「上海市婦女聯合会関於十年来上海婦児福利工作（資料）」（1959 年 9 月）上海檔案 C31-2-621、31 〜 32 頁。

常熟区高安路聯合婦幼保健ステーションも、一九五二年一一月に助産士三人で組織された。財政については、収入の一〇パーセントを開設費償却分、一〇パーセントを積立金とし、他の日常経費を支出した後、残りの二〇パーセントを「現在個人営業していてすぐにそれを止めることはできないが、ステーション開設直後で忙しいので、半日は仕事を手伝っている」二人の助産士の報酬とし、残りを設立に参加した助産士三人で三分している。

長寧区梵王渡聯合婦幼保健ステーションは、一九五二年一〇月から開設準備が始まった。この地区は工場の多い人口稠密区であり、設立が急がれた。しかしこの区の助産士には持病があったりして適当な者がいないため、市衛生局が手配して他区の失業助産士を連れてきて開設することになった。

ステーションの活動の初期、公安や婦女連に助けられながら里弄の中に部屋を借り、妊婦を捜して無料の産前検査や衛生教育を行うなどの積極的な活動を自発的に展開して医療関係者への認識を改めさせたステーションもある。また、初めなかなか妊婦がやって来なかったところでは、派出所・婦女連・居民委員会代表が援助して地域の妊婦を調査・紹介したりもした。助産士の中には、政府が自分たちを管理し将来はお上の財産になってしまうのでは、と組織をためらう者や、逆に、自分では営業を維持してゆきがたいので、お上に接収・管理してもらうことを望む者もいた。また聯合保健ステーションを組織してしばらくして、政府が妊婦を紹介してくれるので必ず個人で開業するより収入はいいと言われて始めたのに、かえって減少したので解散したい、と思う者もあった。[45]

以上のように、聯合婦幼保健ステーションの組織化とそこへの妊産婦の紹介は、市衛生局をはじめとして、公安・婦女連・居民委員会などによる強力な組織的動員と援助によって市内各地区で進められた。表3—3に見えるように、五〇年に最初の四つが設立された後、三、四年のうちに聯合婦幼保健ステーションは数十を数えた。

当時、産婦人科以外の開業医の合作診療所化も進められているが、聯合婦幼保健ステーションの設立は、一般の合作診療所の設立よりやや先行しているようである。[46] 例に挙げたように、聯合婦幼保健ステーションの開設に際しても、助産士は同意しても医師は個人営業を放棄したがらない例がかなりあった。医師よりも社会的地位も収入も低かった助産士の方が、より合作医療化を受け入れやすい傾向があったと思われる。

表3—3によると、上海の都市部での新式出産率の向上・新生児破傷風死亡率の低下は、五〇年代前半に顕著である。これは各区の婦幼保健所、区衛生所の婦幼保健ステーション、聯合婦幼保健ステーションを拠点として、上海の各地区で基層から母子保健機構の組織化が進展した結果といえる。

45……「上海市衛生局関於上海婦児保健工作概況及解放前後保健工作顕著進展情況匯報」(一九五一年)上海檔案B242—1—304。

46……前掲『上海衛生 一九四九—一九八三』一九頁、表2—3、参照。

一九五四年五月には、当時の出産の増加の中でのベッド不足に対応して、「病院は初産・第六子以上の経産・難産のみ扱う。その他の正常産は、地段聯合婦幼保健ステーションが家庭で出産させ、区婦幼保健所が調整する」という連携の原則が決められた[47]。

こうして上海では、一九五八年までに、市・区・基層の三つのレベルからなる母子保健ネットワークが基本的に成立した。五八年から、上海市衛生局は基層の医療機構として地域病院（地段医院）を設立し、婦幼保健ステーション、聯合婦幼保健ステーションは、地段医院の婦幼組に統合改組されてゆく[48]。人民共和国成立前から個人営業していた助産士達は、合作診療所を経て、集団所有制の地段医院の従業員に再編されていくことになった[49]。

以上より、次のような点が明らかになる。

第一に、上海の都市部において、母子保健が急速に進展して周産期の女性と子供の生命の安全が基本的に確保されるようになったのは一九五〇年代であり、それには上海市人民政府衛生局の下の衛生行政が大きな意味を持っていた。その業務内容は、やはり母子保健を重点項目としていた戦後国民政府の衛生事業と強い連続性があり、人民共和国初期の母子保健事業の成果は、国民政府下で作られた基盤の上に達成されたといえる。

第二に、戦後国民政府期に基盤が作られた上海の母子保健事業が人民共和国成立後に急速にその業務量を拡大したのには、医療関係者や衛生行政関係者だけでなく、公安・婦女連・居民委員会などの組織をも使った大衆動員が大きな意味を持っている。このような組織を通じた大衆動員によって、広範な上海の女性と子供が近代医療による出産の恩恵に与れるようになったのである。その過程を通じて、衛生行政に基づいた女性の身体の社会的管理が上海社会に浸透していった。

こうして以前は母子の生命が危険にさらされることも多かった上海の出産をめぐる状況は、一九五〇年代に大きく変化し、庶民層に至るまでの女性にとって近代医療や病院出産が身近なものになった。上海では、社会主義化と同時に、急激に出産の医療化・施設化・国家化も進展したのである[50]。それはまた、国家が医療機構などを通じて、人の「生」をそれまでより確実に掌握するようになったということでもあった。このような一九五〇年代の上海における出産の近代化・医療化・施設化は、母子の生命の危険が大幅に減少したことと、国家による「生」の掌握が進んだことによって、二重の意味で上からの計画出産推進の条件を創出するものであった。

## 3 人口政策の変化と計画出産の普及

では、上海における計画出産がどのように普及したのか、中央および上海での人口政策の変遷と、そのもとでの上海の女性の出産行動の変化を時期ごとにみていこう。

### (1) 民国期の節制生育(〜一九四九年)

まず、中華人民共和国成立以前の状況を確認しよう。

中国で、近代的な生殖コントロールへの関心が高まったのは、一九二二年のサンガー夫人の訪中以後である。中国語で「節制生育(略して節育)」と呼ばれるようになった生殖コントロールについては、代表的な女性雑誌であった『婦女雑誌』に特集が組まれたりして、国家民族のため優生学的見地から節制生育を主張するものや、女

47……前掲『上海衛生志』二七五頁。

48……前掲『上海衛生志』二七三頁。

49……助産士の目から見た再編の具体的な状況については、前掲小浜『中国近現代における母子衛生政策の研究』一〇五〜一〇八頁等参照のこと。

50……上海の都市部の施設内分娩率は、一九六五年末までに九五パーセントにのぼっていた(前掲『上海衛生』二一五頁)。とはいえこのような変化が中国の全ての地域でこの時期に起こったということではない。例えば一九八四年の中国全国の施設内分娩率は四一・四パーセント(都市部七四・九%、農村部三一・八%)である(前掲『中国婦女統計資料』四八四頁)。

性解放のためにそれを説くものなど、さまざまな議論が交わされた[51]。三〇年代になると節育指導所が開かれるなど、具体的な取り組みも始まった。こうして知識層には節制生育の概念が広まり、一部では実践も始まっていた。一九四〇年代後半には、母子保健専門誌の『母嬰衛生』誌にも、家庭雑誌である『家』誌や『西風』誌にも避妊紹介記事が見える[52]。

聞き取りによると、Aさん（後出）は、一九四八年に著名な大病院である仁済医院で第六子を出産する時、子供が多くて健康を害することを心配した主治医（女医）から、出産直後の「絶育」（卵管結紮による永久不妊手術）を勧められている（二〇〇三年九月一三日インタビュー、以下同じ）。彼女はこの時は恐くて踏み切れなかったが、大病院では当時、多子の女性には卵管結紮を勧めていたことがわかる。

しかし病院出産できるのは経済的に裕福な層だけであった。また人口の八割にのぼる非識字者の多くを占める女性達には、雑誌など無縁であったから、生殖コントロールについて知り、それに手が届くところにいたのは、経済力や知識など、何らかの資源に恵まれていた層だけであった。

一方、前章で見たように、妊娠中絶は非合法であったが、かなり頻繁に行われていた。こうした非合法堕胎は、ふつう社会的にも刑事的にも大きな問題にならなかったが、戦後期には上海市当局は徐々に摘発の姿勢を示すようになっていた。

### (2) 中華人民共和国初期の出産奨励（一九四九年〜）

中華人民共和国が成立して、当初、人民は安心して子供を産み育てられるはずだとして出産が奨励された。前章で見たように、避妊は一九五一年後半頃から批判されるようになった。人工流産・「絶育」に対する制限も徐々に強化される。まず中央衛生部は一九五〇年四月に、女性幹部の堕胎は生命が危ないとき等以外禁止し、違反すれば処罰する、等の指示を出した[53]。次いで上海市は、人工流産は生命が危険な時のみ可能で、絶育は三五歳以上で六子以上ある女性が区政府の批准を得て手術できる、とした[54]。これに続いて中央でも、絶育は三五歳以上で六人子供があり更に産むと生命健康に重大な危険のある者のみ可、人工流産は妊娠の継続が母体の生命健康に危険を及ぼす者のみ可、手術を行えるのは許可された病院のみ、避妊具を販売できるのは許可を得た薬局のみ、等とする規則を出した。[55] 一九五三年一月には、避妊具などの輸入も禁止された。[56]

聞き取りによれば、一九五〇年代初頭の情況は以下のようであった。

**Aさん：主婦。子供は七人産んだが、第四子は一歳で夭折**

……第六子出産時（一九四八年）に、仁済医院の女性の医者から何度も、「こんなに何人も子供を産んで、身体がダメになる。もう産まない方がいい」と言われた。子供はもういいと思ったが、手術が恐くて絶育しようとは思わなかった。第七子出産時（一九五〇年）にも、同じ病院で医師から絶育を勧められた。この時は、近所の手術をした知り合いなどに手術について聞いてみて「恐くない。切るのはほんのちょっと」ということだったので、ちょっと大胆になって、絶育した。当時三〇才。夫に相談したが、夫も姑も、子供が既にたくさんいて大変なので、同意した。

解放後、「既に生存している子供が六人いないと絶育出来ない」という規則が出来た。自分は六人になるので可能だった。国民党時代はそんな規則はなかったので、子供が三～四人の人でも手術できた。（二〇〇三年九月一三日インタビュー、以下同じ）

51……第二章注1参照。

52……陳永生編著『中国近代節制生育史要』蘇州大学出版社、二〇一三年。張済順「性与性別――一群文化人的社会関懐――以『西風』為中心的考察」、姜進主編『都市文化中的現代中国』華東師範大学出版社、二〇〇七年。

53……中央人民政府衛生部、人民革命軍事委員会衛生部「関於基幹部隊婦女幹部打胎限制的辦法」（一九五〇年四月二〇日）、彭珮雲主編『中国計画生育全書』中国人口出版社、一九九七年、八八九頁。

54……「上海市絶育手術辦法」（一九五二年九月）、前掲『上海衛生志』二八四頁。

55……「限制節育及人工流産暫行辦法（草案）」（一九五二年一二月）、前掲『中国計画生育全書』五九頁。

56……史成礼編著『中国計画生育活動史』新疆人民出版社、一九八八年、一一五頁。

●Gさん：主婦。子供は五人

一九五一年に第五子出産（男）。妊娠中、もう男の子がいたので、これ以上は子供はいらないと思って、知り合いの婦人科の看護婦に家に来てもらって、堕胎のための注射をした。費用は高くない。三回注射をする必要があるのだが、副作用がひどくて、二回で止めてしまった。それで子供はそのまま育って生まれた。

出産後すぐに、不妊手術（卵管結紮）をした。産まれる前に、自分で病院の医師にそうしてほしいと言った。夫ははじめは承知しなかったが、後にしぶしぶ同意した。そういう方法があることは、新聞に出ていた。当時、どの病院でもやっていた。避妊はしたことがない。当時は子供は多いほどいい、という時期で、このような手術をする人は多くなかった。（二〇〇四年九月九日）

一九五一年頃、多子の女性には絶育手術が行われていたし、堕胎も半ば公然と行われていたことがわかる。この二人は、避妊はしたことがない様だが、次のような例もあった。

●Iさん：居民委員会幹部（当時。以下同じ）

一九四〇年頃、郷里で第一子出産。しかし一週間で死んでしまった。翌年、第二子を出産する。その二年後に第三子を出産した。一九四九年に二人の子供をつれて上海に来た。一九五〇年に第四子を出産。しかし乳が出なくて、一カ月で死んでしまった。健在なのは、上海へ連れてきた一男一女。

一年後に、一度流産した。……出産の後、いつも一カ月くらい体の調子がひどく悪かった。産後、毎回病気になるのは子供を産んだからだと思い、もう子供はいいと思った。夫もあまり体はよくないし、すでにちょうどよく一男一女いたので、もう子供は産まないことにして、流産の後、避妊をした。コンドームを使った。夫が薬局で買ってきた。（二〇〇三年九月一七日、二〇〇四年九月一〇日）

●Cさん：公務員。子供は三人

一九四九年に第一子出産。一九五一年、第二子出産。一男一女で、子供はもういいと思って、その後は周期法で避妊していた。周期法は年配の同僚から聞いて知った。当時は計画出産はまだ行われていなかったので、避妊具などは手に入らなかった。一九五七年に周期法がうまくいかずに妊娠して、第三子出産。(二〇〇三年九月一五日)

**Bさん:五〇年代後半から里弄の工場で仕事。子供は六人で、みな産科専門医院である中徳医院で出産**

第五子出産時(一九五三年)までは、「子供は多ければ多いほどよい」政策で、避妊具などは手に入らなかった。避妊については最初の子供を産む前から知っていたが、夫がとりわけ子供好きで、子供はたくさん欲しいと思っていた。……(二〇〇三年九月一五日)

Iさんは夫が薬局関係の仕事だったので、避妊具が入手しやすい条件があったが、誰にとってもそういうわけにはいかなかったようである。

やがて堕胎・「絶育」への規制が強まり、避妊も糾弾されるようになっていった。同じ頃、前述のように医療者の正規化(旧産婆の改造)、制度化(個人営業していた助産士・医師などの公営医療機関への組織化)も進展していた。政府職員とされていった医療関係者がこれらの処置を行うことは困難になっていったろう。

このような中で、ベビーブームが出現した。上海は一九五四年には全国平均をも上回る五二・七パーミルの出生率を記録し、死亡率の低下も相俟って、人口の自然増加率は四五・六パーミルの高さとなった。[57]

## (3) 節制生育推進の始まり(一九五四年～)

中華人民共和国政府内では、一九五四年頃から出産奨励策は生殖コントロールの普及に転じて、②計画出産開

57……前掲若林『中国の人口問題と社会的現実』二九六頁。

始期（一九五四〜五八年）となる。

最初に節制生育提唱への動きがあったのは一九五三年八月で、当時副総理であった鄧小平が避妊薬具の輸入禁止の見直しを指示し、また「避妊と人工流産の方法規定（避孕及人工流産弁法）」が修訂された[58]。しかしこれは具体的な現場での対応にはつながっていない。

翌一九五四年五月二八日、鄧穎超[59]の要請を受けた鄧小平は、衛生部に避妊の推進を指示する。七月二八日、中央衛生部は「避妊と人工流産の問題を改良することに関する通報」を関連部門に通知した。その内容は、以下のようなものである。「これまで衛生部は、ずっと厳格な節育制限路線を取ってきた。しかし幹部や市民から子供が多いと困難で生活や学習に影響するという反対意見が続々と出てきたので、各方面の意見や上級の指示に従って次のように施行方法を修正する。一、既婚男女の避妊や節育は制限しない。二、避妊用具薬品の製造・輸入に努力する。三、人工流産の制限を緩和する。四、卵管結紮は医学上必要な時のみ行って良い。すでに六人以上出産している者や妊娠が健康に影響する場合は許可をえれば施行できる[60]。」

これを受けた上海市衛生局は、八月七日に「絶育弁法」改定の検討開始を指示し、九月以来、改正案について中央と交渉を重ねた。また一一月二〇日には、全市の産婦人科医師と医療単位はみな節育指導外来を設け、医薬公司は避妊薬具を供給するよう指示した[61]。

九月には、前章で見たように、民主党派の邵力子が、全国人民代表大会で節制生育の促進を初めて公に主張している。一一月、中央衛生部は再度、「避妊と人工流産の改新問題に関する通報」を出し、一二月、中共中央・国務院は節制生育問題座談会を開催して、党は節育に賛成である、という態度を明らかにした[62]。五五年三月、中共中央は衛生部・党組織に対して「党は適当な節育に賛成である。人民の自発的な節育に反対してならない。過去の避妊制限は誤りで、避妊は制限しない」という指示を出した[63]。

上海市は、一九五五年、「上海市節育方案（草案）」によって、はっきりと節制生育推進の態勢を打ち出した。すなわち、「党と政府は国家、家庭と新しい世代の利益のために適切な節制生育の政策を採用する。国家はまさに経済建設に力を集中しており、しばらくは人民の生活水準を大きく向上させることは出来ない。そのため出産が多すぎたり詰まりすぎたりしていると、（国家の生活物資の供給に暫時困難をもたらし——この一句はのち削除）母と子の健康と生活と工作に影響するかもしれない。適切な節制生育によってこのような困難とよくない影響を軽減することができる。上海市の一九五三年の出生率は四〇・四パーミル、死亡率は九・九パーミルで、人口の自然増加率は約三〇・五パーミルである。実際に一八万人増加し、これが上海人口の自然増加の通常の現象である。そのため市民（とりわけ労働者、職員）の節育と指導を要求するものは非常に多い。しかし衛生部門の過去の節育に対する政策方針は明確な研究と認識を欠いており、いまだ大胆に宣伝教育を行わなかった。また節育の用具も欠乏しているため、まだしっかり展開されなかった。今後は必ずただす必要がある。」として、一、医務人員および労働者、幹部および居民に対して宣伝教育工作を適切に展開する。二、節育用品の供給と生産に努める（当面、輸入を奨励する）。三、医療保健組織の節育指導工作を強化する。四、適切に人工流産と絶育手術を管理する、とした[64]。


58……前掲『中国計画生育活動史』一一六頁。

59……鄧頴超（一九〇四～一九九二）は中国国務総理を長く務めた周恩来の夫人で、中国共産党の元老、女性運動家。

60……「中央衛生部関於改建避孕及人工流産的通報與上海市衛生局擬定上海市施行管理人工流産及結紮輸卵管手続辦法的報告、通知」（一九五四年八月～一二月）上海檔案Ｂ242―1―692。

61……同前。

62……「中央人民政府衛生部関於改進避妊及人工流産問題的通報」（一九五四年一一月一〇日）、前掲『中国計画生育全書』八八九～八九一頁、内容は七月のものと同じである。また、同四七一頁。

63……「中共中央対衛生部党組関於節制生育問題的報告的批示」（一九五五年三月一日）前掲『中国計画生育全書』一頁。ここではまだ人工流産・絶育は制限されており、また溺嬰の禁止も明記されている。

64……「上海市衛生局制訂上海市節育方案及管理人工流産與絶育手術等辦法的通知」（一九五五年八月～一一月）上海檔案Ｂ242―1―836。

上海市衛生局は一九五五年にも、「人工流産と絶育手術の管理方法（修訂草案）」の改訂を重ねたが、七月修正案では、人工流産を申請できる条件の一つとして、「仕事や学習の重い任務についていたり、子供が多くて経済的な困難があって、妊娠三カ月以内の者」、また卵管結紮を申請できる条件の一つとして「すでに四人以上子供がいて、皆三歳以上になっている者」が挙げられるなど、生殖コントロールの制限はかなり緩められた。しかし煩雑な手続きが必要であった[65]。

一九五五年八月の上海市衛生局による「上海市の出生率が年ごとに増加している状況の報告（絶密）」によれば、「出生率が高すぎるというこの異常な状況をただすために……人口管理を強化し、第一に、厳格に外来の流入人口を制限し、次いで積極的に適切な節育工作を展開する。女性の出産が多すぎて母子の健康や仕事や学習や生活および子供の教育養育に影響するのを避ける、という宣伝教育を行う。」とされている[66]。

上海市当局、とくに衛生局は、中央の指示を先取りするような熱意で節制生育を推進しているが、ここからはその基本的な理由が人口増加抑制のためであることがわかる。しかし宣伝においては、母子の健康や工作・学習・生活の向上やよりよい子女の教育養育のためであることが強調された。また、この事業は、上海市衛生局をはじめとする衛生部門が中心となって推進し、宣伝には、各級党委および工会（労働組合）、婦女連が中心となって共産主義青年団、農会などの大衆組織も動員されるものとされていた。

各組織の中でも、婦女連はとりわけ熱心に衛生局の動員に応えて宣伝を展開した。「婦女連は女性大衆の中に避妊の需要があることはかなり早くから承知していたが、幹部は節育の宣伝をするには思想が萎縮していた。一九五五年の秋に里弄で衛生知識を宣伝している時に婦女代表大会の幹部が女性大衆の切実な節育の要求を提起した。我々はこれにおおいに啓発され、懸念を振り払うことができた。その後は母子保健の知識を宣伝する時に、節制生育の問題を必要とする女性に宣伝するようになった……[67]」という報告からは、婦女連は女性たちの中に生殖コントロールへの切実な要求があることを熟知していたからこそ、このキャンペーンに積極的に取り組んだことがわかる。女性たちの切実な要求とは、例えば次のような情況であった。

……こうした（子だくさんの）母親たちは子供が出来ることをとても恐れているが、しかしそのほとんどは全く文字が読めないか読めてもわずかで、避妊の方法など知らない。……江寧区のある地区では今年（五六年）五月に一八人が妊娠していたが、そのうち三人がすでに堕胎し、二人は堕胎するつもりだった。中の張某は、大量の六神丸と十滴水（共に民間薬）を飲み続け、二回予防注射を打ち、流産して大出血を引き起こした。幸いにして病院に運ばれ、命を取り留めた。[68]

一九五六年三月、衛生部は、五四年に六子以上ある者が申請できた絶育を四子以上とするなど、生殖コントロールへの制限を緩和した。これは、上海で先行試行した措置を全国に拡大したものといえる。ただし、「通知は内部文書で伝達し、新聞紙上で公開発表はしない」[69]。六月の全国人民代表大会では衛生部長の李徳全や邵力子が強力に生殖コントロールを推進すべきであるという意見を述べた。八月、衛生部は避妊の宣伝強化を指示、九月、

65……同前。

66……「上海市人口辦公室、衛生局関於上海市出生率逐年増長情況及推広節育工作的方案、辦法」（一九五五年五月～九月）上海檔案Ｂ２５—１—１７。

67……「上海市民主婦女聯合会福利部一九五七年工作計画及開展計画生育工作方案、指示、節委会組織規程」（一九五七年）上海檔案Ｃ３１—２—５２２。

68……「衛生部、上海市衛生局関於避孕工作、管理人工流産、節育等指示、報告、通知」（一九五六年五月八日～一九五七年二月六日）上海檔案Ｂ３—２—７５。

69……「中華人民共和国衛生部関於人工流産及絶育手術的通知」（一九五六年三月三〇日）人工流産は健康上の理由・特別の任務の仕事・経済困難・四子以上ある者などが、幹部は単位の批准、住民は居民委員会の証明で申請できる。絶育も四子以上で可、等（前掲『中国計画生育全書』八九一頁）。「上海市衛生局有関修訂一九五六年人工流産与絶育手術辦法」（一九五六年三月～一二月）上海檔案Ｂ２４２—１—９４６。

周恩来は全人代で適度な妊娠調節を提唱した。[70]
　上海では、一九五六年三月、人工流産・絶育に労働保険が適用されることになり、「単位」のある者と家族は、少ない負担で節育手術を受けられるようになった。[71] 上海市衛生局は（おそらく五月初旬頃に出された）「関於改進本市節育工作的意見」で、具体的な節制生育推進のための工作計画を明らかにした。これによると、一、五月中は、衛生行政幹部、医療人員（とくに産婦人科医師と助産士）に対して宣伝と指導を行う。二、六月には、広範な市民大衆に対して節育問題の宣伝と指導を開始する、とされていた。[72] 第二章で見たように、一九五六年六月頃から新聞雑誌などのメディア上で節制生育に関する記事が増えているのは、この計画に沿ったものだろう。
　こうして推進された結果、五六年には一五九カ所の節育指導外来が開設されるなど、運動はある程度の展開をみた。そのうち七三ヵ所は工場の保健ステーションであることからは、医療機関のみでなく工会（労働組合）との連携の下で職場でも宣伝が展開されたことがわかる。また、商業部門幹部への講演が計一〇回、婦女連による里弄住民への講演が計四五回開かれて、計一万九四二六人の聴衆があったといい、商業部門・婦女連との連携も見て取れる。[73]
　このように運動が展開される中、さまざまな混乱が起き、問題も発生している。婦女連の報告には、各種の問題点が指摘されている。やや長くなるが、概要を紹介しよう。[74]
　①思想教育工作が不十分で、混乱が発生している。「人民政府は食糧不足を怖れている」「男女関係が乱れる」等の流言があって、避妊はまともでない人のすることだと考える人もいる。避妊外来では、方法の紹介ばかりして人々の心配に対応しようとしないので、コンドームやペッサリーはメスでお腹を切らなくては取り出せないのではとか、ペッサリーを着けたら小便が出来ないのではとか、心配する女性もいる。
　②宣伝を聞き、切に避妊したいと思う女性の中に、ちゃんと指導を受けずに服薬したり避妊具を使ったりしたため健康を害したり妊娠したりする者がいて、人々の避妊への信頼が失われている。そのため「金を使って痛い目を見て不確実なら、その金でおいしい物でも買った方がまし」と皆、言っている。

③男性への宣伝教育が不十分で、協力的でない男性が多く、夫婦関係にも影響している。なかには面倒くさがったり自分の健康や楽しみへの影響を恐れたり、ひどい場合には、妻が避妊知識を持つと浮気するのではと考えて協力しようとしない夫もいる。ある夫は、妻がコンドームを買ってきたのを見たとたんに怒って「面子がない」と言って妻をぶったが、そうしたことはあちこちで見られる。

④避妊薬具について。新聞紙上で避妊用の中国医学の処方を公開して以来、安価なので大衆から歓迎されている。しかし多くの女性は二回分飲んだだけで続けて買えずに中断してしまう。服用方法も正確でなく、……妊娠してしまったり、月経過多や腰痛などの副作用があったりして、飲み薬への信頼が低下している。ペッサリーは信頼性が高いが、女性たちは（性器の）サイズを測るのを怖がり、また性交の前に着けて終わってから八〜一二時間後に取り出すのは、慣れていないし、価格も高く、ゴムが堅くて気持ちよくないし、しばしば炎症を起こし

70……「在第一届全国人民代表大会第三次会議上的発言 衛生部長李徳全的発言」『人民日報』一九五六年六月一九日。「在第一届全国人民代表大会第三次会議上的発言 我對節育問題的一点意見 邵力子代表的発言」『人民日報』一九五六年六月二六日。「中華人民共和国衛生部関於避孕工作的指示」（一九五六年八月六日）、前掲『中国計画生育全書』八九一〜八九二頁。周恩來「関於発展国民経済的第二個五年計画的建議的報告（之三）」『人民日報』一九五六年九月一九日。

71……「上海市衛生局有関修訂一九五六年人工流産与絶育手術辦法」（一九五六年三月〜一二月）上海檔案B242—1—946。

72……同前。

73……「上海市衛生局一九五六年工作計画与工作総結（附一九五六年衛生事業計画）」（一九五六年一月〜一二月）上海檔案B242—1—884。

74……「上海市民主婦女聯合会福利部関於避孕宣伝的工作報告」（一九五六年一二月一三日）（「衛生部、上海市衛生局関於避孕工作、管理人工流産、節育等指示、報告、通知」（一九五六年五月八日〜一九五七年一二月六日）上海檔案B3—2—75）。

たりおり物が増えたりする。普通の労働者の家庭は部屋も狭く、家族皆が同室で寝ているので避妊具の使用に不便で、皆面倒が起こるのを恐れて使いたがらないし、使ってみても継続できない。夫婦が協力的な場合、現在のコンドームは比較的簡単で信頼性が高いので使っている人が多い。しかし市場で売られている物は時に小さすぎたり短すぎたり、厚さが不均等で、簡単に破れて漏れる。軟膏《ゼリー》も買えないことがよくあるし、使用時に乾きやすかったり刺激が強かったりする。速やかに品質を向上させ、供給を増やす必要がある。

⑤医療人員の避妊への認識が足りない。ニセ医者の仕事だと見なしたり、効果に懐疑的だったり、助産の仕事が減ることを恐れたりして、仕事に対して消極的である。

以上より、当時、まったく避妊具などに触れたことのなかった民衆が節制生育をしようとしてそれを使い始めたが、慣れて使いこなすにはほど遠い状態であったことがわかる。また薬や避妊具自体の品質もあまりよくなく、医療人員もその普及に必ずしも熱心でなかった。そうした中で民衆がふだんから使っている中国医学の薬による避妊への要望が強かったが、信頼できる避妊用の薬はなかった。

こうした状態に対して、同報告では、古い封建思想を打破し、また「科学的でない考えや心配」を解きつつ宣伝教育を進めるとの方針が示されている。

一九五七年には、さらに大規模に節育推進工作が展開された。三月、まず衛生部長の李徳全が全国政治協商会議において、「節制生育はとても大きく複雑な仕事である」とその意義を説き、衛生部は積極的に避妊を推進し、人工流産や絶育に対する制限をゆるめる、と発言してキャンペーンの口火が切られた[75]。この後、各新聞紙上では、節制生育をめぐって活発な議論が展開された。前章で見たように、こうした中で「節制生育」と呼ばれていた生殖コントロールは「計画出産」とも言われるようになっていった。

衛生部は五月一五日、新規定を通知した。これにより、妊娠三カ月以内で、医学的な禁忌症がなく、過去一二カ月以内に人工流産していないなら人工流産が可能になった[76]。

上海では、五七年五月一〇日から節制生育知識展覧会が開かれ、一カ月の間に一四万人余が参観した[77]。また生殖コントロールに関する知識を広めるべく、節制生育に関する座談会が各地域で開かれて方法が講じられ、街頭には図解入りの説明が張り出され、工場ではスピーカーで宣伝された。[75] 五七年中に上海では、大会小会によって五一万人に宣伝した。各区を回る展覧会への参観者は四一万人にのぼり、画廊薬屋の窓などにもポスターが掲示された。また一七五カ所に開設された節育指導外来で、二万九八二人に指導が行われた。[79]

婦女連は、避妊知識の普及を一九五七年の母子保健部門の重点工作項目とした。また、四月、衛生局に対して「衛生局の避妊工作の方案に対する意見（発言）」を提出し、「避妊を必要としている女性が、科学的避妊を採用する時には四つのことを心配している。それは、恥ずかしいこと、身体を損なうこと、面倒なこと、金がかかることである」という現状を指摘した上で、節制生育委員会による統一的な指導を促した。[80]

一九五七年一二月の人民代表大会では「計画的に子供を生もう」と呼びかけることが決議された。五八年一月の上海市人民代表大会は、人口が増え過ぎることを避けるため、農村への移住を奨励するとともに、大いに晩婚・計画出産を宣伝推進し、第二次五カ年計画期間内に目下四パーセントである上海の出生率を二パーセント以

75……李徳全「節育是一件艱巨復雑的工作」『人民日報』一九五七年三月八日。

76……「人工流産和絶育手術 衛生部作出新規定」『文匯報』一九五七年五月一七日。この規定（「中華人民共和国衛生部関於人工流産及絶育手術的通知」）は前掲『中国計画生育全書』八九三～八九四頁に見える。

77……前掲『中国計画生育全書』一二九六～一二九八頁。北京でも中山公園で七カ月間、同様の展覧会が開かれ一六四万人が参観した（『中国計画生育全書』一二五九頁）。ただし運動の展開は地方によって偏差が大きく、ほとんど宣伝が行われていない地方も多い。

78……麗諦「関於避孕宣伝」『新民晩報』一九五七年六月一一日。

79……「上海市衛生局一九五七年工作計画与工作総結」（一九五七年一月～一九五八年一月）上海檔案B２４２—１—９８９。

80……「上海市民主婦女聯合会福利部一九五七年工作計画及開展計画生育工作方案、指示、節委会組織規程」（一九五七年）上海檔案C３１—２—５２２。

下とする、という数値目標を決議した[81]。

衛生局は、一九五八年の工作計画において「節制生育と計画的に子供を産むことの提唱」を重視し、「市人民代表会議の決議に基づき……積極的に各種の節制生育の方法を推進する。年内に一〇万人の生殖年齢の女性が避妊リングかペッサリーを使用し、三〇万人の生殖年齢の男女がその他の各種の方法で避妊するよう要請して、一九五八年末の出生率を三七パーミルまで下げる」ことを目標とし、そのために次のような措置を執るものとした[82]。

①市および区レベルで節育委員会を設置して工作の指揮部とし、各職場や地域ごとにも担当組織をつくる。②各区の医療衛生組織は節育工作の行動計画を作り、主要工作の一つとする。③各方面で広範な宣伝を推進し、節育の意義・方法を各家庭・すべての既婚男女に知らせ、大衆の自覚と自願の基礎の上に、まず政府機関・工場・学校などで組織された民衆に第二次五カ年計画期間の家族の出産計画を作らせ、その後全家庭に及ぼす。衛生部門は業務と組み合わせて宣伝を行う。宣伝工作においては重点的に道理を説明し、強制や命令を防ぐ。少数民族および宗教人士には説明は行わない。④医療衛生部門への思想教育を強化し、気がかりを打ち破り、積極的に節育工作に参加させる。産婦人科のある医療機関にはみな節育外来を設け、（人工流産・不妊手術・避妊リング装着などの）節育手術を行う。各病院は産婦人科のベッドの一〇パーセント程度を節育手術に提供する。⑤節育技術指導委員会による指導を強化する。避妊の研究を推進する。

避妊リング（ＩＵＤ）は、後述のように上海の工場で試作され始めたばかりだったが、衛生局は前述の人工流産・絶育への労働保険の適用に加えて、リング装着のための費用にも労働保険が適用できるよう措置した[83]。

ではこの上からの生殖コントロールの推進は、女性たちにどんな影響をもたらしたのか。インタビューから見る。

### Eさん：五〇年代後半から労働者として働く。子供は三人

子供は三人とも自然にできた。特に避妊するとかいつ産もうとか、考えなかった。一九五八年に絶育手術をした。子供が三人いて、仕事に行かなければならないし、大変でもうこれ以上いらなかった。同じ職場で絶育した人が、教えてくれた。他の避妊などの方法は知らなかった。絶育するのはかなり恐かったが、外に方法はなかった。自分で病院へ行って手術した。もう仕事をしていたので、費用は労働保険で支払うことができた。当時、既に計画出産が始まっていた。数日間入院して、公休を取った。

特に夫に相談しなかったが、夫ももう子供はいいと思っていた。（同居していた）外祖父母も同じだった。子供を世話しているのは彼らで、大変だったから。手術に職場の許可は、特に必要なかった。手術後、特に身体に問題は起きなかった。流産の経験はない。（二〇〇三年九月一七日）

### Qさん：大躍進の時期から労働者として働き始める。子供は三人

……三人目（一九五六年生）を産んで二年ほどして、もう子供はいいと思って、リングを入れた。居民委員会の人が宣伝して教えてくれた。紅房子医院で入れた。費用がいくらだったかは忘れたが、そんなに多くはかからなかった。周りの自分と同じくらいの歳の女性には、六、七人子供がいる人もいるが、（夫が遠方で働いている）自分は一人で子供の世話をしなくてはいけないし、経済的にも大変なのでそうした。夫とは特に相談していないが、反対ではなかった。

*81*……前掲『上海衛生　一九四九―一九八三』一〇一頁、張維群「動員剰余労動力支援農村、上海市人代会討論控制人口増長辦法」『人民日報』一九五八年一月一〇日。

*82*……「上海市衛生局一九五八年工作計画及工作総結」（一九五八年二月―一九五九年三月）上海檔案Ｂ２４２―１―１０６９。

*83*……「上海市人委、上海市衛生局関於放置宮内節育器費用報銷的規定」（一九五八年二月二五日）上海檔案Ｂ２４２―１―１０８８。

表3−4(1)　上海の生殖コントロール措置数

（人）

| 年.月 | 人工流産 | 女絶育（卵管結紮） | 男絶育（精管結紮） | リング装着 | 典拠 |
|---|---|---|---|---|---|
| 1957.3-6 | 1192 | 2775 | 5564 | | 1) |
| 1957.3-12 | 3422 | 9085 | 9044 | | 2) |
| 1958 | 17230 | 18634 | 6659 | | 2) |
| 1959 | 20603 | 18298 | 2199 | | 2) |
| 1960 | 14232 | 20787 | 1101 | 5357 | 2) |
| 1961 | 13251 | 23401 | 1012 | 547 | 2) |
| 1962 | 27018 | 27401 | 1854 | 3862 | 2) |
| 1963.1-6 | 35196 | 19133 | 2321 | 7880 | 2) |
| 1964.1-4 | 48467 | 28215 | 20222 | 23132 | 3) |
| 1965.1-4 | 46676 | 23384 | 9124 | 29733 | 3) |

表3−4(2)　上海の避妊薬・避妊具販売量

| 年.月 | コンドーム（個） | ペッサリー（個） | 膣挿入剤（瓶） | 避妊ゼリー（本） | 典拠 |
|---|---|---|---|---|---|
| 1955.1-6 | 61500 | 4748 | 11860 | 32000 | 4) |
| 7 | 43500 | 1575 | 2168 | 8018 | 4) |
| 8 | 49300 | 1467 | 2071 | 7854 | 4) |
| 1956 | 950164 | 9854 | 27798 | 26258 | 5) |
| 1957.1-6 | 2810000 | 30710 | 238152箱 | | 1) |
| 1957 | 2457000 | 5828 | | 35237 | 2) |
| 1958 | 5326000 | 4097 | 54892 | 17795 | 2) |
| 1959 | 7054000 | 2152 | 96776 | 16465 | 2) |
| 1960 | 6788000 | 2416 | 68676 | 16078 | 2) |
| 1961 | 5497000 | 1906 | 51136 | 17046 | 2) |
| 1962 | 7200000 | 2948 | 46331 | 40027 | 2) |
| 1963.1-6 | 4260000 | 1218 | 49655 | 44179 | 2) |
| 1964 | — | – | – | – | |
| 1965.1-4 | 3088000 | 4291 | – | – | 2) |

典拠：1)「上海市民主婦女聯合會福利部1957年工作計画及開展計画生育工作方案指示、節委會組織規程」(1957年) 上海檔案C31-2-522。　2)「中共上海市委教衛部有関計画生育的報告与市委批復、狀況匯報」(1963年2月～12月) 上海檔案A23-2-919。　3)「中共上海市委教衛部関於計画生育工作情況報告」(1965年1～5月)〉上海檔案A23-2-1152。4)「上海市人口辦公室、衛生局関於上海市出生率逐年增長情況及推広節育工作的方案、辦法」(1955年5月～9月) 上海檔案B25-1-17。　5)「上海市衛生局1956年工作計画与工作総結」(1956年1～12月) 上海檔案B 242-1-884。

リングを入れてから、腰が痛くて、月経の量が増えた。閉経後にリングを取り出すまで、ずっとそうだったが、そのために特に病院に行ったりはしていない。避妊に失敗して、人工流産した、というようなことはない。他の避妊方法は、宣伝しているのは知っていたが、忙しかったし特に考えなかった。閉経後、異物感があってリングを取り出したが、三十数年間も入れたままだったので、肉が食い込んで、しばらくとても大変だった。（二〇〇五年三月一八日）

以上の例からは、キャンペーンが五八年頃には（婦女連傘下の）居民委員会や職場を通じて末端まで浸透していた様子がわかる。

当時、節制生育以外にも上海の女性たちの生きる世界は大きく変わっていた。ひとつは、女性の労働力化が進められたことである。上海では一九五八年に三十余万人の女性が社会労働へ進出し、六〇年には女性労働者はほぼ倍増して、六六万五千人になった。また識字運動が進展して多くの幼児不就学の女性が文字を学んだ。[84] さらに、町内ごとに居民委員会が設けられ、地域の女性達を政治動員するネットワークが整っていった。[85]

Eさんと Qさんが働き始めているなど、聞き取り対象者の生活も、この頃におおきく変わっていた。こうした変化は、彼女たちが新たな社会関係を構築し、生殖コントロールを含むさまざまな情報へのアクセスの可能性を広げるものだったといえる。EさんとQさんはともに幼児不就学で成人後に識字学級に参加した人で、第三子出産後にリング装着あるいは「絶育」するまで、節制生育について知っていた様子はない。上からのキャンペーンは、このようなそれまでは近代的な生殖コントロールを行う条件を持たなかった労働者層の女性たちにもその知

84……前掲『上海婦女志』三二二頁、四七三頁。

85……石島紀之「保甲制度から居民委員会へ——上海基層社会の転換」、日本上海史研究会編『建国前後の上海』研文出版、二〇〇九年。王政「居委会的故事——社会性别与一九五〇年代上海城市社会的重新組織」、呂芳上主編『無声之声（Ⅰ）近代中国的婦女与国家（一六〇〇—一九五〇）』中央研究院近代史研究所、二〇〇三年、参照。

識と方法を届けるものであった。仕事と家事育児の二重負担《ダブル・バーデン》の生活の中で、もう子供は充分と思っていたので、二人とも進んで生殖コントロールを試みた。Qさんはその後、副作用に苦しんだが、節制生育を知らずに多くの子供を産み続けた場合と比べて、自身の決断を後悔している様子はない。

表3―4（1）（2）は、上海市で節育手術を受けた人数と避妊薬具の販売量を年ごとに見たものである。方法によってばらつきがあり、また先の一九五八年衛生工作計画の大躍進的目標値には遙かに届かないものの、一九五七～一九五八年には各種の生殖コントロールがそれまでよりずっと普及したことがわかる。

しかし中央の政策の動向には変化が起こっていた。

## (4) 節育キャンペーンの中断（一九五八年夏～）

一九五七年から、いわゆる「人口論論争」が始まっており[86]、同年七月には馬寅初が「新人口論」を発表して人口増加の抑制を説いた。だが五八年に入って馬寅初は批判され、毛沢東が人口資本説を発表して、この年後半には人口抑制に与する議論は姿を消した。

上海市衛生局の一九五八年の工作総括報告は、年初の「工作計画」の詳細さとはうって変わって、節育工作には一言も言及しない[87]。馬寅初が批判され、「大躍進」政策が展開される中で、節制生育推進は立ち消えになったと推測される。

とはいえ、五四年以来、改訂を重ねて緩和された節制生育手術の制限に関する法令は改正されることはなかったし、表3―4（1）（2）からは、生殖コントロールは一定の規模をもって行われ続けていたことがわかる。この時期、すでに節育を開始していた人や、医療機関などにうまくアクセス出来た人は生殖コントロールを継続できたが、新たに手がかりのない状態で始めるのは難しい情況だったのではないかと思われる。

この時期の例としては、次のようなケースがある。

**Jさん：労働者。子供は四人**

……結婚してすぐには仕事があったので、子供はもう少ししてからでいいと思った。第四子（一九六〇年生）を妊娠したときは、もう子供はいらないと思った。しかし当時は「子供は多いほどいい」という時期だったので、産むしかなかった。その後は、妊娠しないように注意していた。避妊薬を飲んだり、リングを入れたりは、当時はできなかった。既に子供を何人か産んで、自分の身体のリズムはわかっていたので、自分で注意してコントロールした。

（二〇〇四年一二月二一日）

六〇年当時はリングや避妊薬などは入手できなかったので、その後は妊娠しないよう、自分で身体のリズムに注意したという。彼女も幼時不就学の労働者だが、すでに避妊の意識と周期法の知識を身につけ、主体的に生殖コントロールを行うようになっている。これは、中断以前のキャンペーンの成果といえるのではなかろうか。

## (5) 節制出産の推進の再開（一九六二年〜）

計画出産の推進が再開されたのは、「大躍進」の破綻が明らかになって経済調整の始まった六二年頃からである。上海では、一九六一年末に大規模な紡績工場である申新九廠で女工の計画出産の情況に関する調査が行われており、上部からの調査の指示があったことをうかがわせる。調査によると、この工場では女工の一七パーセントがすでに避妊しているが、上海の女工全体では一〇パーセントくらいだろう、という[88]。

一九六二年になると、一月一三日、中共上海市委婦女委員会および市衛生局党委は以下のような「計画出産工

86……人口論論争と馬寅初については、第二章参照のこと。

87……「上海市衛生局一九五八年工作計画及工作総結」（一九五八年二月〜一九五九年三月）上海檔案B242—1—1069。

88……「上海市婦聯、全国婦聯、全総、上海市労動局関於労保的通知、意見和申九廠計画生育調査」（一九六〇年）上海檔案C31—2—739。

作を一歩進めて展開することに関する指示の要請」を上海市の党委員会に送り、三月に市委はこれを批准して下部の各党組織に機密文書として送った。そこでは、「本市では一九五七年にかなり大規模に計画生育の宣伝を提唱して以来、ある程度効果が挙がって、出生率は低下している。しかし昨年の上海都市部の出生率は二七・八パーミルで年に二〇万人近い子供が生まれている。一年に二〇万だと十年で二〇〇万人になる……我々はこれまでの基礎の上にさらに進めて（都市部を重点とする）全市で広範に計画的に計画生育を提唱し、一定期間内に都市部の出生率を二〇パーミル以下にしなくてはならない」として、以下のことが指示されている。[89]

① 宣伝は教育を中心とし、まず計画生育は母と児童の健康を保護すること、個人と家庭にとって良いことであることを知らせる。次に科学的な避妊知識を知らせる。宣伝対象は既婚の生殖年齢の男女労働者や地域の女性を中心とし……未婚の労働者や見習い・学生などには結婚年齢を遅らせるよう教育する。……

② 現在推進されているコンドームやペッサリーやゼリー、座薬などの何種類かの方法は、きちんと使えばみな効果があるので、継続して既婚の生殖年齢の男女に宣伝紹介し、大衆が自分の状況に応じて選べるようにする。現在使われている避妊リングは初歩的な調査によると八五パーセントの効果があるので、衛生部門はさらに有効性を高めて使用範囲を拡大する。衛生・工業部門は組織的に避妊の方法と薬物についての科学的研究を強化し、新たなより有効な方法を研究する。

③ 市や区の婦女保健機構は計画出産の宣伝と技術指導において積極的な役割を果たさなくてはならない。産婦人科・泌尿器科の病院と、工場・地域の基層の医薬機関は専門の人員を決めて工作に責任を持たせ、計画出産指導外来を設け、避妊の宣伝・指導の責任を負う。条件を備えた医療単位は女性にペッサリーの措置・避妊リングの装着・節育手術の申請の受付などを行う。節育手術や人工流産を行うについては、健康に影響がないなら必要以上に制限しない。絶育手術の条件は、一、夫婦両方が希望し、二、手術の禁忌症がないことである。人工流産の条件は、一、妊娠二カ月以内で、二、手術の禁忌症がなく、三、一年以内に人工流産をしておらず、四、以前に月満ちて出産したことがあること、である。条件に合わない者には説明して、本人がどうしてもと希望

したり特別な困難な状況がある場合には、可能な限り解決に協力する。各医療単位では思想教育を行い、節育手術を申請する者に不必要な拒絶や押し付け合いをしてはならず、手続きでは大衆の便宜を図る……

この文書からは、大きな人口圧力の下で、さまざまな手段を尽くして生殖コントロールを広めようという熱意が感じられる。

二月二四日には衛生局は、市内の医院や保健ステーションなどの医療機関の関係者を招集して計画生育工作大会を開催して工作を推進した。[90] 市婦女連・市総工会はいくつかの工場や居民委員会を工作試点単位に指定して、そこを拠点として運動を進めた。各病院の節育指導外来も再開された。九月には二〇〇〇人規模の全市党員幹部大会が開催され、「計画出産は社会主義建設の大事である」と宣伝された。[91] 以上の上海での動きは、中央で一二月二八日に中共中央・国務院の「真剣に計画生育を提唱することについての指示」[92] が出されるのを、先行試行するものであった。

一九六三年三月、中共上海市委員会は「一九六三年上海市計画出産工作要点（草稿）」を策定した。「工作要点（草稿）」は、二、三年以内に出生率を市区一五パーミル、郊県二〇パーミルにするために上海市計画生育工作委員会を設立してさらに計画出産工作を強化するとする。また、「計画出産宣伝講話提綱」によって宣伝を展開し、大衆工作を展開するリーダーを養成し、医療部門を強化し、薬具の開発・生産・販売を強化するだけでなく、晩

89……「上海市衛生局、婦女聯合会関於計画生育的報告、意見和中共上海市委批復」（一九六二年一月〜一〇月）上海檔案A23—2—863。
90……同前。
91……前掲『中国計画生育全書』一二九六〜一二九八頁。
92……「中共中央・国務院関於認真提唱計画生育的指示」、前掲『中国計画生育全書』四頁。

婚の提唱、農村での試点工作も行うものとされていた。[93] 四月、これに基づいて上海市計画生育工作委員会が成立し、大々的に工作が展開された。[94]

上海市婦女連は、四月八日、計画出産工作経験交流会を開催して各里弄の居民委員会での経験の交換を行った。婦女連は、目下の里弄は三種類に区分でき、第一類は六〇〜七〇パーセントの女性が避妊している里弄で全体の二五パーセント、第二類は三〇パーセントが避妊している里弄で五五パーセント、第三類は一〇パーセントが避妊している里弄で二〇パーセントである、とする。また、当時の上海では人口増の解決のために回郷工作（故郷への帰農の働きかけ）が大々的に展開されていたが、黄浦区のある街道委員会[95]では、昨年八六四人の出生があり、これは同地区の回郷人数より五四人多く、一生懸命回郷工作をしてもそれ以上に産まれてしまってはどうしようもないので、計画出産工作を強化しなくてはいけない、と報告されている。また、単身赴任の夫が帰省する旧正月の前に避妊の宣伝を集中的に行うとか、夫や姑へしっかり宣伝するなどの方法も勧められた。[96]

ある資料によると「廬湾区で今年三人目以上の子供を産んだ一一三人の産婦に調査したところ、避妊知識が充分でない者三四・七五パーセント、避妊知識はあるがしっかり実行できなかった者三四・七五パーセント、男の子か女の子ばかりで女または男がほしい者二二パーセント、避妊したくない者八パーセントであった」といい、避妊知識の普及により出生を大いに減少させることが可能であると示唆している。この資料はまた、「廬湾区で今年前半に生まれた五一三三人のうち、第一子から第三子は五六・三パーセントで、第四子以上が四三・七パーセントである。子だくさんになる原因は、一方で、大衆が「子供が多いのは福がある」「たくさん産んで保険を掛けておく」「子を産むのは運命の定め」等と考えているためだ。指導幹部の中にも、子供の数は個人の生活問題だと強調して、自分が見本となろうとせず大衆によくない影響を及ぼす者がいる……他方で、社会福祉の措置が子だくさんを助長している。たとえば、子だくさんで生活が困難な職工に対して人数に応じて補助を与える、子供はみな労働保険を享受できる、一人生まれるごとに祝い金を出す、などである……こうした福祉措置は、少なくない職工に子供が多くて大変でもお上が助けてくれると思わせ、節育しようとしなくなる」とも指摘している。[97]

上海市計生工作委員会は同年八月、「今年前半の計画出産工作状況と今後の工作に関する意見（草稿）」で、今後の工作に必要な措置として、以下の項目を提議した。①組織指導の強化。②宣伝教育の深化。③成功した方法の普及。④節育手術の増加の必要に対応するための医療衛生部門の技術人員の増強。⑤良質の避妊具・避妊薬の開発。⑥節育手術の費用の減免。⑦社会福祉措置の中に、計画出産工作と矛盾し、出産奨励を意味するものがあるので、是正すること。⑧晩婚の提唱。⑨医療人員の力量の強化。⑩各部門での計画出産工作機構の設立と整備[98]。

このうち、④の節育手術の増加については、一九六四年から出生率を一五パーミルに低下させるという目標のためには、衛生部門の推計では、毎年、リング装着五万人、女性の絶育五万人、男性の絶育二万人、人工流産一〇万人の計二二万人に手術をする必要がある、として、そのために先に六六人の専業医務人員を養成したがまだ足りないため、四〇〇人の計画出産専門大隊（医師一〇〇人中級技術人員三〇〇人）を養成するものとし、六三年中にまず二〇〇人の養成に着手する、そのために必要な経費は衛生局が支給する、とされた[99]。


93……「中共上海市委教衛部有関計画生育的報告与市委批復、狀況匯報」（一九六三年二月～一二月）上海檔案A23—2—919。

94……前掲『中国計画生育全書』一二九七頁。

95……街道委員会は、居民委員会の上部組織。市の民政局の指導を受ける。

96……「上海市婦女聯合会関於計画生育工作的経験交流、貫徹情況、工作初歩総結」（一九六三年）上海檔案C31—2—920。

97……「（上海市計画生育工作委員会辦公室）関於上海市計画生育工作的材料」（一九六三年九月四日）（「中共上海市委教衛部有関計画生育的報告与市委批復、狀況匯報」（一九六三年二月～一二月）上海檔案A23—2—919）。

98……「（上海市計画生育工作委員会辦公室）関於今年上半年計画生育工作情況及今後工作意見（草稿）」（一九六三年六月九日）、前掲上海檔案A23—2—919。

99……「上海市電影、高教局等文教部門和科委系統機構編制調整意見的報告和上海市編制委員会的批復」（一九六三年～一九六四年）上海檔案B24—2—79。

⑥については、一〇月から節育手術は無料となり、費用は計画出産専門会計から支出されることになった。そのために見込まれる経費は、六三年第四四半期（一〇月〜）三〇万元前後、以後年間一五〇万元前後だが、市財政部門が責任をもつ。[100] ⑦については、一九六四年七月より第四子には優遇措置は停止し、労働保険で支払われていた費用も自費となった。[101]

このように上海市当局がすばやく実効ある措置を取っている様子からは、計画出産普及に対する当局の真剣さが見て取れる。

以上のようにして一九六三年に上海の計画出産工作は大規模に進展した。中央ではこれより遅れて一九六四年一月になって国務院計画出産弁公室が設置されている。[102]

このような上からの工作はどのように及んでいたのか、女性たちの声を聞いてみよう。

**●Kさん：労働者。一九五八年から就業。子供は三人**

……結婚したときは子供はまだ要らないと思っていた。しかしできてしまったら仕方ない。当時は避妊の方法などはなかった。三人目（一九六二年生）を妊娠したとき、自分では一男一女がいるので二人でいいと思ったが、夫の両親は人工流産せずに産めといったので、三人目を産んだ。その後、リングを入れていたが、二カ月間月経がないことがあって、妊娠したかと思って検査したら違った。その時（一九六三年頃）に絶育した。自分で決めた。二八歳だった。夫も同意した。絶育手術に職場の同意や証明は必要なかった。費用は六元だった。当時は党が絶育を呼びかけていたので、出産より費用は安かった。夫の両親は分かれて暮らしていたので、あとで知った。手術後、貧血になって月経期間が長くなってめまいがした。（二〇〇四年一一月二一日）

**●Nさん：労働者。子供は三人**

……もともと子供は何人欲しいとか、特に考えていなかった。三人目までは自然に出来た。三人目を産んで一年ほどした六三年頃、また妊娠して、四人目は要らないと思い、人工流産をし、同時に絶育手術をした。六三年当時、もう計画出産の動員が始まっていて、工場でも病院でも宣伝していた。六二年に三人目を産んだときにはまだあまりそんな宣伝はなかった。病院では絶育の提案があったが、まだ始まったばかりで、恐かったので敢えてしなかった。六三年にはもう周りで絶育している人は少なくなかったし、四人目は絶対要らないと思っていたので、手術をした。家族も同意した。職場の同意は必要なかった。費用は払戻して貰えた。手術後も、とりたてて休んだりはしなかった。その後、特に身体に問題はない。現在七〇歳になるが、身体はずっと健康。(二〇〇四年一二月二二日)

### ●Fさん：教師。子供は三人

自分は三人目出産(一九六二年)の前に、これ以上は子供はいらないと思って、絶育を医者に申請した。医者は、「考え直しては」といったが、もう子供は充分なので、「どうしても」と、出産の翌日に絶育した。夫も賛成した。職場の許可は必要なかった。絶育については、三人目を妊娠した時に知った。それまでは、避妊はあまり重視していなかった。母乳をやっていると妊娠しないし、当時、まだ計画出産は始まっていなくて、そうした方法の宣伝も今のようにたくさんはなかった(病院に行くと展示があったりはしたが)。……自分が絶育して一年後の一九六三年に計画出産が始まった。(二〇〇三年九月一八日)

Fさん、Nさんの話からは、六二年から六三年にかけて急速に絶育が広まってゆく様子がわかる。Kさん、N

100……「関於実行節育手術免費等問題的請示報告」(一九六三年一〇月七日中共上海市衛生局委員会、一〇月九日中共上海市委批転)、前掲上海檔案A23―2―919。

101……「中共上海市委員会、上海市人民委員会関於進一歩推行計画生育和晩婚工作的意見(草稿)」(一九六三年九月二日)、前掲上海檔案A23―2―919。

102……前掲史成礼『中国計画生育活動史』一四八頁。

さんは幼児不就学または小学校中退の労働者である。彼女たちは予期しない妊娠をした時、人工流産を考えている。五七年には「現在、一般庶民の人工流産への希望はそんなに切実ではなく、希望するのは主として幹部である」[103]といわれているが、六〇年代にはすでに労働者層にも避妊知識が広まって彼女たちの考慮の幅も広がっていた。Kさんは、舅姑の反対で人工流産はできなかったが、絶育には自分の意志を通した。政策の後押しの下で、舅姑――家父長制――の反対を押して自己決定したのである。

このように、一九六〇年代前半に、上海の都市部では、生殖コントロールが労働者層にまで普及した。一九六三年の人工流産・絶育手術の合計は一七万九八五件で五七年の六・五倍に上った。[104]六四、六五年には更に増加している趨勢は表3―4(1)より明らかである。

一九六四年の上海市の出生率は全市で二〇・六パーミルまで低下し、とりわけ都市部のそれは一三・七パーミルにまで下がった(農村部は三〇・七パーミル)。この結果、都市部の小学校は二部制を全日制に改め、入学年齢を満七歳から六歳に引き下げることが可能になった。上海では、工作の重点は農村部に移行することになった。[105]しかし文化大革命が始まると、計画出産工作は停滞した、[106]とされる。

以上でみた、一九五〇―六〇年代の上海における節制生育の普及の過程から、次のような点が指摘できる。

上海では、他地域と比べて高い人口圧力を背景に、市当局は急速な人口増加を食い止めるための対策を講じており、衛生局を中心に生殖コントロールの普及にも積極的に取り組んでいた。上海では、中央の方針を先行試行する形で節育推進が展開された。また、婦女連をはじめとする民衆団体は、女性たちの切実な要望を背景に、積極的に節制生育の普及のための工作を展開した。母子の健康やよりよい工作・学習・生活と子供の教育養育のために節制生育を行う、という宣伝は、彼女たちの想いにかなったものであったといえる。節制生育が推進されて、それまで全く避妊などになじんでいなかった人々の間では、様々な混乱と問題が発生したが、仕事と家庭の二重負担を抱えた女性たちは、生殖コントロールの導入に前向きで、ときとして夫や舅姑の非協力や反対に遭いながらも、それを取り入れていった。

その結果、彼女たちのリプロダクションの状況は大きく変化した。五〇年代前半までは、生殖コントロールを実行していたのは、条件のある一部の女性だけであった。だが、五〇年代後半に節制生育推進のキャンペーンが展開される中で、労働者層の女性達にも生殖コントロールは普及しはじめた。「大躍進」政策期には節育推進工作は中断したが、節制生育は一定の規模で維持されていた。六二年以降、上海市はさらに強力に節制生育を推進する。この時期には、望まない妊娠をした時には人工流産を考慮するなど、労働者層の女性にも、生殖コントロールが浸透している。そのような形で、女性たちは、産む／産まないを選択できるようになり、六〇年代半ばには、出生率は目に見えて低下し始めたのである。

## 4 上海における生殖コントロールの特徴とジェンダー構造

上海の女性たちに浸透した生殖コントロールとは、どんな方法だったのだろうか。ここでは避妊などの具体的な方法から、女性達をとりまく情況をさらに考察しよう。

一九五〇―六〇年代の上海では、生殖コントロールの方法として、「絶育」がしばしば登場していた。聞き取りをした一八人のうち、一六人は何らかの方法で生殖コントロールを行っていた。最も多かったのは「(女)絶育」で八人、べつにPさんは夫が精管結紮をした。他は、リングが四人、避孕套《コンドーム》――当時は繰り返し使用する方式のもの――四人、周期法三人、などである（ひとりで複数の方法をとっている場合がある）。

103……「中華医学会写信給衛生部 反対放寛人工流産的限制」『文匯報』一九五七年五月三〇日。

104……前掲『上海衛生志』二八五頁。前掲『上海衛生一九四九―一九八三』一〇三頁。

105……「中共上海市委教衛部関於計画生育工作情況報告」（一九六五年一月～五月）上海檔案A23―2―1152。

106……前掲『上海衛生一九四九―一九八三』一〇二～一〇三頁。

やや遅い時期の統計だが、一九七一年には上海の生殖年齢の夫婦の七二・三パーセントが避妊を実行しており、その方法は、避妊薬・注射が一九・五パーセント、リングが一〇・三パーセント、女性の絶育が四四・六パーセント、男性の絶育が九・七パーセント、その他（コンドームを含む）が一五・九パーセントであった。その後、一九八五年にはリングが五一・二パーセント、女絶育は一五・八パーセントと減少している。[107] 前出の表3―4（1）（2）とも合わせて、一九五〇～六〇年代の上海での生殖コントロールには、卵管結紮による「絶育」が大きな役割を果たしており、人工流産も少なくなかったことがわかる。

節制生育のキャンペーンの際には避妊が勧められており、人工流産は万やむを得ない場合のみとし、絶育はいったん手術したら生殖能力を回復できないので慎重にするように、と宣伝された。[108] またもし絶育するにしても、男性の精管結紮の方が女性の卵管結紮より簡単で副作用もないと勧められていた。[109] しかし実際は、人工流産は少なく、また七〇年代まで（女）絶育がもっとも一般的な節制生育の方法であった。「絶育」は、一度の手術で永久かつ完全に避妊が出来、もう子供を産み終えている場合や、避妊薬具の継続的供給や定期的に病院に行くことが困難な農村などには適合的といえる。また、女性（または男性）が、一方的にそのための身体的（および精神的）コストを負担する方法でもある。当時の上海で（女）絶育が普及したのは、なぜだろうか。

第二章でみたように、中華人民共和国成立当時、最も広く知られていた生殖コントロールの方法は非合法堕胎で、非識字の庶民層も、必要なときには堕胎師や産婆を訪ねていた。また前出のAさんの話では、上海の主要な産婦人科病院では「絶育」が実施されていた。五〇年代初頭、Aさん、Gさんは、生殖コントロールの方法としては卵管結紮と堕胎しか念頭になかった。抗日戦争期の延安でも、避妊は普及していなかったが、絶育は掻爬による人工流産とともに行われていたという。[110] 節制生育の制限が緩和される際、人工流産と絶育手術の制限緩和が繰り返し議論されている背景には、このような、人民共和国初期までにもっともよく知られた生殖コントロールの方法は、堕胎＝人工流産と「絶育」だったという情況があると思われる。

避妊については、前述のようにIさんはコンドームを夫の仕事の関係で手に入れていたが、Cさんは避妊具が手に入らないので周期法で避妊していた。コンドーム・ペッサリーは、民国期から使用されており、少量は生産もされていたが、[111]こうした薬具による避妊は、そんなに多くの人に知られていたようには思えない。薬具の必要でない周期法は、知識人などを中心に、もう少し多くの人に行われていた可能性がある。一九五四年に、節育制限が緩和されたときに市場にでた避妊薬具は、コンドーム、ペッサリー、外用薬である避妊ゼリー・膣挿入剤であった。[112]なお、子宮内節育器（リング、ＩＵＤ）は、一九五七年に日本医学代表団が上海訪問時に太田式リングなどをもたらしてから試作が始まり、口服避妊薬は一九六三年から試作され、避妊用注射もほぼ同時期に開発が始まったもので、[113]五〇年代初期にはまだなかった。

制限の緩和に伴って開設された節育指導外来では、避妊方法が指導された。一九五五年七月の報告によると、約五カ月の間に、第一婦女保健院の節育指導外来で指導を受けた一五〇人の内、「ペッサリー使用八一人、コンドーム五五人、座薬・ゼリー一一人、さらに三人は面倒だとか器具が高価だからと言って買おうとしない。この一五〇人には、幹部が多く、女工がそれに続き、（無職の）住民は少ない。[114]」また、「販売量は増加しているが、

107……前掲『上海衛生志』二八五頁。

108……「衛生部通知積極提倡避孕」『人民日報』一九五七年五月二三日、「修改関於絶育手術的規定 専家們認為節育方法首先在於避孕」『文匯報』一九五七年五月二四日、等。

109……「人工流産和絶育手術 衛生部作出新規定」『文匯報』一九五七年五月一七日。

110……白継忠「我党延安時期関於節育問題的討論」『西北人口』一九八五年第一期。

111……前掲『上海衛生志』二八七頁。

112……前掲『当代中国的計画生育事業』一七八～一七九頁。

113……前掲『上海衛生志』二八六～二八八頁、前掲『当代中国的計画生育事業』一八四～一八七頁。

114……「上海市衛生局制訂上海市節育方案及管理人工流産与絶育手術等辦法的通知」（一九五五年八月～一一月）上海檔案Ｂ２４２―１―８３６。

価格が高すぎるのでもっと安価にして欲しいという意見が多い。避妊具の生産については、目下は上海で四軒の私営工場が生産しているだけで、原料の確保には困難があり、生産量はわずかに本市に供給できるだけだ（七月には品不足が起きた）。将来宣伝が強化されると、売り上げが増加し、加えて全国各地から上海へ注文が来ると予想される。生産を増強しないと、品不足が起きるだろう。上海市民主婦女連合会と紡織工会の意見では、一般にはコンドームを使うのが比較的便利で、ペッサリーは医師の検査が必要だし、子宮炎があれば仕えないので、コンドームの生産を増強して欲しいという要望が多い。製品の品質の問題もとても重要で、一般に薄くて良質の物が好まれるが、ペッサリーやコンドームはしばしば破裂し、ゼリーも効果が少ないという。衛生局は、原料不足の解決や質の向上に方法を講じなくてはならない。[115]」

すなわち、節制生育を推進しようにも、一九五〇年代半ばには、避妊薬具の提供は量的にも質的にも全く需要に追いつかない状態であった。技術は必要が母となって生み出され発展することを考えれば、生殖コントロールが制限されていた下でのこの状態は不思議でない。

こうした中では、生殖コントロールは、民国期からそれなりに行われていた人工流産と絶育によるものが中心とならざるを得なかったろう。「避妊を積極的に。人工流産はやむを得ない時のみ。絶育には慎重に」の宣伝は、実態がそうでないからこその啓発のためのスローガンであった。

とはいえ避妊を宣伝しはじめた一九五六年頃には、前述のように、避妊になじんでいなかった民衆の間でさまざまな混乱が見られた。一年後には、「避妊薬具の供給に関しては、現在、量的には何とかなっているが、しかし種類が少なく、様々な人の必要には対応出来ていない。質については、いくらか向上したが、しかし使用法はまだ簡便とはいえず、大衆には簡単で経済的で効果のある方法に対する切実な需要がある[116]」という。

当局は、節制生育の普及のために、民衆には避妊を勧め、研究機関・生産者・流通関係者などには避妊具の改善・生産増強・販売拡大を要請し、医療人員には積極的に人工流産を含む節育手術を実施するように求める、という多面的な工作を展開する必要があったのである。

さまざまな混乱を含みながらも、表3―4（1）（2）からは、一九五七～五八年には避妊薬具の販売量・節育手術の実施数が急増していることがわかる。一九五八年にはリングの試用も始まった。五九年には虹口医院の医師によって吸引式人工流産装置が発明され、これは全市の病院に導入が推進された[117]。これらは、節育方法の研究が推進された成果といえる。

ところで、表3―4（1）からは、精管結紮＝「男絶育」は、一九五七年にかなり行われたが、その後は減少していることがわかる。これは何故だろうか。

聞き取りをした中で唯一、夫が絶育していたのはPさんであった。

### ●Pさん：労働者。子供は三人

……当時は工場では皆たくさん産んでいた。五、六人から、一二人という人もいた。一九五〇年代初めにはたくさん子供を産めという政策だったが、五〇年代中期から変わって、五八年前半には、計画出産が始まった。それで夫が絶育した。国家が呼びかけていただけでなく、夫は仕事が忙しくて毎晩帰りが遅く、たくさん子供を育てるには精力が足りない、ということもあった。夫は仕事で家のことはできず、お手伝いさんを雇っていたときもあるが、それでも子供の世話をしきれない。それでもう子供はいいと思った。

一九五八年の前半から計画出産が始まっていた。工場の工員委員会が政策の宣伝をする。一般には、三人目が産まれると避妊・絶育を説得する。夫は幹部なので、先頭に立って手術した。三人目（一九五八年一一月生まれ）が産ま

115……「上海市人口辦公室、衛生局関於上海市出生率逐年増長情況及推広節育工作的方案、辦法」（一九五五年五月～九月）上海檔案B25―1―17。

116……「上海市婦聯一九五七年工作計画及開展計画生育工作方案、指示、節育会組織規程」（一九五七年）上海檔案C31―2―522。

117……前掲『上海衛生志』二八八頁。

れて一カ月になる前に、自分で手術してきた。工場で最初で、とても早く手術した方だった。一般には、男性よりも女性が手術する方が多い。子供を産んですぐ絶育すると簡単に手術できる。男が手術すると、皮膚炎になるとか、性機能に影響があるとか言って、女性がすることが多い。自分たちの工場では、手術した男性は幹部ばかりで、普通の工員はほとんど女性が手術していた。夫は、私がひどい貧血なので、医務室で相談して、自分で決めた。事前に夫婦で相談はしていない。後で告げられた。子供が多いと精力を使って大変。経済的にも負担が多い。夫はその後、特に身体に問題はなかった。(二〇〇五年三月一一日)

Pさんの夫は工場の幹部であり、彼女に重い貧血もあったので、率先して手術を受けた、という。その職場では、手術した男性はそのような自覚の高い幹部ばかりで、一般の工員はほとんど女性が手術した。前述の男性の手術の方が簡単で副作用もない、としていう宣伝は、なかなか受け入れられなかったようである。

節制生育を推進する中で、男性たちの非協力は何度も報告されている。婦女連は一九五七年七月、特に「節育の宣伝工作には男性の阻止力が大きい」という報告をまとめて、中共上海市委員会に参考にと提出した。次のようなものである。

いくらかの幹部は、節育の意義への理解が不充分である。例えば〇〇区人民委員会人事科長の××は「避妊は女のことで、女たちに宣伝すればそれでいい」という。「今では卵管結紮ができるので、避妊を宣伝する必要はない」という者もいる。邑廟区黄陂南路弁事処の男性幹部たちは、こういうことは机に上げる必要はなく、男は関係ないと考えて、眼を閉じ耳を塞いで、いやな顔をすることがとても多い。なので男性の中での宣伝はとても大変で、阻止する力が大きい。……以下でよくある事例を挙げる。

① 〇〇区の張区長はすでに四人子供がいて、妻は続けて二回人工流産をしたが、まだ避妊を考えず、今年もまた妊娠してしまった。

② 〇〇区衛生科の×前科長はすでに三人子供がいるが、妻は腸結核を患っていて出産すべきでなく、去年一度、人

工流産をしている。しかし彼は避妊に同意せず、今年また妊娠して、また妻に人工流産をさせた。

③　○○区弁事処の女性幹部××は、三〇歳で五人の子供がおり、去年流産した後、避妊を要求したが、夫の△△紡績工場党書記は、協力しようとしない。

……以上のような事例は、一般の労働者・店員・露天商・車引きの中ではもっとよくあることで枚挙にいとまがなく、言葉も態度も粗暴である。男性が避妊を肯定しない原因は、主要には〝節育〟の意義を理解していないからで、女性の苦しみをわからず、自分の面倒を考え、性感に影響するのを恐れて避妊を拒絶する。あるいは避妊具を使うことに難癖をつけ、喧嘩をしてやまない。妻が浮気をするのではと疑ったり、自分の楽しみのために妻を娶るのだと考える封建思想を持つ者もいる。さらに、避妊知識が足りなくて避妊具を使えなかったり、身体を傷つけることを恐れたり、妊娠なんかしないと面倒がったりする……[118]

このような、生育は女性のこと、とか、妻は自分の快楽のためのもの、とかいった意識が男性に蔓延しているジェンダー構造と、男性たちの節制生育に対する知識が不足している情況の中で、「男絶育」はとりわけ抵抗が強いので、あまり勧められなくなっていったのだと思われる。「男絶育」の数は、大規模な計画出産工作の展開された一九六四年にも急増しているが、六五年にはまた反転して減少した。キャンペーンが行われた時には増加するが、長続きしないのである。おそらくPさんの夫のような高い自覚と妻への思いやりを持った幹部の数は限られていたのであろう。

では、女性の絶育はどうか。

一九六一年一〇月の申新九廠の調査によると、工場全体では、二六四八人の生殖年齢の女工のうち、全体の

118……「上海市婦聯福利部関於節制生育和教養子女工作的意見、報告」（一九五七年七月～一一月）上海檔案C31―2―524。

一七パーセントにあたる四四一人がすでに卵管結紮を行っていた。このうち三五人について調査してみたところ、「避妊は面倒で、不確実。絶育は簡単で、一回で永遠」というような考えによって避妊よりも絶育を選んでおり「思想的に問題がある」。しかしすでに絶育した女工は、「彼女たちの現在の健康状態を見ると、絶育手術の後、大部分は後遺症があるといえる」。この報告書は、男性や舅姑に宣伝して女性たちの気がかりや心配をなくし、「避妊を主とし、絶育を従として」計画出産を勧めなくてはならない、とまとめている。[119]

女絶育の手術の失敗率は一九六〇年に〇・一〜〇・三パーセントとされ、また術後、月経増加がしばしば見られたという。[120]この「失敗」は臓器損傷や大出血などの大きな事故のみを示し、体調不良などは含まれない。聞き取りではEさんやNさんのように手術後何も問題がなかった人もいたが、Kさんや次のCさんのような例も見えた。

●**Cさん（前出）**

第三子出産時（一九五七年）に、夫婦で話し合って、もう子供はいらないと、絶育することにした。……絶育手術をする人はまだ少なくて、絶育手術についてはなにも知らなかった。「夫が絶育手術をすればよい」という女性の同僚もいたが、夫の仕事に影響してはいけないと思い、自分が絶育した。

手術後、月経の量が増えて周期も乱れ、ずっと貧血で、月経中には子宮下垂もあった。そういう状態は閉経するまで続いた。

絶育に副作用が少なくないとはいえ、避妊も必ずしも安全で簡便とはゆかなかった。たとえば国棉十二廠では、一九六二年頃の様々な避妊方法について、次のように報告されている。

①　コンドーム。長所は簡単で、効果があること。しかし質の問題とサイズの制約から大衆の要求を満足させられない。それゆえ製造会社に供給の改善をお願いしたい。

② ペッサリー。男性側と協力できていない女工が重点的に使用している。しかし方法は面倒で、大衆はあまり使いたがらない。

③ 周期法。女工衛生員の月経カードの記録から周期が正常な女工を選んで試行している。

④ 避妊リング。健康な女性で男性側の協力不足な人を慎重に選び、重点的に使っている。しかし以前のものは製品が粗雑で効果がよくなかったため、大衆の反感が大きい。

その他、避妊薬は基本的に勧めないが、希望する者には、医療担当者が必ず薬の特徴を詳しく説明指導する。膣外射精はさらに推奨できず、失敗が多いことを充分説明する。[121]

このように、一九六〇年代初頭になっても、生殖コントロールの各手段には一長一短があって、決定的に確実で安全、便利な方法はいまだ開発されていなかった（費用の点については、六三年の市当局の措置によって、おおむね問題はなくなっていた）。また、この報告からは、あいかわらず男性は必ずしも避妊に協力的とは言えないこともわかる。こうした中で、上海の女性たちと関係者は相対的に適切な方法を模索せざるを得なかったのである。いくつかの方法を試みていた人の例を、やや早い時期も含めて、見てみよう。

119……「上海市婦聯、全国婦聯、全総、上海市労動局関於労保的通知意見和申九廠計画生育調査」（一九六〇年）上海檔案C31―2―739。

120……前掲『上海衛生志』二八五頁。手術の失敗率は、その後、低下している。

121……「上海市総工会女工部、生活部与婦聯職工部聯合召開基層計画生育経験交流会議的通知及王静同志報告等文件」（一九六二年九月～一一月）上海檔案C1―2―3810。

●Bさん（前出）

……第六子出産（一九五五年五月）の後は、国家政策で避妊を重視するようになっていたが、「自願」が原則で、強制はされない。もう子供がたくさんいたし、仕事をするようになって忙しかったので、その後はコンドーム（薬局で無料でもらう）によって避妊した。他の方法はよくない。リングは自分で病院へ行かなくてはならず、面倒だし、体内にものを入れるのは恐い。費用も自分は労働保険がないので、自費になる。内服薬は副作用があると思う。コンドームについては、新聞などで薬局にあることを知らせていた。その前は使ったことはなかった。第六子出産の時に絶育手術をすることを、中徳医院の女医に提案されたが、自分は同意しなかった。

●Oさん：教師。子供は一九五九年生と一九六三年生の二人

……もともと結婚しても子供を持つのはもう少し遅くていいと思っていたが、避妊が失敗してすぐ出来た。結婚当時、避妊の方法は、既婚の同僚などから聞いた。避妊薬・リング・コンドームなどみな試したが、内服薬が一番簡単でよい。薬で副作用などがあったことはない。二人目を産んでから後、七六年にリングを入れた。当時、大規模な宣伝がされていた。八〇年代に年齢が高くなったので取り出した。……リングも特に副作用はなかった。リングを入れるのに職場の同意は必要なかった。夫も賛成していて、夫とは避妊について話し合っていた。避妊の方法は、職場の保健室で宣伝していた。避妊薬は、職場でもらった。費用は無料だった。里弄の居民委員会の衛生ステーションにもある。自分で買いに行く必要はない。（二〇〇四年一二月二一日）

前者は豊かな家庭の主婦で、後者は知識人女性だが、この二人は、いくつかの選択肢の中から、Bさんはコンドームを、Oさんは口服薬を選んでいる。ただしこのような人は多くはなかった。前出のEさんは、「恐かったが」「他に方法がなかった」ので、一大決心をして、絶育手術を受けた。彼女は五八年頃、子供を産み続ける以外に、絶育手術を受ける選択肢をはじめて知り、他の方法は知らなかった。また、周期法を実行したり、コンドームを使ったりしたくても、夫が同意しない場合が多かったことも先の報告からわかる。女性側が行う方法である

ペッサリーは、最初に医療機関で各自の性器にあった大きさを測ることへの抵抗が強く、質もよくなかった。開発されたばかりのリングも、しばしば副作用が起きるだけでなく、必ずしも信頼できるものではなかった。口服薬は、ごく一部で試用が始まったばかりだった。

以上のような状態の中で、「避妊は面倒で、不確実。絶育は簡単で、一回で永遠（避孕麻煩，不保険，絶育省事，一労永遠）」の絶育を選択する女性がたくさんいたのは、理解できないことではない。技術は開発途上であり、生殖コントロールを願う女性たちは身をもってそれを試していたといってもよい。

当時、助産士だった女性（のち研修をうけて産婦人科医となった）は次のように語る。

**●C紡織婦嬰保健院勤務の助産士（当時）**

……五〇～六〇年代の避妊は、女性の文化水準と関係が深い。一般の女工は、絶育手術をするだけで、それ以外の避孕套《コンドーム》などの方法で避妊している人はあまりいなかった。当時、避妊はあったがあまり宣伝されていなくて、一般庶民にはそんなに普通ではなかった。知識水準の高い人では、避孕套を使っている人が多かった。まだ、無料ではなくて、自分で買った。男性の絶育手術もあるが、する人は少なかった。（二〇〇四年一二月二四日）

このような中で、一九六五年六月前半の上海市計画生育工作委員会による「目下の計画出産工作の基本概況と問題」は、次のように指摘している。

昨年来、全市人口［出生率――引用者］は大幅に低下したが、人工流産の比率は依然としてとても高い。統計によれば、今年一月から四月までに合計一〇万五千件の（節育）手術を行い、去年よりやや少なかった。リングを装着している人数は去年から一五・六％増えた……こうした状況からわかるように、大衆には計画出産への要求があり、一定の期間中は、たくさん人工流産を行うことは必要で有効な措置である。しかしもっと重要なのは積極的に避妊知識を宣伝し、技術指導を強化することで、そうすることが国家にも女性の健康にも利益がある。[122]

先の表3―4（1）（2）によると、六四・六五年の出生率が低下した時期、生殖コントロールの方法でそれまでより急激に増加しているのは人工流産と「女絶育」、リング装着であった。「男絶育」は六四年には急増したが六五年にはその半分以下である。コンドーム・ペッサリー・外用薬による避妊は増加しているが、増え方は人工流産や絶育ほどではない。急速に出生率の低下を実現するためには、女性の身体的負担による人工流産・女絶育に頼らざるを得ない状況だったことがわかる。

生殖コントロールの普及は、女性たちの要求するものであったが、それは彼女たちの身体的負担のもとに展開されたのである。

一九五〇～六〇年代の上海の女性たちの前には、節制生育という新たな概念とその手段が提起された。だが、節制生育を推進しようにも、一九五〇年代半ばには、コンドーム・ペッサリー・外用薬に限られていた避妊具の提供は、量的にも質的にも需要に全く追いついていなかった。こうした中で、民国期から一定程度行われていた人工流産と絶育による生殖コントロールが中心とならざるを得なかった。

とはいえ簡単で確実だとされた精管結紮＝男絶育は、男性たちが節育に積極的でないというジェンダー構造のもとで普及が限られた。結局、切実に節育を望む女性たちの多くは卵管結紮＝女絶育を行うことになったが、それは当時、副作用が非常に多いものであった。[123]やがてリングが普及するが、これも効果が確実でない上、しばしば副作用があった。

このように、費用については当局の措置によって六〇年代半ばまでに多くの女性があまり負担なく行えるようになったとはいえ、当時の生殖コントロールの手段は必ずしも、身体に対して安全で、効果が信頼でき、簡便なものとはいえなかった。また、夫の協力や舅姑の理解が得られるとも限らなかった。

一九五〇―六〇年代前半の計画出産は、「自願」によるものであり、生殖コントロールが提唱されたことは、女性たちに生殖について自ら決定できる可能性を開いた。しかし急速に出生率を下げようという行政の圧力の下、当時のジェンダー構造や、技術的条件に制約されて、彼女たちは、自らの身体的負担の重い方法を選択せざるを得ない場合も少なくなかった。絶育と人工流産に頼る形での計画出産の普及は、そうした当時の条件の下での、上海の女性たちの選択の結果であった。彼女たちはある程度の生殖に関する決定権を獲得したが、しばしば苦渋をともなう決定を行わざるを得なかったのである。

## 5　性と生殖をめぐる国家と女性、技術と社会

以上で見た一九五〇〜六〇年代上海の生殖コントロール普及の情況は、われわれに性と生殖をめぐる国家と女性、技術と社会の多様な関係を考えさせる。

一九五〇年代の中国では、ベビーブームの出生増と死亡率の低下による人口増が見られたが、上海では、他地域以上に高い出生率と低い死亡率による急速な人口の自然増に加えて、他地域からの流入による社会増もあり、とりわけ急速な人口増がみられた。このように大きな人口圧力の下で、上海市当局は全国に先んじて節制生育を普及させて人口増の抑制に努めた。

本章は、このような上海において、中央の政策および上海市衛生局の方針、現場で宣伝を展開した婦女連などの対応、および生殖の当事者である女性たちとその家族などの相互の交渉の中で、生殖コントロールが普及してゆく過程を明らかにした。

122……「中共上海市委教衛部関於計画生育情況報告」(一九六五年一月〜五月)上海檔案A23—2—1152。

123……上海市衛生局は、一九六二〜六四年に、絶育手術の各種の術式を比較して優良なやり方を推奨し、失敗率を大きく低下させた。また出産直後以外の時期の手術も広めるなど、技術改良に努力している(前掲『上海衛生志』一八八頁)。

この時期は、上海の社会が、非常に大きな変化を見せた時期である。出産についてみると、その近代化・医療化・施設化が進展して母子の生命の危険が大幅に減少するとともに、国家による「生」の掌握が進み、二重の意味で上からの生殖コントロール推進の条件が創出されていた。また、女性の就業が促進され、女性たちは新たな社会関係を構築し、さまざまな情報へのアクセスの可能性を広げていた。

このような中で、上海における節制生育の宣伝は、マスコミや職場「単位」、居民委員会、医療機関などを通じて末端まで浸透していった。五〇年代初頭には一部の女性にしか知られていなかった節制生育は、一九六〇年代前半までに、以前はその観念のほとんどなかった幼時不就学の労働者層の女性にも、手が届くものになった。当時の節制生育は「自願」によるものであったが、女性たちは仕事と家事・育児との二重負担《ダブル・バーデン》の下で、積極的にこれを導入した。こうして上海の女性たちは、産む／産まないを選択し決定する行為主体《エージェント》となっていった。[124] その結果、六〇年代には、出生率は目に見えて低下した。

当時の生殖コントロールの手段についてみると、いまだ、身体に対して安全で、効果が信頼でき、簡便な、避妊薬具は開発されていなかったし、供給も不十分であった。また、男性の中には節制生育にあまり積極的でない者が多くみられた。こうしたジェンダー構造と技術的条件の制約の下で、節制生育の方法はもっぱら女性の身体的負担によって妊娠を避ける「絶育」（＝卵管結紮）と、人工流産が中心となった。急速に出生率を下げようという行政の圧力は、女性たちの節制生育への要求を後押しするものであったが、彼女たちは自らの身体的負担の重い方法を選ばざるを得ないことが多かったのである。

それぞれの国の生殖コントロールの普及の状況は、その社会の当該時期の、人口構造、政府の施策、ジェンダー構造、技術的条件などさまざまな条件を反映したものとなる。女性たち自身の希望と、それを政策や社会の動きに反映させるシステムのあり方も、影響する。日本では、上海にわずかに先んじる一九五〇年代に急速に生殖コントロールが普及してTFRが低下した（図3―4参照）。これもまた戦後のベビーブームによる出生増の中で、政策的な出生抑制が図られたためであるが、当の女性たちも積極的にそれを受け容れていった。[125] 生殖コントロール導入の初期に、出生抑制のための人工妊娠中絶が可能になり、大変多くの中絶が行われた時期があったことも上海の事例と似ている。中国でもっとも早くに節制生育が普及して出生率を低下させた上海の状況は、アジアでもっとも早くに家族計画が展開されて出生率の抑制に成功した日本と、意外と似通っているのかもしれない。アジアの冷戦の中で中国等に対抗するために、アメリカの援助の下で近代化を進め、家族計画も推進した韓国や台湾でも、六〇年代に出生率が低下しはじめた。[126] 東アジアの女性たちが、産む／産まないを考えるようになった時代と社会の背景の異同は、さらに議論を深める必要がありそうである。

一九五〇—六〇年代の上海では、比較的急速に、女性の身体的負担が大きな方法で、節制生育が普及した。女性たちは、産み育てるだけの人生から脱却し、働き学ぶとともに、近代医療の下で子供を産み、また、産むこと／産まないことを選択する主体として自己形成していった。それは、したたかなエージェントとしての女性たちの主体形成を促進すると同時に、個人の身体への国家・社会による介入の始まりも意味した。それはまた、のちに強制力を持った計画出産政策として展開された「一人っ子政策」が、とりわけ上海で「成功」を収める社会的基盤を用意するものでもあった。次章では、上海における「一人っ子政策」の展開過程を具体的に見よう。

124……エージェント（行為者）としての産婦自身の動向に注目する近年の出産研究については、姚毅『近代中国の出産と国家・社会——医師・助産士・接生婆』研文出版、二〇一一年、参照。

125……田間泰子『「近代家族」とボディ・ポリティクス』世界思想社、二〇〇六年参照。

126……郭文華「美援下的衛生政策——一九六〇年代台湾家庭計画的探討」、李尚仁編『帝国与現代医学』台北：聯経出版事業股份有限公司、二〇〇八年。John P. DiMoia, "'Let's Have the Proper Number Children and Raise Them Well!': Family Planning and Nation-Building in South Korea, 1961-1968", *East Asian Science, Technology and Society: An International Journal* 2:3, 2008.

# 第四章

# 上海における一人っ子体制の成立
## ——一九七〇～八〇年代

中国の人口問題と「一人っ子政策」の必要性を大衆に啓蒙するために作られた『人口教育掛図』（口絵２参照）より。見出しには「人口と四つの近代化」とある。

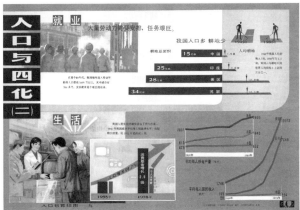

## 1　一人っ子の街、上海——七〇年代以降の上海の人口動態

中国一の巨大都市・上海では、文化大革命の起こる一九六〇年代半ばより前に、すでに都市社会の各層の女性に生殖コントロールが浸透し、子供を少なく産むことが広まっていた。やがて「一人っ子政策」が始まると、速やかに進展して上海では数年のうちに生まれる子供のほぼすべてが一人っ子となり、全国でもっとも政策が「成功」した。本書では、このように「一人っ子政策」が貫徹した状態を一人っ子体制と呼ぶが、第四章は、それがどのようにして上海で成立していったのかを、現場から明らかにしようとする。

まず一九七〇年代以降の上海の人口動態と、「一人っ子政策」の浸透ぶりを確認しよう。（なお、前述のように、上海（特別）市は市区の都市部と郊県の農村部よりなるが、本章で扱う一九七〇年代から八〇年代前半の両者の人口比率は、おおむね都市部が五〇パーセント代前半を占める。）中華人民共和国成立時に約五〇〇万人であった上海の人口は、第三章で見たように、その後急速に増加して一九六〇年には一〇〇〇万人を超えた。こうした人口圧力の下で、上海市政府が人口増の抑制に努めた結果、一九六〇年に一〇五六万人であった人口は、一九七〇年に一〇七二万人とほとんど増加せず、さらに改革開放政策の始まった一九七八年にも一〇九八万人と、わずかな増加にとどまっていた。[1]

いま一度、前章のグラフ（図3―1～3―4、一〇六・一〇八ページ）をご覧いただきたい。このような人口動態を可能にしたのは、出生率の低下だけでなく、上海から人口が相対的な希薄な地域への移住政策が強力に推進されたからであった。とりわけ文化大革命が始まってから、中等教育を修了した若者は、農村に「上山下郷」することが求められた。当時は農民に学んで革命精神を鍛えるためと喧伝されたこの「下放」政策は、働き口を用意できない行政当局（社会主義体制の下では政府が就職先を用意した）が、過剰人口を放出するために行ったことが、現在では知られている。図3―3のように上海では一九六〇年代～七〇年代半ばまでの間、流出人口が流入人口をかなり上回り、大きな社会減があったことが、総人口が微増にとどまった大きな要因であった。[2]

一九八〇年代は、一九五〇～六〇年代に生まれたベビーブーマーが生殖年齢に突入するので、全国的に出産ラッシュ、出生率の再上昇が予想されていたが、前章で見たように、上海の一九五〇年代の出生率は全国平均以上に高かったので、八〇年代の出生率の上昇幅も大きくなる可能性があった。しかも文化大革命が収束して、「下放」させられていた若者の多くも上海に戻ることになり、彼らはまさに生殖年齢だったのである。

では、上海の出生動向はどうだったのか。上海市全体の出生率は一九六五年に二〇パーミルを下回って一七・〇パーミルとなり、その後も逓減して七三年に一〇・二パーミル、七四年・七五年は九パーミル台に下がったが、七六年から反転して上昇し、八二年には一八・五パーミルまで上昇、その後は乱高下しながらも徐々に低下して九一年には一〇パーミルを下回って七・八パーミルとなり、九八年の四・七パーミルまで下がった。その後は上下しながら、二一世紀に入って徐々に上昇し、二〇〇七年・二〇一〇年には七パーミルを超えている。ただしこれは郊県を含む数字で、都市部のみで見ると六〇年代以降の出生率の低下はさらに急激で、六三年に

1……若林敬子『中国の人口問題と社会的現実』ミネルヴァ書房、二〇〇五年、二九三頁。また、本書第二章一〇九頁参照。
2……前掲若林『中国の人口問題と社会的現実』第9章「巨大都市・上海市に見る人口」参照。

二三・一パーミルだったのが翌年は一三・八パーミル、六六年には八・六パーミルと一〇パーミルを下回った。その後は七四年の六・二パーミルを最低として低い出生率だったが、八〇年代には反転して八一年から八九年までは八二年の一七・四パーミルを最高に一〇パーミルを超えていた。九〇年代には一〇パーミルを下回り、九五年以降は、四パーミル台であった。[3] 八〇年代前半の高出生率には生殖年齢人口の割合が高いことの影響があった。その影響を受けない合計特殊出生率（ＴＦＲ）は、図３—４のようである。

上海のＴＦＲは、前章で見たように、一九七一年に人口の置換水準の二・一を下回り、八〇年に〇・八七まで下がったのち、八一～九三年には一台で上下するが、九四年以降は一以下になってその状態は二一世紀も続いている。[4] 上海の人口は、図３—２からわかるように一九九〇年代初めからすでに自然減に転じているが、八〇年代以降は流入が流出を上回っているため、全体人口は図３—１のようにその後も増加を続けている。しかも戸籍は上海にないが常住している人も増えているため、常住人口は拡大し続けている。とはいえ、早くから出生率が下がっていたため、現在の上海の人口ピラミッドは、若年人口が極端に少なく、ベビーブーム世代が高齢者コホートに突入しかけるという、日本以上に厳しい少子高齢化が起こっている。

このような少子化を招いた、上海における「一人っ子政策」の浸透ぶりはどうか。

若林敬子らの整理したデータによると、[5] 一九九〇年の出生人口のうち、上海の計画出産率（計画出産の規定に符合した出生の割合）は九九・三九パーセント（中国全体では八四・一八パーセント）で、ほぼ一〇〇パーセントと全国でももっとも高く、また第一子の比率は九二・〇パーセント（同四九・五パーセント）で、これも第一位だった。この年に第一子率が八〇パーセントを超えている地区は他になく、第二位は遼寧省の七三・九パーセントである。一人っ子父母光栄証受領率も八九年に六四・九三パーセント（同一八・一〇パーセント）で第一位、二位は北京の五三・七九パーセントであった。以上より、上海は八〇年代の末までに、全中国の中でも突出して「一人っ子体制」を整えたことがわかる。

次節からこのような徹底した一人っ子体制が実現した状況を見る前に、本章で使用する資料について述べておこう。本章では、上海市檔案館所蔵檔案や新聞などをはじめとする文献資料とともに、インタビューによる口述資料も使用している。これは、第三章でも使用した一九五〇年代に上海で出産した女性へのインタビューおよび同時期に行った同内容の一九六〇年代以降に出産した女性へのインタビューと、当時上海で計画出産に関わる仕事をしていた医療関係者や幹部へのインタビューによるものである。これらのインタビューは、五〇年代に出産した女性のインタビューとともに、基本的に報告書に掲載してあり、本章での仮名も、基本的に報告書のものとそろえてある。[6]

## 2 「一人っ子政策」前夜の上海――一九七七年まで

### (1)子供の人数の統制

前章で見たように、一九六〇年代半ばまでに、上海の各層の女性たちに生殖コントロールが普及していった。すなわち五〇年代後半から節制生育のキャンペーンが始まったが、五八年半ばから「大躍進」政策が始まって中

3……前掲若林『中国の人口問題と社会的現実』二九六頁、若林敬子・聶海松編著『中国人口問題の年譜と統計――一九四九〜二〇一二年』御茶の水書房、二〇一二年、一八〇頁。

4……前掲若林『中国の人口問題と社会的現実』二九八頁。

5……前掲若林・聶編『中国人口問題の年譜と統計』一三四頁、三一一「出生順位別割合と計画出産率と一人っ子父母光栄証受領情況：一九九〇・二〇〇〇・二〇一〇年」による。なお、ここでいう「一人っ子父母光栄証受領率」は、既婚生殖年齢女性を分母とした受領率で、表4―6(2)の「領証率」および本章一九四ページ以下で論じる「一人っ子証受領率」とは計算方法が異なる。おおむね一九八〇年代後半からは、この計算方法によるものが使われている。

6……小浜正子『中国近現代における母子衛生政策の研究』平成一四〜一七年度学科研究費補助金(基盤研究C2)研究成果報告書、二〇〇六年。

断し、六二年頃から再開されて、六三年には労働者層も含めた多くの女性が生殖コントロールについての知識と手段にアクセスできるようになっていた。

その際、子供の人数については、どのような宣伝などがあったのだろうか。当時の中国のTFRは六程度で、六人きょうだいが一般的だった。上海でははやくも五八年の市人民代表大会で「出生児数二~三人、出生間隔は三~四年がよい」という具体的な目標の提案が出されたというが、まもなく「大躍進」政策が始まったので、それが宣伝されることはなかっただろう。[7]「大躍進」政策の失敗後、上海で再開された計画出産工作の後を追うように中央も態勢を整えてゆき、六五年には、「一人でも少なくない、二人が良い、三人は多い（一個不少、二個正好、三個多了）」のスローガンが全国で提起された。これは、子供の人数を規制する政策の萌芽といえ、まだ強制力はないにせよ、ある程度の影響力はあったとされる。とりわけ上海では、早い時期から、党の指導により子供の人数についての働きかけが始まっていた地区や工場もあったという。[8]

ある女性は、六〇年代の状況を、こう語っている。

### ●Dsさん：教員。子供は二人

……当時、二人だけしか産めないという計画出産が始まっていた。上の子（一九六四年生）を産んだ時に既にその政策を知っていたので、六四年頃にはそうなっていた。もし計画出産政策の決まりがなければ三人目を産んでいたかもしれないが、二人しか産めないときまっていた。当時、二人男の子がいて、女の子が欲しくて三人目を産んだ同僚がいた。が、第三子分は部屋の分配の際、面積が加算されなかった。……

二人目（一九六六年生）を出産後、妊娠してしまって人工流産することが何度かあった。人工流産の手術には夫婦双方のサインがいった。なければ人工流産できないが、当時は二人しか産めないという宣伝が行き渡っていて、夫は反対することなどできなかった。もし三人目を産んだら、部屋の分配やボーナスなど、いろいろ不利になるので、実質的に三人目はとても産めない。自分は一男一女で、それに満足だったので三人目が欲しいとは思わなかった。検査して妊娠していたら、胎児が小さいうちにすぐに人工流産しなければならない。公費医院で手術した。……六八年頃、人工流産を繰り返すのは体によくないので、絶育手術をした。(二〇〇三年九月二二日)

この話によれば、六四年頃にはすでに「子供は二人まで」の政策があったという。彼女は「計画出産の決まり」という表現をしているが、当時の上海市に明確な規定があったわけではない。しかし職場で伝えらえる政策の方針には、違反すれば「いろいろ不利になる」というプレッシャーがあり、人々には「決まり(中国語では「規定」、コラム1参照)」と受け取られている。上海の都市部の中でも、それぞれの職場(「単位」)や地域(居民委員会)などによって、どの程度計画出産の宣伝や統制が行き届いているかには相当な違いがあることは、後述する各現場の状況からもわかるとおりである。この女性の職場は国立の事業単位(行政・教育・医療などの単位。会社などは企業単位という)で、とりわけ政策が浸透しやすい環境であった。前章で見たように、上海では六三年頃から精力的に計画出産工作が進められていたが、六〇年代半ばから「子供は二人」が浸透しているところもあったのである。

周知のように、中国では一九六六年から文化大革命が始まって大きな社会的混乱が起こった。上海でも文革は猖獗を極め、計画出産工作も中断して、出生が増えたという[9]。

しかし一九六八年一月には、上海市革命委員会は[10]「計画出産工作を強化し、晩婚を推進することに関する通

7……上海衛生工作叢書編委会編『上海衛生 一九四九―一九八三』上海科学技術出版社、一九八六年、一〇一頁。

8……史成礼編著『中国計画生育活動史』新疆人民出版社、一九八八年、一五二～一五三頁。孫沐寒『中国計画生育史稿』北方婦女児童出版社、一九八七年、一三二～一三三頁。

9……前掲『上海衛生 一九四九～一九八三』一〇三頁。

10……革命委員会とは、文化大革命の頃、それまでの権力機構が機能停止した中で、代わって革命派によって作られた行政組織。

知」を出し、市衛生局革命委員会はこれを推進すべく努力している。[11]

上海では、「計画出産は六九年から始まった」という認識を持っている関係者が少なくない。のちの市衛生局の報告では「一九六九年に計画出産推進が全面的に始まって以来」といういい方がされている。[12] 上海で発行されている新聞『文匯報』には、「計画出産（計画生育）」をタイトルに含む記事は、六四年二月以来途絶えていたのが、六九年九月に三本出現し、以来それがない年はなくなって、[13] 六九年以来、だんだん計画出産の工作が強化されていったようだ。現場で計画出産工作に当たっていた関係者の話を聞いてみよう。（以下、ゴシックで示した部分は聞き手の問い）

**●Czさん：紡織工場管理幹部**

「子供は二人まで」という政策が始まったのは一九七〇年後半からだが、宣伝は六九年から行われていた。七〇年の後半から「子供は二人まで」という政策が始まり、三人目から託児園も無料でなくなった。この年の五月に生まれた第三子は、出産祝い金ももらえたし、託児園も無料だった。この年後半から、祝い金は何人目でも出なくなった。工場内では、医務室が計画出産の宣伝を担当した。政策が始まってからは、三人目を妊娠した人がいると、「動員説服」（コラム4参照）なども行った。七四、七五年頃から一人が良いということになって、二人目も託児園は無料でなくなった。のちに強制的に一人、となった。（二〇〇四年一二月二五日）

**●Wさん：居民委員会幹部**

自分は、一九七〇～八三年に街道委員会で計画出産の仕事をしていた。当時、一人だけしか産むのが許されなくて、二人目・三人目を妊娠しているのを発見すると、「動員」（説得）にいった。七〇年から、一人しか産めなくなった。

**――一九七八年からではないの？**

いや、七〇年からそうだった。二人目を産むと罰金なので、実質的に一人しか産めない。六〇年代は二人産めた。五〇年代は「光栄ママ」だった。八〇年代は一人だけしか産めない。九〇年代後半になって、政策はゆるくなった。

当時の計画出産工作は、各「単位」がしっかり連絡を取ってみんなで説得する。多く産むと罰金がとても大変になっていた。一九四九年から今までの間に、計画出産工作は、とても大きな変化を見せている。（二〇〇三年九月一七日）

### ●W医師：大学の医務室勤務・産婦人科医

計画出産は早くから始まっていた。一九六九年から始まった。六九年からは、避妊具は無料で持っていけた。その前もあったが、誰も持っていかなかった。七〇年代は、二人目を産むことができたが、ボーナスカットになった。……計画出産が始まると、人工流産しろということになり、たとえば職場で三人目が産まれたら自分たちは罰されることになった。一人でも三人目が産まれたら、先進的であるという表彰は受けられなくなる。原則的に一夫婦一人を提唱して、二人目を産むためには四年以上間隔を空ける、という時期もあった。七〇年代の頃だったか、一度、二人目を産んだ人が一人いて、職場が表彰を逃したことがあった。なかなか厳しかった。周りはみんな何人目か知っているし、二人目なり三人目なりを産むと仕事の上でも経済的にも影響があるので、ほとんど誰も産まなくなった。（二〇〇三年九月一六日、二二日）

また、七〇年前後に二人の子供を産んだ女性は、こう語る。

*11*……「上海市革命委員会関於加強計画生育工作、提唱晩婚的通知」（一九六八年一月一六日）上海市檔案館所蔵檔案（以下、上海檔案と略記）B242—2—46—4、「上海市衛生局革命委員会関於当前進一歩開展計画生育工作的請示報告」（一九六八年六月一九日）上海檔案B335—1—1—5、「上海市革委会、市衛生局革委会関於計画生育工作的報告、意見」（一九六八年五～九月）上海檔案B335—1—1。

*12*……「上海市衛生局革命委員会関於上海計画生育和婦幼工作情況的報告」（一九七八年八月一八日）上海檔案B335—2—28—10。

*13*……《文匯報図文数拠光盤（一九三八—一九九九）》（文匯新民聯合報業集団、二〇〇三年）の検索による。

**●Asさん：経理事務。子供は一九六九年生まれの第一子と一九七四年生まれの第二子の二人**

（自分が子供を産んだ頃は）産もうと思えば二人目を産むことはできた。自分の年代の人には、三人子供がいる人もいる。産もうと思えば産めたが、毎年産むわけにはいかなくて、五年間隔をあける必要があった。自分の子供達の間は、だから五年空いている。しかし同僚で五年空けずに産んだ人もいて、特に罰はなかった。（二〇〇三年九月一三日）

以上のように、「何人産んで良いか」の情況は、現場によって状況が異なっていた。七〇年代前半は、二人までは問題ないところが多いようだが、出産間隔を空けることが要請されたりした。それも四年のところと五年のところがあった。

第一章で見たように、中央では、一九七一年に子供二人を理想とする政策が全国的に打ち出され、七三年には、「晩・少・稀」（晩婚・晩産、子供の数は二人まで、出産間隔は四年前後空ける）が強調された。さらに七四年一二月の毛沢東の「人口はコントロールしなくては立ち行かない（人口非控制不行）」という言葉を受けて、七五年には全国で計画出産推進のキャンペーンが展開された。上海では、こうした全国の動きよりも早く、また強く、「子供は二人とし、出産間隔を空ける」方針が進められていた。前出の図3―4に見えるように、上海のTFRは一九七一年に一・九三と二を切ってから、七二年一・四五、七三年一・五六、七四年一・二八、七五年一・一二と急激に低下している。これは、このような計画出産工作が七〇年代前半に各職場「単位」や地域の居民委員会で年ごとに進展していたことを示すものだろう。

Czさんの話からは、第三子から（普通は無料の）保育料を徴収するだけでなく、三人目を妊娠したら人工流産するよう説得して圧力をかける場合もあったことがわかる。その背景には、職場全体の計画出産の成績によって上部の評価（およびそれに伴う報奨）が左右されるというシステムがあった。七〇年代半ばには、二人目の出産への圧力もかけられるようになった、という。Czさんの工場も、W医師の大学も、名門といえる著名な「単位」だが、そのように優遇されているところほど、政策達成への圧力は大きかったに違いない（広い意味で言えば、

**表4－1　上海市1970年計画出産手術数及び避妊薬普及状況表**

（件）

| | 手術 | | | | | 避孕薬 | |
|---|---|---|---|---|---|---|---|
| | 総数 | 人工流産 | 女紮輸卵管 | 男紮輸精管 | 放還節育環 | 口服 | 針剤 |
| 市区 | 69032 | 48582 | 8773 | 299 | 11378 | 96706 | 8136 |
| 郊県 | 68103 | 31549 | 17262 | 3993 | 15299 | 57813 | 2497 |
| 合計 | 137135 | 80131 | 26035 | 4292 | 26677 | 154519 | 10633 |

出典：「上海市除害災病領導小組辦公室関於 1970 年計画生育年報表」（1971 年 1 月 30 日）上海檔案 B335-1-3-1

**表4－2　上海市1973年（上半年）計画出産工作報告表**

| | 放環＊（人） | 取環＊（人） | 口服避妊薬（人） | 男結紮＊（人） | 女結紮＊（人） | 人工流産＊（件） |
|---|---|---|---|---|---|---|
| 市区 | 8165 | 2740 | 254367 | 61 | 3554 | 31057 |
| 郊県 | 20021 | 4069 | 208973 | 2225 | 7957 | 23324 |
| 合計 | 28186 | 6809 | 463340 | 2286 | 11511 | 54831 |

＊（計画出産手術）合計 103,623 件
出典：「上海市計画生育領導小組辦公室関於報関《1973 年上海市人口出生情況表》的函」（1974 年 3 月 13 日）上海檔案 B242-2-239-64

**表4－3　上海市1976年（上半年）計画出産工作報告表**

| | 放環＊（人） | 取環＊（人） | 男結紮＊（人） | 女結紮＊（人） | 人工流産＊（件） |
|---|---|---|---|---|---|
| 市区 | 17100 | 3150 | 25 | 2517 | 39284 |
| 郊県 | 14852 | 4975 | 951 | 4259 | 28415 |
| 合計 | 31952 | 8125 | 976 | 6776 | 67699 |

＊（計画出産手術）合計 115,528 件
出典：「上海市衛生局革命委員会填報計画生育工作年報表（1976 年上半年）」（1976 年 9 月 3 日）上海檔案 B242-3-754-128

表 4-1 ～ 4-3 はともに、項目名は原語のまま記した。

上海の都市部の労働者全体が、全国の中でそのようなポジションにいたともいえる）。

## ⑵生殖コントロールの管理―生殖する身体の掌握

また、生殖年齢の既婚カップル（特に女性）が恒常的に避妊などの生殖コントロールをすることも推進された。表4―1、4―2、4―3は、一九七〇年、七三年上半年、七六年上半年にそれぞれ避妊（永久不妊手術を含む）や人工流産による生殖コントロールを何件行ったかを示す衛生局による統計である。

この表からは、「計画出産手術」と呼ばれる卵管結紮（女結紮＝女絶育）、精管結紮（男結紮＝男絶育）、リングの装着（放環）と取出し（取環）、および人工流産の手術数がだんだんと増加しており、衛生局が精力的にそれを進めていたことがわかる。また、口服避妊薬や避妊注射による避妊は、その後に項目がなくなっており、避妊方法はリングと男女の永久不妊手術（「絶育」、ただし女性の方がずっと多い）に集約されていくことが見て取れる。[14]

上海の生殖年齢の夫婦の「節育率」（生殖コントロールをしている割合）は、七一年から統計があるが、七一年には七二・三パーセントの夫婦が避妊もしくは永久不妊手術をしており、七五年にはそれは八五・七パーセントに上昇している。[15] 表4―4（2）の数字とは若干のズレがあるので基準が異なっている可能性が高いが、七〇年代前半に生殖コントロールの普遍化が進んだことがわかる。

次に、表4―4（1）「上海市一九七六年計画出産出生状況分析報告表」を見てみよう。これをまとめた上海市計画生育領導小組は、「国務院［一九七五］一二一号文件の、第五次五ヵ年計画期間中（一九七六―八〇年）の

14……第三章の表3―4（1）（2）も併せてみると、その傾向はより明らかである。

15……上海衛生志編纂委員会編『上海衛生志』上海社会科学院出版社、一九九八年、二八五頁。これによれば八〇年の節育率は、八八・一パーセント、八五年は八六・三パーセント、九〇年は九一・六パーセントである。生殖コントロールの方法の割合は、七一年は女絶育が四四・六パーセント、リングが一〇・三パーセントであったのが、九〇年にはリングが六三・五パーセント、女絶育は九・一パーセントとなっており、大きく変化している。

## 表4－4（1）　上海市1976年計画出産出生状況分析報告表

| 地区 | 平均人口数 | 出生総数 | 出生率‰ | 与去年同期比較‰ | 出生分析 | | | | 計画生育率% |
|---|---|---|---|---|---|---|---|---|---|
| | | | | | 分析総数 | 期内生育符合数 | 其中 | | |
| | | | | | | | 符合晩生数 | 間隔4年以上数 | |
| 黄浦 | 594975 | 3982 | 6.69 | -0.09 | 3905 | 3356 | 2766 | 590 | 85.94 |
| 南市 | 655438 | 4460 | 6.80 | +0.20 | 4262 | 3573 | 2930 | 643 | 83.84 |
| 蘆湾 | 465431 | 2974 | 6.39 | -0.68 | 2896 | 2564 | 2128 | 436 | 88.54 |
| 徐匯 | 488853 | 3315 | 6.78 | +0.13 | 3250 | 2876 | 2257 | 619 | 88.49 |
| 長寧 | 343153 | 1999 | 5.83 | -0.51 | 1950 | 1704 | 1386 | 318 | 87.38 |
| 静安 | 479441 | 3300 | 6.88 | -0.05 | 3226 | 2918 | 2453 | 465 | 90.45 |
| 普陀 | 474665 | 3139 | 6.61 | +0.21 | 3075 | 2604 | 2142 | 462 | 84.68 |
| 閘北 | 553934 | 3550 | 6.41 | +0.31 | 3514 | 3009 | 2522 | 487 | 85.63 |
| 虹口 | 697317 | 4567 | 6.55 | -0.11 | 4478 | 3931 | 3282 | 649 | 87.78 |
| 楊浦 | 791564 | 5159 | 6.52 | +0.32 | 5049 | 4346 | 3468 | 878 | 86.08 |
| 福利院 | | 248 | | | | | | | |
| 市区小計 | 5544771 | 36693 | 6.62 | +0.04 | 35605 | 30881 | 25334 | 5547 | 86.73 |
| 上海 | 529409 | 6255 | 11.82 | +1.79 | 5908 | 5130 | 3971 | 1339 | 86.83 |
| 嘉定 | 472125 | 6238 | 13.21 | +0.99 | 6230 | 5283 | 4047 | 1236 | 84.80 |
| 宝山 | 463758 | 5539 | 11.94 | +1.83 | 5924 | 4669 | 3531 | 1138 | 88.20 |
| 南匯 | 616580 | 9879 | 16.02 | +2.35 | 4030 | 3285 | 2577 | 808 | 81.51 |
| 川沙 | 612110 | 9399 | 15.36 | +2.12 | 8486 | 6942 | 5332 | 1610 | 81.81 |
| 奉賢 | 487567 | 8515 | 17.46 | +2.40 | 3980 | 2760 | 1828 | 932 | 69.35 |
| 松江 | 440884 | 7114 | 16.14 | +0.46 | 6920 | 3842 | 2980 | 862 | 55.68 |
| 青浦 | 405606 | 5515 | 13.60 | +1.55 | 5120 | 3469 | 2719 | 750 | 67.75 |
| 金山 | 435198 | 5541 | 12.73 | -0.11 | 5166 | 3255 | 2249 | 961 | 63.01 |
| 崇明 | 782109 | 9749 | 12.47 | +1.24 | 9407 | 7841 | 4930 | 2911 | 83.35 |
| 郊県小計 | 5245346 | 73744 | 14.06 | +1.53 | 60541 | 46431 | 33984 | 12547 | 76.69 |
| 全市合計 | 10790117 | 110437 | 10.24 | +0.81 | 96146 | 77312 | 59318 | 18094 | 80.41 |

原注：1．本表数字根拠公安部門的年報、包括已出生各種原因未落実戸口者。　2．金山県数字包括石化総廠。
注：「福利院」の248人は、収容された捨て子と思われる。

人口増加率を農村部は一〇パーミル前後、都市部は六パーミル前後にするという要求に基づいて多くの工作を進めた結果、全市の人口は基本的に計画的な増加を実現した。一九七六年は出生率一〇・二四パーミル（市区六・六二‰、農村一四・〇六‰）、自然増加率四・一〇パーミル（市区〇・二四‰、農村八・一六‰）であった。」とする。しかし「解放初期に出生率が高かったため、生殖年齢人口が不断に増加し、一九七六年には出生率が再上昇し始めて前年よりも〇・八一パーミル（市区〇・〇四‰、農村一・五三‰）上昇した。出生の中には、「早・密・多」で計画出産に符合しないものがまだ若干あり、ある県では計画出産符合率は五五パーセントしかない。……計画出産符合率を向上させ、出生率を都市部七パーミル前後、農村部一二パーミル前後に安定させ、人口を計画的に増加させよう。」としている。[16]「早・密・多」は「晩・少・稀」の逆で、若年出産（都市部は二五歳未満、農村部は二三歳未満）、多子（三人以上）、出産間隔四年未満のものを指す。表4―4（1）では、出生率を区・県ごとに〇・〇一パーミルまで計算して前年と比べている。またそれぞれの出産が「計画出産に符合」しているかどうか、すなわち第一子の場合は晩産か、第二子の場合は出産間隔が四年以上空いているかを確認し、符合している出産の割合を区・県ごとに計算している。都市部では各区の八三〜九〇パーセントの出産が計画出産に符合しており、総計では八六・七三パーセントである。農村部の郊県では、八〇パーセントを超えている県も六県あるが、六〇パーセント台の県も三つあり、松江県は五五・六八パーセント、合計は七六・六九パーセントである。市区と郊県を合わせた全上海市では八〇・四一パーセントで、すでに八割の出産は計画出産に符合している。なお、この年の晩産の第一子の比率を表から計算すると、六一・七〇パーセントで、[17]間隔を空けた第二子は一八・八二パーセントとなる。市区では七一・一五パーセントと一五・五八パーセントであり、都市部で生まれる子の七割は晩産の第一子となっていた。

16……「上海市計画生育領導小組一九七六年計画生育年報表」（一九七七年二月〜三月）上海檔案Ｂ３３５―１―１２。

17……分母を「分析総数」とした場合。「出生総数」とした場合は五三・七一パーセント。

### 表4−4(2)　上海市1976年計画出産節育状況分析表

| 地区 | 已婚有生育条件婦女数 | 落実節育措施人数 | | | | | | | 節育率% | 人流総数 |
|---|---|---|---|---|---|---|---|---|---|---|
| | | 合計 | 避孕薬 | | 放環 | 女扎 | 男扎 | 其他 | | |
| | | | 口服 | 注射 | | | | | | |
| 黄浦 | 72189 | 64023 | 16599 | 1449 | 5609 | 23501 | 1558 | 15307 | 88.69 | |
| 南市 | 79296 | 71752 | 14445 | 1376 | 6936 | 28723 | 1863 | 18409 | 90.49 | |
| 蘆湾 | 57027 | 51753 | 12751 | 977 | 5796 | 18139 | 1125 | 12965 | 90.75 | |
| 徐匯 | 65977 | 61213 | 12000 | 1294 | 7749 | 22174 | 489 | 17507 | 92.78 | |
| 長寧 | 46369 | 42011 | 9528 | 554 | 4837 | 17290 | 1174 | 8628 | 90.60 | |
| 静安 | 61914 | 53711 | 14011 | 1277 | 5308 | 18542 | 1581 | 12992 | 86.75 | |
| 普陀 | 59951 | 52581 | 12382 | 1249 | 4805 | 24640 | 1577 | 7928 | 87.71 | |
| 閘北 | 60718 | 56023 | 13789 | 1036 | 4707 | 25875 | 1103 | 9513 | 92.27 | |
| 虹口 | 86715 | 78468 | 18192 | 1303 | 8003 | 31526 | 2403 | 17041 | 90.48 | |
| 楊浦 | 96117 | 87773 | 20106 | 1987 | 8834 | 39732 | 1685 | 15429 | 91.32 | |
| 市区小計 | 686273 | 619308 | 143803 | 12502 | 62584 | 250142 | 14558 | 135719 | 90.24 | |
| 上海 | 72918 | 62063 | 10619 | 319 | 13454 | 29629 | 4440 | 3602 | 85.11 | |
| 嘉定 | 72526 | 59845 | 13941 | 626 | 17516 | 17809 | 5995 | 3958 | 82.52 | |
| 宝山 | 61301 | 51161 | 14719 | 595 | 10400 | 19173 | 3468 | 2806 | 83.46 | |
| 南匯 | 80801 | 67349 | 10869 | 310 | 18469 | 27494 | 7352 | 2855 | 83.35 | |
| 川沙 | 85575 | 69083 | 21972 | 616 | 13236 | 24214 | 4116 | 4929 | 80.73 | |
| 奉賢 | 70421 | 54926 | 8078 | 233 | 12532 | 26013 | 7186 | 884 | 78.00 | |
| 松江 | 60675 | 48564 | 7380 | 317 | 4828 | 20870 | 12889 | 2280 | 80.04 | |
| 青浦 | 60938 | 47165 | 7794 | 430 | 5498 | 26463 | 5811 | 1169 | 77.40 | |
| 金山 | 64410 | 53745 | 4381 | 246 | 4256 | 24387 | 18666 | 1809 | 83.44 | |
| 崇明 | 91051 | 72696 | 35732 | 394 | 20663 | 8944 | 2997 | 3966 | 79.84 | |
| 郊県小計 | 720616 | 586597 | 135485 | 4086 | 120852 | 224996 | 72920 | 28258 | 81.40 | |
| 全市合計 | 1406889 | 1205905 | 279288 | 16588 | 183436 | 475138 | 87478 | 163977 | 85.71 | 122227 |

出典：「上海市計画生育領導小組 1976 年計画生育年報表」（1977 年 2 月～ 3 月）上海檔案 B335-1-12。

* 項目名は原語のまま記した。

同じく上海市計画生育領導小組による表4—4（2）「上海市一九七六年計画出産節育状況分析表」には、各区・県の既婚の生殖年齢の女性が、どのような生殖コントロールを実施しているかの人数がまとめられている。何らかの避妊措置を実行している人の割合は、市区で九〇・二四パーセント、郊県で八一・四〇パーセントで、合計八五・七一パーセントである。避妊方法の割合を計算してみると、実施している女性のうち口服避妊薬（ピル）が二三・二パーセント、注射が一・四パーセント、リングが一五・二パーセント、卵管結紮が三九・四パーセント、（夫の）精管結紮が七・三パーセント、その他一三・六パーセントであった。

以上の状況からは、「一人っ子政策」開始以前の七〇年代半ばから、上海ではすで計画出産が非常に浸透していて生殖年齢の女性の「生殖する身体」は当局によって相当に掌握されていること、生まれる子供の過半はすでに第一子であり、第二子の出産にはかなりの規制がかけられていること、第三子以降の出生は少なくなっていたこと、などがわかる。

## 3　一人っ子体制の確立へ——一九七八年以降

### ⑴「最好一個、最多二個」から「只生一個」へ

一九七八年一〇月、中共中央は「国務院計画生育指導小組第一回会議的報告」（六九号文件）を批准し、翌年一月、全国計画生育弁公室主任会議は、八〇年の人口自然増加率一パーセント以下の目標と、「一人がいい、多くとも二人、出産間隔は三年以上（最好一個、最多二個、間隔三年以上）」の方針を打ち出した。一人っ子夫婦を優遇し、三人以上の子供を産めば経済的な制裁を加えることも示された[15]。「一人っ子政策」の開始である。上海では、その後短期間に、すべての夫婦が一人しか産まない／産めない体制が整ってゆく。全国でももっとも完備した「一人っ子体制」が上海で形成されてゆく様子を、以下で見てゆこう。

七九年二月末、上海では、焦化廠という工場の徐玉英ら一八二人の女工が、「党の呼びかけに応えて子供を一

人しか産まない」決意を示し、全上海の人々にも呼びかける提案書を公開発表した。[19] 前年一二月に天津の女工たちが「革命のために、子供を一人しか産まない」宣言を出していたが、上海でも党の呼びかけにより、同様の宣言が出されたのである。[20]

上海の新聞『文匯報』の記事に子供を一人しか産まないという「只生一個」という語句が初めて使われるのは、この提案書の報道に際してである。その後、「只生一個」はしばしば登場するフレーズとなり、七九年中に二六本の記事で使われた。一方、先のスローガン「最好一個、最多二個」は、一九七九年一月〜四月に五本の記事で使われているが、その後は使われなくなった。[21] これに対して「只生一個」は八〇年代以降も常用されるフレーズとなり、急速に「子供は一人」の風潮が形成されていった。

七九年八月には、上海市革命委員会は「計画出産の推進に関する若干の規定」すなわち（七九）四四号文件を制定した。[22] これは一九条からなるもので、上海の計画出産に関する基本的な規則となる。同規定は、「計画出産を推進し人口増加をコントロールすることは、我が国のすべての民族の健康と科学文化水準の向上に直接関連し、国民経済の発展と社会主義近代化の実現に直接関連する」と前言に謳ったのち、第一条で、「計画出産を推進す

18……「進一歩控制人口自然増長率、争取明年降到百分之一以下」『文匯報』一九七九年一月二七日。

19……「倡議書——堅決響応党的号召只生一個孩子」『文匯報』一九七九年二月二八日。

20……天津の女工の提議書を含むこの間の動きは、若林敬子『中国の人口問題』（東京大学出版会、一九八九年）「Ⅲ　一人っ子政策の開始」に詳しい。

21……《文匯報図文数拠光盤（一九三八—一九九九）》（文匯新民聯合報業集団、二〇〇三年）の検索による。

22……「上海市革命委員会関於推行計画生育的若干規定」『文匯報』一九七九年八月二九日。若林敬子編・杉山太郎監訳『ドキュメント　中国の人口管理』亜紀書房、一九九二年、一〇四〜一〇六頁には日本語訳全文がある（ただし本文の訳は筆者による）。

**表4−5（1）　上海市1979年計画出産出生状況分析報告表**

| 地区 | 平均人口数 | 出生総数 | 出生率‰ | 与去年同期比較‰ | 出生分析 | | | | | | | | | | |
|---|---|---|---|---|---|---|---|---|---|---|---|---|---|---|---|
| | | | | | 総数 | 符合計画生育数 | 計画生育率% | 第一胎 | | | 第二胎 | | | 第三胎 | |
| | | | | | | | | 計 | 符合晩生数 | 特殊生育数 | 計 | 間隔四年以上数 | 特殊生育数 | 計 | 特殊生育数 |
| 黄浦 | 607098 | 4711 | 7.76 | +0.36 | 4633 | 4480 | 96.70 | 3817 | 3764 | 39 | 808 | 645 | 29 | 8 | 3 |
| 南市 | 666450 | 5495 | 8.25 | +0.72 | 5363 | 5158 | 96.18 | 4362 | 4287 | 45 | 985 | 807 | 19 | 16 | |
| 蘆湾 | 473186 | 3767 | 7.96 | +0.36 | 3678 | 3546 | 96.41 | 3107 | 2957 | 124 | 563 | 440 | 24 | 8 | 1 |
| 徐匯 | 521063 | 3967 | 7.61 | +0.28 | 3937 | 3814 | 96.88 | 3262 | 3109 | 128 | 670 | 556 | 20 | 5 | 1 |
| 長寧 | 358054 | 2619 | 7.31 | +0.83 | 2565 | 2478 | 96.61 | 2058 | 1999 | 47 | 500 | 428 | 13 | 7 | |
| 静安 | 489638 | 2893 | 7.95 | +0.35 | 3850 | 3772 | 97.97 | 3221 | 3202 | 14 | 626 | 530 | 25 | 3 | 1 |
| 普陀 | 499157 | 4315 | 8.64 | +0.75 | 4212 | 4076 | 96.77 | 3534 | 3428 | 73 | 662 | 533 | 36 | 16 | 6 |
| 閘北 | 589314 | 5104 | 8.66 | +1.06 | 5104 | 4913 | 96.26 | 4801 | 3838 | 330 | 889 | 664 | 81 | 14 | |
| 虹口 | 715212 | 5428 | 7.59 | +0.22 | 5304 | 5206 | 98.15 | 4363 | 4802 | 152 | 930 | 781 | 68 | 11 | 3 |
| 楊浦 | 824785 | 6502 | 7.88 | +1.00 | 6160 | 6022 | 97.76 | 5059 | 4882 | 161 | 1091 | 900 | 73 | 10 | 6 |
| 福利院 | | 232 | | | | | | | | | | | | | |
| 市区小計 | 5744157 | 46033 | 8.01 | +0.60 | 44806 | 43465 | 97.01 | 36984 | 35659 | 1113 | 7724 | 6284 | 388 | 98 | 21 |
| 上海 | 549144 | 8735 | 15.91 | +1.51 | 8233 | 7722 | 93.79 | 6061 | 5819 | | 2161 | 1897 | | 11 | 6 |
| 嘉定 | 499217 | 9440 | 19.26 | +3.36 | 8957 | 8325 | 92.94 | 6262 | 6195 | | 2670 | 2125 | 1 | 25 | 4 |
| 宝山 | 459298 | 7532 | 16.40 | +1.83 | 7336 | 6758 | 92.12 | 5237 | 5186 | | 2060 | 1572 | | 39 | |
| 南匯 | 636865 | 8289 | 13.02 | -0.47 | 7018 | 6395 | 91.12 | 5038 | 4938 | 8 | 1927 | 1367 | 34 | 61 | 48 |
| 川沙 | 630578 | 10151 | 16.10 | -0.98 | 10174 | 8986 | 88.32 | 7216 | 6999 | 3 | 2876 | 1948 | 24 | 82 | 12 |
| 奉賢 | 507567 | 8646 | 17.03 | -0.07 | 8646 | 5909 | 68.34 | 5365 | 4375 | | 3141 | 1527 | | 140 | 7 |
| 松江 | 458111 | 8764 | 19.13 | +2.38 | 8001 | 4989 | 62.35 | 4513 | 3780 | | 3198 | 1195 | | 290 | 14 |
| 青浦 | 420111 | 7618 | 18.13 | +3.77 | 7030 | 5555 | 79.02 | 4473 | 4099 | | 2496 | 1438 | | 61 | 18 |
| 金山 | 464550 | 10552 | 22.65 | +5.25 | 8942 | 6342 | 70.92 | 5459 | 4378 | 12 | 3283 | 1943 | 1 | 200 | 8 |
| 崇明 | 791495 | 11919 | 15.06 | +1.65 | 11332 | 9893 | 87.30 | 6816 | 6534 | 7 | 4085 | 3300 | 30 | 431 | 22 |
| 郊県小計 | 5407936 | 91616 | 16.94 | +1.64 | 85669 | 70874 | 82.73 | 56432 | 52303 | 30 | 27897 | 18312 | 90 | 1340 | 139 |
| 全市合計 | 11152093 | 137649 | 12.34 | +1.03 | 130475 | 114339 | 87.63 | 93416 | 87962 | 1143 | 35621 | 24596 | 478 | 1438 | 160 |

るために、晩婚・晩育・少生を要請する。一組の夫婦が子供を一人しか産まないことを提唱する」と定めている。その他の主な内容は、以下の通りである。晩婚年齢は、農村では男満二五歳、女満二三歳、都市では男満二七歳、女満二五歳とする（第二条）。学生や見習い工は、結婚してはならない（第三条、第四条）。一人しか子供を産まないと保証した夫婦には「一人っ子証」を発行し、奨励を与える。奨励には、子供が一六歳になるまでの毎月四元の保健費や、夫婦の年金の五パーセント割増しなどがあるが、もし第二子を産んだら「一人っ子証」を返し、これらは返金するものとする（第五条）。三人以上の子供を産んだ夫婦は、子供が一六歳になるまで、それぞれ給料の一〇パーセントの「多子費」を収める（第一〇条）。出産間隔が四年に満たないのに第二子を産んだ夫婦は、四年になるまでの間、第二子の保育料は自費とする（第一一条）。住居や自留地の分配に際しては、「一人っ子証」のある一人っ子は二人として数え、第三子以上は数えない（第一二条、第一三条）。結婚登記をせずに同居するものは、出産や人工流産などの医療費は自費とし、産休中の給料も支払わない（第一四条）。晩婚・計画出産工作で良い成績を上げた職場や個人は表彰して激励する。医療人員で計画出産手術を連続千例万例無事故で行った者には奨励金を出す（第一五条）、などである。

以上の内容の多くは、すでに各単位などで行われていたものを総合して、統一した規定に定めたものである。「一人っ子証」は、ここで初めて提出されたと思われ、夫婦に子供を一人しか産まない決意を促し、これに基づいて一人っ子への優遇を与える。こうして一人っ子を推進する体制が整えられた。

表4―5（1）（2）は、先に見た表4―4（1）（2）から三年後の状況を示している。出生数は七六年の一一万四三七人から一三万七六四九人に増加しており、七六年に全市で一〇・二四パーミルだった出生率は、一二・三四パーミルに上昇した。一年前と比べても一・〇三パーミルの上昇である。既婚の生殖年齢女性は、一四〇万六八八九人から一五四万二九六〇人に増加しており、これは全体人口の増加よりも割合が大きく、出生率の上昇は、生殖年齢人口の割合が高くなったことが大きな理由とわかる。

第一子は晩産の場合、第二子は出産間隔四年以上の場合に、特別な事情のある場合を加えたものが計画内の出

**表4−5(2)　上海市1979年計画出産節育状況分析表**

| 地区 | 已婚有生育条件婦女数 | 已落実節育措施人数 | | | | | | | 応落実而未落実 | 節育率% | 暫不落実節育措施人数 | | | | | 人工流産（人次） | | |
|---|---|---|---|---|---|---|---|---|---|---|---|---|---|---|---|---|---|---|
| | | 合計 | 避孕薬 | | 放環 | 女扎 | 男扎 | 其他 | | | 合計 | 排入生育規画 | | 懐孕 | 哺乳六箇月内 | 総数 | 与去年同期比較 | |
| | | | 口服 | 注射 | | | | | | | | 第一胎 | 第二胎 | | | | ± 人数 | ± % |
| 黄浦 | 69657 | 63337 | 16885 | 1880 | 11827 | 18142 | 1044 | 14159 | 164 | 99.74 | 6156 | 2067 | 183 | 1841 | 2065 | 2304 | -345 | -13.02 |
| 南市 | 80435 | 71327 | 15419 | 1374 | 13897 | 22287 | 1394 | 16956 | 128 | 99.82 | 8980 | 3206 | 263 | 2522 | 2989 | 3485 | +71 | +2.07 |
| 盧湾 | 59171 | 53053 | 12278 | 823 | 11083 | 14458 | 860 | 13551 | 31 | 99.94 | 6087 | 2262 | 207 | 1822 | 1796 | 2303 | +133 | +6.12 |
| 徐匯 | 69024 | 63707 | 12248 | 890 | 14699 | 17619 | 2387 | 15864 | 162 | 99.75 | 5155 | 1698 | 222 | 1559 | 1676 | 2208 | -329 | -12.96 |
| 長寧 | 47311 | 42568 | 9137 | 441 | 8901 | 14112 | 819 | 9158 | 131 | 99.69 | 4612 | 1832 | 56 | 1357 | 1367 | 588 | | |
| 静安 | 61618 | 55121 | 13571 | 1206 | 10680 | 15032 | 1106 | 13526 | 37 | 99.93 | 6460 | 2461 | 162 | 1657 | 2180 | 1418 | -571 | -28.71 |
| 普陀 | 60137 | 53826 | 12316 | 1076 | 12675 | 19253 | 938 | 7568 | 71 | 99.87 | 6240 | 2033 | 151 | 1690 | 2366 | 181 | -930 | |
| 閘北 | 69109 | 62755 | 14640 | 1072 | 12460 | 23838 | 665 | 10090 | 65 | 99.90 | 6289 | 1899 | 197 | 1864 | 2329 | 1700 | -601 | -26.12 |
| 虹口 | 87150 | 79066 | 17620 | 1233 | 16044 | 25684 | 2072 | 16473 | 84 | 99.89 | 8000 | 2658 | 215 | 2401 | 2726 | 789 | -469 | -37.28 |
| 楊浦 | 102881 | 94316 | 22376 | 2104 | 18010 | 33687 | 1555 | 16644 | 64 | 99.93 | 8501 | 2793 | 249 | 2507 | 2952 | 3142 | -407 | -11.47 |
| 市区小計 | 706493 | 639076 | 146490 | 11499 | 130276 | 203982 | 12840 | 133989 | 937 | 99.85 | 66480 | 22909 | 1905 | 19220 | 22446 | 18118 | -10666 | -37.06 |
| 上海 | 85316 | 73118 | 13048 | 252 | 24412 | 28115 | 3246 | 4045 | 1883 | 97.49 | 10315 | 2748 | 898 | 2605 | 4064 | 4588 | +481 | +11.71 |
| 嘉定 | 82917 | 66833 | 13744 | 419 | 27252 | 15899 | 5299 | 4220 | 4165 | 94.13 | 11919 | 3065 | 947 | 2678 | 5229 | 6758 | -136 | -2.0 |
| 宝山 | 67957 | 56446 | 16199 | 332 | 15832 | 18187 | 2582 | 3314 | 2685 | 95.46 | 8826 | 2386 | 774 | 1819 | 3847 | 4285 | -1191 | |
| 南匯 | 98303 | 84697 | 14418 | 353 | 30158 | 29704 | 5852 | 4212 | 2939 | 96.65 | 10667 | 3530 | 1059 | 2004 | 4074 | 5667 | | |
| 川沙 | 97996 | 84249 | 26840 | 885 | 23325 | 23212 | 4449 | 5538 | 2472 | 97.15 | 11275 | 2135 | 540 | 3035 | 5565 | 7860 | +837 | +12.00 |
| 奉賢 | 84132 | 70271 | 10127 | 224 | 20752 | 31489 | 6655 | 1024 | 5371 | 92.90 | 8490 | 2591 | 1322 | 1917 | 2660 | 7141 | +3309 | +46.39 |
| 松江 | 79612 | 63356 | 9277 | 202 | 11120 | 26251 | 13302 | 3204 | 6376 | 90.86 | 9880 | 2354 | 716 | 1972 | 4838 | 3806 | -1407 | -4.11 |
| 青浦 | 66812 | 55138 | 10333 | 288 | 8443 | 29161 | 4681 | 2232 | 3220 | 94.48 | 8454 | 2083 | 727 | 1236 | 4404 | 2895 | +1299 | +81.39 |
| 金山 | 73424 | 59691 | 8618 | 141 | 4694 | 28311 | 17511 | 2416 | 3713 | 94.14 | 10020 | 2205 | 814 | 2394 | 4607 | 3231 | +1192 | +2.98 |
| 崇明 | 99998 | 81115 | 37369 | 389 | 26619 | 10404 | 2244 | 4090 | 3669 | 95.67 | 15214 | 4631 | 1564 | 3247 | 5772 | 12134 | +757 | +6.6 |
| 郊県小計 | 836467 | 694914 | 157973 | 3485 | 192607 | 240733 | 65821 | 34295 | 36493 | 95.01 | 105060 | 27728 | 9361 | 22907 | 45064 | 58365 | +9085 | +18.43 |
| 全市合計 | 1542960 | 333990 | 304463 | 14984 | 322883 | 444715 | 78661 | 168284 | 37430 | 97.27 | 171540 | 50637 | 11266 | 42127 | 67510 | 76483 | | |

出典：「上海市計画生育領導小組辦公室関於報送《1979年計画生育出生和節育状況分析報表》」（1980年3月5日）上海檔案 A22-4-501-19。
* 項目名は原語のまま記した。

産とされ、この割合は市区で九七・〇一パーセント、郊県で八二・七三パーセントの合計八七・六三パーセントに達しており、それぞれ三年前より大きく上昇している。とりわけ都市部では一〇パーセント以上上昇して、規定外の出産はたいへん少なくなった。第三子が極めて少数になったことも見て取れる。出生数のうち、計画出産に符号する第一子の割合を計算すると、市区八二・〇七パーセント、郊県六一・〇九パーセント、全市で六八・二九パーセントとなり、とりわけ都市部ではすでに第一子が大半となっている。[23]

また、表4―5（2）は、全市の既婚生殖年齢の女性の生殖コントロールの状況を調査した結果だが、三年前の表と比べて細かくなっていることが見て取れる。すなわち、既婚生殖年齢女性のうち、「生殖コントロールをすべき人数（応落実節育措施人数）」を出して、その女性たちがどのように避妊しているかを調べただけでなく（うち九七・二七パーセント、都市部では九九・八五パーセントがきちんと避妊しているという）、「しばらく避妊措置をしない人数（暫不落実節育措施人数）」まで、その理由とともにしっかりと把握されている。つまり、出産計画が認められている人（排入生育規画、第一子と第二子）と妊娠中（懐孕）、および生後六カ月未満の子供に授乳中（哺乳六箇月内）の女性である。さらに人工流産の数も区・県ごとに調べられて、前年との比較も表に出ている。ちなみに七六年の表では人工流産の数は合計だけであった。

Asさん（前出）によれば、「七十何年頃、ああ七八年か、計画出産が厳しくなって、毎年単位の工会女工委員に、避妊方法を報告しなくてはならなくなった」という。このように上海では「一人っ子政策」の開始と共に、生殖年齢の女性の身体はすきまなく掌握される体制が敷かれていったのである。

23……分母が「出生分析総数」の場合。「出生総数」とすると、それぞれ七九・八八パーセント、五七・一二パーセント、六四・七三パーセントとなる。

## 一人っ子体制の成立

一九七八年に打ち出された「一人っ子を提唱」する政策は、急速にすべての夫婦が一人しか産めない「例外なき一人っ子政策」になってゆく。第一章でみたように、画期とされるのは七九年一二月初旬の成都会議であった[24]。

上海では、八〇年の年頭に上海市計画生育領導小組が「上海市一九八〇年計画出産工作の要点」を打ち出して、各組織に通達した。その概要は以下のようである[25]。

八〇年代は四つの近代化にとってたいへん重要な時期であり、人口増加は必ず経済発展に適応しなくてはならず、けっして脚を引っ張ってはならない。中央は八〇年の全国人口の自然増加率を九・五パーミル、八一年には八パーミル、八五年には五パーミルに低下させることを要求している。上海は五〇年代にベビーブームがあったので、八〇年から八五年は再度出生が増加するピークを迎える。もし一組の夫婦が二人産めば、八五年の全市の人口自然増加率は一二・四パーミルもの高さになってしまう。もし市区で九〇パーセント、郊県で八〇パーセントの夫婦が一人っ子にしたらそれは四・七パーミルにコントロールできる。今年（八〇年）の我々の奮闘目標は、極力一人っ子率を上げ、厳格に第二子をコントロールし、絶対に第三子を杜絶し、基本的に一人っ子化して市区では九〇パーセント、郊県では七五パーセント前後とし、人口自然増加率を七パーミル以内（市区二パーミル前後、郊県九パーミル以内）とすることである。そのために、次のような方法を執る。

一、計画出産に対する党の指導を適切に強化する。党委員会は計画出産を高度に重視して「一組の夫婦に子供一人」の重点化を保証し、各級の幹部・党員・団員は先頭に立ち、計画出産を評価項目に加える。

二、人口理論と「一組の夫婦に子供一人」の宣伝教育活動を広範に展開する。人口コントロールの重要性・必要性と切迫性を民衆にわからせる。宣伝部門は計画出産を宣伝計画に加え、経常化・制度化して宣伝する。

三、「晩・晩・少」を前提にしっかりと計画を実行する。各単位は「計画外の妊娠を無くす、未婚での妊娠を無くす、早婚を無くす、中後期の妊娠中絶（引産）を無くす」の「四無」に努力する。八〇年の目標を達成するためには、思想をしっかり定めなくてはならず、もともと第二子の出産を計画していた対象には極力計画を放棄するよう説得する。計画外に妊娠した対象には、道理を説いて速やかに補救措置を執らせる。
四、積極的にリング装着の節育措置を推進し、母子保健工作をしっかりやる。「避妊を主とする」方針を堅持し、よく理解したことを前提に二子いる夫婦には絶育、一子の夫婦にはリングを広める。児童の衛生、教育工作の質を向上させ、「一人だと心配（一個不保険）」の後顧の憂いを無くす。
五、計画生育幹部に対する研修をしっかりやって力量を向上させる。

以上の「要点」からは、四つの近代化の開始に当たって出産ラッシュに直面している上海市当局の必死さと目標達成への固い決意が伝わってくる。そしてそのためには、第二子の出産を諦めさせたり、計画外に妊娠した者に補救措置＝中絶をさせたりする、というのである。

二月に上海市計画生育弁公室が出した「計画生育宣伝材料」は成都会議に言及し、「ある専門家によれば一夫婦が二人子供を産んだら二〇〇〇年の中国の人口は一三億七〇〇〇万人になり、食糧を毎年百二〇億斤増産しなくては追いつかない」と述べているが、これは成都会議で宋健らのグループが提出した試算であろう。「宣伝材料」は大略次のようにいう[26]。

上海では七九年から八五年までは第二次ベビーブームであり、もし一夫婦が二人産むと八五年の上海人口は

24……前掲孫『中国計画生育史稿』一八五頁も、成都の会議が「一組の夫婦に子供一人」が計画生育部門の工作日程に入る画期となったとする。
25……「上海市計画生育領導小組上海市一九八〇年計画生育工作要点」（一九八〇年一月一一日）上海檔案B335―1―22―1。
26……「上海市計画生育領導小組辦公室関於計画生育宣伝情況的材料」（一九八〇年二月）上海檔案B335―2―94―110。成都会議については、第一章参照。同文書はまた、「ある人は、将来一夫婦で四人の老人を扶養しなくてはならないので一人っ子では無理だ、というが、生産力が向上して社会福祉も改善すれば問題なくなる」ともいっており、これは成都会議での梁中堂の危惧への反論だと思われる。

蔣義海画『計画生育漫画選』（中国文聯出版公司、一九八七年）は、「一人っ子政策」宣伝のためのマンガで、政策を進めて豊かで科学的な社会をめざそう、という当時の中国社会の方向がリアルに反映されている。

1の「超速と超載」は、1人っ子家庭は超速でゆとりのある暮らし（小康）に向かって進むが、子だくさんだと負担過重の過積載（超載）で、いつまでも豊かな暮らしに進めない、というもの。2の「高と低」も同様の意図で、1人っ子家庭は生活水準が高いが、子だくさんの家庭は生活水準が低い、というもの。

超速与超载

◀1

高与低

◀2

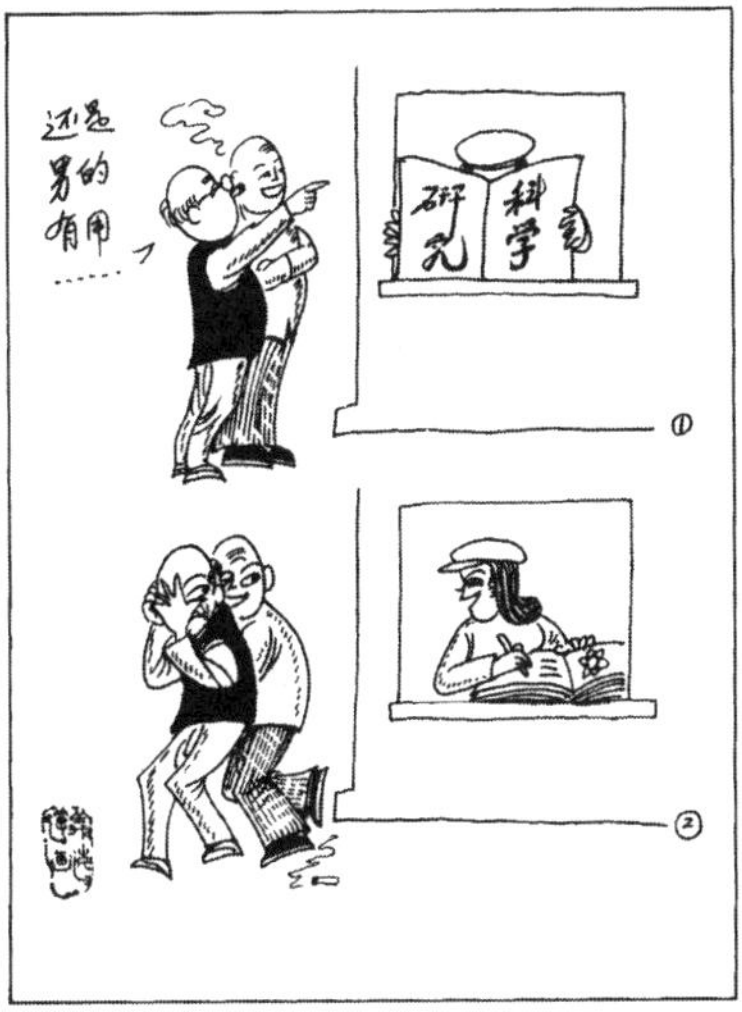


她在窗中笑……

◀ 3

向宝玉黛玉宣传

◀ 4

3の「彼女は窓から笑う……」は、科学研究をしている若者を見て、「やっぱり男の子が役に立つ」と高齢男性たちが言っているが実は女の子だったという話で、女の子でも近代化に貢献できる、と男児偏重を戒めている。4の「宝玉と黛玉に宣伝しよう」は、優生を説くもので、『紅楼夢』のヒーロー賈宝玉とヒロイン林黛玉は従兄妹どおしで、近親婚は良くない、とするもの（中国の同姓不婚の慣習では男系の同姓の従兄妹は結婚できないが、女系の異姓のイトコ婚は好んで行われてきた）。

一〇〇万人増加するが、一夫婦一人を提唱して市区九〇パーセント郊県八〇パーセントの達成率なら八五年までの出生は二人の場合より五〇万人少なくなり、これは静安区または奉賢県の人口に相当する。……以前のスローガンの「晩・少・稀」が「晩・晩・少」に変わったのは、国家が今後数年間の人口発展の状況を調査して科学的に推算した結果である。四年の出産間隔を空ければ第二子を産んでよいというのは昔の考えで、厳格に出産を計画しなくてはならず、もしまだ出産計画がリストアップされていないならば、間隔が四年以上でも計画出産とは認められない。……八五年までは人口指標が緊迫しているので、まず第一子に割り当て、第二子は特別な事情があって配慮するとき以外は計画できない。……子供は大きくなると幼稚園・小学・中学・大学に行くので、国家は金を出して学校を作らねばならず、就業年齢になったら、国家は仕事を手配しなくてはならない。だから、個人や家庭の扶養能力からではなく、全社会の負担能力から考えなくてはならない。……我々は、けっして子供を産むことを個人の私事としてはならず、子供を個人の私有財産としてはならない……

こうして上海では、一九八〇年、「特別な事情がない限り第二子は不許可」が方針とされ、一人っ子体制へ向けての工作が全面的に開始された。

これはまもなく、大きな混乱を巻き起こした。四月の衛生局の報告書は、「第二子の出産統制を阻止する力は大きく、一部の幹部や民衆は「只生一個」の重大な戦略的意義がわからず、去年は「多くて二人」、今年は「厳格に第二子をコントロール」だから、来年は「第二子は不許可」かもしれないという見方が広まり、なんとしても「最後のバスに乗り遅れるな」と第二子を争って生もうという現象が現れている。現場の幹部の困難は多く、プレッシャーは大きい」という。また「「計画出産の推進に関する若干の規定」は第二子を産んだ時の経済措置(罰金)をいうが、基準が不統一で混乱している」とも述べて、当時の混乱した情況と、その中での幹部の苦悩や苦労をうかがわせる。[27]

また、八月の市計画生育領導小組の調査報告は、「本年上半期には、出生率は九・一四パーミルで前年同期より〇・四七パーミル下がり、一人っ子証受領率が六七パーセントになり、第三子以降は去年より七三パーセント減少するなどの成果があった」としながらも、まだまだ問題は多く、「現在の経済水準では子供一人では困難だし、学生募集・労働者募集の際の基準点は男の方が女より低いので、「国家も男尊女卑」なら（女の子一人では）無理がある」という。また、以下のような問題を指摘する。[28]

一、多くの民衆は「只生一個」の要求を受け容れられなくて、「一人は少なすぎる、二人がいい」と思っている。……現在、「一人っ子証」を受領している夫婦でも、自覚的に一人っ子にしようと思っているのは市区で七割、郊県で二～三割くらいで、それ以外は、迫られて受け取ったか、動揺しているか、形勢観望しているかだ。彼らは保健費を貯金して一人っ子証を返還するときに備えている。いくつかの地区や職場では第二子を争って産む情況があり、全市の一～六月の第二子の出生数は、前年同期より六パーセント増えた……

四、「第二子を規制する」指標を実現するための、適切な政策措置がないので、しばしば一件の計画外の第二子への（人工流産の説得）工作のために「脳味噌を傷め、唇をすり減らす」ことになる。上海鉄合金廠ではある幹部が一人っ子証受領後に妊娠し、工場全体で二〇人あまりが五〇回以上の工作をしたが効果がなかった。民衆は「第二子の規制は真面目な人を脅すだけで、上からは全然通達も来ない」と言っている。現在、工場や農村では「あんたが産めるなら私も産まなきゃ」の状態で、一つゆるめれば一群がそうする。それゆえ、現場の幹部の苦悩は深く、彼らは「上からは指標が来るだけで、対応する（賞罰などの）措置はない。第二子を規制するためには、たくさんの恨みを買い人に憎まれる」と言っている。

五、……今年、顧路（人民）公社の党委員会が一人っ子には多くの奨励費、計画外の第二子には重い罰を定めたら、

27……「上海市衛生局関於当前衛生工作和計画生育工作的一些主要情況和要求（発言提綱）」（一九八〇年四月八日）上海檔案B242―4―329―100。

28……「上海市計画生育領導小組辦公室関於貫徹《関於推行計画生育的若干規定》的調査匯報」（一九八〇年八月一三日）上海檔案A22―4―501―5。

短期間に一人っ子率は六三パーセント、計画外の妊娠は二二件だけになった。逆に合慶（人民）公社では具体的な措置はなかったので、結果、一人っ子率は二〇パーセント、計画外の妊娠は一一一人に達した。静安区不動産局ではちょっと気を緩めたら、七件の計画外の第二子の妊娠があり人工流産させた。とはいえそうしたところで、「土政策（現場の政策）」なので、民衆は「計画出産の推進に関する若干の規定」を盾に争い、対応はきつくて感情はよくない。

以上のような情況の中で、計画生育領導小組は「意見」として次のような提案をしている。[29]

一、八〇～九〇年の人口出生率が再上昇する十年間は、一夫婦に子供一人の方針を堅持しなくてはならない。現在、既に公開された指標があるので、何度も変えるのは良くなく、繰り返しや混乱を避けなくてはならない。指標と政策を統一し、現場の工作のプレッシャーを軽減して、適切な時期に「計画出産の推進に関する若干の規定」の不適切な箇所を改訂することを提案する。改訂以前は、現場の幹部のやる気を守った上で、我々は積極的に指導し、だんだんとノルマを引き上げるやり方は転換する必要がある。

二、出産を割り当てる際の規則は、実事求是で理に適い情に合うという原則を体現しなくてはならない。晩婚晩育で第一子を出産するものは、すべて出産計画に入れる。第二子を産むのは、特別な事情が具体的にある場合のみ、計画に入れる。現場で統一的に対応するために、以下の八種類を特別な場合と定めて第二子を計画内とすることを提案する。①第一子が非遺伝性疾患で正常な労働力に成長し得ない場合。②再婚夫婦で一方に一子のみあり、他方は初婚の場合。③夫婦双方が、盲《ママ》・唖《ママ》等の障碍者の場合。④夫婦双方が一人っ子の場合。⑤不妊のため養子を一人取ったあとに妊娠した場合。⑥リングを入れての妊娠を繰り返して、医学的に流産が不適切な場合。また結紮後に妊娠し、本人が強く産むと言う場合。⑦第一子が遺伝性疾患で、本人が強く産むことを希望し、間隔を満たした後に妊娠して、遺伝病外来の（問題なしの）鑑定がある場合。⑧七九年以前から出産計画を延期していて、何度も説得しても計画を放棄しない場合。

三、党員・団員・幹部は先頭を切って模範を示すようにさせる。可能な職場では、一人っ子証を受領した場合は、産

## 表4−6（1）　上海市1980年（上半年）人口自然変動及び計画出産統計報告表

| 地区 | 平均人口数 | 人口出生 | | | 人口死亡 | | 人口自然増長 | | 出生分析 | | | | | | | | | | |
|---|---|---|---|---|---|---|---|---|---|---|---|---|---|---|---|---|---|---|---|
| | | 総数 | 出生率‰ | 与去年同期比較‰ | 総数 | 死亡率‰ | 総数 | 増長率‰ | 総数 | 符合計画生育 | 計画生育率% | 第一胎 | | | | | 第二胎 | | 多胎人数 |
| | | | | | | | | | | | | 人数 | 符合晩生 | 特殊生育 | 占出生総数% | 早胎 | 間隔四年以上 | 密胎 | |
| 黄浦 | 623625 | 2349 | 7.57 | +1.41 | 2424 | 7.82 | -75 | -0.25 | 2249 | 2195 | 97.60 | 1992 | 1941 | 35 | 88.57 | 16 | 216 | 37 | 1 |
| 南市 | 685849 | 2567 | 7.85 | +1.60 | 2762 | 8.10 | -195 | -0.25 | 2513 | 2452 | 97.57 | 2222 | 2165 | 48 | 88.42 | 9 | 239 | 51 | 1 |
| 蘆湾 | 484608 | 1669 | 6.93 | +0.49 | 2040 | 8.47 | -371 | -1.54 | 1669 | 1610 | 96.46 | 1490 | 1413 | 52 | 89.28 | 25 | 145 | 33 | 1 |
| 徐匯 | 540213 | 1823 | 6.79 | +0.51 | 1730 | 6.44 | +93 | +0.35 | 1820 | 1785 | 98.08 | 1597 | 1544 | 48 | 87.75 | 5 | 193 | 29 | 1 |
| 長寧 | 371864 | 1380 | 7.46 | +2.07 | 1211 | 6.55 | +169 | +0.91 | 1380 | 1352 | 97.97 | 1223 | 1202 | 15 | 88.62 | 6 | 135 | 22 | |
| 静安 | 503095 | 1748 | 6.99 | +0.31 | 2138 | 8.55 | -390 | -1.56 | 1746 | 1714 | 98.17 | 1571 | 1511 | 53 | 89.98 | 7 | 150 | 23 | 2 |
| 普陀 | 519428 | 1935 | 7.49 | +1.06 | 1857 | 7.19 | +78 | +0.30 | 1931 | 1889 | 97.82 | 1750 | 1683 | 28 | 89.07 | 9 | 178 | 31 | 2 |
| 閘北 | 606817 | 2276 | 7.54 | +0.78 | 2345 | 7.77 | -69 | -0.23 | 2158 | 2090 | 96.85 | 1862 | 1731 | 131 | 86.28 | | 228 | 65 | 3 |
| 虹口 | 743455 | 2574 | 6.96 | +0.92 | 2777 | 7.51 | -203 | -0.55 | 2574 | 2521 | 97.94 | 2297 | 2219 | 70 | 89.24 | 8 | 232 | 45 | |
| 楊浦 | 769510 | 2727 | 7.13 | +0.97 | 2612 | 6.83 | +115 | +0.30 | 2706 | 2661 | 98.34 | 2393 | 2305 | 82 | 88.43 | 6 | 274 | 39 | |
| 宝鋼 | 91718 | 358 | 7.85 | | 280 | 6.14 | +78 | +1.71 | 368 | 354 | 96.20 | 298 | 282 | 15 | 80.98 | 1 | 57 | 13 | |
| 福利院 | | 110 | | | 45 | | | | | | | | | | | | | | |
| 市区計 | 5936758 | 21516 | 7.29 | +0.98 | 22221 | 7.53 | -705 | -0.24 | 21114 | 20623 | 97.67 | 18665 | 17996 | 577 | 88.40 | 92 | 2050 | 388 | 11 |
| 上海 | 558413 | 3704 | 13.34 | +0.12 | 1875 | 6.75 | +1829 | +6.59 | 3697 | 3581 | 96.89 | 2641 | 2641 | | 73.19 | 65 | 940 | 51 | |
| 嘉定 | 496850 | 3059 | 12.38 | -2.42 | 1771 | 7.17 | +1288 | +5.21 | 3007 | 2910 | 96.77 | 2083 | 2073 | 8 | 69.30 | 2 | 829 | 93 | 2 |
| 宝山 | 457040 | 2657 | 11.69 | -3.84 | 1525 | 6.71 | +1132 | +4.98 | 2815 | 2624 | 93.21 | 1948 | 1945 | | 69.20 | 3 | 679 | 179 | 9 |
| 南匯 | 635415 | 2684 | 8.49 | -1.55 | 1878 | 5.94 | +806 | +2.55 | 2668 | 2411 | 90.34 | 1920 | 1791 | 129 | 71.96 | | 491 | 256 | 1 |
| 川沙 | 637301 | 3487 | 11.00 | -1.26 | 2215 | 6.99 | +1272 | +4.01 | 3488 | 3340 | 95.76 | 2536 | 2508 | | 72.71 | 28 | 832 | 115 | 5 |
| 奉賢 | 499576 | 2618 | 10.54 | -4.31 | 1284 | 5.17 | +1334 | +5.37 | 2843 | 2016 | 70.91 | 1853 | 1510 | | 65.18 | 343 | 506 | 463 | 21 |
| 松江 | 462682 | 2185 | 9.50 | -5.85 | 1495 | 6.50 | +690 | +3.00 | 3036 | 2030 | 66.86 | 1780 | 1540 | 1 | 58.63 | 239 | 489 | 737 | 30 |
| 青浦 | 421927 | 2258 | 10.76 | -0.64 | 1292 | 6.16 | +966 | +4.60 | 2547 | 2150 | 84.41 | 1644 | 1555 | 4 | 64.55 | 85 | 591 | 308 | 4 |
| 金山 | 470837 | 3348 | 14.30 | -1.62 | 1463 | 6.25 | +1885 | +8.05 | 3220 | 2160 | 67.08 | 2105 | 1658 | | 65.37 | 447 | 502 | 589 | 24 |
| 崇明 | 759970 | 3994 | 10.57 | -2.47 | 2625 | 6.95 | +1369 | +3.62 | 4620 | 4161 | 90.05 | 2956 | 2884 | 3 | 68.99 | 69 | 1274 | 328 | 62 |
| 郊県計 | 5400014 | 29994 | 11.17 | -2.03 | 17423 | 6.49 | +12571 | +4.68 | 31941 | 27383 | 85.73 | 21531 | 20105 | 145 | 67.41 | 1281 | 7133 | 3119 | 158 |
| 全市計 | 11336772 | 51510 | 9.14 | -0.47 | 39644 | 7.03 | +11866 | +2.11 | 53055 | 48006 | 90.48 | 40196 | 38101 | 722 | 75.76 | 1373 | 9183 | 3507 | 169 |

29……前注に同じ。

## 表4−6（2）　上海市1980年（上半年）計画出産状況報告表

| 地区 | 已婚有生育条件婦女数 | 現有一個孩子数 | | | 已落実節育措施人数 | | | | | | | | 無節育措施 | 節育率% | 暫不落実節育措施数 | | | | |
|---|---|---|---|---|---|---|---|---|---|---|---|---|---|---|---|---|---|---|---|
| | | 応領証 | 已領証 | 出生子女領証率% | 合計 | 避孕薬 口服 | 避孕薬 注射 | 放環 | 女扎 | 男扎 | 避孕工具 | 其他 | | | 合計 | 排入生育規画 第一胎 | 排入生育規画 第二胎 | 懐孕 | 哺乳三箇月内 |
| 黄浦 | 72878 | 25478 | 21010 | 82.46 | 66038 | 18206 | 1355 | 13814 | 17250 | 1047 | 12128 | 2238 | 48 | 99.93 | 6742 | 3042 | 121 | 2510 | 1069 |
| 南市 | 83020 | 27377 | 22153 | 80.92 | 74181 | 16686 | 1453 | 15632 | 21679 | 1225 | 14299 | 3207 | 40 | 99.95 | 8799 | 3970 | 39 | 3517 | 1273 |
| 蘆湾 | 60383 | 22403 | 19061 | 85.08 | 53743 | 12963 | 846 | 12702 | 13290 | 814 | 11667 | 1461 | 17 | 99.97 | 6623 | 3090 | 37 | 2638 | 858 |
| 徐匯 | 72307 | 24326 | 20805 | 85.53 | 66967 | 13178 | 909 | 16936 | 17177 | 919 | 13074 | 4774 | 81 | 99.89 | 5259 | 2291 | 49 | 2053 | 866 |
| 長寧 | 48696 | 15241 | 12797 | 83.96 | 43501 | 9799 | 474 | 10296 | 13373 | 727 | 6835 | 1997 | 78 | 99.84 | 5117 | 2585 | 27 | 1874 | 631 |
| 静安 | 63188 | 24859 | 21326 | 85.79 | 56990 | 14404 | 1218 | 12290 | 14548 | 1001 | 12940 | 589 | 39 | 99.94 | 6159 | 2954 | 66 | 2209 | 930 |
| 普陀 | 63202 | 19610 | 15161 | 77.31 | 56216 | 12939 | 1102 | 14789 | 18913 | 879 | 4978 | 2616 | 220 | 99.65 | 6766 | 2888 | 47 | 2525 | 1306 |
| 閘北 | 71374 | 21298 | 16343 | 76.73 | 64343 | 15302 | 1113 | 14540 | 22449 | 690 | 9279 | 970 | 111 | 99.83 | 6920 | 3106 | 56 | 2716 | 1042 |
| 虹口 | 92396 | 30438 | 25544 | 83.92 | 83347 | 19535 | 1300 | 18393 | 25345 | 1636 | 12974 | 4164 | 16 | 99.98 | 9033 | 3667 | 48 | 3627 | 1691 |
| 楊浦 | 94987 | 28512 | 23136 | 81.14 | 86118 | 20114 | 1987 | 19177 | 27949 | 1292 | 10597 | 5002 | 85 | 99.91 | 8784 | 3802 | 81 | 3520 | 1381 |
| 宝鋼 | 12635 | 2968 | 2134 | 71.90 | 11510 | 2645 | 150 | 2278 | 4440 | 179 | 1376 | 442 | 247 | 98.05 | 878 | 284 | 7 | 372 | 215 |
| 市区小計 | 735016 | 242510 | 199470 | 82.25 | 662954 | 155771 | 11907 | 150847 | 196413 | 10409 | 110147 | 27460 | 982 | 99.87 | 71080 | 31679 | 578 | 27561 | 11262 |
| 上海 | 89142 | 25665 | 16777 | 65.37 | 77511 | 13714 | 226 | 28674 | 28075 | 3098 | 3764 | | 1095 | 98.61 | 10496 | 3156 | 111 | 3703 | 3526 |
| 嘉定 | 85338 | 23000 | 18402 | 80.00 | 72007 | 14393 | 488 | 31165 | 16016 | 5257 | 3180 | 1508 | 3686 | 95.10 | 9645 | 3078 | 434 | 3358 | 2775 |
| 宝山 | 71391 | 20291 | 7585 | 37.38 | 59691 | 16814 | 375 | 18057 | 18422 | 2362 | 1978 | 1683 | 3123 | 94.88 | 8577 | 2556 | 285 | 3720 | 2016 |
| 南匯 | 99680 | 20571 | 10204 | 49.60 | 84706 | 13349 | 454 | 31745 | 29398 | 5741 | 1195 | 2824 | 4468 | 95.51 | 10506 | 3441 | 391 | 4326 | 2348 |
| 川沙 | 105878 | 28547 | 12523 | 43.87 | 90347 | 29225 | 1126 | 25677 | 24988 | 2966 | 3706 | 2659 | 4525 | 95.72 | 11006 | 3127 | 111 | 5277 | 2491 |
| 奉賢 | 84684 | 17236 | 7216 | 41.87 | 73782 | 10821 | 261 | 22749 | 32192 | 6658 | 591 | 510 | 4613 | 94.12 | 6289 | 1551 | 2 | 2849 | 1887 |
| 松江 | 76935 | 12682 | 5297 | 41.77 | 67539 | 10721 | 127 | 12947 | 26514 | 12315 | 1327 | 3588 | 3300 | 95.34 | 6096 | 1382 | 154 | 2198 | 2362 |
| 青浦 | 70025 | 12665 | 6125 | 48.36 | 60485 | 12393 | 333 | 9771 | 30443 | 4972 | 602 | 1971 | 3109 | 95.11 | 6431 | 1618 | 147 | 2500 | 2166 |
| 金山 | 75614 | 14224 | 4888 | 34.36 | 64872 | 9242 | 110 | 5317 | 29166 | 17890 | 872 | 2275 | 3696 | 95.11 | 7046 | 2373 | 202 | 2741 | 1730 |
| 崇明 | 104984 | 26222 | 9779 | 37.29 | 88131 | 40503 | 303 | 30040 | 10361 | 2055 | 1309 | 3560 | 3889 | 95.80 | 12964 | 4601 | 729 | 4826 | 2808 |
| 郊県小計 | 863671 | 201103 | 98796 | 49.13 | 739111 | 171175 | 3803 | 216142 | 245575 | 63314 | 18524 | 20578 | 35504 | 95.89 | 89056 | 26883 | 2566 | 35498 | 24109 |
| 全市合計 | 1598687 | 443616 | 298266 | 67.24 | 1402065 | 326946 | 15710 | 366989 | 441988 | 73723 | 128671 | 48038 | 36486 | 97.72 | 160136 | 58562 | 3144 | 63059 | 35371 |

出典：「上海市計画生育領導小組 1980 年人口自然変動及計画生育情況半年（季）報表」（1980 年 10 月 − 1981 年）上海檔案 B335-2-108。

* 項目名は原語のまま記した。

休を一年〜一年半与えるようにする。

表4—6（1）（2）は、一九八〇年前半の上海の人口と計画出産に関する統計表である。たしかに前年に比して、とりわけ郊県部で第二子の出産が増えているし、また「妊娠中」の数は増加している。とはいえ、計画出産率は九〇・四八パーセント（都市部九七・六七パーセント、農村部八五・七三パーセント）、第一子の比率は、七五・七六パーセント（都市部八八・四〇パーセント、農村部六七・四一パーセント）で、七九年よりも上昇しており、多くの問題を抱えながらも、上海では全体として一人っ子体制は進展しているといえる。

一二月の衛生局の報告も八月のものと似た内容で、専任幹部を増やして工作を進めてはいるが、「現在、民衆のかなりの部分は、「只生一個」の要求を受け容れられず」争って第二子を産む情況が起きている地区や職場「単位」がある、とする。また第二子を規制するための適切な措置がなく「鉄の指標、豆腐の措置」と言われているなどと指摘されており、女工が多くて産休などの負担の重い工場への補助や、苦労の多い里弄の居民委員会現場幹部の待遇改善なども訴えられている。[30]

上海市人民政府は、一九八一年七月に「上海市計画出産推進の若干の規定」（全二〇条）を制定した。[31] これは七九年八月の「計画出産の推進に関する若干の規定」に代わるもので、新たな状況に対応して制定されたものである。七九年の規定とどう変わっているだろうか。

前言は、「人口増加と国民経済の発展を適合させ、社会主義近代化建設を加速し、人民の物質的・文化的生活

30……「上海市衛生局関於上海市計画生育工作情況的匯報」（一九八〇年一二月一日）上海檔案B242—4—338—170。

31……「上海市人民政府関於領発上海市推行計画生育若干規定的通知」（一九八一年七月）上海檔案B1—8—195—1。日本語訳は、前掲若林編『ドキュメント　中国の人口管理』一〇七〜一一〇頁にみえる。ただし本文の訳は筆者による。

水準を引き上げるために、憲法と婚姻法に基づき、上海の実際に状況と結合させて、本規定を定める」としていて、経済建設と物質文化の水準の向上という目的がより前面に出ている。

第一条は、「計画出産の基本要求は、晩婚・晩育・少生・優生であり、普遍的に一組の夫婦が子供を一人だけ産むことを提唱する。思想教育を主とすることを堅持し、必要な経済と行政の措置でこれを補う」とする。以下、晩婚の場合は結婚休暇一週間増加(第二条)、晩産の場合は産休を一五日延長し給料は支給する(第三条)、一人っ子の保育料は職場負担、保健費は月五元に増加する(第四条)など、一人っ子への優遇措置が強化されている。第二子の出産は厳格にコントロールし、特別な事情のある時のみ、区・県計画生育弁公室の批准を得て四年の間隔を空ければ産むことができる。特別な事情とは、第一子が非遺伝性疾患で正常な労働力に成長できない場合、片方が初婚の再婚家庭で一人しか子供がいない場合、不妊症で批准を得て養子をとったのち妊娠した場合、である(第一一条)。前項以外の第二子は、出産費用は自費、産休期間中の給料は支給せず、保育料や子供の就職までの医療費は自費、などとする(第一二条)。第三子以上の「多子」の場合も、出産費用などは自費である他、夫婦双方は子供が一六歳になるまで毎月給料の一〇パーセントの「多子費」を収める(第一三条)。他に、計画出産を破壊する行為を働く者には、批判教育または行政規律処分を行う。情状が劣悪な場合や厳重な結果をもたらしたものは、法的責任を追及する(第一七条)、なども定められている。

以上のように、この八一年の規定は、特別な事情のある場合以外は一人っ子とすることをすべての夫婦に要求するものである。七九年の規定より、褒賞も徴罰も大きくなっている。上海市が厳しく「一人っ子政策」を展開する方針を示しており、こうした規定が制定できるくらいに、一人っ子体制が固まってきたともいえる。

衛生局の一九八一年の業務報告を見ると、計画出産工作よりも、前年より四〇・八パーセント増加した出産への対応が重大事であったようで、産科では廊下や事務室にまでベッドを増設して対応し、産科関係者は残業が日常化する中で奮闘したことなどが述べられている。[32] この年一~九月の出生中の第一子率は八九・二パーセント、一人っ子証の受領率は八三・四四パーセントに上り、一人っ子体制は固まってきている。[33]

一九八二年の業務報告では、出産が前年の一九万三千余件からさらに増えて二一万八千余件になった、産科人員は日夜奮闘したがベッド不足は解消されていない、という。人口増加率は一四パーミルで国家から下達された人口コントロールの任務を基本的に達成した。第一子率および一人っ子証受領率はともに九一パーセント以上で第二子は厳格な規制を達成しており、第三子は〇・五パーセント以下である。市内の医療機関が実施した節育手術は四〇万件前後で、前年より六二・五パーセント増加した。また、母子保健と優生、託児所の室の向上の宣伝などにも力を入れている。[34] ここからは、一人っ子が定着していく中で、彼らをいかによく育てるかに、関心が向いていることがわかる。

## 4 上海市第二商業局における情況

上記のように、上海では一九八〇年前後の数年間で、急速にすべての生まれる子供を基本的に一人っ子とする体制が整った。それは主として各職場「単位」の工会女工委員や居民委員会の幹部による既婚生殖年齢女性への管理を通して達成された。上海市檔案館にはその間の記録が残されている。ここでは、上海市第二商業局の

32……産婦人科医のインタビューでも、「自分たちの病院では、一九五〇年代は毎月六百人の子供を取り上げていた。一晩に七人産まれたこともあった。八〇年代には、その子供たちの出産で忙しかった。現在は、一カ月に四〇～五〇人で、ずっと少なくなった。」（市街地の病院勤務のY医師、二〇〇三年九月一七日）と、八〇年代の出産の多さは強く記憶されている。

33……「上海市衛生局関於一九八一年上海市衛生和計画生育工作的情況匯報」（一九八二年二月一一日）上海檔案B242—4—635—89。

34……「上海市衛生局関於一九八二年衛生和計画生育工作情況的匯報」（一九八三年二月二一日）上海檔案B242—4—635—127。

一九七七年〜八二年の計画出産の報告用のデータ[35]から、一人っ子体制の形成されてゆく状況を読み解こう。

社会主義時代の中国では、商業も（小さな個人商店を除いて）基本的に国営・公営であり、上海市第二商業局は五つの公司と百あまりの「単位」の職場を管轄していて、約三万人の男女労働者がその下で働いていた。労働者の男女比は男性がやや多いが、その数はこの数年間にも増加しており、既婚の出産可能な女性労働者の人数は、七七年に五九五〇人だったのが、八二年には七四六四人になっている。表4―7〜表4―13（2）は、第二商業局が、毎年、管轄下の各職場「単位」から上がってきた報告を上海市衛生局へ提出するために取りまとめた表から合計を抽出したものである。原資料には各職場のデータもあり、また上海市檔案館には各職場からの報告表の一部も保管されている。この檔案は、各職場から上がってきた数を写して合計した段階のもので、筆写ミスや計算ミスの可能性もある。したがって精確な統計として扱うには問題が残るが、現場の状況を知ることのできる貴重なものである。また、表のフォームは年毎に微妙に変化しており、項目の変化自体が、計画出産の管理体制の進展を示して興味深い。ここでは項目名を原語のまま記して検討する。

まず表4―7は、前年一九七六年の出生状況である。この表は「上海市衛生局革委会制訂」という油印のフォームに記入されており、市内の各部局が所轄の労働者の状況を衛生局へ報告するためのものと思われる。この年の出生総数は四五〇、うち第一子は三一〇で、その中の晩産で計画出産に符合するものは二九六、第二子は一三九でそのうち出産間隔が四年以上あって計画出産に符合するものは一一〇、合わせて四〇六は計画出産の条件を満たしているので、出生のうちの計画出産率は九〇パーセントとなる。第三子以上は一人だけでごく少ない。また欄外にはこの年に結婚した労働者の人数が四二六人と記されており、晩婚の条件にかなうのは男性一八九人・女性二二六人の合計四一五人で、計算すると九七・四パーセントは晩婚であった。

35……「上海市第二商業局一九七七年至一九八二年度計画生育情況統計表」（一九七七年〜一九八二年）上海檔案B98―6―926。

### 表4−7　上海市第二商業局1976年計画出産出生状況報告表

| 単位 | 出生分析総数 | 符合計画生育数 | 計画生育率% | 其中 | | | | |
|---|---|---|---|---|---|---|---|---|
| | | | | 第一胎 | | 第二胎 | | 三胎以上 |
| | | | | 計 | 符合晩生数 | 計 | 間隔四年以上数 | 計 |
| 第二商業局 | 450 | 406 | 90 | 310 | 296 | 139 | 110 | 1 |

結婚総人数 426　其中：男青年符合晩婚数 189　　女青年符合晩婚人数 226

出典：「上海市第二商業局 1977 年至 1982 年度計画生育情況統計表」（1977 年〜 1982 年）上海檔案 B98-6-926、6 〜 7 頁。項目名は原語のまま記した。

### 表4−8(1)　上海市第二商業局1977年計画出産状況表

| 已婚有生育条件女職工数 | 応落実節育措施人数 | | | | | | | 節育率% | 人工流産（人次） | |
|---|---|---|---|---|---|---|---|---|---|---|
| | 合計 | 避孕薬 | | 放環 | 女紮 | 男紮 | 其他 | | 人流総数 | 与去年同期±数 |
| | | 口服 | 注射 | | | | | | | |
| 5950 | 5267 | 1028 | 79 | 750 | 1682 | 205 | 1522 | 89 | 408 | 38 人 |
| | | | | 計 2637 占 50% | | | | | | |

### 表4−8(2)　上海市第二商業局1977年（前半年）晩婚計画出産状況表

| | 1—5月結婚数 | 男28歳以上 | 女25歳以上 | 去年人流数 | 其中未婚先孕 | 今年人流数 | 其中未婚先孕 | 76年出生数 | | | | 77年出生数 | | | | 78年預計出生数 | | |
|---|---|---|---|---|---|---|---|---|---|---|---|---|---|---|---|---|---|---|
| | | | | | | | | 出生数 | 晩 | 稀 | 百分比 | 出生数 | 晩 | 稀 | 百分比 | 一胎 | 二胎 | 合計 |
| 合計 | 381 | 151 | 205 | 374 | 55<br>14.70% | 271 | 48<br>17.71% | 416 | 294 | 89 | 92.06 | 451 | 315 | 103 | 92.68 | 192 | 70 | 262 |

原注：未婚先孕已生育的 4 人在内（去年 3 人今年 1 人）

出典：「上海市第二商業局 1977 年至 1982 年度計画生育情況統計表」（1977 年〜 1982 年）上海檔案 B98-6-926、3 頁。なお、項目名は原語のままで表記した。

**表4―9（1）　上海市第二商業局1978年計画出産報告表**

| 単位 | 出生総数 | 符合計画生育数 | 計画生育率% | 其中 | | | | | | | | 初婚職工 | | | | |
|---|---|---|---|---|---|---|---|---|---|---|---|---|---|---|---|---|
| | | | | 第一胎 | | | 第二胎 | | | 第三胎 | | 総数 | 其中 | | | |
| | | | | 計 | 符合計生数 | 照顧計生数 | 計 | 間隔四年以上数 | 照顧計生数 | 計 | 照顧計生数 | | 男職工数 | 27足歳以上 | 女職工数 | 25足歳以上 |
| | 358 | 349 | 97.48 | 258 | 248 | 5 | 100 | 77 | 19 | – | | 429 | 173 | 167 | 256 | 234 |

**表4―9（2）　上海市第二商業局1978年計画出産状況表**

| 全商職工数 | | 已婚有生育条件女職工数 | 応落実節育措施人数 | | | | | | | | 節育率% | 暫不落実節育措施人数 | | | | 人工流産（人次） | | | |
|---|---|---|---|---|---|---|---|---|---|---|---|---|---|---|---|---|---|---|---|
| 男 | 女 | | 合計 | 避孕薬 | | 放環 | 女紮 | 男紮 | 其他 | 無措施 | | 合計 | 排入生育規画 | 已懐孕 | 哺乳六箇月内 | 人流総数 | 与去年同期±数 | 与去年同期±% | 其中未婚人流数 |
| | | | | 口服 | 注射 | | | | | | | | | | | | | | |
| 16808 | 10431 | 5642 | 5059 | 972 | 61 | 860 | 1593 | 197 | 1205 | 171 | 96.61 | 583 | 173 | 207 | 203 | 331 | -28 | -7.8 | 47 |

出典：「上海市第二商業局1977年至1982年度計画生育情況統計表」（1977年～1982年）上海檔案B98-6-926、8頁。
項目名は原語のまま記した。

表4―8（1）は、一九七七年の状況である。第二商業局管轄の既婚で出産可能な女性労働者は五九五〇人、このうち節育を実行しているのは五二六七人で八九パーセント、そのうちリングおよび男女の絶育によったものは半数の二六三七人であった。人工流産の総数は四〇八で、前年と比べて三八の増加であるという。なお、この年前半の情況を示した表4―8（2）は、年度途中で不揃いな部分もあるのだが、人工流産数二七一には、その中の「未婚先孕（婚前妊娠）」の欄があって、四八が該当し一七・七一パーセントに相当することが記されている。

欄外には、「未婚先孕」ですでに出産したものが一人（前年は三人）あることも記されており、未婚妊娠は基本的に中絶させられていたことがわかる。人工流産数は出生数の過半に相当し、うち婚前妊娠の占める割合は二割弱で、いずれもかなり多い。

一九七八年の状況は、表4―9（1）（2）による。理由は不明だが、この年の既婚で出産可能な女性労働者

**表4―10(1)　上海市第二商業局1979年計画出産報告表**

| 単位 | 出生総数 | 符合計画生育数 | 計画生育率% | 其中 第一胎 計 | 第一胎 符合計生数 | 第一胎 照顧計生数 | 第二胎 計 | 第二胎 間隔四年以上数 | 第二胎 照顧計生数 | 新婚職工 総数 | 其中 男職工数 | 27足歳以上 | 女職工数 | 25足歳以上 | 晩婚率 | 領証数 符合領証 | 実際領証 | 領証率 |
|---|---|---|---|---|---|---|---|---|---|---|---|---|---|---|---|---|---|---|
| 市商業二局 | 449 | 432 | 96.21 | 348 | 333 | 6 | 101 | 83 | 10 | 729 | 297 | 290 | 432 | 412 | 96.29 | 887 | 821 | 92.55 |

**表4―10(2)　上海市第二商業局1979年計画出産工作情況報告表**

| 全商職工数 男 | 女 | 已婚有生育条件女職工数 | 応落実節育措施人数 合計 | 避孕薬 口服 | 避孕薬 注射 | 工具 | 放環 | 女紮 | 男紮 | 其他 | 無措施 | 節育率% | 暫不落実節育措施人数 合計 | 排入生育規画 | 已懐孕 | 哺乳六箇月内 | 人工流産（人次） 人流総数 | 与去年同期±数 | 与去年同期±% | 其中人流原因 未婚人流数 | 帯環懐孕 | 漏薬 | 措施失敗 | 無措施 | 先兆流産 |
|---|---|---|---|---|---|---|---|---|---|---|---|---|---|---|---|---|---|---|---|---|---|---|---|---|---|
| 17610 | 11031 | 5503 | 4742 | 894 | 55 | 771 | 808 | 1159 | 97 | 537 | 107 | 97.74 | 761 | 248 | 234 | 289 | 434 | +103 | 31 | 39 | 33 | 81 | 171 | 107 | 2 |

出典：「上海市第二商業局1977年至1982年度計画生育情況統計表」（1977年～1982年）上海檔案B98-6-926、23頁。　項目名は原語のまま記した。

の人数はやや減って五六四二人、出生総数も三五八と減少している。そのうち計画出産に符合しているのは九七・四八パーセントの非常に高い割合であり、その中には「照顧計生数」という、「配慮して計画出産と数える」ものが入っている。既婚で出産可能な女性労働者五六四二人のうち、「節育を行うべき（応落実節育措施）」五〇五九人の九六・六一パーセントは措置している。「一時的に節育しない（暫不落実節育措施）」五八三人は、出産計画に入っている者一七三人、既に妊娠している者二〇七人、出産六カ月以内の者二〇三人と、詳しい状況の報告はこの年から要求されるようになったことがわかる。先のAsさんのインタビュー内容とも符合する。また、人工流産のうち、未婚のものがどれだけあったかも報告を要求されている。

一九七九年の表4―10（1）（2）を見る。計画出産率、晩婚率はともに九六パーセント台、節育率は九七・七四パーセントと管理は行き渡っている。この年のフォームで新たに出現したのは「領証率」という「一人っ子証」を受領している者が「領証に符合」する者のうちどれだけかを示す欄である。すでに九二・五五パーセントに上っている。また、人工流産四三四件は前年よりかなり増加しているが、その原因を分析する欄も増えている。「未婚の人工流産数（未婚人流数）」三九、「リングをしていて妊娠（帯環懐孕）」三三、「薬漏れ（漏薬）」八一、「措置の失敗（措施失敗）」一七一、「（避妊）措置せず（無措施）」一〇七、「自然流産の兆候（先兆流産）」二などである。リングをはじめとする避妊薬具の信頼性はあまり高くなかったようだ。[36]

一九八〇年の表4―11（1）（2）には、上海市衛生局・計画生育弁公室制定、上海市統計局批准の「滬衛統（7）（8）表」という書式が使われている。このフォームは八一年・八二年も継続して使用されており、上海の計画出産の統計報告は、八〇年には全市の各部門からこの形式で報告が集められる体制が整ったのであろう。

36……なお、「節育すべき人数」のうちの「無措施」の人数と、「無措施」で人工流産した件数がともに一〇七で一致しているのは、妊娠したので避妊していなかったことが露見した人がこれだけいた、とも取れないことはない。どのような避妊措置をしているかをいいかげんに申告していた無措置の人はもっといたのかもしれない、とも推測させる。

## 表4－11（1） 上海市第二商業局1980年計画出産統計報告表

滬衛統（7）（8）表
上海市衛生局/計画生育辦公室制定
上海市統計局 批准
批准文号（79）滬統表字第（20）号

| 基層数 | | 出生分析 | | | | | | | | | | | 初婚人数 | | | | | |
|---|---|---|---|---|---|---|---|---|---|---|---|---|---|---|---|---|---|---|
| | | | | | 第一胎 | | | | | 第二胎 | | | 男青年 | | | 女青年 | | |
| 公司 | 単位 | 総数 | 符合計画生育 | 計画生育率% | 人数 | 占出生総数% | 符合晩生 | 特殊生育 | 早胎 | 間隔四年以上数 | 密胎 | 多胎 | 総数 | 符合晩婚 | 晩婚率% | 総数 | 符合晩婚 | 晩婚率% |
| 5 | 100 | 463 | 450 | 97 | 426 | 92 | 415 | 1 | 10 | 34 | 2 | － | 389 | 389 | 100 | 496 | 495 | 99.79 |

（其中一胎係双胞胎）

## 表4－11（2） 上海市第二商業局1980年計画出産工作情況報告表

| 職工 | | | 已婚有生育条件女職工数 | 現有一個該子数 | | | 応落実節育措施人数 | | | | | | | | 無措施 | 節育率% | 暫不落実節育措施人数 | | | | | 人流 | | |
|---|---|---|---|---|---|---|---|---|---|---|---|---|---|---|---|---|---|---|---|---|---|---|---|---|
| | | | | | | | | 避孕薬 | | | | | | | | | | 排入生育規画 | | | | | | |
| 総数 | 男 | 女 | | 応領証 | 已領証 | 独生子女領証率% | 合計 | 口服 | 注射 | 放環 | 女紮 | 男紮 | 工具 | 其他 | | | 合計 | 第一胎 | 第二胎 | 懐孕 | 哺乳三箇月内 | 総数 | 其中未婚人流数 | 人流率% |
| 29576 | 18014 | 11562 | 5846 | 2414 | 2100 | 86.99 | 4927 | 918 | 70 | 1408 | 1169 | 65 | 920 | 382 | 127 | 97.49 | 792 | 288 | 2 | 264 | 238 | 432 | 54 | 9.37 |

出典：「上海市第二商業局 1977 年至 1982 年度計画生育情況統計表」（1977 年～ 1982 年）上海檔案 B98-6-926、33 頁。　項目名は原語のまま記した。

前年のフォームと比べると、従来からあった計画出産に符合する出生の割合（これはすでに一〇〇パーセントに近い）だけでなく、第一子が出生総数の内に占める割合を示す欄が出来ていて、この年九二パーセントになっている。欄が出来たということは、第一子の割合を高めることが各現場に要求されるようになったということである。それ以前の第二商業局の第一子の割合を計算すると、七六年六八・九パーセント、七八年七二・一パーセント、七九年七七・五パーセントとなり、急速に第二子以降の割合が減っていることがわかる。「一人っ子証」についてみると、「現在の一人っ子数（現有一個該子数）」はそのまま「一人っ子証を受領すべき数（応領数）」とされ、そのうち既に受領している者（已領証）は八六・九九パーセントであった（前年より若干低下している）。「一時的に節育をしない人数」のうちの「出産計画に入っている（排入生育規画）」人は、第一子と第二子の数が分けられているが、第二子は一パーセント以下である。産後の授乳期間の避妊猶予は六カ月ではなく三カ月までしか認められなくなった。人工流産の詳しい理由欄はなくなったが、未婚の人工流産の数と、人工流産率は明記される。以上より、八〇年には、「只生一個」の圧力が浸透してきたことがわかる。この年の第二商業局は、晩婚率はほぼ一〇〇パーセント、節育率も九七パーセントを超えていた。

一九八一年の報告である表4―12（1）（2）からは、まず既婚で出産可能な女性労働者の絶対人数が、前年の五八四六人から六七〇八人に増加していることが目を引く。全労働者に占める割合を計算すると、一九・八パーセントから二一・五パーセントに上昇している。全上海の人口増、生殖年齢人口の増加がこの部門にも及んでいるといえる。出生の絶対数も前年の四六三から増加して五九六となっている。このうち計画出産に符合するのは九七・四八パーセント、第一子率は九六・四八パーセントなので、「優秀な成績」であるが、それでも出生の絶対数は三割近く増加している。第二子の出産はわずかに二一件（うち間隔不足で「計画外」が一四件）、第三子[37]

37……この計算方法は不明で、「出産可能な既婚女性労働者」に対する割合より若干低くなっている。

## 表4−12(1)　上海市第二商業局1981年計画出産統計報告表

滬衛統（7）（8）表
上海市衛生局/計画生育辦公室制定
上海市統計局 批准
批准文号（79）滬統表字第（20）号

| 基層数 | | 出生分析 | | | | | | | | | | | 初婚人数 | | | | | |
|---|---|---|---|---|---|---|---|---|---|---|---|---|---|---|---|---|---|---|
| | | | | | 第一胎 | | | | | 第二胎 | | | 男青年 | | | 女青年 | | |
| 公司 | 単位 | 総数 | 符合計画生育 | 計画生育率% | 人数 | 占出生総数% | 符合晩生 | 符合特殊生育 | 早胎 | 間隔四年以上数 計画内 | 密胎 計画外 | 多胎 | 総数 | 符合晩婚 | 晩婚率% | 総数 | 符合晩婚 | 晩婚率% |
| 5 | 101 | 596 | 581 | 97.48 | 575 | 96.48 | 550 | 23（内1人双胞胎） | 1 | 7 | 14 | − | 640 | 567 | 88.59 | 859 | 739 | 86.03 |

## 表4−12(2)　上海市第二商業局1981年計画出産情況分析報告表

| 職工 | | | 已婚有生育条件女職工数 | 現有一個該子数 | | | 応落実節育措施人数 | | | | | | | | 無措施 | 節育率% | 暫不落実節育措施人数 | | | | | | 人流 | | |
|---|---|---|---|---|---|---|---|---|---|---|---|---|---|---|---|---|---|---|---|---|---|---|---|---|---|
| | | | | | | | | 避孕薬 | | | | | | | | | | 排入生育規画 | | 懐孕 | | | | | |
| 総数 | 男 | 女 | | 応領証 | 已領証 | 独生子女領証率% | 合計 | 口服 | 注射 | 放環 | 女紮 | 男紮 | 工具/外用薬膜 | 其他 | | | 合計 | 第一胎 | 第二胎 | 計画内 | 計画外 | 哺乳三箇月内 | 総数 | 其中未婚人流数 | 人流率% |
| 31233 | 19251 | 11982 | 6708 | 3129 | 2994 | 95.69 | 5370 | 1033 | 60 | 1678 | 1080 | 105 | 1028 | 350 | 74 | 98.64 | 1265 | 497 | 3 | 404 | 6 | 355 | 463 | 24 | 8.28 |
| | | | | | | | | | | | | | /36 | | | | | | | | | | | | |

（イタリックは手書きの部分）

出典：「上海市第二商業局 1977 年至 1982 年度計画生育情況統計表」（1977 年～ 1982 年）上海檔案 B98-6-926、45 頁。項目名は原語のまま記した。

## 表4−13(1)　上海市第二商業局1982年計画出産統計報告表

滬衛統（7）（8）表
上海市衛生局／計画生育辦公室制定
上海市統計局 批准
批准文号（79）滬統表字第（20）号

| 基層数 | | 出生分析 | | | | | | | | | | | 初婚人数 | | | | | |
|---|---|---|---|---|---|---|---|---|---|---|---|---|---|---|---|---|---|---|
| | | | | | 第一胎 | | | | | 第二胎 | | | 男青年 | | | 女青年 | | |
| 公司 | 単位 | 総数 | 符合計画生育 | 計画生育率% | 人数 | 占出生総数 | 符合晩生 | 符合特殊生育 | 早胎 | 間隔四年以上数 計画内 | 計画外 密胎 | 多胎 | 総数 | 符合晩婚 | 晩婚率% | 総数 | 符合晩婚 | 晩婚率% |
| 5 | 102 | 782 | 773 | 98.8 | 767 | 98.1 | 624 | 40 | 1 | 6 | 8 | | 689 | 539 | 78.2 | 763 | 655 | 85.8 |

## 表4−13(2)　上海市第二商業局1982年計画出産情況分析報告表

| 職工 | | | 已婚有生育条件女職工数 | 現有一個該子数 | | | 応落実節育措施人数 | | | | | | | | 無措施 | 節育率% | 暫不落実節育措施人数 | | | | | 人流 | | |
|---|---|---|---|---|---|---|---|---|---|---|---|---|---|---|---|---|---|---|---|---|---|---|---|---|
| | | | | | | | | 避孕薬 | | | | | | | | | | 排入生育規画 | | | | | | |
| 総数 | 男 | 女 | | 応領証 | 已領証 | 独生子女領証率% | 合計 | 口服 | 注射 | 放環 | 女紮 | 男紮 | 工具 | 其他 | | | 合計 | 第一胎 | 第二胎 | 懐孕 | 哺乳三箇月内 | 総数 | 其中未婚人流数 | 人流率% |
| 31616 | 19355 | 12261 | 7464 | 3973 | 3935 | 99 | 5853 | 1129 | 66 | 2098 | 961 | 36 | 1162 | 401 | 153 | 97.5 | 1462 | 580 | 2 | 470 | 410 | 516 | 20 | 7.97 |

（イタリックは手書きの部分）

出典：「上海市第二商業局 1977 年至 1982 年度計画生育情況統計表」（1977 年〜 1982 年）上海檔案 B98-6-926、60 頁。　項目名は原語のまま記した。

以上の出産は数年前から一件もない。この年の節育率は九八・六四パーセント、人工流産は四六三件であった。

一九八二年の報告表4―13(1)(2)では、既婚で出産可能な女性労働者はさらに増加して七四六四人、全労働者に占める割合もさらに上がって二三・六一パーセントである。出産総数は七八二で前年から三割増(二年前からだとほぼ七割増)となる。計画出産率も第一子の比率も九八パーセントを超えており、第二子の出産はわずかに一四件である[38]。晩婚率が大きく低下した理由はよくわからない。節育率は九七・五パーセント、人工流産は五一六件で絶対数は増加しているが、「人流率」は低下している。

以上の上海市第二商業局の「一人っ子政策」初期の計画出産に関わる調査統計の報告表からは、以下のようなことがわかる。この部局では、七〇年代半ばまでには「晩・少・稀」すなわち晩婚晩産、子供は二人まで、出産間隔は四年以上、の計画出産がかなり浸透しており、七六年には出生の九割がそれに適合していた。また、既婚の出産可能な女性労働者の生殖コントロールも浸透しており、その管理も行われていた。七八年頃から「生殖する身体」への管理はより厳しくなる。七九年には「一人っ子証」を受領する(二人目を産まないと約束する)ことへの働きかけが始まっている。とはいえこの年にはまだ第二子の出生が全体の二割以上あったが、八〇年には第二子の出生は急減し「一人しか産まない(只生一個)」ことが浸透した。八一年、八二年には、「只生一個」の体制は確立して第二子の出産は稀になっていたが、生殖年齢人口の急増により出生の絶対数には急激な増加が見られた。

このように数量的に詳細な状況がたどれる資料は、今のところ上海市檔案館では他に見あたらず、第二商業局は上海市の各部局の中でも計画出産に特に力が入れられていたので報告書が残されていた可能性もある。とはいえ、第二商業局では飛び抜けて急速に一人っ子体制が構築されていたのかというと、前項で見た上海全体の状況

38……ただし前年に続いて「計画外」の方が多いのは、確信犯的に第二子を産んだ人だと思われる。

の報告書からは、そうとも思えない。

上海全市の統計によると、[39] 農村部を含む上海全体の出生に占める第一子の比率は、七八年六八・四六パーセント、七九年七一・六〇パーセント、八〇年八〇・一四パーセント、八一年八八・九二パーセント、八二年九二・一九パーセント、八三年九六・五六パーセントと上がってゆき、八四年には九八・五三パーセントに達した。ここから考えると、都市部では、第二商業部の八〇年に九二パーセント、八一年に九六パーセント、八二年に九八パーセントが第一子であったという数字がそんなに特異なものとはいえない。都市部の他の部局でも、ほぼ同様に一九八二年までに急速に「只生一個」の体制が成立し、郊外の農村部も含めて、上海では八四年までに一人っ子体制が確立したといえる。

## 5 上海における一人っ子体制の定着と少子社会の到来

以上でみたように、上海では一九七〇年代から「晩婚・晩産。子供は一人が望ましく、もし二人産むなら間隔を空ける」ことが広まっていた。そして中央で「一人っ子政策」が提起されてまもない八〇～八二年には急速に子供を一人しか産めない「只生一個」の体制が形成されていった。「只生一個」の政策は、全国で上海をはるかに上回る大混乱を巻き起こし、中央は八四年に政策をやや緩和させる。上海でもこの年、「上海市計画出産条例一九八四年新規定」が制定されて、若干政策が緩められた。その後も規定は精緻になってゆき、一九九〇年三月には「上海市計画出産条例」が制定され、一〇月には実施細則も公布されて制度が整った。[40] 九〇年の条例の第一〇条は、「一組の夫婦が子供を一人しか産まないことを提唱・奨励する。無計画の出産は禁止される。婚姻によらない出産は許されない」とされている。また、多くの農村地域で行われた「一・五子」システム、すなわち第一子が女児なら間隔を空けて第二子を認める方式は上海郊県では採用されず、農村部としては比較的厳しい規定になっている。郊県を含む上海の第一子率はその後、八五年九八・一四パーセント、八六年九七・〇三パーセントとなり、八七年以降は二〇〇一年まで九五～九六パーセント台で推移した[41]。農村部でも九割以上の一人っ子が定着したのである。

一方、八四年の規定以来、第二子の出産を認める条件として「夫婦ともに一人っ子である場合」が入れられた。早くから一人っ子が多かった上海では、その後、この条件に適合する夫婦が徐々に増える。また、前述のようにはやくから上海の人口はむしろ自然減を見せるようになって、一九九〇年代には「政策はややゆるくなった」(前出Y医師)。都市社会に生活する人々にとって、一人っ子体制はもはや既定のシステムとして定着し、良くも悪くも人々はそれに適応していったのである。

上海では、戸籍人口、とりわけ生殖年齢＝労働年齢の人々が、基本的に国家に職業を保証されて「単位」で働く体制は、改革開放政策が始まったばかりの八〇年代もまだ続いていた。「単位」でのポストを持っていることは、住居・医療・保育なども職場から保証されているということである。したがって、職場「単位」を通じた生殖コントロールが行われたとき、それに抗して子供を産むことはたいへん難しい。このような社会主義時代以来の国家が人々の暮らしの隅々までを掌握し管理し保証するシステムが確立していたことが、上海で速やかに一人っ子体制が確立した基底にあった。システムを運用する立場にとっては、生まれた子供に食料・住居・医療・教育・就職などを保証しなくてはならず、人口増加に対する危機感は、自由主義社会以上のものがあったと考えられる。「向こう一〇年程度は厳格に〈只生一個〉を運用する」ことが上海市の当局者の間で比較的速やかにコンセンサスを得て実施されたことを理解するには、そのような都市社会のシステムを念頭に置く必要がある。同時

39……前掲若林・聶編『中国人口問題の年譜と統計』一八八頁、一二一「上海における計画出産の実態(郊県を含む全市)：一八七八～二〇〇二年」による。
40……以上の規定は、前掲若林編『ドキュメント　中国の人口管理』一一一～一二六頁で見ることが出来る。
41……前掲若林・聶編『中国人口問題の年譜と統計』一八八頁。

# 「工作」「動員」「説服」

中国語の「工作《ゴンツォ》gongzuo」という言葉は、とても応用範囲が広い。基本的なものは、「仕事」「職業」といった意味の名詞的用法と、「働く」といった意味の自動詞的用法だろうか。さらに、「(○○に)働きかける」といった他動詞的な用法もある。官僚的(?)な言い方では、政策に沿って対応するように人に働きかける時に「工作」するといったりする。檔案史料には、「対象(となっている人)に、職場のたくさんの人が何十回も工作した……」などという言い方が出てくるが、これは政策に従うように説得することである。

計画出産のインタビューをしていると、上海の居民委員会の元幹部のおばあさんから、地域の人々に対して「工作」したという話を聞いたりする。避妊をするように宣伝したとか、場合によっては「規定」(コラム1参照)以上の子供を妊娠している人に、人工流産をするよう説得したりしたことを、このように表現するのである。「動員」とか「説服」ともいう。『中日辞典』には、「日本語の「動員する」がある目的のために人や物をかり集めて管理下に置くことしか表さないのに対して、中国語の「動員」は、ある活動に参加するように働きかける意味でも用いられ」るとある。「説服」は、説得する、説き伏せることである。

都市では「工作」のやり方はおおむね説得だが、農村では、もっと荒っぽい(中国語で「野蛮な」と表現される)方法も取られていた。

本書冒頭で紹介した『蛙』には、工作隊が妊婦を引きずり出しに行く様子が描かれているが、第六章でみるB村の地域でも似たようなことが行われていた。左は近村の元婦女主任の話である。

### ●5—Aさん(近村の元婦女主任)

中にはとても手強い人もいるわよ! 夜になってから掴まえに行った時よ、あの辺の家のお嫁さんで、はじめに男の子を産んで、九〇何年かの頃に、二番目を産むのに間隔を空けるといって、二番目を産んでいいとはいってないのに。言うことには上の息子は脳性小児麻痺で知力に問題があるから二番目を産んでも良いと言って。でも彼女は年齢と間隔がまだ規定に達していないのに妊娠して、そうすると中絶せずに産みたいと思って、ようは産みたい訳よ。それで彼女を説得して中絶の手術をするよう言い聞かせようとしたら、逃げてしまった！

夜に掴まえに行って、菜の花の咲く頃だったけど、彼女は土地の者だから道は知ってるじゃない？　道路は四方を（たくさんの人で）囲んでいたけど、水路から水の中を逃げて、そうして男の子を産んだ。

**――たくさんの人で掴まえに行ったの？**

うん、「計画出産突撃隊」よ！　本当にたくさんで、村の幹部とか……。（二〇一一年八月二九日）

「工作」の方法と内容は、その時の政策と現場の状況によって多様である。中国社会の多様性によって、言葉の用法もバリエーションの幅が広くなるのかもしれない。

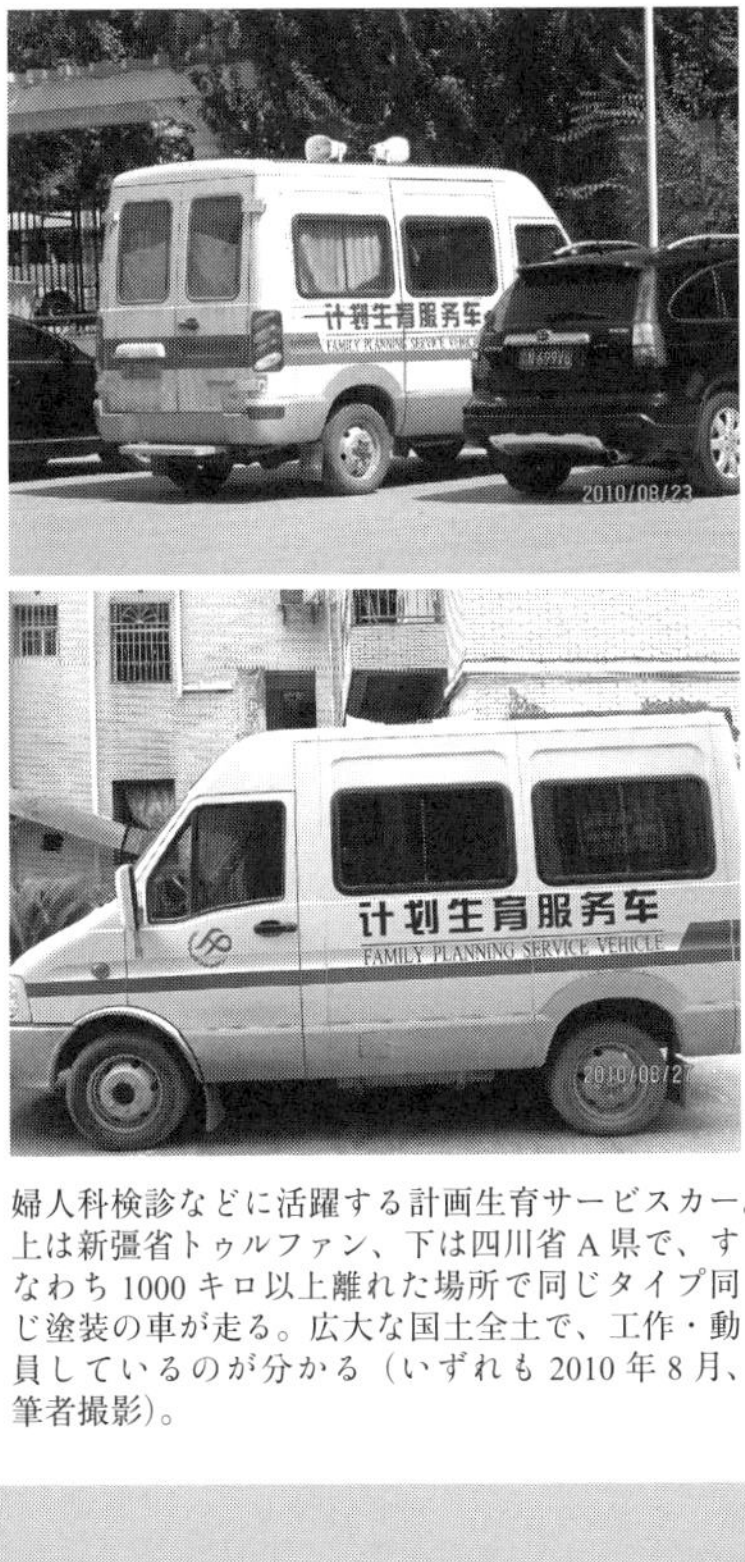


婦人科検診などに活躍する計画生育サービスカー。上は新彊省トゥルファン、下は四川省Ａ県で、すなわち1000キロ以上離れた場所で同じタイプ同じ塗装の車が走る。広大な国土全土で、工作・動員しているのが分かる（いずれも2010年8月、筆者撮影）。

に、改革開放が始まり近代化された豊かな暮らしへのスタートを切った時の、人口増加が豊かさへの足枷となるという言説が、いまだかつかつの生活を送っていた人々に、出生統制の必要について大きな説得力を持っただろうことも想像に難くない。

こうして上海では速やかに一人っ子体制が確立した。始まったときには、生殖年齢人口がピークの十年間程度の非常措置とされていた「一人っ子政策」だが、実際には二〇一五年までの三〇年以上にわたって続けられ、その間、一人っ子が正統となった。二〇〇〇年代には、すでに一人っ子世代が生殖年齢に入って一人っ子同士の夫婦が多くなったが、子供の養育にかかるコストを考えて一人しか生もうとしない夫婦の方が多く、上海社会の圧倒的な低出生率と一人っ子率の高さは現在まで変わらない。はやくに一人っ子体制を完成させた上海社会は、少子高齢社会にも、いち早く突入している。

以上のように上海では、計画出産が早くから進展し、一人っ子体制が速やかに成立した。しかしながら、中国全体で計画出産が同様に展開したわけではまったくない。第三部では、農村部における計画出産の展開過程をみよう。

# 第三部

# 中国農村の計画出産

第五章

# 先進的農村における計画出産の展開

## ――遼寧省Q村

「医療衛生工作の重点を農村へ」と説く、毛沢東の「626 指示」に応えて、農村の医療衛生条件を向上させようという宣伝画。多くの「はだしの医者」が養成され、都市の医療者が農村へ送られる契機になった（『衛生宣伝美術資料』人民衛生出版社、1978 年より）。

## 村の計画出産とリプロダクションの変容

第二部では中国最大の都市・上海における計画出産と一人っ子政策の展開についてみてきたが、本章と次章よりなる第三部では、中国の農村における計画出産の展開過程をたどっていく。

中国の農村社会も、二〇世紀後半以来、大きく変貌している。[1] 中華人民共和国成立直後に全国で展開された土地改革と婚姻法貫徹運動によって、地主制は解体され、また封建的な婚姻関係が廃絶されて双方の自由意志に基づく男女平等の家庭を築くものとされた。まもなく農業集団化が始まって人民公社が各地で成立し、集団農業に女性も参加することになった。農業集団化は、冷戦期に厳しい国際環境に置かれた中国が急速に国家建設を進めるため、その基盤としての食料をはじめとする農産物などを低コストで調達するために進められたことが、現在では明らかにされている。人民公社は、食料・教育・医療・社会福祉などを基本的に自給した上で、国家に割り当てられた食料などを上納する必要があった。それゆえ農村での生活は、都市と比べると物質的文化的に大きな格差が存在した。

とはいえ、土地改革によって地主制を廃絶した農村では、内部の格差は小さく、人民公社では基本的な教育や医療をすべての人民に提供することが目指されたので、人民共和国成立後、貧しい人々や、また女性へも教育機会が大きく開かれたことは、後述する私たちの調査のインタビューイーの学歴からも見て取れる。また、人民公社の下で農村合作医療の制度が敷かれて、プライマリ・ヘルスケアの確保が図られた。[2] そこでは「はだしの医者」が活躍して、出産の近代化（新式出産の推進）も進み、出産の際の母子の死亡率は大きく低下して、女性と子供をはじめとする人々の生命と健康が守られるようになっていった。

このような中に計画出産が導入されて、子供を計画的に産むことが農村でも始まったのである。中国の農村部における計画出産の展開過程をあらかじめ概観しておくと、都市部より遅れて一九六〇年代にはじまり、七〇年代には、全国的な政策によって計画出産が推進される中で生殖コントロールが普及し、急速に出生率が低下した。八〇年代になって「一人っ子政策」が始まったが、大きな混乱が起こって政策はやや緩められ、多くの農村では第一子が女児の場合は間隔を空けた第二子が認められるようになった。本書ではこれを「一・五子」システムと呼ぶが、本章で見る遼寧省Q村も次章で検討する湖南省B村も、この「一・五子」システムが適用された地域である。

とはいえ、中国農村は広大で、その中の偏差も非常に大きい。本書では計画出産が比較的順調に進展した遼寧省のQ村（本章）と、紆余曲折した過程を辿った湖南省のB村（次章）の二〇世紀後半の半世紀の計画出産の経緯を、村の女性や幹部のインタビューによる口述資料によって、それぞれの村のコンテキストを踏まえてたどり、中国農村における計画出産の展開過程を立体的に理解しようとする。そして中国農村のリプロダクションの変容過程の特質と、女性たちの生活や家族のあり方の変化について考察したい。

本章で取り上げる遼寧省大連地方W市X鎮Q村は、[3] 比較的早くから計画出産が浸透し出生率が低下した村であり、後述するように計画出産の先進地域として表彰もされている。この事例を一般化することは出来ないが、ど

1……当時の農村社会については、浜口允子『現代中国　都市と農村の七〇年』左右社、二〇一九年等参照。

2……張開寧・温益群・梁平編『従赤脚医生到郷村医生』雲南人民出版社、二〇〇二年参照。

3……インタビューイーのプランバシーを考慮して、地名も仮称とし、地方志も『W志』などと表記する。諒とせられたい。

のような場合に、比較的「順調」に計画出産が普及するかを見ることが出来るケースである。

本章では、Q村における計画出産の展開の様子を、村の女性たちのインタビューから再構築したい。その際、村の衛生条件、特に母子保健との関係に注意するとともに、政策の対象であるだけでなく生殖の主体である村の女性と農民家族が、さまざまな条件の中で如何にして産む／産まないを決定したのかに注目し、出生数の減少を、行為主体としての農村女性の対応の集積としてとらえ、彼女たちの置かれた条件の下で理解してゆきたい。さらに計画出産が普及した一九七〇年代の情況と、八〇年代以降の「一人っ子政策」開始後の政策による出生抑制がより厳しくなった時期との連続と変化に注目したい。

本章で使用する口述資料は、何燕侠大連大学教授・姚毅日本大学講師および筆者の研究グループが、二〇〇七年夏から二〇〇八年夏に三回、Q村で行った村の女性へのインタビュー調査によるものである。その後も補充調査を行っているが、ここで示す口述資料は、主としてこの時のインタビューによる。これは、一九二〇年代生まれから一九八〇年代生まれまでの各年代の三六人の村の女性に、自身のリプロダクション――出産と生殖コントロールの経験――について語ってもらった、半構造式の面接調査である。これによって、文献資料からはわからない二〇世紀後半の中国農村のリプロダクションの変遷を、女性たちの目線に立って明らかにすることを試みた。また、この地域の計画出産に関わっていた行政幹部や医療幹部からの聞き取りも行った。インタビューの記録は、すでに報告書『中華人民共和国における生殖コントロールの進展と女性たちの対応』にまとめてある。[4] インタビューの内容は極めて繊細なものであることから、女性たちの仮名は、プライバシーに配慮して、あえてA―1のような記号で記した。これは同報告書で使用した記号と同一のものである。本章で言及するインタビューの内容は、基本的にこの報告書に掲載されている。

この調査によって、私たちは女性の目で見た一つの村のリプロダクションの半世紀間の変化を継続的に知ることが出来る。とはいえ時間を経たインタビューでもあるため、記憶の変形や曖昧さが避けられず、また時期が精確にはわからないものもある。[5]

本章の構成は、次のようである。まず第一節で、Q村の概況および母子保健を中心とした医療衛生の状況、インタビューイーの女性たちのプロフィールを確認する。第二節では、一九七〇年代までにどのようにしてQ村に生殖コントロールが普及したかを、女性たちの聞き取りから具体的に明らかにする。第三節では、その際、彼女たちが、どのような状況の下で何を考慮して産む／産まないを決定したのか分析し、国家の政策が、村の女性が生きる場での経済的条件、医療衛生環境、村幹部や家族との間の力学などの中で、如何に浸透していったのかを明らかにする。さらに第四節では、「一人っ子政策」開始後の、リプロダクションの変化と国家による生殖する女性の身体管理についてみる。最後に第五節で、なぜ中国では国家が生殖に介入することが自明視されるようになったのかを考察する。

## 1　Q村の概要——「はだしの医者」の活躍した村

本節では、Q村の概要と、調査の概略について述べる。まず、村の概略および人口と計画出産の概要についてみる。続いて生殖コントロールと深くかかわる村の医療環境、特に母子保健の情況を中華人民共和国の農村医療政策と関連させつつ確認する。その後、インタビュー調査を受けた女性たちのプロフィールのあらましと彼女たちの出生動向の概要を見る。

4……小浜正子・何燕侠・姚毅『中華人民共和国における生殖コントロールと女性たちの対応』平成一八〜二〇年度科学研究費補助金（基盤研究C）研究成果報告書、二〇〇九年。

5……時期については「子供が〇歳の時」などと表現されることが多いので、満年齢と数え歳に注意しながら復元したが、〇年頃としか推定できないものがある。また、高齢の女性の出生年も干支などを手がかりに推定した。

**表5－1　W市・遼寧省・中国の人口と出生率の推移**

人口（人）；出生率（‰）；自然増加率（‰）；合計特殊出生率〔上段は全体、下段は（都市，農村）〕

| | W市 | | | 遼寧省 | | | 中国 | | |
|---|---|---|---|---|---|---|---|---|---|
| | 人口 | 出生率 | 自然増加率 | 出生率 | 自然増加率 | 合計特殊出生率 | 出生率 | 自然増加率 | 合計特殊出生率 |
| 1949 | 521,779 | 32.0 | 23.0 | 20.0 | 11.0 | 6.28<br>(6.18, 6.36) | 36.0 | 16.0 | 6.14 |
| 1956 | 583,848 | 29.2 | 22.6 | 33.7 | 27.1 | 5.87<br>(5.79, 5.94) | 31.9 | 20.5 | 5.85<br>(5.33, 5.97) |
| 1961 | 654,130 | 15.8 | -1.5 | 17.2 | -0.3 | 2.81<br>(2.47, 3.05) | 18.0 | 3.8 | 3.29<br>(2.98, 3.35) |
| 1965 | 738,506 | 37.4 | 30.2 | 36.2 | 29.1 | 5.54<br>(3.94, 6.68) | 37.9 | 28.4 | 6.08<br>(3.75, 6.60) |
| 1970 | – | – | – | 26.6 | 21.5 | 4.23<br>(2.84, 5.18) | 33.4 | 25.8 | 5.81<br>(3.27, 6.38) |
| 1976 | 931,619 | 18.2 | 13.1 | 14.4 | 8.9 | 1.96<br>(1.16, 2.45) | 19.9 | 12.7 | 3.24<br>(1.61, 3.58) |
| 1978 | 945,038 | 16.6 | 11.3 | 18.0 | 12.7 | 2.27<br>(2.00, 2.49) | 18.3 | 12.0 | 2.72<br>(1.55, 2.97) |
| 1980 | – | – | – | 15.2 | 9.8 | 1.76<br>(1.21, 2.15) | 18.2 | 11.9 | 2.24<br>(1.15, 2.48) |
| 1985 | 960,696 | 9.6 | 3.9 | 13.3 | 8.0 | 1.23<br>(0.96, 1.40) | 21.0 | 14.3 | 2.20<br>(1.21, 2.48) |
| 1990 | – | – | – | 15.6 | 9.4 | 1.56 | 21.1 | 14.4 | 2.17 |
| 1996 | 1,015,429 | 9.7 | 4.0 | 12.2 | 6.0 | 2000年 1.20 | 17.0 | 10.4 | 1.81 |
| 2004 | 1,023,546 | 6.6 | -5.2 | 6.5 | 0.9 | (城市 0.94,<br>鎮 1.25,<br>郷村 1.45) | 12.3 | 5.9 | |

典拠：W市：W市地方志編纂委員会編『W誌』1994年、99頁。W市史志辦公室編『W年鑑1997』大連出版社、1997年、35頁。W市檔案局・W市史志弁公室編『W年鑑2005』遠方出版社、2005年、31頁。遼寧省：宋則行編『中国人口（遼寧分冊）』中国財政出版社、1987年、53頁。遼寧省人口普査弁公室編『世紀之交的中国人口（遼寧巻）』中国統計出版社、2005年、7、106頁。陳勝利・安斯利．寇爾『中国各省生育率手冊（1940-1990）』中国人口出版社、1992年、45-47頁。中国：彭佩雲主編『中国計画生育全書』中国人口出版社、1997年、874頁。國家統計局人口和就業統計司編『中国人口統計年鑑2005』中国統計出版社、2005年、309頁。若林敬子『中国の人口問題と社会的現実』ミネルヴァ書房、2005年、161頁。

## (1) 村の概要と地域の人口

Q村は、遼寧省南部の大連市に隷属するW市X鎮[6]にある。大連から約一五〇キロメートル、W市中心部からは約五〇キロメートルの漢族の農村で、二〇〇八年の人口は二九七四人、その九割以上は農業戸籍[7]であった（計九一七世帯二九七四人、農業戸籍人口は男一三六六人、女一三九〇人の二七五六人であり、非農業戸籍人口は、男一五九人、女五九人の二一八人）。Q村は、険しい山もなく、海にも面しておらず、穏やかな起伏のある土地の広がる村で、主にトウモロコシや大豆を栽培しており、羊の放牧も見られる。海に面する近隣地域の製塩やナマコの養殖等ができる所に較べると、相対的に貧しい。二〇〇七年の工農業総生産は約二七〇万元で、うち農業生産が九割以上を占めた[8]。

鎮の中心部までは八里（四キロメートル）で、現在は車で五分程で行けるが、以前は歩いて四〇分ほどかかった。X鎮は、Q村を含む八つの村からなる。以前はこの地域がひとつの人民公社であり、Q村はひとつの生産大隊であった。一九八三年に人民公社が解体してX郷となり、八五年からX鎮となった。鎮の中心部には、二階建ての商店や役所が軒を連ねる大通りがあって、にぎやかな田舎町の様子を呈している。X鎮は、以前から製塩場がある比較的豊かな地域であった。近年はさらに農業、水産業、畜産業のほか、工場も作られ、一人当たりの収入は、

6……Q村の行政区画は、遼寧省（一級行政区画）の下に大連市（地級市・二級行政区画）があり、その下にW市（県級市・三級行政区画）、さらにその下のX鎮（四級行政区画）に属する、というものである。以前はX鎮の区域がX人民公社であった。

7……すでに第三章でも簡単に触れたが、中国の戸籍には農業戸籍（いわゆる農村戸籍）と非農業戸籍（いわゆる都市戸籍）が存在し、両者の間には大きな違いがある。一般に、非農業戸籍だと国家からさまざまな社会保障を受けることが出来て農業戸籍より優遇されているが、計画出産においては、「一人っ子政策」下でも農業戸籍だと多くの地域で第一子が女児の場合は第二子の出産が認められた。農村に居住していても、公務員などは非農業戸籍なので、厳密には村の住民全員が農業戸籍ではない。また、農業戸籍の人が必ずしも農業に従事しているわけではなく、さまざまな仕事に就いている。

8……二〇〇八年七月の村幹部へのインタビューによる。

二〇〇四年は四六〇〇元で、前年より三二パーセント増加したという。[9]

Q村には、以前から大連や製塩場などへ働きに行っている者もいて、村内での収入の少なさを補っている。中国全体の中では、大都市からそれほど遠くない、比較的豊かな地域の中の貧しい村といえる。

人民共和国成立以来の人口の変遷と計画出産の統計的な成果を概観しよう。表5―1は中国全国および遼寧省とW市の人口、出生率、自然増加率の推移である。遼寧省およびW市（一九八五年一月以前はW県。以後、七〇年代以前については県と記す）の出生率、自然増加率は、一九八〇年代以降、全国よりかなり低くなっている。また合計特殊出生率は、七〇年代から、遼寧省の都市・農村は、全国の都市・農村より相当に低くなっている。W市では一九七〇年代まではかなりの人口増加が見られたが、その後増加のペースは減速し、現在ではわずかな人口減が見られる。これには自然減と社会減の両方の要因がある。[10] X鎮の人口は八五年二万六二四八人、九六年二万四三〇二人、二〇〇四年に二万四四四〇人で、九六年には二・一五パーミルの自然増と六・九五パーミルの社会減が見られた。二〇〇四年には、九・七〇パーミルの自然減と、一・七二パーミルの社会減があった。[11] Q村のこれまでの人口の変遷は明らかではないが、W市、X鎮の趨勢と大きく変わらないと思われる。

魏津生・王勝今は出生率には社会経済の発展水準と計画出産工作の進展程度の両者が影響するが、一九八〇年代までの中国では後者の影響力の方が強かったとして、一九九〇年代前半の中国各地域を五つの類型に分類した。第一類は社会経済発展水準が高く、計画出産工作も順調で、出生率が低い地域（北京、上海、天津、遼寧、吉林、黒竜江、山東、江蘇、浙江）、第二類は発展水準が高いが、工作に苦労しており、出生率も高い地域（広東）、第三類は発展水準は低いが、工作が良好で出生率は低い地域（四川）、第四類は発展水準が低く、工作が進展して、出生率が低下している地域（内モンゴル、河北、河南、安徽、江西、湖北、湖南、福建、山西、甘粛、広西、陝西）、第五類は発展水準が低く、工作もすすんでおらず出生率が高い地域（寧夏、青海、新疆、雲南、貴州、海南、西蔵）である。遼寧は第一類の、社会経済発展水準も高く計画出産工作も順調で出生率が低い地域に分類されている。[12] 遼寧省の一九九〇年時点の第一子率は七三・九パーセント（全国は四九・五パーセント）、計画出産率は九九・一一パーセント（同八四・一八パーセント）でどちらも上海についで全国二位、八九年の一人っ子父母光栄証受領率は三五・六〇パーセント（同一八・一〇パーセント）で上海、北京、天津についで全国第四位であった。[13]

W県は遼寧省の中でも計画出産政策の成果がよく挙がっているとして、一九八三年に大連市計画出産工作先進単位に、八四年には遼寧省先進単位に、八五年には全国先進単位に選ばれて表彰された。一九七三年にすでに県の節育率（生殖年齢の夫婦の生殖コントロールをしている比率）は六二・九パーセントであった。これは前章で見た上海の都市部と比べてもさほど遜色がない。節育率は、八二年には八九・〇パーセント、八五年には九〇・四パーセントに上っている。[14] 都市部を含む大連市全体の節育率は一九七八年に八六・六パーセントなので、[15] W県は農村部としてはかなり早くから生殖コントロールが普及していたと言える。

大連市の計画出産率（全出生のうち、政策の基準に適合する出産の割合）は八二年以後九〇パーセント以上、八四年以後は九九パーセント以上を保持し、計画外出産はごく少数である。大連市では九二年までに、農村部の第一子が女児の夫婦など、規定により第二子出産が可能だが、その「指標を返還した」（第二子の出産を辞退した）

9……W市檔案局・W市志史辦公室編『W年鑑二〇〇五』遠方出版社、二〇〇五年、二二八頁。

10……W市地方志編纂委員会編『W志』大連出版社、一九九四年、九九頁、W市志史辦公室編『W年鑑一九九七』大連出版社、一九九七年、三五頁、前掲『W年鑑二〇〇五』三一頁。

11……前掲『W志』九六頁、前掲『W年鑑一九九七』三六頁、二六五頁、前掲『W年鑑二〇〇五』三二頁、二二八頁。

12……魏津生・王勝今主編『中国人口控制評估与対策』高等教育出版社、一九九六年、一二三～一二四頁、四〇一～四〇二頁。

13……前掲若林・聶編著『中国人口問題の年譜と統計――一九四九～二〇一二年』一三四頁、表三一「出生順位別割合と計画出産率と一人っ子父母光栄証受領情況――一九九〇・二〇〇〇・二〇一〇年」。なお、このデータの受領率は八〇年代半ば以降の計算方法によるものである。第4章一七三頁注5参照。

14……前掲『W志』九七頁。

15……李学文『大連市衛生志一九四〇―一九八五』大連出版社、一九九一年、二一二頁。

夫婦が一万組以上あったという。[16] W市の一九九六年の出生九四五一人のうち計画出産率は九九・八パーセント、九九年は出生七三〇二人で計画外出産は二三人、計画出産率は九九・七パーセントであった。X鎮は、九六年の出生率は一〇・一〇パーミル、うち第一子は七二・八七パーセント、第二子以上は〇・八一パーセント、計画出産率は一〇〇パーセント、節育率は九二・九四パーセント、二〇〇四年は出生率五・七九パーミル、第一子は七四・三二パーセント、第二子以上は〇・六九パーセント、計画出産率は一〇〇パーセント、節育率は八八・四七パーセントで、第二子の「指標を献上した」（献二胎指標）ものが四七人分あった。[17]

私たちの調査は、特にこのような計画出産の「先進地域」を選んで行ったのではなく、伝手のある村で調査している中で、とりわけ計画出産の成果が上がっている所だとわかった。調査中、私たちは政策の見事な貫徹ぶりに驚くことがしばしばあった。ここで述べるQ村の事例は、中国農村の平均的な様子というよりは、「計画出産工作が非常に順調に進展した」ケースである。

## (2) 村の医療衛生と母子保健

前述のように、一九七〇年代の計画出産は、母子保健（婦幼衛生）工作と関連づけて推進された。この村の医療衛生情況について、特に母子保健を中心に確認する。

調査当時、Q村には病院はなく、個人経営の「衛生所」があって、医療専門学校出身の女性医士[18]が村人の健康を日常的に守っていた。この村から一番近い病院はX鎮病院で、これは市衛生局管理下の公営病院である。X鎮には別に計画出産弁公室もある。W市にはさらに整った病院があり、鎮の病院で対応しきれない病人は、そちらへ回る（それでもダメなら大連の病院へ行く）。調査時点では、村の女性はみな病院で出産するようになっており、多くはX鎮病院で、一部の女性はW市の母子保健センターで出産していた。その後、二〇一〇年代になってX鎮病院産科は取り消され、みなW市の病院で出産するようになった。中国でも出産の集約化が進められている。

社会主義時代には、村には紅色医療ステーション（紅医站）と呼ばれる診療所があって、「はだしの医者」と俗称される農村衛生員や農村助産員（村から選抜されて短期の訓練で養成された医療従事者で、農業戸籍を離れずに地域の医療に従事する。農村助産員は助産専門で、農村衛生員は全般的な医療衛生を扱う）が村人の健康を守っていた。村の婦幼衛生を中心的に担っていたのは、女性の「はだしの医者」であるJさん（A—8さん）である。この体制は、次のように形成された。

中華人民共和国成立後、新政権は精力的に旧産婆の改造、新式出産の普及を進めて乳幼児死亡率の低下につとめ、新政権の正統性の顕現であるとした。[19] 地方志によれば、この県でも、五〇年代に旧産婆の再訓練や助産員の養成が行われた。[20] 村人の話では、Q村では、一九六四年にJさんが仕事を始めるより前には村の各集落に産婆がいた。臍の緒は高粱の茎を割ったもので叩ききり、とくに消毒などしない。[21] 彼女たちが再訓練を受けたかどうかは明らかでないが、受けたとしても最も重要とされる消毒は身に付いていなかったといえる。

Jさんは、一九六四年に村のD婦女主任の要請を受けて決心し、他のX鎮傘下の各村から選ばれた七人の女性と一緒に、鎮の病院で二カ月、県の病院で五カ月の訓練を受けた。修了後、農村助産員の資格を得て、村の防疫ステーションで働くようになった。中国では一九五八年に全国で人民公社化が進展し、一九五九年一一月の全国農村衛生工作会議の後に農村合作医療制度が正式に始まり、六〇年には全国の農業生産大隊の四〇パーセントに

16……孫世菊編『大連医薬衛生与計画生育信息』東北財経大学出版社、一九九三年、二八四頁。

17……前掲『W年鑑一九九七』二二九、二三一頁。W市史志辦公室編『W年鑑二〇〇〇』遼寧人民出版社、二〇〇一年、二八三頁。『前掲W年鑑二〇〇五』一九八頁。

18……「医士」は、医科大学卒業の「医師」に次ぐレベルの医療従事者。

19……姚毅『母子保健システムの連続と転換——建国前後の北京市を中心に』『近きに在りて』五八、二〇一〇年。

20……前掲『W志』六六三頁。

21……後注29のA—1さんインタビュー参照。

合作医療が成立した。[22]地方志によれば、この地域でも一九六〇年に全県の各生産大隊、すなわち村ごとに保健室が建立されており、[23]Jさんのいう防疫ステーションはこの保健室に相当するものであろう。

中国農村の医療衛生は、一九六五年六月二六日の毛沢東の「医療衛生工作の重点を農村へ」という「六二六指示」によって大きく発展したとされる。[24]また一九六八年九月には、中国共産党機関誌紙『紅旗』『人民日報』が農村の半農半医の衛生員の俗称である「はだしの医者」について取り上げ、続いて六八年一二月〜六九年一二月に農村医療制度についての連続記事を掲載した。これによって中国農村では六九年から、合作医療ブームが起こり、合作医療制度が大きく進展した。[25]

Jさんは農村助産員になった三、四年後、上級の指示によって、村の紅色医療ステーションに所属する専従の「はだしの医者」になった。[26]W県では一九六八年には各生産大隊に合作医療ステーション合計四一二ヵ所が設立され、六九年には「はだしの医者」一四一一人が配備されている。[27]ここでも一九六八〜六九年に合作医療の体制が整備され、Jさんもそのシステムのもとで働いたのである。「はだしの医者」の報酬は人民公社から労働点数によって支払われるが、出産セットなど衛生材料は県の衛生局から支給され、定期的な研修や報告も行われるなど、彼女たちは国家の医療システムの基層に組み込まれていた。

Jさんは一九六四年以来二〇数年にわたって、村の助産を一手に担った。お産があると聞けば消毒済みの出産セットを持って産婦の家に駆けつけ、消毒された鋏でへその緒を切った。難産の場合は、近くの鎮の病院に送った。また村の女性たちとの日常的な交流の中で産前産後の検診や、妊産婦指導・育児指導なども行った。[28]Jさんによる助産はそれまでの村の産婆たちの方法とは大きく違った。村の女性たちは、彼女によって村の出産が大きく変わり、Q村の出産が近代化したと感じている。[29]中国では、医師・助産士・「はだしの医者」など近代医療の訓練を受けた助産者による出産を「新式出産」（新法接生）とするが、W県の一九六五年の新式出産率は六五・八パーセントであり、七八年には八〇・八パーセント、八〇年には九九・八パーセントとなった。[30]

こうした「はだしの医者」による助産は、産褥熱や破傷風を減少させて母子の死亡率の低下に大きな役割を果たしたとされる。遼寧省では、一九三六～四一年の遼寧省南部地区の乳児死亡率は一八〇パーミル、また一九四九年の瀋陽市農村部では一八七パーミルだったが、一九七三～七五年の三年間の遼寧省の平均乳児死亡率は一八・五九パーミルとなり、人民共和国成立後二〇数年間で約一〇分の一に低下している。W県の当時の乳児死亡率は不明だが、近隣のJ県では、一九七六～七七年の乳児死亡率は一九・三五パーミルであった。[31] この地方

22……張建平『中国農村合作医療制度研究』中国農業出版社、二〇〇六年、三二一～三二三頁。

23……前掲『W志』六五〇頁。

24……『人民日報』には九月一日に「切把医療衛生工作的重点放到農村去」の社論が掲載されているが、「六二六指示」自体についての言及はなく、この指示は文書ではなく、当時の会議上で口頭で広められたらしい。姚毅「「はだしの医者」の視覚表象とジェンダー」、中国女性史研究会編『中国のメディア・表象とジェンダー』研文出版、二〇一六年、参照。

25……「従「赤脚医生」的成長看医学教育革命的方向」『人民日報』一九六八年九月一四日。前掲張開寧等編『従赤脚医生到郷村医生』一七～二〇頁。

26……Jさんインタビュー（二〇〇七年九月二日）。

27……前掲『W志』六五〇、六五二頁。

28……Jさんインタビュー（二〇〇七年九月二日）。

29……A―1さんインタビュー「彼女（Jさん）は訓練を受けて接生員になった人で、あの人は勉強したんだ。手袋をして子供を取り上げ、消毒した鋏で臍の緒を切る。……Jさんより前は、すべて産婆が取り上げた。産婆は、消毒せず、高粱やトウモロコシの茎を縦に割って、それで臍の緒を切る……なんであの頃生れた子供がしょっちゅう破傷風になったのかね、そういうやり方だったからじゃないかい……」（二〇〇七年八月三一日）。

30……前掲『W志』六六三頁。

31……宋則行主編『中国人口（遼寧巻）』中国財政出版社、一九八七年、一〇〇頁。前掲李学文『大連市衛生志一八四〇―一九八五』二〇七頁。なお、一九七三～七五年の全国の乳児死亡率は四七・〇パーミル、八一年は三四・七パーミル、九〇年は二七・三パーミルである（中華人民共和国衛生部編『二〇〇四年中国衛生統計年鑑』中国衛生出版社、二〇〇四年、一七五頁）。

では、産まれた子供が育つことを基本的に期待できる情況は、一九七〇年代にはほぼ実現していた。

中国では「はだしの医者」の養成の際、各村で女性の「はだしの医者」を養成して助産・母子保健・計画出産等を担当出来るようにするというジェンダー・センシティブな方法が採られている。[32] 社会主義時代の中国農村の医療は、合作医療、県・人民公社・生産大隊の三段階の保健ネットワーク、はだしの医者／郷村医生の「三つの宝」によって大きな成果を挙げたとされる。[33] さらに母子保健については、各村に女性の「はだしの医者」を養成するジェンダー・センシティブな方法も相まって、プライマリ・ヘルスケアは相当に有効に機能していたといえる。Q村の場合は、女性の「はだしの医者」の登場によって出産が近代化したと村人に認識されており、新旧の変化の境界がはっきりしている。[34]

一九七〇年代末までの計画出産は、医療衛生部門の担当であった。村における計画出産工作は、こうした医療系統の幹部と、行政系統の女性幹部——生産大隊（村）の婦女主任およびその下の生産隊の婦女隊長——らが中心になって展開された。[35] 村での女性の「はだしの医者」の登場は、産まれた子供がほぼ育つことが期待できるようになり、地域の保健ネットワークに組み込まれた現場の医療工作人員が存在するという両面で、計画出産の普及を可能にする条件をつくり出していた。

なお、改革開放政策の開始後、この地域の人民公社は八三年に解体し、村の紅色医療ステーションも取り消された。Jさんはしばらく自営で助産業務を続けたが、八九年には鎮に移って別の商売を始めた。八〇～九〇年代はQ村の医療システムも変動期で、出産のあり方にも混乱が見られた。[36] 計画出産のためには、専門の計画出産部門——鎮の計画出産弁公室および村の計画出産弁公室——が設置され、村の計画出産弁公室主任は婦女主任が兼任するようになった。

### (3) 女性達のプロフィールと出生動向

ここでは私たちのインタビューに応じてくださったQ村の女性たちのプロフィールを紹介する。[37] インタビューをした三六人の中の一番の年長者は一九二四年の生まれで、最も若い人は一九八二年の生まれである。年齢の分布は、一九二〇年代生まれ四人、三〇年代生まれ五人、四〇年代生まれ六人、五〇年代生まれ五人、六〇年代生まれ六人、七〇年代生まれ五人、八〇年代生まれ五人、となっている。

## ▒学歴

全員に就学歴をたずねたが、女性たちの学歴は全体として非常に低く、特に一九三七年より前に生まれた八人は、すべて「文盲《ママ》」または「全く学校に行ったことがない」と答えている。こうした幼児不就学の人のうち五人は、のちに識字学級（「掃盲班」）に通っている。これは、中華人民共和国成立後、特に五〇年代後半から、展開された成人の識字教育によるものである。識字学級で熱心に勉強し、沢山の字を覚え、新聞を読める程度になった、と自慢している人もいる一方、わずかな間だけ勉強したが、覚えたいくつかの字もとっくに忘れた、という人もいる。その後に生まれた人の就学歴は、小学校（必ずしも卒業しているわけでなく二年修学から六年修学と幅広

32……「掖県大力培養女赤脚医生　全県已有女赤脚医生九百多名。她們在農村医療衛生工作、特別是婦幼保健和計画生育工作中、発揮了重要作用」『人民日報』一九七四年三月一三日「龍崗公社重視培養女赤脚医生」『人民日報』一九七五年六月二日等参照。

33……前掲張開寧等編『従赤脚医生到郷村医生』五頁。なお、郷村医生とは、「はだしの医者」の名称が使われなくなった後の農村初級医療者である。

34……次章で見る湖南省B村の場合は、このように明確に旧産婆の助産から新式出産に移行していない。

35……当代中国的計画生育事業編輯委員会編『当代中国的計画生育事業』当代中国出版社、一九九二年、二一頁。

36……姚毅「国家プロジェクト、医療マーケットと女性身体の間――中国農村における病院分娩の推進」、小浜正子・松岡悦子編『アジアの出産と家族計画――「産む・産まない・産めない」身体をめぐる政治』勉誠出版、二〇一四年、参照。

37……「調査の目的と方法」、「［資料編］Q村の女性の生育の記録」（前掲小浜等『中華人民共和国における生殖コントロールの進展と女性たちの対応』）参照。

い）一二人、中学一〇人、高校四人（うち一人は職業高校）、専門学校二人、となっている。若いほど学歴も高く、一九六〇年代以降出生の一六人のうち、小学校卒は四人で、一二人は中学卒業以上である。また、職業と合わせて見れば、村の教師、郷村医士、婦女主任、会計、出納などは、すべて比較的高学歴の人であることが判る。なお、夫の就学歴は、一部不明であるが、わかっているだけで、小学校（二年修学から六年修学まで）九人、中学八人、高校三人（うち一人は職業高校）、師範学校（専門学校）二人、となっている。インタビューイーとあまり変わらないが、学校に通ったことのない人はほとんどいないのが特徴である。

## ▒職業

「（仕事は）何をしていますか（いましたか）」という質問には、「農業」または「農民」と答えた人がもっとも多い。「家にいる」「家婦（主婦）」と答えた若干の人も、ほとんどは農業を手伝っていることを考えると、「農民」と答えた人との境界は明確でない。こうした「農民」または「家婦」の人は二一人であった（二〇〇七年に子供を産んでから育児に専念して畑仕事もしていない、という専業主婦の人が一人いた）。他の職業を答えた人は以下のとおりである。裁縫一人、工場の臨時工一人（結婚前。結婚後は村で農業をしている）、助産員（「はだしの医者」）一人、教師一人、炊事員四人、婦女主任一人、自営業一人、郷村医士一人、村の会計係一人、工場労働者一人、村の出納係一人、美容師一人。ただし、「裁縫」業の人や村の会計係や出納係なども集団農業や畑仕事に従事していた。また、食堂の炊事員は、食事を作るほかに、畑仕事もやっている。なお、調査対象者のうち、臨時工の一人が都市戸籍（非農業戸籍）であった。他の三五人は農業戸籍だと思われる。なお、（初婚の）夫の（引退前の）職業は、不明の二人を除いて、農民一〇人、労働者六人、運転手五人、軍人四人（うち二人戦死。他は後に一人は農民に、一人は教師になった）、教師二人、外地で出稼ぎ二人、郷村医士一人、個人営業一人、大工一人、税務署幹部一人、政府役員一人、となっている。全体として女性より社会的地位がやや高い職業が多い。

## ▒婚姻と出産

三六人の女性のうち、Q村出身の人は六人で、うち夫が山東省出身の人が一人いる他は、夫もこの村の出身である。他の三〇人は夫がQ村の出身で、村の外から嫁いできた（ただし朝鮮戦争で亡くなった前夫がQ村の出身で、後夫は山東省出身の人が一人いる）。多くの女性はX鎮内の村、または近くの鎮で生まれており、全員が遼寧省内の出身で、省内でも一〇〇キロメートル以上離れた地域の出身者が二人いる外は、みなW市の領域内の出身である。結婚年齢は、不明の三人を除いて、数え年一九歳が四人、二〇歳が三人、二一歳が四人、二二歳が三人、二三歳が五人、二四歳が四人、二五歳が七人、二六歳が三人、となっている。

再婚している人は三人いる。そのうち二人は、最初の夫が朝鮮戦争で戦死し、一〇年ほどしてからそれぞれ一歳下と四歳年下の人と再婚した。もうひとりは離婚後、再婚した人である。別に、離婚して現在シングルの人が二人いる。夫とどうやって知り合ったかを全員から聞いてはいないが、わかった人のほとんどは、紹介されて知り合ったと答えた。小さいころに両親が決めた結婚も一件見える。近隣の村の人との結婚の場合は、自ら知り合ったというよりは、紹介されて知り合ったほうが多いと思われる。

夫との年齢差は、三六人のうち、不明の三人を除いて、九人は夫が年下（うち一歳年下五人、二歳年下一人、三歳年下二人、四歳年下一人）、同年が三人、二一人は夫が年上である。夫が年上の場合の年齢差は一歳から八歳まで見られ、具体的には、一歳九人、二歳五人、三歳三人、四歳一人、七歳一人、八歳二人、となっており、多くの人が夫との年齢差は上下五歳までであった。

このような女性たちに、いつどのようにして子供を産んだのか、また避妊等はどうしていた／いるのかをインタビューした。ここではまず、彼女たちは、どの時期に何人の子供を産んでいるかを確認しよう。表5—2は、三六人の女性の出生時期と子供の人数をまとめたものだが、一九三〇年代生まれまでの女性が、平均四人以上の子供を産んでいるのに対して、四〇年代生まれの女性は二・一六人、五〇年代生まれは一・八人、六〇年代生まれは一・二三人、七〇年代生まれ以降は一人と減少の趨勢は明らかである（ただし若い女性には、この後もう一人産む

**表5－2　Q村の女性の出生時期と子供数**

（人）

| 年　　代 | 人数 | 子供の数 | 子供数の平均 |
|---|---|---|---|
| 1920年代生まれ | 4 | 17 | 4.25 |
| 30年代生まれ | 5 | 21 | 4.20 |
| 40年代生まれ | 6 | 13 | 2.16 |
| 50年代生まれ | 5 | 9 | 1.80 |
| 60年代生まれ | 6 | 8 | 1.33 |
| 70年代生まれ | 5 | 5 | 1 |
| 80年代生まれ | 5 | 5 | 1 |
| 合　計 | 36 | 78 | 2.17 |

**表5－3　出生年代別にみるQ村の子供の出生順位別人数**

（人）

| 出生時期 | 第一子 | 第二子 | 第三子 | 第四子 | 第五子 | 合計 |
|---|---|---|---|---|---|---|
| 1940年代 | 3 | 2 | 0 | 0 | 0 | 5 |
| 50年代 | 6 | 3 | 2 | 0 | 0 | 11 |
| 60年代 | 4 | 5 | 7 | 7 | 1 | 24 |
| 70年代 | 4 | 6 | 1 | 2 | 1 | 14 |
| 80年代 | 7 | 3 | 0 | 0 | 0 | 10 |
| 90年代 | 5 | 1 | 0 | 0 | 0 | 6 |
| 2000年代 | 7 | 1 | 0 | 0 | 0 | 8 |
| 合　計 | 36 | 21 | 10 | 9 | 2 | 78 |

注：死産・夭折（生まれてまもなく亡くなった子）は計上していない。

希望の人がいる)。なお、五〇年代前半以前の出生の一七人は、全員が複数の子供を産んでいる。
これを別の角度からまとめたのが表5—3で、インタビューした女性の子供たちの出生年代ごとに、何番目の子供かをまとめたものである。ここからは一九六〇年代に産まれた子供には、第三子、第四子、第五子がたくさんいたが、七〇年代には減少し、八〇年代以降は調査対象者には第三子以降を産んだ人はいないことがわかる(五〇年代以前に第四子、第五子がたくさん産まれていた可能性が高いが、その母に当たる人たちはほとんど生存していなかった)。詳しく見ると、七〇年代生まれの第三子・第四子・第五子は、いずれも一九七二年以前の出生で、インタビューした女性たちには、一九七三年以降に三人目より下の子供を産んだ人はいなかった。この村の女性の出産動向は、一九七〇年代に出生率が急低下する全国的な傾向をやや早めに示しているといえる。表5—4は、三六人の女性の出産と生殖コントロールの状況をまとめたものである。ではこのような出生数の減少は如何にして起こったのか、次節で見てみよう。

## 2 Q村における生殖コントロールの普及

女性たちのそれぞれの体験から、Q村で生殖コントロールが普及し出産が減少した具体的な状況を見る。

### (1) 生殖コントロールの開始——一九六〇年代のリングの普及

一九五〇年代後半に都市を中心に全国で節制生育が提唱される中、遼寧省でも一九五七年に旅大市節制生育工作委員会が設置され、一部の農村地域でも節育外来が置かれた。五八年三月には遼寧省節制生育委員会が成立して活動を開始したが、まもなく「大躍進」政策の中で工作は中断した[38]。

38……前掲李学文『大連市衛生志一八四〇—一九八五』二〇九頁。彭佩雲主編『中国計画生育全書』中国人口出版社、一九九七年、一二八四頁。

**表5−4　Q村の女性の出産と生殖コントロールの状況**

| 仮称（出生年） | 第一子 | 第二子 | 第三子 | 第四子 | 第五子 | リング | 絶育 | 備考 |
|---|---|---|---|---|---|---|---|---|
| C-11（1924） | 1946 男 | 1952 女 | 1957 男 | 1963 女 | | － | － | 一子夭折 |
| C-10（1927） | 1951 男 | 1955 女 | 1958 女 | 1960 女 | 1963 男 | － | － | 一子夭折 |
| A-3（1928） | 1947 男 | 1949 男 | 1960 男 | 1963 女 | | 四子後 | － | |
| A-4（1928） | 1947 女 | 1949 男 | 1964 男 | 1967 男 | | 四子後 | － | |
| A-5（1933） | 1958 男 | 1963 男 | 1965 女 | 1970 男 | | 三子後 | 不願意 | |
| A-6（1935） | 1958 女 | 1961 男 | 1963 男 | 1968 女 | | 三子後 | 1971-2 | |
| B-7（1936） | 1957 女 | 1960 女 | 1962 女 | 1966 男 | | | 1970 頃 | 二子夭折 |
| B-9（1937） | 1958 男 | 1962 男 | 1965 男 | 1972 男 | | 二子後 | 1972 | 人工流産 |
| A-8（1938） | 1956 男 | 1958 男 | 1960 女 | 1963 女 | 1970 女 | 四子後 | 1970 | |
| A-2（1942） | 1968 男 | 1970 女 | | | | | 1975 | |
| C-9（1943） | 1966 女 | 1970 女 | 1972 男 | | | | 1972 | 一子死産 |
| C-4（1946） | 1972 女 | 1974 男 | | | | | 1975 | |
| B-2（1948） | 1968 男 | 1972 男 | | | | 一子後 | 1972-3 | |
| A-1（1949） | 1968 男 | 1969 女 | | | | 二子後 | 1972 | |
| B-8（1949） | 1970 男 | 1974 男 | | | | 一子後 | 1975 | |
| A-9（1953） | 1975 男 | 1977 女 | | | | 一子後 | 1980 | 人工流産 |
| C-13（1954） | 1978 女 | 1980 女 | | | | 一子後 | 1981 | 罰金 |
| C-3（1957） | 1983 女 | 1987 女 | | | | 一子後 | — | |
| C-1（1958） | 1983 男 | | | | | 一子後 | — | |
| C-8（1960） | 1984 男 | | | | | 一子後 | — | 人工流産 |
| C-12（1959） | 1985 女 | 1988 女 | | | | 二子後 | — | |
| B-10（1962） | 1988 女 | 1993 女 | | | | 一子後 | — | |
| B-5（1964） | 1989 男 | | | | | 一子後 | — | 死産・人流 |
| C-2（1966） | 1989 男 | 2005 女 | | | | 一子後 | — | |
| C-7（1968） | 1993 女 | | | | | 一子後 | — | 流産 |
| A-11（1969） | 1993 男 | | | | | 人流後 | — | 人工流産 |
| A-7（1971） | 1995 女 | | | | | 一子後 | — | 人工流産 |
| A-10（1970） | 1997 男 | | | | | 人流後 | — | 人工流産 |
| B-1（1975） | 1998 女 | | | | | 人流後 | — | 人工流産 |
| C-5（1978） | 2002 男 | | | | | 一子後 | — | 人流２回 |
| B-4（1980） | 2004 女 | | | | | | — | 人工流産 |
| B-6（1977） | 2006 男 | | | | | 一子後 | — | |
| C-14（1980） | 2006 女 | | | | | 一子後 | — | |
| C-6（1981） | 2007 男 | | | | | 一子後 | — | |
| B-3（1982） | 2007 女 | | | | | | — | |
| C-15（1981） | 2008 女 | | | | | | — | |

第一子～第五子の欄は、それぞれの出生順位の子供の出生年と男女を記した。ただし夭折・死産は子供の数には数えず、備考に記した。「リング」の欄には措置を開始した時期を記した。「四子後」というのは、第四子出産後の意味である。「絶育」の欄は、手術を受けた年を記した。流産・人工流産（人流）の経験を語った人は、備考欄に記した。

「大躍進」の失敗後、一九六二年頃から計画出産工作は全国的に回復した。この年、大連市衛生局は「節制生育の技術指導をしっかりやることについての通知（関於做好節育技術指導的通知）」を出した。六三年四月には大連市計画生育委員会が成立し、遼寧省は一九七〇年の省人口を三〇〇〇万人にコントロールすることを目標として、都市および人口稠密な農村で重点的に工作するとして、六二〜六五年に三〇万余人の計画出産宣伝幹部を養成し、また実施可能な医療機関には節育外来が設置された。[39] W市でも六五年に、男満二五才以上、女満二三才以上の晩婚が提唱された。[40] しかし一九六六年には文化大革命がはじまり、政治的な混乱の中で、六八年には大連市計画生育委員会は取り消され、計画出産工作は中断・挫折したとされる。[41]

このように、大連地方では一九五〇年代後半から計画出産の普及が始まっていたが、Q村でインタビューした女性には、五〇年代に生殖コントロールを行っている人は確認できず、初めて避妊を試みた人が見えるのは、六〇年代前半である。

どのような状況だったのか、聞いてみよう。

### B—9さん

二番目の子供（一九六二年生まれ）を産んで、リングをした。どうしてリングが落ちたのか知らないが、三番目が出来た。……リングは大隊で入れて、鎮で入れてもらったこともあった。無料だった。（二〇〇八年六月二一日イン

39……前掲李学文『大連市衛生志一八四〇—一九八五』二〇九〜二一〇頁。孫世菊編『大連医薬衛生与計画生育信息』二八三頁。彭佩雲主編『中国計画生育全書』一二八四頁。なお、一九六三年の遼寧省の人口は二六五三万人である（前掲宋則行主編『中国人口（遼寧分冊）』五三頁）。

40……前掲『W志』九七頁。

41……前掲孫世菊編『大連医薬衛生与計画生育信息』二八三頁。前掲彭佩雲主編『中国計画生育全書』一二八四頁。

タビュー、以下同様）

## ●A―3さん

三番目の息子（一九六〇年生まれ）を産んだ後、もう要らないと思ったが、夫はそうでなくて、リングを入れに行く途中で引き戻され、娘を産んだ後になって自分からリングを入れた。当時はリングは無料だった。入れてから、ずっとお腹が痛く、腰が痛く、四八才の時に取り出した。その時、リングは全部、肉に食い込んでいた。（二〇〇七年九月一日）

この二人の話からは、この村では六二年頃にはリングによる避妊の情報が伝わっていたことがわかり、計画出産の宣伝が村に及んだ成果と考えられる。「リング」とは、ＩＵＤ（子宮内避妊具）のことで、第三章で見たように、中国では一九五〇年代後半に上海で生産・使用が始まり、六〇年代以後、主要な避妊の方法として広められた。中国語では「環 huan」と呼ぶ。

とはいえ同時期に、一九六三年までに四人の子供を産んでいるC―11さんは避妊はしたことがないといい、C―10さんも、一九六三年までに五人の子供を産んでいるが、避妊をしていた様子はない。[42] 六〇年代前半には、Q村の女性の一部に避妊の情報が伝わり、試みる人も出てきたが、すべての女性に広まったわけではなかった。六〇年代後半には、Q村ではもっと多くの人がリングを装着するようになる。どのように普及したかを、それぞれの女性の状況から見てみよう。

「はだしの医者」のJさん（＝A―8さん）は、六六～六七年頃、大隊（の婦女主任）の宣伝を聞いて、鎮に行ってリングを入れた。まもなくJさんは、リングの着脱の訓練を受けて、自身でも村の女性たちに避妊を勧めるようになる。[43] 次の女性は、Jさんにリングを勧められた人である。

## A—4さん

四人も子供を産んで、これ以上産むと疲れる、と思って、ダンナも賛成した。この家では、姑と舅はいなかった。あの時は、すでに計画出産が始まっていて、Jさんが「計画出産になったから、大奥さん、何か方法を考えない？」と言いに来た。「方法って？」と聞き返したら、Jさんは「リング」と答えた。「苦しくないかね？」、「苦しくないよ、ためしてみては」と。そこで、三九歳の時に末っ子を産んで、子供が満一歳になった四一歳の時（一九六八年）に、リングを入れ、五〇歳の時に外した。ぜんぜん病気などにはならなかった。Jさんが「リングを外さないの？」と聞いて、わたしは「外さない。外すと子供が出来て、もう育てられないから」と答えたら、「五〇歳だよ、まだ子供ができるもんかね？　外したほうがいい、じゃないと死んだら……」「死んだら（リングを）付けたまま連れて行くわ」。「死んでもリングを付けたままじゃあね。少し待っててね、暇な時に外してあげるよ」。こうやって大隊衛生所でリングを入れ、またリングを外してもらった。両方ともお金は要らなかった。（二〇〇七年九月一日）

彼女はJさんから聞くまで、生殖コントロールの観念はなかった。すでに四人子供がいたので、避妊には積極的だったが、初めての試みに「苦しくないか」との不安も見える。しかし信頼するJさんの勧めで踏み切っている（彼女の下の二人の子供は、Jさんが取り上げている）。閉経後も、容易にリングを取り出そうとしない様子からは、妊娠への強い警戒が見える。

聞き取りによると、七〇年頃までに、B—2さん（第一子出産後）、A—5さん（第三子出産後）、A—1さん（第一子出産後）、B—8（第一子出産後）らが、リングを入れている（表5—4参照）。村の婦女主任の宣伝を聞いて鎮の病院へ行って入れるか、「はだしの医者」Jさんに聞いて、村の紅色医療ステーションまたはJさんの自

42……C—11さん二〇〇八年八月二一日インタビュー、C—10さん二〇〇八年八月二一日同。
43……A—8さん（＝Jさん）二〇〇七年九月二日インタビュー。

宅で彼女に入れてもらうか、したのである。費用は無料だった[44]。避妊は性に関わるし、リングの着脱は訓練された専門家が行う必要があるので、生殖コントロールの普及に際しては、如何にして女性達とそうしたことを話せる環境を作るかが、大きなポイントとなる[45]。自身の子供を取り上げてもらった「はだしの医者」で隣人でもあるJさんからリングを紹介・装着されれば、比較的抵抗なく応じられただろう。

当時の中国農村では、個人で近代的な手段による避妊が出来る環境はなかった。そうした中で、村の女性が日常的に身近につきあっている婦女主任や女性の「はだしの医者」が避妊などの生殖コントロールを紹介し手段を提供したことは、大きな意味があった。女性たちは初めて知った生殖コントロールを、それぞれの気持ちに応じて試みていった。

前述のように一九六五年の六二六指示が広められて以来、農村医療が推進されるようになっていたが、「はだしの医者」の養成に重要な意味があったとされる一九六五年四月の衛生部の指示では、農村助産員の訓練の際には、1. 新式出産・産前検査・産婦と新生児の簡単な世話、2. 計画出産の宣伝工作、3. リングの装着やペッサリー使用指導、をできるようにすることとされている[46]。計画出産は農村医療の一項目として組み込まれており、Jさんが受けた訓練もこうした方針に沿ったものだったといえる。

大連近郊農村では一九七六年に各村に一人、リングの着脱のできる女性の「はだしの医者」を配置して節育指導ができるようにしたというが[47]、Q村ではそれよりかなり早い時期からその体制が作られていたのである。一般に、中国では六〇年代後半の文化大革命の時期には計画出産工作は中断していたとされるが、この村ではそのようには見えない。

### (2) 計画出産の全面的展開——一九七〇年代の「絶育」の浸透

第一章でみたように、一九七一年七月、国務院が「計画出産工作をしっかりやることに関する報告」(五一号文件)を批准したことが、全国的に計画出産が推進される、⑤計画出産全面推進期の開始の画期となった。遼寧省では、七二年に文革で活動停止していた旅大市計画生育弁公室が回復し、七三年には大連市計画生育委員会が回復した。七三年四月、遼寧省革命委員会は、晩婚年齢を農村では男満二五歳、女満二三歳（都市はそれぞれプラス一歳）と規定して、計画出産推進の姿勢を明確に打ち出した。[48]

## ▒「絶育」の導入

Q村では、リングの装着だけでなく、何人も子供のある夫婦に永久不妊手術を勧める試みも一九七〇年頃から始まっていた。第三章でみたように、中国語で「絶育」と言われる男性の精管結紮または女性の卵管結紮は、比較的簡単な一回の手術で完全かつ永遠に避妊でき、上海では五〇年代から推進されていた。Q村では、インタビューイーの女性のうち、一九三〇年代後半生まれから一九五〇年代前半生まれまでの女性は、一二人全員がこの手術を受けていた（表5—4参照）。この村でどのように「絶育」が普及したのか、そこにはどんな中国の生殖コントロールの特徴がみられるのか、検討しよう。

「はだしの医者」のJさん（A—8さん）は、一九七〇年に鎮の病院の医師から絶育手術の提案をうけ、すでに

44……B—2さん二〇〇八年六月二〇日インタビュー、A—5さん二〇〇七年九月一日同、A—1さん二〇〇七年八月三日同、B—8さん二〇〇八年六月二一日同。

45……日本の産児調節普及員の苦労と工夫については、田間泰子『「近代家族」とボディ・ポリティクス』世界思想社、二〇〇六年、参照。

46……衛生部医学教育司「関於継続加強農村不脱離生産的衛生員、接生員訓練工作的意見」、前掲張開寧等編『従赤脚医生到郷村医生』一五頁。

47……前掲李学文『大連市衛生志一八四〇—一九八五』二一二頁。

48……前掲李学文『大連市衛生志一八四〇—一九八五』二一〇頁。前掲孫世菊編『大連医薬衛生与計画生育信息』二八三頁。前掲彭佩雲主編『中国計画生育全書』一二八四頁。

四人子供がいて、もう産みたくなかったので手術した。やはり四子いたB—7さんも七〇年頃にD婦女主任の説得に応じて絶育している[49]。この村では、一九七一年七月の「五一号文件」より前から、子供の多い夫婦に不妊手術が勧められていたようだ。同じ頃、A—5さんも説得を受けたが、手術が怖かったので、閉経までリングでの避妊を続けた。Jさんによると、初期には「気が逃げる」と言って手術を嫌がった人もいたというが、四子いて当時三〇才代半ば以下だった女性はおおむね七二年頃までに絶育している[50]（表5—4参照）。

表5—5によると、大連の農村部五県では、一九七二〜八五年の間に、女性の絶育手術二〇万二〇六九件、男性の絶育手術一五六八件が行われている。圧倒的に女性の手術が多く、男性の手術はその一パーセントに満たない。インタビューした女性にも、夫が手術を受けた人はいなかった。村で最初の頃に手術を受けたA—6さんは、当初、夫が手術しようと相談していたが、「もし男は身体に問題が起きたら、重労働が出来なくなる」ので、彼女が受けることにした[51]。後には、男性への手術が勧められたり検討されたりした様子もない。計画出産は、この村でも圧倒的に女性の身体的負担によって進展した。

## ■計画出産の浸透——「二人がいい」

七〇年代半ばまでには、この村ではリングと「絶育」の併用、すなわち第一子を出産後、リングで避妊して出産間隔を空け、第二子を産んだら、「絶育」することが皆に推奨されるようになった。

### ●B—2さん

（一九六八年に上の）子供が産まれた後は、もう計画出産が始っていたけど、まだそんなに厳しい説得があったわけではない。女性達がみんなで座って集まって説明がある。賛成なら避妊するし、反対なら避妊しなくて、まだ自分の気持ち次第だった。あの頃、説明を聞き終ったらすぐ私は自分から賛成した。なぜなら自分は姉妹が多かったし、それにあの頃は暮らしが苦しくて、子供が多すぎると手がかかる。それで私はそんなに多くは産みなくないと思って、自分で鎮まで行って、リングを入れた。上の子がやっと一カ月になった頃だった。リングを入れて、しばらくして次の説明があって、会を開いて、「もう一人産んだらいい、初めの子が坊やだから、お嬢ちゃんも産んだら」といわれた。私もそう思っていたので、リングを取り出して二番目を産んだ。……あの頃二番目を産むには間隔を空けなくてはならず、だいたい三、四歳で、でも強制ではなくて提唱するだけだった。結紮した頃には（間隔を空けることは）強制になった。……あたしは二五歳の頃（一九七二—七三年頃）、絶育した。強制ではなくて、みんな同意してのことで、二人以上子供がいたらみんな絶育しようということだった。ごく一部の人はしなかった……（二〇〇八年六月二〇日）

こうして、Q村では七〇年代半ば以降、二人しか子供を産まないことが一般化していった。当時の大連地域の節育措置の基本要求は、「一子でリング、二子で結紮」だったが[52]、この村では七二年頃から「一子でリング、二子で結紮」が要請されており、大連地域の中でも計画出産が進んでいたと言える。ただし、七〇年代には、「当時は（絶育を）したくないなら、自分たちくらいの年代はそれも可能で、もう一人産むこともできないことはなかった」（A—9さん[53]）という。


49……Jさん前出、ただし彼女は手術後、第五子の妊娠に気づいた。B—7さん二〇〇八年六月二一日インタビュー。

50……A—5さん二〇〇七年九月一日インタビュー、A—6さん二〇〇七年九月一日同、B—9さん二〇〇八年六月二一日同、等。

51……A—6さん前注に同じ。

52……前掲李学文『大連市衛生志』二一二頁。

53……二〇〇七年九月二日インタビュー。

手術を受けた時の様子を聞いてみよう。

## ▒手術の手順——村の手配によって集団で受ける

### ●A—2さん

私は、三四歳の時（七五年）に結紮した。……あたしの村の婦女大嫂は、晩まで一日中、説得していた。……宣伝を聞くと、すぐにそうしようと思った。……鎮の病院の医者が村に来て手術してくれた。村の家のオンドルの上で、結紮後、何日間か、大隊が人を送って世話してくれた。当時は、結紮すると一人四〇元くれた。……絶育後、後遺症などもなく、婦人病もなく、体はずっとよかった。（二〇〇七年八月三一日）

このように、卵管結紮の手術は、次のような手順で行われた。

まず村の婦女主任の説明・宣伝がある。この村の当時の婦女主任（婦女大嫂）は計画出産工作に大変熱心なDという女性で、彼女がみなに手術を勧めた。これを受けて手術を受けることに決めた女性がグループに編成される。手術は、鎮の病院に行って受ける場合と、村に巡回医療隊が来る場合とがあるが、いずれにしろグループで順番に手術を受けた。手術後、女性たちは抜糸までの数日間を、手配された家に泊まって食事などの世話をうけた。卵管結紮は麻酔をかけて行う開腹手術であり、村の「はだしの医者」レベルの医療者ではできない。中国農村では、多くの場合、技術を持った巡回医療隊が各人民公社をまわって手術を行っていた[54]。各公社では、巡回医療隊が来るのに合わせて、手術を受ける女性を組織し、手術場所を用意する。したがって、「絶育」は女性の側から見れば、個人の希望で好きな時に受けられるものではなく、村の幹部（婦女主任）の呼びかけに応じて、その手配で受けるものであった。村の幹部や婦女主任にとっては、巡回医療隊が来るのに合わせて手術する女性を組織しなくてはならなかった。表5—5をみると、卵管結紮手術の数は年によって大きな差があり、手術は「動員」のあった時に行われていたことが窺える。

表5−5　大連地域農村五県の計画出産手術数の推移（1972〜1985年）

（件）

| 年 | リング装着 | リング取出し | 卵管結紮 | 精管結紮 | 総　計 |
|---|---|---|---|---|---|
| 1972 | 25,171 | 7,120 | 12,624 | 137 | 45,052 |
| 1973 | 27,766 | 7,586 | 20,092 | 261 | 55,705 |
| 1974 | 31,895 | 5,969 | 9,304 | 42 | 47,120 |
| 1975 | 44,531 | 9,313 | 29,005 | 142 | 82,991 |
| 1976 | 39,128 | 12,293 | 25,650 | 268 | 77,339 |
| 1977 | 29,062 | 5,236 | 3,331 | 25 | 37,654 |
| 1978 | 28,620 | 4,389 | 3,666 | 14 | 36,689 |
| 1979 | 34,889 | 13,755 | 34,764 | 181 | 83,589 |
| 1980 | 31,698 | 2,909 | 2,801 | 15 | 37,423 |
| 1981 | 32,106 | 1,660 | 459 | 2 | 34,227 |
| 1982 | 48,930 | 2,461 | 6,024 | 6 | 57,431 |
| 1983 | 63,555 | 23,892 | 50,982 | 428 | 138,857 |
| 1984 | 35,269 | 4,821 | 3,210 | 36 | 43,336 |
| 1985 | 22,119 | 4,118 | 157 | 1 | 26,395 |
| 合計 | 494,739 | 105,522 | 202,069 | 1,568 | 803,898 |

出典：李学文『大連市衛生志 1840 − 1985』大連出版社、1991 年、212 頁。

大連地方では、一九七六年に市・県の計画生育技術小分隊が農村部を巡回し、節育手術と婦人病の検査を行った[55]。W市では、一九七六年一〇月に県計画生育委員会が成立し、各人民公社・鎮に計画出産の助手を配置し、生産大隊・生産隊に計画出産を担当する〝大嫂〟すなわち婦女主任・婦女隊長を選出するようにした[56]。

基本的な医療が農村合作医療として提供されており、それ以外の医療を受けるのは経済的条件や交通事情などのため非常に障壁が高かった当時の中国農村の生活環境を考えると、このように人民公社・生産大隊（村）のシステ

54……前掲李学文『大連市衛生志一八四〇—一九八五』二一一〜二一二頁。

55……前掲李学文『大連市衛生志一八四〇—一九八五』二一二頁。

56……前掲『W志』九七頁。

ムに依拠して節制生育を普及させるのは、ある種の合理的な方法であり、農村女性の生殖コントロールへのアクセスを現実的にした意味は大きい。女性たちの側から見れば、絶育手術を受けるかどうかの選択肢は、婦女主任の提案に応じるか否かであり、他の方法は現実的にはほとんど存在しない。中国の農村女性はそのような、他国（あるいは中国都市）とは異なった、独自の条件の中で、近代的な生殖コントロールを始めたのである。

## 費用は無料、報償が出ることもある

手術の費用は、一貫して無料である。中国では一九六四年四月四日の国務院「計画出産の経費の支出に関する規定」によって男女の絶育手術・リングの着脱・人工流産などの費用は減免とされていたが[57]、この村でも、村びとの計画出産の措置はすべて無料だった。加えて計画出産を推進する意味で報償がつくこともあった。がそれは、場合によって異なる。村でも最初の頃（七二年頃）に絶育したA—1さんは、県で表彰されている[58]。七二〜七五年頃には四〇元もらった人が二人いる[59]。また一カ月分の労働点数がついた場合があるが、近い時期でもそういう特別待遇はなかったケースもある[60]。後の時期にも、金をもらった場合と、何もない場合とがある[61]。

こうした報償金などは、地域の予算で手当てするものとされており、全国統一基準はない[62]。従ってその時々の公社の計画出産の経費の余裕に左右され、一貫性はあまりない。しかしQ村ではいずれの場合も、集団で宿泊して「ちょっとおいしくて栄養のある」（B—2さん、前出）食事などの世話をしてもらえた。他地域ではかならずしもそうではなく、D婦女主任の配慮だと思われる。

## 婦女主任の役割

女性たちの多くは、当時の村（生産大隊）のD婦女主任から説得工作を受けている。婦女主任は、計画出産工作の現場の第一線で、避妊や絶育を勧める役割だが、この村のD主任はとくに熱心に説得にあたった。すでに故人だが、多くの村人たちの記憶に残っている。

●A―1さん

私が絶育（七二年頃）した後、計画出産は、だんだん厳しくなった。婦女隊長はリングの装着や絶育を宣伝するのがだんだん厳しくなって、しかも強制も始まった。まだ息子がほしい人、例えば娘が三、四人いるが息子が欲しい人とか、皆逃げまくっている。計画出産以前の婦女隊長の仕事は簡単で、（農業の）仕事だけを頑張れば済んだ。あの頃の婦女隊長は、計画出産の宣伝がとても難しかった。婦女隊長は計画出産の分担量が決められ、達成しなければならない。あ～あ、人に罵られて、それもひどく罵られていた……。（二〇〇七年八月三一日）

D婦女主任は、計画出産について、非常に信念のある人だった。寡婦で、自身の三人の息子のうち、長男には男の子がいたが、次男三男は女の子二人で、七〇年代のもう一人産める時期だったにもかかわらず、率先して嫁たちに絶育手術を受けさせたという。これはと思った相手には、人に罵られることをいとわず、毎晩のように「粘り強く」（＝執拗に）説得を続ける。一方で、手術をした女性の面倒をよく見るなど、まさに模範的な人物で、

57……「関於計画生育経費開支問題的規定」、当代中国的計画生育事業編輯委員会編『当代中国的計画生育事業』当代中国出版社、一九九二年、六七頁。

58……A―1さん二〇〇七年八月三一日インタビュー。

59……C―9さん（二〇〇八年八月二一日インタビュー）とA―2さん（前出）。

60……A―6さん（前出）は一九七一～七二年頃に、B―8さん（二〇〇八年六月二一日インタビュー）は七五年に一カ月分の労働点数をもらったが、やはり七五年に手術したC―4さん（二〇〇八年八月二〇日同）にはなかった。

61……一九八〇年頃に手術したA―9さん（二〇〇七年九月二日インタビュー）は金をもらったが、八一年頃に手術したC―13さん（二〇〇八年八月二二日同）は、もらっていない。

62……前掲『当代中国的計画生育事業』二八二～二八三頁。

県の模範として表彰もされた[63]。

村人の信頼篤い「はだしの医者」のJさんに加えて、信念と熱意をもって工作に当たるD婦女主任の存在が、この村が計画出産で「先進的」であった大きな要因だったといえる。

### ▒女性たちの評判――リングより「絶育」の評価が高い

最初の頃に積極的に絶育手術を受けたA―6さん（前出）は、「後遺症もないし、子宮筋腫が治った」と手術を高く評価している。やはり比較的早い時期に手術したA―1さん（前出）も、その後身体の調子も良く後遺症もないという。A―1さんは、後には問題のあった人もいたというが、インタビューイーで「絶育」した一二人の中に、自分の身体に問題があった人は見えない。

一方、リングによる避妊は、大きな成果が挙がった人がいた反面、問題も多い。前出のA―3さんのように副作用の自覚された人が何人か見える以外に、大きな問題点は、脱落が非常に多く、リングを入れているのに妊娠（帯環懐孕）した例が多数見えたことである。一九七〇年代までに末子を産んだ一七人の女性のうち、年齢の高い二人と直接「絶育」した三人を除く一二人がリングを装着していたが、にもかかわらず妊娠してしまった人が六人いる[64]。これでは相当に不確実である。リングの高脱落率・高妊娠率については全国的に問題になっており、改良の努力が重ねられていたが、なかなか確実なものにはならなかった[65]。一方の「絶育」は、第三章でみたように五〇～六〇年代の上海では副作用が多かったが、技術改良の成果か、当時のQ村では比較的副作用は少なかった。こうした状況は現地の医療者の力量などの個別の要因による可能性もある。ともあれ女性の身体的負担によって生殖コントロールが行われるようになった七〇年代のQ村で、絶育は、確実に避妊できて、比較的副作用も少なく、すでに充分な数の子供を産んだ農村の女性たちから相対的に歓迎されていた。

## 避妊方法の変化

インタビューした女性で一番遅い時期に絶育したのは一九八〇～八一年頃のA―9さんとC―13さんである。その後、八〇年代には子供を産み終えたこの村の女性はリングのみで避妊するのが一般的になり、九〇年代からはコンドームで避妊する人もみえるようになった。表5―5によると、大連近郊農村では一九八三年には五万九八二件の卵管結紮手術が行われていているが、八五年には一五七件に減少している。[66] 次章でみる湖南省B村をはじめとして、八〇～九〇年代にも絶育がさかんに行われた地域は多いが、Q村では八〇年代半ば以降、絶育は行われなくなった。

中国では、女性の避妊の方法は、大まかに言って絶育（産み終えるまでのリングとの併用を含む）からリング、さらにコンドームへと変化したが、移行時期は地域によって異なる（上海については、一五四頁、一八一頁参照）。この村はかなり早い時期に絶育からリングに移行している。

村の女性達の避妊方法の年代による変化は表5―6のようである。

Q村では、一九六〇年代後半にリングによる避妊が広く村の女性に普及し、七〇年代には「絶育」による計画出産が普遍的に行われるようになった。当初はすでに数人の子供を産んだ女性に避妊が勧められたが、七二年以

63……二〇〇八年八月二一日の村人の語り。他にも、D婦女主任のことはたくさんの村人の話の中で出てくるが、その人物像はほぼ一致している。

64……A―5さん（二〇〇七年九月一日インタビュー）、A―6さん（前出）、A―9さん（前出）、B―8さん（前出）、B―9さん（前出）、C―13さん（前出）の六人。

65……前掲『当代中国的計画生育事業』二四八～二四九頁には、各種のリングの脱落率・妊娠率の一覧がある。妊娠率は低いもので一パーセント台、高いもので二〇パーセント台であり、これと比べても、この村の妊娠率は高いように思われる。

66……Jさんは、一九八三年には人民公社の計画出産の仕事を手伝って各生産隊を回り、リングの入れはずしなどをしたという。「先進的」なこの村のスタッフは、キャンペーンの年には他村へ応援に出ていたのである。

表5−6　Q村の女性の出生時期ごとの避妊方法

| 年　代 | 人数（人） | 避妊方法（人数） |
|---|---|---|
| 1920年代生まれ | 4 | 避妊経験なし（1人）。不明（1人）。リング（2人）。 |
| 30年代生まれ | 5 | リング（1人）。リングのち絶育（4人）。 |
| 40年代生まれ | 6 | 絶育（3人）。リングのち絶育（3人）。 |
| 50年代前半生まれ | 2 | リングのち絶育（2人）。 |
| 後半生まれ | 3 | リング（2人）。リングのちコンドーム（1人）。 |
| 60年代生まれ | 6 | リング（4人）。リングのちコンドーム（2人）。 |
| 70年代生まれ | 5 | コンドームのちリング（1人）。リング（3人）。リングのちコンドーム（1人）。 |
| 80年代生まれ | 5 | コンドーム（3人）。リング（2人）。 |
| 合　計 | 36 | |

後は第一子を産むとリングを入れて出産間隔を空け、第二子出産後に「絶育」することが悉皆的に勧められるようになった、という状況がわかる。

これらの生殖コントロールの措置は行政と一体化した農村合作医療のシステムの中で実施されるもので、個人が自由に受けられるものではない。このような方法は、中国農村に生殖コントロールを普及させるのに効果的であった。計画出産の第一線を担ったのは、農村医療の最前線にいた女性の「はだしの医者」と村の婦女主任である。「はだしの医者」による近代的出産の普及と計画出産とは一続きのものとして村にもたらされ、このような形で、近代医療による生殖管理がQ村で始まったのである。この村が、計画出産において先進的な成果を挙げていたのは、村人の信頼篤い女性の「はだしの医者」と、信念を持って熱心に計画出産工作につとめた生産大隊婦女主任という現場の女性スタッフに恵まれたことが大きい。

計画出産はその導入の初期、すでに数人の子供を持っている女性に歓迎された。その後、七〇年代の「一人産んだら絶育」の呼びかけには、多様な対応があったが、当時は希望すればもう一人産むことが出来た。では、計画出産に女性たちは如何に対応したのか、次節でさらに考察しよう。

## 3　女性たちはなぜ、どのように計画出産を受け入れたのか——自発と強制の間

Q村では、一九六〇年代初めまでに近代的な生殖コントロールを行っていた人は見当たらなかった。より多くの子供がほしくない時に妊娠したら、堕胎したり、溺嬰を行ったりということはあったかもしれないが[67]、「計画的に子供を産む（計画地生産）」という意識と手段は、六〇年代以降の上からの政策による計画出産工作の中で普及した。

ところで、女性やカップルが子供を産む／産まないを決めるには、政策だけではなく、経済条件、仕事とのかねあい、家族内の関係、身体や健康状態、さらには子供好きかどうかという個人の志向など、様々な条件を考慮する。Q村の女性たちも、婦女主任や「はだしの医者」の提案を受けて、産み続けようか、産まない措置を取ろうかと考え始めた。彼女たちは、何をどのように考慮したのだろうか。

### ▒子育ての負担、貧しさ

初期の頃に計画出産の宣伝を聞いて、飛びつくように生殖コントロールを実行した子だくさんの女性の多くは、理由として、貧しさや、多子の子育ての負担を挙げる。

67……一九三〇年代生まれのある村人は、三人の女児を出産してから、第四子の男児を出産するまでの間に、二回、女児を産んだが、いずれも「胎位がよくなくて、母乳も出ず」生後二日と三日で死亡したという。これは、意識的または無意識の育児放棄による出生調整ととれないこともない（二〇〇八年六月二一日インタビュー）。

**A―6さん**

わたしは、三七、三八歳の時に結紮した。……経済的に大変だからこれ以上産まないと、夫婦二人で相談して絶育を決めた。……多くの子供を養うのは大変で、そんな能力はないし、子供にも苦しい思いをさせて、自分たちも世話しきれない。ダンナも同じ考えだ。（前出）

上からの政策による計画出産の推進は、それまで避妊の観念のなかった彼女たちに、子供を少なく産んで貧しさから脱却するという選択肢を提出した。

後に、二子しか産まなかったより若い人たちの理由も「たくさん産んだら、世話しきれない。」（A―9さん、前出）、「暮らしが苦しくて、子供が多すぎると手がかかる。」（B―2さん、前出）などで、基本的に同じである。

## ■政策の指針と村人の立場

計画出産を推進する際には、「一個不少、二個正好、三個多了」のような指針を念頭に、一定以上の人数の子供のいる女性に生殖コントロールが提案された。提案された村の女性たちは、これを「決まり（「規定」、コラム1参照）」（A―8さん）とか「子供二人いる人は結紮しなければならなかった」（C―4さん）などと表現する。[68]「子供は二人までにして絶育しましょう」という提唱は、提唱であって厳格な規則ではないが、規範として村人に対して影響力をもった。一九五〇～六〇年代の日本でも、「家族計画」が推進されて、避妊をすることが市民社会のモラルとなっていったと荻野美穂は論じるが、[69]類似点もあるように思われる。

こうした「提唱」に対して、村の幹部やその家族は、率先して上からの指針に従うことが期待されていた。B―2さんは、夫が幹部で「選択の余地はなかった」が、特に意見はなかったという。

●B―2さん

……幹部は選択の余地がなくて、あたしのダンナはあの頃は大隊の仕事をしていたので、先頭に立たなくてはならなかった。私は子供を産むことについては、多く産もうとか少なく産もうとかいう考えはなかった。誰かにとくに説得されるということもなく、集まりに行って、ダンナに聞いてもみず、彼もとくに反対ではなくて、ようするに二人ともそんな風だった。（二〇〇八年六月二〇日）

「一人っ子政策」開始にあたって、中共中央は一九八〇年九月二五日にまず共産党員・共産主義青年団員に「公開の手紙」を送って、彼らに率先して子供を一人しか産まないことを要請したが、[70]それ以前から、まず党・政府の関係者、農村では人民公社の幹部は率先して要請に応じることが期待されていた。規範の圧力の強さは、立場によって異なった。こうした圧力に対して、すでに子供は充分、と考えていた人はこれに積極的に応じ、いやなら「逃げまくる」ことになる。

## ▒動員の厳しさと「強制性」をめぐって

初期には、宣伝を受けてもためらって手術には行かない人も多かったが、「後になるほど計画出産はきびしくなり、強制も始まった」とは、何人かの村人が語っている。[71]

68……A―8さん：前出、C―4さん：二〇〇八年八月二〇日インタビュー。

69……荻野美穂『「家族計画」への道』岩波書店、二〇〇八年。また前掲田間『「近代家族」とボディ・ポリティクス』参照。

70……前掲史成礼編著『中国計画生育活動史』二〇一～二〇三頁。

71……前述のA―1さんの話。また、A―6さん（前出）も「（絶育手術に）行きたくなかった人たちも、後になってやはり行くことになり、強制的に行かせられた」という。

この村では絶育は八〇年代初頭までしか行われていないので、これは「一人っ子政策」が基本国策になるより前の七〇年代のことだが、村人は「強制性」を感じている。しかし一方で、「どうしてもというなら三人目を産めないことはなかった」ので、絶対的な強制があったわけではない。ここでいわれる「強制」とは、D婦女主任の粘り強い（＝執拗な）動員（説得）（コラム4参照）のことであり、徐々に、村人には「強制」とも感じられるような動員が行われるようになったのである。[72]

とりわけ強力なキャンペーンが展開されたのは、一九七五年である。

### C—4さん

一九七五年ごろ、ここの計画出産はとっても厳しかった。……人民公社の人が来て、結紮の宣伝をし、二人子供のいる人はみな結紮しなければならなかった。私も同意した。女の子と男の子が一人ずついたし、家も大変だったので二人の子供で充分だと思った。この村の第三小隊の誰かの家で結紮の手術をした。皆、宣伝で動員されてきた人たちで、何回かに分けて連れて来て手術した。（二〇〇八年八月二〇日）

前述のように、この年は全国的に計画出産のキャンペーンが展開された年である。表5—5の大連近郊農村の一九七五年の手術数は七八年以前で一番多く、全国的なキャンペーンの波がここにも及んでいた。[73]こうしたキャンペーンは、村人には「計画出産が厳しい」ととらえられている。公社幹部や婦女主任による宣伝・動員・説得が厳しいのである。計画出産担当者は「目標を達成しなければならない」（A—1さん）ので、目標人数が多い時、適切な「工作対象」の女性が少ない時などは、「厳しい説得」をしたと考えられる。いいかえれば、村人の感じる「計画出産の厳しさ」「強制」は、国家の政策目標の指針と関連しつつ、もっと具体的なその場の情況の中で起こる。すなわち、個別の権力関係を伴った人間関係の中で、受け止めた者が感じ取る強制性であり、流動的・相対的なものである。そして、村における権力関係は、村の幹部と村人たちの間の日常的な人間関係の中に存在するものなので、そのような「強制性」の問題はつねに発生せざるをえない。

中国の計画出産政策では、「一人っ子政策」が始まった後の公文書も、つねに「強制」ではなく「提唱」によって工作を進めることを謳っている。[74] それは現場の権力関係の中で「説得」してゆこう、ということである。もちろん八〇年代には賞罰を伴うさらに強力な「説得」が行われるようになるが、幹部と村人との権力関係の下で動員が行われるという意味では、七〇年代のこの時期と、「一人っ子政策」開始後の八〇年代とで、本質的な違いはないといえる。

とはいえ、「権力関係」とは、政府と村人の間だけにあるのではない。具体的な人生を生きている人間は、それ以外にもさまざまな権力関係のネットワークの中で生きている。女性たちの語りからは、産む／産まないの決定に関与するのは、村の幹部を通した政策だけではないことがわかる。身近な家族もまた、彼女に働きかける。

### ■家族内の意見の相違

家族の中で、計画出産について、意見が分かれる場合もあった。

前出の六〇年代初頭にリングを入れようとしたA―3さんは、夫に阻止されて、夫の待望した娘（一九六三年生まれ、第四子）が生れてから、意志を実現してリングを入れた。また、次のC―9さんは、夫が男児を切望していた。

72……前述のA―9さん、B―2さんの話など。

73……他にA―2さん（前出）、B―8さん（前出）も一九七五年に手術している。

74……例えば「関於計画生育工作状況的匯報」（7号文件）（一九八四年四月一三日中共中央批転）も、「提唱により自発性に基づくという原則の下で行い、……「一刀両断」のやり方をとってはならない。」「……徹底的に「強制的な命令は避けられない」という誤った考え方を糾し、野蛮な方法や違法な規律を乱す行為を厳禁する」とする（前掲彭佩雲主編『中国計画生育全書』二一四～二一五頁）。

### ●C—9さん

あの頃は、結紮を呼び掛けていて、毎日会を開き、旦那を説得していた。わたしが絶育しようと言っても彼が聞かず、絶対男の子が欲しかった。男の子がいないと人前に出ても何かが足りない気がする、といって。……息子が生まれて数十日後、結紮の手術をした。（二〇〇八年八月二一日）

また、姑など上の世代も影響力を持っていた。B—9さんは、第二子（一九六二年生まれ）出産後からリングで避妊したが、姑は賛成でなかった。しかし避妊が失敗して第三子、第四子を妊娠し、第四子（一九七二生まれ）は中絶したかったが女の子を期待する姑の反対でできず、出産後、絶育した。より若い世代のA—9さんは、家族の中で姑のみは絶育に賛成でなかったが、姑の反対を押し切って一九八〇年に手術している。[75] このように女性自身はもう産みたくないと考えていたが、夫や姑などの家族—家父長制といってもよい—はもっと多くの子供を望んでいたケースはいくつか見られた。逆に、本人は産みたかったが、夫や舅姑などの家族の意志で産めなかった、というケースはインタビューした中では見えなかった。

第三章でみた上海や次章の湖南省B村で行ったインタビューでも同様で、家族の中で意見が分かれる場合、本人は産みたいが夫や舅姑は産ませたくないというというケースはなく、夫や舅姑は産ませたいが本人は産みたくないというケースが一定割合あった。これらから、全体の趨勢として、出産と養育の負担を担う女性自身は、夫や舅姑などの家族より多くの子を持つことに消極的だといえる。女性の絶育手術の方が男性の手術より身体的負担が大きいにもかかわらず、夫より妻が手術を受けることが圧倒的に多いのも、夫が重労働が出来なくなる心配に加えて、妻の方が避妊に積極的なことが多いことも影響していよう。

従来、「中国の計画出産政策は農民家族との間で、多くの衝突が起きた」といわれてきた。[76] だが、ここで改めて、「農民」とは誰かを考えてみよう。男性家父長の考えが「農民」を代表するのか、それとも実際に産む女性の意向なのか。所謂「中国農民の強い多子・男子願望」は、必ずしも「(出産の当時者である) 中国農民女性の多子・男子願望」ではなく、夫や舅姑などの伝統的家族における権力者の意見がより強く反映されていた可能性がある。[77]家庭内の意志が不統一な場合、女性自身はどちらかというと多くの子供の出産にはより消極的なことが多い。そのような時、計画出産のキャンペーンは女性の希望を後押しする方向のものであった。女性と政策が同盟して、家父長制と対抗しているともいえる。

　計画出産に抗して、「より多く産ませたい／産みたい」場合の理由を見てみよう。先のC—9さんの夫の「男の子がいないと人前に出ても何かが足りない気がする」という意識は、抽象的な男児を望む伝統観念のように見える。男児選好について、B—7さん（前出）はより具体的に「息子一人いたらそれでよい。やはり男の子が必要で、女の子ではダメ。個人経営の時分には、三番目の娘が弟と二人で重労働をやろうとしたが、娘には無理で、息子にしかできない。街では娘も息子も同じで退職したら年金があるけれど、あたしらはそんな金もなくて、息子もなかったら、どうすりゃいいんだい？」と語った。表5—4では、七〇年代までに出産した女性は、C—13さん以外はみな息子がおり、最低一人の男児が必要と考えていた人はQ村でも多かったと思われる。しかしC—9さん自身は必ずしもそう考えていたわけではなかった。逆に、息子ばかりだったA—3さんの夫、B—9さんの姑は女児を望んでおり、男女両方の子供を望む意識も強い。しかしA—3さんやB—9さん自身はもう一人産

75……B—9さん：前出、A—9さん：前出。

76……序章第一一頁参照。ただし二〇世紀末になって、農民の多子願望、また男子願望に変化が見えている、という指摘もされている（梁軍・許孔玲「計画生育予婦女生育健康之利弊害—河南農村入戸訪談調査報告」、李小江等編『平等与発展』三聯書店、一九九七年。）

77……朱楚珠・李樹茁は、嫁に代わって姑（「婆婆《ポーポー》」）が生育を決定する「婆婆文化」が充満していた農村で、計画出産は女性の生殖の自己決定権を大いに向上させた、とする（朱楚珠・李樹茁『計画生育対中国婦女的双面影響』西安交通大学出版社、一九九七年、四五頁）。もっとも一方では、次章のB村の婦女主任のように、男児願望を内面化している女性も少なくなかった。

む負担を負ってまで女の子を望んではいなかった。男児または女児を望む意識の強さも様々である。

計画出産は、農村にそれまでなかった、生殖をコントロールする手段を提供した。同時に、上からの計画出産は、男女にかかわらず子供を少なく産むという、生殖に関する新たな正統観念をも提出した。当時、『人民日報』は、計画出産を宣伝する際、「多子多孫多福気（子孫が多いと福が多い）」「有男有女才是花（息子と娘がそろってこそ美しい）」等は旧社会の地主資産階級の観念だと批判している。[78] そうした正統性のせめぎあいの中で、個々の農民は、自らの希望を実現するべくさまざまな駆け引き——交渉を展開した。

民弁教員（村で雇われている非正規の教員）のA—2さんの場合は、次のようだった。

**●A—2さん：村の小学校の教師。第二子出産直後に絶育**

私は、三四歳の時に結紮した。自分で決めたことで、あたしのダンナは家にいないので、聞かなかった。……あたしの村の婦女大嫂は、「あんたは結扎しなくては駄目。でないと教えられなくなる」と言った。私は、身体が回復しないうちに、二番目ができた。だから宣伝を聞くと、すぐにそうしようと思った。説得を待つまでもない。……私は産みたくなかったし、ちょうど学校も産ませなかった。なら産まない、結紮しよう、と。そこは民間の学校で、あなたは要らないと言われたら、それでおしまい。（二〇〇七年八月三一日）

彼女は、自分も産みたくなかったので提案を歓迎し、夫の意見を聞かずに絶育を決定した。民弁教員なので政策に従わざるを得ない立場を前面に出し、生みたくない意思を実現している。

一方、B—7さん（前出）は、息子が一人産まれた後で絶育に応じており、それ以上産まない手段として上から提供された絶育を利用している。また、A—3さん（前出）やB—9さん（前出）は、夫や姑の希望を入れてもう一人産んだ後に避妊・絶育するという妥協的な対応をとった。いずれにしろ、村に導入された生殖コントロールの手段を利用できることが、前提となっていた。

この村は、一九五〇〜一九六〇年代までは、複合家族・拡大家族の大家族が多く、五人の嫁が交代で食事の用意をする家も少なくなかった。[79] このような家庭では、日常生活は姑が仕切るので、リプロダクションについても、上の世代の意見が強く反映される可能性が高い。しかしその後、多くの家が分家して、現在のQ村は、核家族が中心になっている。前出のA—4さんがリングを入れた時のことを話すのに、わざわざ「この家には舅姑はいなかった」と言っているのは、彼らがいれば、避妊に対して否定的な影響力を及ぼした可能性があるからだろう。家族構成は、生殖コントロールの進展に影響をあたえるが、上の世代の計画出産に対抗する力は、分家によってだんだんと軽減されている。

そもそも生殖—リプロダクションの現場は、つねにさまざまな関係者《ステイクホルダー》の利害と権力の絡んだ交渉の場である。計画出産が導入されたQ村では「子供を少なく産むのがよい」という政府が正統性を付与した新たな規範と、そのための具体的な手段が存在するようになった。いまだ絶対的ではない強制性をもつ規範のプレッシャーの下で、村の現場では、産む／産まないをめぐる交渉——駆け引きが展開された。「たくさん産みたくない」女性の中には、新たな正統性とその手段を以て家父長制と対抗して、自身の希望を実現した人もいる。また、希望どおりの子供を産んだ後で生殖コントロールの手段を利用する女性もいれば、「逃げまくる」女性もいた。さまざまな対応の結果、一九七〇年代にQ村の出生は減少した。

78……「計画生育好処多、批〝早生児子早得済、多子多孫多福気〟」『人民日報』一九七四年一二月一二日、「批判旧観念、計画生育好」『同』一九七五年四月一四日。

79……C—10さん（二〇〇八年八月二一日インタビュー）やC—11さん（前出）の家族など。

コラム 5

# 「超過出産」と罰金

「一人っ子政策」が始まって基本国策になってからの中国の計画出産においては、産んで良い子供の人数と時期が定められた。全国的に出生率の目標が定められたが、運用の仕方は現場によってかなり異なっていた。北方のある都市では、今年は産んでいいのは何人と割当が定められて、たとえば職場「単位」全体で今年は一〇人だったら一〇枚だけ「赤ちゃんチケット（娃娃票）」が発行されて、それを持っていないとダメ（「計画外」）という運用のところもあったという。一方、上海では、「晩婚」の規定に合致して結婚してからなら、第一子はみなOKだったようだ。

「計画外」に妊娠したら、人工流産することが社会的ルールとなった。都市なら職場や居民委員会、農村なら村の幹部が、同意するまで人工流産するよう説得に来る。それでも産みたい場合、居住地から離れたところに「逃げて」、出産まで過ごすことは、どうやら中国各地で行われていたようだ。大きなお腹の女性が、出産まで隠れ住んでいた、という話は珍しくないし、インタビューをしていて、「この子が産まれるまで、親戚のところに隠れていた」という人にも複数出会った。幹部の対応も、追いかけて行って説得する場合もあれば、目の前からいなくなったから自分の責任範囲外と黙認する場合もあって、対応は多様である。

産まれるまで逃げ切って、子供を抱いて現れたら、「超過出産」の子に対する対応がなされる。罰金が徴収され、医療保険などが使えず自費扱いになるし、「一人っ子」に対する優遇はもちろん受けられない（双子など多胎子の場合は、優遇措置はないが、「計画外」ではないので懲罰的な自費扱い等はない）。罰金の名称はのちに、ややソフトに「社会扶養費」と呼ばれるようになったが、本質は変わらない。

第六章のB村の3―15さんの話（三二八～三二九頁参照）からは、ここでは「計画外」の子供の戸籍登録には、罰金を払う必要があったことがわかる。「計画内」と「計画外」の子供を区別すること、「計画外」の子は生まれても罰金を払わないと戸籍登録も出来ないこと、はもちろん重大な人権侵害である。とはいえ、これは裏返せば、罰金を払えば「計画外」の子を産むことも可能だということでもある。B村では、少なくない村人が「計画外」「超過出産」の子供を産んで罰金を払っており、村人には、それを悪いと捉えている様子はない。

罰金の運用は、地域によっても、個別のケースによってもいろいろである。南方のある都市では、第一子が女なら第二子の罰金はそんなに高くないので、みんな二人目を産む、と聞いたことがある。もっともそういうところはあまりなくて、禁止的な金額に罰金を設定してある方が多い。二一世紀に入って中国経済が発展すると、大富豪が多額の罰金を払って複数の子供を持つことがステイタスシンボルになったりもした。中国社会のバリエーションの幅は、とりわけ計画出産のように、そもそも違反することが悪かどうかわからない場合、とてつもなく広い。

湖南省H県人民病院の産科ナースステーション。「出産許可証を持って産みに来なさい」の掲示が見える。調査当時、B村の女性の多くはここで出産していた（2010年8月、筆者撮影）。

## 4 「一人っ子政策」下のQ村――一九八〇年代以後

一九七〇年代末、計画出産は国外で「一人っ子政策」と呼ばれる基本国策となり、一組の夫婦に子供一人を基本に厳格に出生の数が管理されるようになった。

遼寧省では、一九七九年六月に省革命委員会が「一夫婦に子供一人を提唱し、多くても二人までとし、出産間隔は四年以上空ける」の方針を打ち出し、一〇月、大連市計画生育委員会は市政府内の独立した部門に昇格した。八〇年四月、省人民政府は「一夫婦に子供一人だけとすることを要求する。特別な事情のある場合は二人目を許可するが、必ず間隔は四年以上空ける」とする「計画出産工作の若干の問題についての補充規定」を発表し、原則として全ての夫婦に子供一人が要求された[80]。

この頃が、全国で計画出産の要求が「もっとも厳しかった」とされる「例外なき一人っ子政策」の時期である。しかし普遍的な一人っ子の要求は各地で大きな反発と混乱を巻き起こし、中央は政策の修正を余儀なくされた。遼寧省では八五年、中共遼寧省委（一九八五）三一号文件と「遼寧省計画出産条例」により、一組の夫婦は子供一人だけを許可されることを原則とし、第一子が女児の農村の夫婦には四年の間隔を空ければ第二子の出産が許されることになった[81]。こうしてQ村を含む遼寧省の農村は、全国の多くの農村と同様に、第一子が女の子なら間隔を空けて二人目を出産できるという「一・五子」の体制となった。

C―13さんは七八年に第一子（女児）を産んでリングで避妊していたが、知らない間にリングが落ちて妊娠し、八〇年に第二子（女児）を産んだ。出産間隔が足りないとして、当時としては大変な額の八〇〇元の罰金を科された。もともとは一四〇〇元だったが、粘り強く交渉して八〇〇元になったという。さらに夫が党員で幹部である彼女は、婦女主任のこれ以上産まないようにという説得を受けて、下の娘が一歳になる前に絶育した。村で最後に絶育したグループだった[82]。私たちの研究グループのQ村のインタビューイーの中で、罰金を払ったという人は彼女だけであり、八〇年代前半の計画出産政策の厳しさがかいま見える。
表5—4からわかるように、Q村のインタビューイーの八〇年代以降の出産動向は、八〇年代以降に第一子を出産した一九人のうち、子供二人の人は四人、一人の人は一五人であった。二子いる人は、再婚後に第二子を産んだ一人を除いて[83]、第一子は女児である。一子の人は、男児が八人、女児が七人である。では、彼女たちの声を聞いていこう。

## (1) 生育意識

第一子が男児だった人たちは、次のように語る。

八四年に男児を産んだC—8さんは、「農村では、息子一人しか産めない。もし産めるなら、娘が欲しい。それ以上は要らない」といい、子供一人では少ない、二人がいい、と感じているようである。A—11さんも、「子供一人では少ない。もし条件があれば、もう一人ほしい。女の子が欲しいが、産んだら罰金だから」という[84]。

次の女性は、最初の子が死産で、翌八九年に息子を産んだ人である。


80……前掲孫世菊編『大連医薬衛生与計画生育信息』二八三頁。前掲彭佩雲主編『中国計画生育全書』一二八五頁。

81……前掲孫世菊編『大連医薬衛生与計画生育信息』二八三〜二八四頁。

82……C—13さん：二〇〇八年八月二二日インタビュー。筆者らのインタビューの範囲では、Q村で罰金を払った例はC—13さんのみだが、村人によれば村には他にも罰金の例があったという。

83……C—2さん。再婚の場合は、規定でもう一人産むことができる。

84……C—8さん：二〇〇八年八月二一日インタビュー、A—11さん：二〇〇七年九月二一日同。

**B―5さん**

翌年、また妊娠して、息子を産んだ。その時は家で産もうとは思わず、直接病院に行って帝王切開で産んだ。……当時、私は三〇〇元持ってただけで、手術費が四〇〇元あまりかかると聞いて、帰って金を借りて来た。……上の子を産んだ時、人もお金もなくなった。子供も死んで、金もなくなり、しばらく経って、息子を産んで、またたくさん金を使った。その後、(経済的)負担がとても重いと感じて、もういらない。……一人産めばそれでいいさ。もし子供が娘だったら、もう一人産んで、跡継ぎがほしい。もし次も女の子だったら女の子でいいし、男の子だったらもうけものだ。(二〇〇八年六月二一日)

彼女には、生活が苦しくて一人でよいという想いと、もう一人欲しいという想いとの両方が見える。同じ頃、八三年に男児を産んだC―1さんは、次のように言う。

**C―1さん**

わたしは自分から(リングを)入れてもらった。負担が重過ぎて、たくさん産もうとは思わなかった。子供を産む時、私はダンナに「男の子でも女の子でも、一人しか産まない」と言った……(二〇〇八年八月二〇日)

以上のように、八〇年代に息子を産んだ人の意識は、同世代でも人によって、「娘も欲しかった」という人と、「一人でよい」という人と、両方がみえる。

第一子が娘で、二人目を産んだ女性は次のように語る(以下、ゴシック部分はインタビューワーの質問部分)。

**C―12さん**

**―あなたは娘二人だけど、上の子が娘だった時、ダンナや、舅、姑は面白くないことはなかった?**

嬉しくなくても言葉では表さなかった。わたし自身も面白くなく、なんともいえない気持ちになって、かっとのぼせてしまった。そうでないと、どうして盲腸炎に罹るもんですか、かっとなって罹ったんだ。しかし、二番目を産んだ後は、何の文句もなかった……二人の娘がいるとよい仲間になるから、いいと思った。今でも、いいと思っている。もっと産もうとは思わなかった。だって、負担が重過ぎるから。村で子供二人ほしがるのは、助け合う仲間になると思っているから。あたしの大連の従姉妹たちは、「子供が多いと貧乏になる」と私をなじるけど。（二〇〇八年八月二二日）

**C―3さん**

**――上の子が産まれて娘だった時、家で姑はどうだった？　文句いわれなかった？**

なかった。姑たちの対応もよかったし、私自分も悲しいということはなかった。二番目の娘を産んだ後も同じで、何も言われなかった。男の子も女の子も同じ。（二〇〇八年八月二〇日）

この村でインタビューした二子の女性は、たまたま第二子も女の子のケースばかりだったが、最初は息子が欲しいと思っていた人も、現状を受け容れるようになっている。C―3さんの二人の娘はともに大学に行っており、男の子と変わらない経済力が期待できることも関係しているかもしれない。九〇年代以降に子供を産んでいる若い世代には、第一子が男の場合も女の場合も含めて、「子供は一人でよい」という人が多くなる。

**A―10さん：子供は一九九七年生まれの男の子**

ようするに一人いればいい。仮に一人目が女で産んでよくても、大変なのでもう要らない。（二〇〇七年九月二日）

**B―1さん：子供は一九九八年生まれの女の子**

**――女の子を産んで、息子だったら良かったと思う？　家族はなにか言う？**

ほんとのところ、私も夫もとても喜んでいるし、なんとまあ、年寄りも何も言わない。

**――もし自由に産めるとしたら、何人産みたい？**

実際、今は二人産んでもいいけれど、それでも一人でいい。今は条件が良くなくて、なにも固定した収入がないから。もし条件が許したら、二人産みたい。女の子二人がいい。女二人だと、いくぶん負担が軽い。男の子は結婚の時に、家を建てるか買うかしてやらないといけないけど、女の子はそれに比べたら、簡単ですむ。（二〇〇八年六月二〇日）

**●C―5さん：子供は二〇〇二年生まれの男の子**

……子供一人だけで充分だと思った。今の社会は、競争がとても激しいし、生きていく上でのプレッシャーもとても大きく、費用も高くて、一人育てるだけで充分。一人の子供だったら、すべてのエネルギーをその子に注げるが、二人だったら、分けなければならない。今の人は子供の質を高めようとする。一人の良い子を育てる方が二人のぱっとしない子を育てるよりずっといいじゃないか。だから、今は計画出産は宣伝する必要もなくなった。皆、産むのを恐れている。（二〇〇八年八月二〇日）

**●B―6さん：子供は二〇〇六年生まれの男の子**

私はこの子一人産んで充分だ、もういらない。これは私がそうしたいと言えばそうなる。私が産みたくなければ産まない。もう一人産んで男の子だったら困る、育てきれない……。（二〇〇八年六月二一日）

彼女たちは、経済的な条件を考えると二人は厳しい、あるいは経済的に可能ならもう一人欲しい、という。二人目を産むにしても、女の子の方が負担が軽いからよい。この世代には跡取り息子を確保することは絶対条件ではなくなっていて、経済的な負担からむしろ女の子志向も見える。「伝宗接代」の家父長制的思考より経済条件の方が重要になっているのである。さらには、C―5さんのように、ぱっとしない子二人より一人に充分手をかけて質の高い子を育てるのがよい、という子供の「量より質」の考え方を述べる人も見える。娘だけだが「一人でよい」と、きっぱりと言明するのは、次の人である。

### ●A―7さん：村の診療所の医士

結婚した時、二人で何年かしてから産むと決めたが、彼の両親、舅と姑がはやく急いで孫が欲しくて、一日中、子供はまだか、まだかと、せかした。それで、よし、と結婚後一カ月あまりで計画を変えて、はやく産むことにした。娘を産んで、女の子だとわかって、姑はとても面白くなかった。ダンナはが当時不満を現わさなかったが、その後になると、もう一人産もうとしきりに勧めてきた。しかし、私は一貫して同意しなかった。もういらない。一人目は女の子だから、もう一人産むことは出来るが、要らなかった。一つには、大変だから。もう一つは、自分の一生を子供のために生き、子供を産む機械になってしまうから。それでは、私の一生は意味が無くなってしまって、悲しいことだ。もちろん子供が欲しいよ、女として担うべき責任をきちんと果たさなければならないからね。子供を産まないと、女としての価値もない。しかし、産むのは一人でいい。自分が女であること、産める体であること、母親であることを証明すれば、よいのだ。(二〇〇七年九月一日)

彼女は、村の診療所を自身で経営している医士で、離婚して一人で娘を育てていた。自分の生殖能力を証明したいが、べつに男の子を産む必要はないと言い、「一生を子供のために生き、子供を産む機械になってしまう」ことを拒否する。Q村で、このようなはっきりした言葉で、自身の人生を「子産み機械」にしないと語ったのは、いわば村のキャリアウーマンであるこの人だけだが、その背景には、跡継ぎにこだわらない同世代の他の女性たちと共通する感覚がありそうだ。しかし息子を期待していた夫や姑とは矛盾があり、彼女は離婚を選んだのである。

## (2) 人工流産の増加と生殖する身体の管理の深化

「一人っ子政策」(この村では「一・五子」システム)が始まって、出生統制はそれまでよりも格段に厳しくなった。Q村では、結婚後、第一子の誕生まではとくに干渉はなかったが、第一子出産後、月経が再開したら、リングを入れるように婦女主任から働きかけがなされる。[85] 第一子が女児の場合は、五年間隔が空くと第二子の「指標が与えられる」。そうすればリングをはずして第二子を産むことができ、その後またリングで避妊する。ただし、リングが体質に合わない等の場合は、他の方法で避妊することもできる。女性たちの言葉を聞いてみよう。

●C―12さん

……あたしらは子供を産む時、指標が必要じゃない? 上の子の年齢が基準に達していないと二番目を産めない。上の子を産んで、二番目を妊娠するまでは、コンドームで避妊した。二番目を産んだ後にリングを付けたが、腰が痛くなり、大連の病院で外してもらってコンドームにした。(二〇〇八年八月二二日)

●B―10さん:一九九二年から調査当時まで村の婦女主任

子供が一カ月になった後は、まだリングは出来ないのでコンドームで避妊した。婦女主任がコンドームを配る。八九年一月にリングを入れ、九二年に取り出して二番目を産んだ。二番目を産んでから、百日あまりしてまたリングを入れた。(二〇〇八年六月二二日)

婦女主任が生殖する身体の管理の最前線で活動し、「計画外」の妊娠を防ぐ体制が取られている。とはいえ、想定外の妊娠(「意外懐孕」という)は完全に防げるものではない。次はそのような場合である。

●A―11さん

子供を産んでから避妊していなかったら、妊娠してしまった。別に検査しなくても、自分でわかった。四〇日間月経がなくて、こういうことはこれまでなかったと思った。それで自分で行って妊娠してないか聞いてみたら、そうだという。それで（人工）流産した。X鎮の個人営業の診療所で、病院の医者が自分で開業したところだ。……私は自分で行って、当時はよくわかってなかったので、あらまあ、彼女がどうするかなんて知らずに、怖いことだけど、終わってから自分で自転車をこいで帰ってきた。村では、こういうことはたいしたことではない。流産の処置をして帰ってきてから、なんとまあ、お腹が痛くなった。あたしの姑はそれを見て、どうしたのかと聞いた。それで話したら、姑は薬をくれて、それを飲んだら良くなった。あの時、流産するのに一〇〇元余り払った。その後、村の計画出産の所へ行って、リングを入れた。（二〇〇七年九月二日）

## C—5さん

二回も中絶したことがある。一回目は、大連大学付属病院で、二〇〇元で無痛人工流産をした。全部を加算すれば、二〇〇〇元くらい使った。仕事には影響せず、手術が終わったらすぐ働ける。わたしは病院に三日間入院して、退院してすぐ出勤した。二回目は、家で薬を使って中絶したが、全部流れなかったので、あとで大連までいって掻爬の手術をした。W市では掻爬ができなくて、大変だった。薬で中絶するのはよくない。（二〇〇八年八月二〇日）

八〇年代以降、「一・五子」システムを含む「一人っ子政策」を基本国策として推進するようになった中国では、「計画外」の妊娠（Q村のような農村では、第一子が男の子の場合の妊娠、女の子でも間隔が足りない妊娠）をした時には、「補救措置」＝人工流産をすることが社会的ルールとなった。そのような場合は、選択の余地なく中絶しなくてはならない。八〇年代以降に第一子を産んでいる一九人のインタビューイーのうち、人工流産の経験のあ

85……C—2さん（前出）「産後はじめての月経が来たら、婦女主任がやってきてリングをつけるよう催促した」など。

る人は八人いて、中にはC—5さんのように複数回経験している人もいる。以前はリングの脱落などで予定外に妊娠した場合もほとんどの女性が出産しており、七〇年代以前に第一子を産んでいる一七人のうち、中絶の経験者は二人だけだった。[56]「一人っ子政策」開始後、人工流産の増加は明白である。そして、先の語りからは、女性たちが人工流産によって健康を損ねることが少なくないのがわかる。

### 婦人科検診

「計画外」の妊娠を防ぐために、生殖年齢の女性たちの検診も行われるようになった。村の医士のA—7さんは、婦人科検診についてこういう。

**A—7さん**

婦人科の検診は、主に女性の健康と計画出産のためだが、のちに強制になった。鎮の計画出産の主管が村に来て、村中の生殖年齢（一五~四九歳）の女性を集めて検診を受けさせる。生殖年齢の女性は、必ず受けなければならない。無料で、私も協力する。計画出産は計画出産委員会の仕事で、鎮にはその組織があり、村には婦女主任がいる。彼女は村の責任者だから、村の女性に通知し、その日にはみな集まる。これは強制で、必ず検診を受けなければならず、行かないと、厳しい場合は罰金を取られる。検診の主な目的は女性達の健康のためだが、避妊をちゃんとやっているか調べるためでもある。計画出産政策のためという性格も持っている。（前出）

村の女性たちも、検診は計画外の妊娠を取り締まるためだと、認識している。

**A—11さん**

今、毎年春と秋の二回健康診断があって、村の婦女主任の所へ行って検査する。村の生殖年齢の女性はみんな行かなければならず、行かないと罰金だ。何もなくても行って診てもらってもよい。そこではあの（検査をする）人が、W市から来ることも、X鎮から来ることもあるけど、超音波診断装置を使って、小さなのが映るのを見て、リングが入っているかどうか、妊娠しているかどうかを診る。要はそれを診るわけよ、リングがあるかどうか。（前出）

とはいえ、二一世紀に入って規定外に子供をたくさん産もうという人はあまりいなくなっており、検診は、本来の健康維持のための役割も果たしていた。なかには、次のように自身の健康のために言われなくても行く、という人もいる。

### B―4さん

村の検診は無料で、超音波で診断したら終わり。私たちは説得されなくても検診に行く、今は婦人病がとても多いから。私は今のところ病気はないけど。（婦人科以外の）一般の検診はない。（二〇〇八年六月二一日）

以上のように、調査当時のQ村では、生殖年齢の女性の計画外の妊娠・出産を防ぐために、しっかりと生殖する身体の管理が行われていた。とはいえ、すでに計画出産が定着し、また複数の子供を育てるには経済的なプレッシャーも強いので、村人たちに、政策に反してたくさんの子供を持ちたいという希望は強くはなかった。さらに、第一子が女児でも「指標を返還して」子供は一人でよい、という人も見られるようになっていた。

86……一人は妊娠中の病気のために障害児が生まれるのを恐れたからで、もう一人はすでに充分な数の子供がいると思ったからである。なお、七〇年代末には、出生調整のための人工流産を病院で出来る体制になっていた。

## 5　なぜ中国では国家の生殖への介入が自明視されるようになったのか

Q村は、中国東北地方の都市近郊農村で、中国農村の中でもとりわけ計画出産が順調に進展したところである。東北地方の三省は、魏津生らの分類によると、いずれも計画出産工作が順調で出生率の低い地域とされている。この村では、一九六〇年代からリングによる避妊が導入されて村の女性に普及し、七〇年代には「絶育」が村の生殖年齢の女性に対して普遍的に行われるようになって出生数が減少した。中国農村で計画出産を推進する基盤には、村ごとに女性の「はだしの医者」が配置された農村合作医療による母子保健の進展があり、また生産大隊の婦女主任が政策を基層で実行する女性幹部として村ごとに配置されているという、ジェンダー・センシティブな動員のシステムが存在したが、この村は行政と医療の両面で優れた基層の女性幹部に恵まれていたことが、東北地方のなかでもとりわけ計画出産が成果を挙げえた大きな要因であった。

「絶育」手術は、婦女主任の呼びかけに答えた村の女性たちが集団で手術を受けるもので、個人が自由な時に受けられるものではない。このような方法は、中国農村の条件の中で、農村の女性たちがそれまでアクセスできなかった生殖コントロールを現実的に可能にするものであった。

計画出産は、村の現場では、幹部の提唱する「子供を少なく産む」という新たな規範として導入された。これを歓迎する村人も、「逃げまくる」村人もいたが、権力関係を背景にした具体的な村の人間関係の中で、「絶育」の動員は実施されてゆき、時には村人に「強制的」と受け取られるような執拗な説得がなされることもあった。より政策が強化されて「一・五子」システムを含む「一人っ子政策」が行われるようになった一九八〇年代以後も、政策は「提唱」と説得によって実現を図るとされており、その意味では、国家の生殖への介入の方法は、「一人っ子政策」開始の前後で連続している。

当初、村人たちは、貧しさや養育の負担を考慮して、比較的積極的に生殖コントロールを受け入れた。家族の中で意見が一致しない場合は、夫や姑よりも女性自身が生殖コントロールに積極的な傾向があり、国家の政策と女性が同盟して家父長制に抗して出産の抑制を実現した側面があった。女性達は単なる政策の対象ではなく、村のさまざまな権力関係の中で、政策を受け入れたり拒否したりする行為主体として交渉し、結果として一九七〇年代の急速な出生率の低下をもたらした。

では、なぜ中国では国家が生殖に介入することが自明視されるようになったのか、という本書のはじめに提出した問いに戻って、Q村の計画出産普及過程からそれを考察してみよう。

そこでは、計画出産普及の過程で、近代的な生殖コントロールの手段が、独占的に行政・医療システムによって提出されたことが重要な意味をもったと思われる。

村の女性にとっては、人民公社の行政システムと一体化した農村合作医療のシステムの中でしか生殖コントロールにアクセスすることは出来ず、導入された生殖コントロールは歓迎された。かくして計画出産すなわち国家の生殖への介入は、村の行政・医療システムの一環となったのである。その後徐々に動員が厳しくなり、「逃げ回る」村人も出てくるようになるが、厄介視されたのは計画出産の要求の厳しさ、その具体的内容であり、村の行政・医療システムを通じて国家が生殖に介入することは、当然のように定着した。近代社会において、人類は生殖コントロールを庶民層にまで普及させたが、その方式は社会によって多様であった。Q村の場合、生殖コントロールの方法が行政・医療システムを通じて国家によって独占的に提供されて広く普及し、同時に基層の女性幹部を通じて生殖する身体が国家に掌握されて、計画出産政策の「順調な」展開につながったのである。

とはいえ、すべての中国農村で、Q村のように「順調に」計画出産が展開したわけではない。次章では、人民共和国期の産むこと／産まないことの変化の経緯が、Q村とは相当に異なった展開を示した村の様子を見よう。

# 第六章

# 「遅れた」農村における計画出産の紆余曲折

## ——湖南省B村

本章の調査地である湖南省B村の衛生室だった建物。壁には「一人だけしか生まなくても損はせず、夫婦それぞれが600元受け取れる」などの計画出産のスローガンが書かれている（2010年8月、筆者撮影）。

## 「魚米の郷」のリプロダクション

前章で中国東方地方の遼寧省Q村における計画出産の展開過程をみた。中華人民共和国成立以来の村のリプロダクションは、都市のシステムとは相当に異なった、人民公社の下で集団農業を行う村の農村合作医療のシステムの中で展開し、Q村では女性の「はだしの医者」や婦女主任が大きな役割を果たして、計画出産は比較的順調に進展した。

しかしながら、全ての中国農村がQ村と同様の過程をたどったわけではない。本章は、Q村に比べればかなり紆余曲折のある過程をたどった湖南省B村の、二〇世紀後半から二一世紀初頭の約半世紀にわたる計画出産――国家によるリプロダクションへの介入・管理――の展開について、村の女性たちや幹部の対応に注目しながら明らかにする。

B村は華中湖南省北部の平原部に位置し、長江中流洞庭湖畔の名勝岳陽楼までは現在なら車で三時間あまりの、古い歴史を持つ地域にある。明清時代には「湖広熟すれば天下足る」といわれた農業地域に位置し、「魚米の郷」と呼ばれる伝統ある農村である。Q村が、清末以来ようやく漢族が移住を始めた中国東北地方の遼寧省に位置し、地域社会の古い伝統に縛られていないのとは異なる。

姚毅と筆者の研究グループは、二〇世紀後半以来のこの村の出産と生殖コントロールの変化について明らかにするため、二〇〇九年~二〇一一年に五回にわたってフィールド調査を行った。調査の中心は、村の出産経験のある女性計三六人への自身の出産と生殖コントロールの経験についてのインタビューと、医療関係者や村幹部などへのインタビューである。出産経験のある女性への聞き取りは、上海およびQ村で行った聞き取り調査と基本的に同一内容の半構造式の面接調査で、インタビューの内容は、すでに報告資料集として刊行している。[1] 本章の叙述は、文献資料による典拠を明記するもの以外は、基本的にこの調査によっており、B村の女性などの名称は、第三章〜第五章と同様の理由から、1—1などの記号で表し、報告資料集のものとそろえてある。

B村では、Q村と異なってたくさんの「超過出産」が見られた。この村の女性たちは、如何にして子供を産み／産まないできたのか、彼女たちを取り巻く状況のなかで、この村の計画出産の展開過程を跡づけよう。

## 1　B村の概要と女性たちのプロフィール

まず、B村の概況と調査の方法、女性たちの状況などを概観する。

### (1) 村の概要と地域の人口

B村は華中内陸部の湖南省Y市H県X郷[2]に属する漢族の農村である。湖南省北部の中心都市であるY市市街か

1……小浜正子・姚毅『中国農村におけるリプロダクションの変遷――B村の女性たちの語り（資料集）』平成二一〜二三年度科研費基盤研究C「中国の計画出産政策とリプロダクティブ・ヘルス／ライツの研究」（研究代表者：日本大学文理学部・小浜正子）報告資料集、二〇一四年。調査にご協力いただいたB村の女性をはじめとする方々に感謝する。この調査で生き生きとした口述記録が得られたのは、主としてインタビューにあたった姚毅氏に負うところが大きいが、本書で起こりうる翻訳や解釈の誤りは、全て筆者の責任である。

2……B村の行政区画は、湖南省（一級行政区画）Y市（二級行政区画）K県（三級行政区画）X郷（四級行政区画）に属する。

ら約一四〇キロメートル、K県中心部からは約三〇キロメートルに位置する。村の人口は、二〇一一年に一二四八人（村幹部のインタビューによる）だったが、広東などに出稼ぎに出ている人が三〇〇人ほどおり、常住人口はもっと少ない。村には一〇の集落（元の生産隊）があり、耕地面積は一九二六畝《ムー》（畝は耕地面積の単位で、一畝は約六アール）である。B村は、平原地域に位置し、土地は平坦でよく耕されていて、限られた土地を効率よく利用している。以前は水稲、綿花の栽培が中心だったが、一九八〇年代後半から水稲の栽培はほとんどなくなり、綿花・麻・アブラナなどが中心になった。その他に、ザーサイやカボチャ、レンコンなども栽培している。家屋の周りにはミカン、桃など様々な果樹が植えられている。周囲には川や湖が多く、自然環境が豊かな水郷であるが、耕地が少ないため、生活はさほど裕福ではなかった。今では四〇歳以下の若い人々は、多くが出稼ぎに出ており、現金収入は、農業より出稼ぎによるものが多い。

B村は、K県X郷に属する二六の村・農場の一つである。村から郷の中心部までは五キロメートルで、歩いて一時間ほどかかる。現在では道路が通じており、車なら一〇分ほどで行き来できるようになった。以前はX郷の領域が一つの人民公社だったが、一九八二年に「分田到戸」（農家ごとの生産請負）があり、翌年人民公社が解体してX郷となった。その際、ある生産大隊（旧X村）が隣の生産大隊（旧N村）の一部と合併してB村となり、現在に至っている。郷の中心部は商店やレストラン、役所が軒を連ねる二つの大通りがあって、のんびりした田舎町の様相を呈している。この地域の産業は農業中心で、X郷は二〇一〇年の工業総生産四一六二万元に対して農業総生産は三億八五六九万元、農民一人当たりの収入は六四八〇元で、前年より八七五元増加していた。水稲、綿花、アブラナ、野菜栽培のほかに、豚、牛、アヒル、鶏などの家畜飼育も盛んであり、魚などの養殖水産品も主な収入源の一つである。[3]

表6―1は、K県・湖南省・中国全国の出生率・自然増加率などの推移である。データにはばらつきが多いが、この地域も中国の他地域と同様に六〇年代の高い出生率が七〇年代に低下したこと、八〇年代から九〇年代初頭は変動が大きいこと、九〇年代半ばから出生率がぐっと下がったこと、などの趨勢は見て取れる。B村の人口は、

一九九一年時点で三七五世帯一四六六人（工農業総生産は二二三・一万元（農業一九三・一万元、工業三〇・〇万元）、一人当たりの収入は八二六元）であり、[4]一九九三年の出生率は一〇・四パーミル、自然増加率は三・五パーミルであった。[5]調査時点と比べると人口はやや多く、近年は若干の人口の減少があることになる。

前章で見たように、魏津生・王勝今らは、出生率には社会経済発展水準と計画出産工作が影響するとして、一九九〇年代前半の中国各地域を五つの類型に分類した（二二六頁参照）。湖南省はこのうち、社会経済発展水準は低く、計画出産工作が進展していて出生率が低下しつつある第四類の地域に分類されている。[6]湖南省の一九九〇年時点の第一子率は四五・五パーセント（全国は四九・五パーセント）、計画出産率は六九・九三パーセント（同八四・一八パーセント）、八九年の一人っ子父母光栄証受領率は八・八四パーセント（同一八・一〇パーセント）でいずれも全国平均を下回っており、中国の中でも一人っ子政策があまり進んでいない地域であったことがわかる。二〇〇〇年には第一子率は六六・一パーセント（全国は六八・〇パーセント）、二〇〇二年の計画出産率は九四・八九パーセント（同九四・六三パーセント）、二〇〇〇年の一人っ子父母光栄証受領率は一一・五五パーセント（同二二・二四パーセント）となっている。[7]

## (2) 村の医療衛生と母子保健

医療施設についてみると、一九五八年にこの地域の各人民公社には、それぞれ衛生院が設立され、X人民公社

3……K年鑑編委会編『K県年鑑（二〇一〇年）』K県史志辦公室編、二〇一〇年、二三四頁。

4……湖南省K年鑑編委会編『K県年鑑（一九九二年）』編者刊、一九九二年、三・一四～三二五頁。

5……湖南省K年鑑編委会編『K県年鑑（一九九四年）』編者刊、一九九四年、三五五頁。

6……魏津生・王勝今主編『中国人口控制評估与対策』高等教育出版社、一九九五年、一二三～一二四頁、四〇一～四〇二頁。

7……若林敬子・聶海松編著『中国人口問題の年譜と統計――一九四九～二〇一二年』御茶の水書房、二〇一二年、一三四頁、三一一「出生順位別割合と計画出産率と一人っ子父母光栄証受領情況――一九九〇・二〇〇〇・二〇一〇年」。

**表6－1　K県・湖南省・中国の人口と出生率の推移**

人口（人）；出生率（‰）、自然増加率〔「増加率」と略期；‰〕；合計特殊出生率〔全体（都市，農村）〕

| | K県 | | | 湖南省 | | | 中国 | | |
|---|---|---|---|---|---|---|---|---|---|
| | 人口 | 出生率 | 増加率 | 出生率 | 増加率 | 合計特殊出生率 | 出生率 | 増加率 | 合計特殊出生率 |
| 1949 | 347,115 | 20.7 | 9.3 | | | 6.15（5.25, 6.33） | 36.0 | 16.0 | 6.14 |
| 1957 | *420,954 | 31.6 | 22.6 | 33.47 | 26.7 | 6.30（6.01, 6.35） | 34.0 | 23.2 | 6.41（5.94, 6.50） |
| 1960 | | 16.5 | 2.2 | 19.49 | -33.8 | 3.72（3.93, 3.69） | 20.9 | -4.6 | 4.02（4.06, 4.00） |
| 1965 | *437,809 | 43.0 | 32.6 | 42.25 | 30.3 | 6.76（3.82, 7.20） | 37.9 | 28.4 | 6.08（3.75, 6.60） |
| 1972 | *491,022 | 35.9 | 26.5 | 29.93 | 22.0 | 5.26（2.05, 5.65） | 29.8 | 22.1 | 4.98（2.64, 5.50） |
| 1974 | *569,220 | 30.7 | 21.3 | 27.11 | 18.8 | 4.56（1.64, 4.91） | 24.8 | 17.5 | 4.17（1.98, 4.64） |
| 1977 | *612,400 | 22.2 | 14.2 | 18.61 | 10.9 | 2.73（1.63, 2.87） | 18.9 | 12.1 | 2.84（1.57, 3.12） |
| 1980 | *635,001 | 14.1 | 8.0 | 17.68 | 11.0 | 2.38（1.42, 2.51） | 18.2 | 11.9 | 2.24（1.15, 2.48） |
| 1986 | 640,270 | 11.6 | 6.2 | 19.90 | 13.6 | 2.36（1.37, 2.54） | 22.4 | 15.6 | 2.42（1.24, 2.77） |
| 1990 | 682,169 | 21.6 | 15.7 | 23.93 | 16.7 | 2.43 | 21.1 | 14.4 | 2.31 |
| 1993 | 693,097 | 10.5 | 4.6 | 14.08 | 7.0 | | 18.1 | 11.5 | 1.94 |
| 1995 | 700,557 | 12.0 | 6.4 | 13.02 | 5.9 | | 17.1 | 10.6 | 1.86 |
| 2001 | 716,171 | 8.9 | 4.0 | 11.80 | 5.1 | | 13.4 | 7.0 | 1.39（1.14, 1.57） |
| 2005 | 714,887 | 7.5 | 3.5 | 11.90 | 5.2 | | 12.4 | 5.9 | 1.33（1.30, 2.00） |

K県の人口は不明な年もあるので、1957年は58年で、65年は64年で、72年は68年で、74年は73年で、77年は78年で、80年は82年の人口でそれぞれ代えた。

典拠：K県志編纂委員会編『K県志』中国文史出版社、1992年、133頁、135-136頁。『K県志（送審稿）』2009年、957頁。跨世紀的中国人口（湖南巻）編委会編『跨世紀的中国人口（湖南巻）』中国統計出版社、1994年、11-12頁。毛況生主編『中国人口（湖南分冊）』中国財政経済出版社、1987年、73-74頁、104頁、106頁。陳勝利・安斯利，冠爾『中国各省生育率手冊（1940-1990）』中国人口出版社、1992年、81-83頁。若林敬子・聶海松編著『中国人口問題の年譜と統計―― 1949 ～ 2012年』御茶の水書房、2012年、116頁、126頁。

にもできた。一九六九年から全県の農村に合作医療ステーションが相ついで設立され、一九七〇年末には県全体の村の九四パーセントにあたる三六六生産大隊にそれぞれ合作医療ステーションが成立した。また八九七人の「はだしの医者」が養成された。[8] 合併前の旧X村にもこの頃診療所ができて、最盛期には五人の「はだしの医者」がおり、女性の「はだしの医者」も一人いたが助産はしなかった。この村の助産は、一九九〇年代まで多くが旧産婆あるいは家族・隣人等によって行われていた。[9] 一方、旧N村では一九五〇年代から訓練産婆[10]の1―Bさん［コラム6参照］が活躍していたが、一九八二年からは女性の「はだしの医者」である1―Aさんが彼女に替わって助産をするようになった。しかしその後も家族や隣人などによる助産もあった。[11]

B村には病院はなく、一番近い病院はX郷衛生院で、出産も扱っている。人民公社時代は自宅分娩がほとんどだったが、難産等の場合は産婦はX郷衛生院に運ばれ、そこで処置できない場合はK県人民病院に送られた。村では一九九〇年代までは自宅分娩が多かったが、二〇〇四年に「はだしの医者」の助産が禁止され、二〇〇五年からは医療施設でしか発行できない出生医学証明が戸籍登録に必要になったので、村で産むことはまったく不可能になり、[12] ほぼ一〇〇パーセントが施設分娩になった。調査当時、B村では年間十数人の出生があり、道路が整備されて交通も便利になったので、村の女性はほとんどK県人民病院で出産するようになっていた。

この地域の乳幼児死亡率は、中国の中でもやや高い方だった。湖南省の一九八一年の乳児死亡率は五二・五一

8……K県衛生志編纂領導小組編『K県衛生志』雲南人民出版社、一九八九年、六三頁。

9……当時の「はだしの医者」の4―Aさん（男性）による。二〇一一年三月七日インタビュー。

10……訓練産婆とは特に専門教育を受けていない伝統的産婆（旧産婆）に近代医療による再訓練を施した者を言う。

11……1―Aさん：二〇〇八年八月二三日インタビュー。

12……姚毅「国家プロジェクト、医療マーケットと女性身体の間―中国農村部における病院分娩の推進」小浜正子・松岡悦子編『アジアの出産と家族計画――「産む・産まない・産めない」身体をめぐる政治』勉誠出版、二〇一四年、参照。

# 訓練産婆と迷信

湖南省B村で訓練産婆として活躍していたCi（1―B）さんは、村の名物産婆として知られていた人である。彼女の語りから、B村のリプロダクションの計画出産とは別の面を見てみよう。

Ciさんは、一九二二年にB村の隣郷で生まれ、三六歳だった一九五二年に再婚してB村にきた。学校に通ったことはなく不識字で、初婚は童養媳だった。母が助産をする人で見知っていたため助産をする機会があった。その後、村の支部書記（村長）に呼ばれて、訓練を受けて村の出産に責任を持つようになった。彼女は語る。

私は助産の仕事によって人民公社で普通の人より高い労働点数を得た。毎月、郷の衛生院に行って講習を受けたが、字が読めないので話を聞いて覚えた。助産に必要な鋏や手袋なども衛生院から支給されていた。消毒はしっかりやって清潔そのもののお産をした。お腹の中で子供がどんな状態かは、手で触ればわかる。手袋をして子宮口の開き具合を調べて産婦の状態を見て、不正常な状況を発見したらすぐに病院に送った。ややこしいこと（訴訟など）は一度も起きていない。いくらかダメだった子もいるけど。毎月何人取り上げたかは、上に報告する。多い時には一カ月に二八人も取り上げた。村で正式に助産に責任を持つと承認されているのは私一人だけだが、誰かがこっそりと人のお産を取り上げることはあった、お産は早く進むこともあるし。

男の子と女の子とでは、男の子が生まれる方が嬉しいに決まっている。産婦の家に行ったらまず戸口で火を燃やして、それをくぐって家に入る。鬼《クェイ》（幽霊）は火を恐がるので、そうすれば難産の鬼にも負けない。お産の時に産婦を眠らせると、死んでしまうから、わめいて起こすといい。私は堕胎はしていない。六〇歳のときに、「はだしの医者」しか助産できない決まりができたので、辞めて、出産セットは「はだしの医者」のZp（1―Aさん）にあげた。

（二〇〇八年八月二五日インタビュー）

B村のインタビューでは、幽霊や迷信のような話もしばしば登場する。子供を破傷風で亡くしたある女性は、「ちゃんと埋葬しなかったら、その後また身ごもっても、同じような症状になって死んでしまう。あれは連鎖するんだ。その後、埋めてあった（赤ん坊の）死体を掘り出して焼いたら、後は身ごもってもうまくいって、（連鎖を）止めることが出来る」と「転胎殺火」という現象を語った。彼女は後に産んだ子も破傷風になったが、隣人の秘法で回復した。「私は泣いてしまって、だってこの娘まで死なせたくなくて。それで夫は私が泣いているのを見て、人を呼んで、Wlを連れてきた。毒を消すんだ。鵞鳥の糞の灰やら白鵞鳥の糞やら、夜枯草やら、山にある節ごとに実をつける草やら、煮出して口を洗った。それから落っこちた臍の緒を焼いて飲ませた。ふつう指一本分残しておいて、それが落ちたら焼いて飲ませた。落っこちるのには一週間あまりかかるが、破傷風も一週間あまり経って起こった。……彼女はたぶん祖先からの秘法があるんじゃないか！　どこかで習ったんじゃなくて。」（2—10さん：二〇一〇年二月一八日インタビュー）。

こうした迷信のような考え方も存在する地域では、厳格な消毒をする一方で、「火をまたぐ」習慣も保持しているCi訓練産婆が、人々の信頼を得て、比較的遅い一九八〇年代まで活躍できたといえる。

B村は、専門訓練を受けていなくても村の女性の多くが助産をしたり、また薬草などを使う伝統的な民間療法を身につけている人が少なくないなど、古くから医療を含めた生活技能が民間社会に蓄積されている地域であった。行政はそうした部分をも取り込みながら、出産の近代化を図っていたといえようが、「はだしの医者」や、ましてや正規の医者に頼らずに隣人がお産を取り上げるなど、この地域のリプロダクションは簡単には医療化・正規化してゆかず、女性たちは、様々な選択肢の中から自分の望む方法での産み方を選択していた。こうした近代医療が速やかには浸透しない民間の生活の知恵の蓄積されたリプロダクションのあり方も、この村の計画出産が紆余曲折するひとつの要因だったといえるだろう。

COLUMN

パーミル（都市三三・〇一パーミル、農村五四・六三パーミル）で、同年の全国の乳児死亡率三四・六八パーミルを上回っており、[13]本書で見てきた上海や遼寧省よりかなり高い。一九八七年には湖南省の周産児死亡率は一五・一四パーミル、一九九二年のK県の乳児死亡率は一八・四パーミルまで低下した。[14]私たちのインタビューでも、一九八〇年代になっても、子供を破傷風で亡くした女性が複数おり、古い時期にはそのような話はさらに多い。子供を産んでも育たないことは、B村では遠い過去の話ではなかった。

前章の遼寧省Q村では一九六〇年代に「はだしの医者」による新式出産が普及したのに比べて、B村での旧産婆・訓練産婆から「はだしの医者」への移行はかなり遅い。しかも家族や隣人による助産もかなり遅くまで併存していた。これは、地域の民間社会に助産をはじめとする豊富な医療やケアの知識が蓄積されていたという伝統を感じさせるものであるが、乳児死亡率などは近年まで比較的高く、「子供を少なく産んでもちゃんと育つ」という計画出産の前提条件の成立は遅れていた。この村では「はだしの医者」が計画出産を推進したというような話も、聞かれなかった。

### (3) 女性たちのプロフィールと出生動向

B村の出産経験のある女性三六人のインタビューイーのプロフィールを紹介しよう。

#### ■年齢と学歴

三六人の中で、一番の年長者は一九一四年生まれで、最も若い人は一九八八年生まれである。出生年代は、一九一〇年代一人、二〇年代一人、三〇年代三人、四〇年代五人、五〇年代八人、六〇年代六人、七〇年代七人、八〇年代五人、となっている。[15]

一九三〇年代以前に生まれた女性は、都市で育った小学校五年中退の一人以外は、幼時不就学である。そのうち一人は、後に識字学級（識字班、掃盲班）に通ってわずかな期間勉強したが、内容はほとんど覚えておらず、

「行っていないのと同然だ」という。四〇～五〇年代生まれは、一人を除いて小学校に通ったことがあるが、必ずしも卒業していない。六〇年代生まれの女性は学歴が上がり、小学卒一人、中学卒四人、高校卒一人である。しかし改革開放初期に学齢期であった七〇年代生まれは、小学中退一人、小学卒二人、中学中退一人、中学卒二人、専門学校卒一人となり、教育水準が下がっている。八〇年代生まれは小学中退一人、中学卒二人、高校・専門学校卒各一人である。ちなみに、「専門学校」と答えたうちの一人は、実際は数カ月のパソコン訓練しか受けていなかった。もう一人の正式に幼児教育の専門学校を出た人が、調査当時の村の「婦幼専幹」（以前の婦女主任に相当）である。このように、この村では昔は女性はほとんど学校に行かなかったが、人民共和国成立後、女性も就学するようになって学歴が上昇した。しかし改革開放開始後の八〇年代に、女性たちの就学状況は一時悪化し、その後、九〇年代以降は女性の教育水準はまた上昇の傾向にある。とはいえ、大学に進学する女性はごく稀で、全体的な村の女性の学歴は、都市部と比べるとかなり低い。

夫の学歴は、一部不明であるが、わかっているだけで、不就学二人、小学校就学（就学期間は一年～六年）一一人、同中学一一人、高校一人、専門学校一人となっている。インタビューイーの女性たちと大きくは変わらないが、学校に全く通ったことがない人は女性より少ない。

13……毛況生主編『中国人口（湖南分冊）』中国財政経済出版社、一九八七年、一四八～一四九頁。袁永熙主編『中国人口（総論）』中国財政経済出版社、一九九一年、一六九頁。

14……湖南省衛生庁『一九八七年湖南省衛生統計資料』一九八八年、一四九頁より計算。湖南省K年鑑編委会編『K年鑑一九九三年』中国文史出版社、一九九三年、一二三一頁。

15……本人及び家族の年齢を聞いた時に、年配の人は数え歳で表現する人が多かった。生年は干支などから確認した。本人および夫の両親や兄弟については、およその年齢しか覚えていない人が多かった。

## 職業

調査対象者は、非農業戸籍の一人を除いて、皆この村に「戸口（戸籍）」のある「農民」（農業戸籍）である。「（仕事は）何をしていますか／いましたか」という質問には、ほとんどの人が「農業」または「農民」と答えた。遼寧省Q村では「家にいる」「家婦＝家庭主婦」と答えた人が若干いたが、B村ではこのような答えはなかった。ただし全員が農業だけに従事しているわけではなく、高齢で引退した人以外に、村の幹部（婦女主任だった人が二人と、現在の婦幼専幹）や、酒造廠経営の人などもおり、また広東に出稼ぎに行っていて帰省中にインタビューに応じた人も一人いる。なお、出稼ぎ経験のある人が若い人の中に何人かいる。

夫の職業は、不明の二人を除いて、農民二五人、労働者二人、医師一人、酒造廠経営一人、商売一人、出稼ぎ四人、である。「農民」と答え、実際は出稼ぎをしている人が三人いる。村の三〇代以下の若い男女の多くは広東か上海で出稼ぎをしている。

## 婚姻

女性たちの出身地は、この村でなければ多くは同じ県内の農村である。ただし最高齢の女性（2—9さん）は武漢の漢陽鉄鋼廠で生まれ育ち、抗日戦争期に重慶に移り、そこでこの地出身の男性と結婚して、人民共和国成立後にこの村に来た。また、一九八〇年代生まれの女性に江蘇省出身の人と四川省出身の人がいるが、ともに出稼ぎ先でこの村の男性と知り合って、婚入してきた人である。三六人の女性のうち、この三人および隣のN県出身の一人を除いて、他の三二人はみな、B村あるいはK県の他村の出身である。

三六人のうち二人（3—13さん、3—14さん）は、「童養媳」[16]で幼いころ婚家に入り、成人してから結婚した。べつの一人は小さいころに親戚である親同士が決めた結婚である。結婚年齢は、不明の四人を除いて、一七歳が一人、一八歳が一人、一九歳が六人、二〇歳が七人、二一歳が七人、二二歳が三人、二三歳が三人、二四歳が二人、二五歳が一人、二六歳が一人、となっている。すべて初婚で離婚歴・再婚歴のある人は無かった。夫とどうやって知り合ったかを全員から聞いてはいないが、わかった人のうち、七〇年代以前出生の人はほとんど紹介されて知り合ったと答え、八〇年代生まれの何人かは出稼ぎ先で知り合ったと答えている。

夫との年齢差は、三六人のうち、不明の二人を除いて、五人は夫が年下（うち一歳差三人、二歳差二人）、同い歳が六人、二三人は夫が年上である。夫が年上の場合の年齢差は、一歳四人、二歳三人、三歳五人、四歳六人、五歳三人、八歳一人、九歳一人で、多くの人の夫との年齢差は上下四～五歳以内であった。

なお、居住形態について特に聞かなかったが、聞き取りの内容からわかったのは、結婚して夫の家族・親族と暮らし、第一子が生まれた後で分家した人が多いことである。十人から十数人の多世代同居の大家族はなかった。江蘇出身の女性は実家で出産して産後、実母に世話してもらったというが、他のほとんどの女性は、産後は姑に世話してもらっていた。

インタビューイーの女性の出生時期と子供の数は、表6―2の通りである。一九一〇～二〇年代生まれの女性は子供は二人ずつだが、三〇年代生まれの人は平均五人の子供がおり、その後だんだんと子供の数は減少しているが、そのペースは比較的遅い。表6―3には、この女性たちの子供の出生時期と出生順位を示した。一九六〇～七〇年代には、第三子・第四子を産んだ人が多く、「一人っ子政策」開始後の八〇年代にも第三子の出生が少なくない。九〇年代以降には、ほとんどの子供は第一子か第二子になっている。

前章でみた遼寧省Q村の三六人の女性の子供の人数の合計は七八人、平均すると一人あたり子供数が二・一七人だったのに比べて（二三六頁参照）、この村の三六人の女性の子供の合計は九一人で、一人の女性の産んだ子供は平均二・五三人となり、Q村の女性よりかなり子供は多いといえる。

16……旧時、将来幼い息子の嫁にするために少女を迎えた習慣。少ない婚資で嫁を得ることができるので貧しい階層に多いとされた。湖南省はこの習慣が盛んだった地域である。

**表6−2　B村の女性の出生時期と子供数**

（人）

| 出生時期 | 人数 | 子供数（計） | 平均子供数 |
|---|---|---|---|
| 1910年代 | 1 | 2 | 2 |
| 20年代 | 1 | 2 | 2 |
| 30年代 | 3 | 15 | 5 |
| 40年代 | 5 | 19 | 3.8 |
| 50年代 | 8 | 23 | 2.88 |
| 60年代 | 6 | 14 | 2.33 |
| 70年代 | 7 | 10 | 1.43 |
| 80年代 | 5 | 6 | 1.2 |
| 合　計 | 36 | 91 | 2.53 |

**表6−3　出生年代別にみるB村の子供の出生順位別人数**

（人）

| 出生時期 | 第一子 | 第二子 | 第三子 | 第四子 | 第五子 | 第六子 | 合計 |
|---|---|---|---|---|---|---|---|
| 1940年代 | 2 | 0 | 0 | 0 | 0 | 0 | 2 |
| 50年代 | 2 | 4 | 1 | 0 | 0 | 0 | 7 |
| 60年代 | 6 | 3 | 3 | 3 | 1 | 1 | 17 |
| 70年代 | 5 | 6 | 5 | 6 | 2 | 0 | 24 |
| 80年代 | 8 | 8 | 4 | 1 | 0 | 0 | 21 |
| 90年代 | 6 | 2 | 0 | 0 | 1 | 0 | 9 |
| 2000年代 | 7 | 4 | 0 | 0 | 0 | 0 | 11 |
| 合　計 | 36 | 27 | 13 | 10 | 4 | 1 | 91 |

死産・夭折（生まれてまもなく亡くなった子）は計上していない。

## 2　B村における計画出産のはじまり——一九七〇年代以前

以上を踏まえて、B村のリプロダクションの変化の様子を、インタビューから時期ごとに跡づけてゆこう。表6—4は、インタビューに応じてくれた女性の子供の出生年と男女、経験した生殖コントロールの措置の概況である。以下、時期ごとに政策の概要を見た上で、この女性たちの語りから、B村のリプロダクションの変化をたどる。まず、村に計画出産のなかった頃の状況から見よう。

### (1)　計画出産以前

聞き取りをした女性の中で、一番早くにこの村で子供を産んだのは3—13さんである。彼女の話を聞いてみよう。

**●3—13さん**

私はというと、最初に娘を産んだけど、何カ月かで死んだ。私は麻疹になって、娘は私の乳を飲んだら、毒があって死んでしまった。二番目は倅で民国三六（一九四七）年生まれだが、五三歳で病気になって胃から出血して死んだ。その下はまた娘を産んだけど、七、八日目に破傷風で亡くなり、そのあとにまた一人死んで、五四年にようやく今の娘を産んだ！　あの頃はみんな産婆さん達が取り上げて、子供はみんな死んでしまった。Lの六ばあさん、Cの大ばあさん、それからGの小ばあさんも取り上げをしてたけど、みんなここの産婆だ。どんな消毒をするっていうんだ！　鋏を熱湯の中でちょっと煮立てて、臍の緒は麻紐で縛る。あの頃はほんとにひどかった！　産み終えたらたらいの中に灰を入れて、上にわら半紙を敷いて、タライの上に座って、三日間も座るんよ。……

あの頃は、避妊なんてあったものかね！　身ごもって流れたら流して、男だったらシャツに包んで、女だったらズ

**表6−4　B村の女性の出産と生殖コントロールの状況**

| 仮称（生年） | 第一子 | 第二子 | 第三子 | 第四子 | 第五子<br>第六子 | 節育措置 |  |  | 備考 |
|---|---|---|---|---|---|---|---|---|---|
|  |  |  |  |  |  | 人流 | 避 | 結 |  |
| 3-13（1924） | 1947 男 | 1954 女 |  |  |  |  |  |  | 三子夭折 |
| 2-9（1914） | 1949 男 | 1953 女 |  |  |  |  | 薬 |  |  |
| 3-16（1932） | 1953 男 | 1956 女 | 1959 男 | 1962 男 | 1964 男<br>1968 男 |  |  | ○ |  |
| 3-5（1934） | 1954 男 | 1957 男 | 1960 男 | 1969 男 | 1977 男 |  | リ |  | 二子夭折 |
| 2-2（1938） | 1960 男 | 1963 女 | 1965 男 | 1968 女 |  | ○ | リ |  |  |
| 5-1（1942） | 1963 男 | 1965 男 | 1968 男 | 1970 男 | 1972 女 |  |  | ○ |  |
| 3-17（1946） | 1966 女 | 1969 男 | 1971 男 | 1973 女 |  |  |  | ○ | 一子死産 |
| 3-14（1947） | 1968 男 | 1970 男 | 1972 男 | 1975 女 |  |  |  | ○ |  |
| 3-18（1945） | 1968 女 | 1971 女 | 1974 女 | 1977 女 |  |  | リ | ○ | 一子夭折 |
| 3-6（1950） | 1968 女 | 1971 男 | 1972 男 | 1976 男 |  | ○ | リ | ○ |  |
| 3-12（1944） | 1973 男 | 1985 女 |  |  |  |  |  |  | 十年不妊 |
| 5-2（1952） | 1973 男 | 1975 女 | 1977 男 | 1979 女 |  |  |  | ○ |  |
| 2-6（1956） | 1976 男 | 1980 男 |  |  |  | ○ | リ | ○ |  |
| 4-1（1956） | 1977 男 | 1978 男 | 1980 女 |  |  |  | リ | ○ |  |
| 2-1（1954） | 1978 男 | 1979 女 | 1983 男 |  |  |  | リ | ○ |  |
| 3-19（1955） | 1980 男 | 1982 男 |  |  |  |  |  | ○ |  |
| 4-3（1959） | 1980 女 | 1982 女 | 1984 男 |  |  |  | リ | ○ |  |
| 3-11（1950） | 1982 男 | 1985 男 |  |  |  | ○ | リ |  | 十年不妊 |
| 2-10（1960） | 1983 女 | 1986 女 | 1987 女 | 1989 女 | 1991 女 |  |  | ○ | 一子夭折 |
| 2-5（1962） | 1984 女 | 1986 男 |  |  |  |  | リ | ○ |  |
| 2-7（1963） | 1984 男 | 1986 男 |  |  |  |  | リ | ○ |  |
| 2-3（1966） | 1987 男 | 1990 男 |  |  |  |  |  | ○ | 一子夭折 |
| 2-8（1968） | 1987 男 | 1990 女 |  |  |  |  | リ | ○ |  |
| 3-20（1966） | 1990 男 |  |  |  |  | ○ | リ |  |  |
| 3-7（1971） | 1993 女 | 2003 女 |  |  |  | ○ | コ |  |  |
| 4-4（1971） | 1996 男 |  |  |  |  |  | リ |  |  |
| 3-9（1974） | 1997 男 |  |  |  |  |  | リ |  |  |
| 4-2（1974） | 1999 女 |  |  |  |  | ○ | コ |  |  |
| 3-10（1977） | 1999 女 | 2003 女 |  |  |  | ○ | リ | ○ |  |
| 3-8（1978） | 2000 女 | 2005 男 |  |  |  | ○ | リ | ○ |  |
| 3-1（1979） | 2001 男 |  |  |  |  | ○ | リ |  |  |
| 3-15（1983） | 2004 女 | 2009 女 |  |  |  |  |  | ○ |  |
| 2-4（1984） | 2005 女 |  |  |  |  |  | リ |  |  |
| 3-4（1983） | 2009 女 |  |  |  |  |  | コ |  |  |
| 3-3（1984） | 2009 女 |  |  |  |  | ○ | リ |  |  |
| 3-2（1988） | 2009 女 |  |  |  |  | ○ | コ |  |  |

第一子〜第六子の欄は、それぞれの出生順位の子の出生年と男女を記した。死産・夭折の子は数えず、備考欄に「夭折」等と記した。「節育措置」はその女性の生殖コントロールの状況で、「人流」欄の○は人工流産（中絶）経験者を示す。「避」は経験した避妊措置を示し、「リ」はリング、「薬」は口服薬、「コ」はコンドームを示す。「結」欄の○は卵管結紮した女性を示す。

ボンに包んだ。病院での検診には行ったことはないし、今も行かない、くらくらする。（二〇一〇年九月三日インタビュー、以下同じ）

近くの村で生まれて童養媳としてこの村に来た彼女は、一九四〇年代から五〇年代前半にかけて五人の子供を産んだが、うち三人は破傷風や麻疹のため生後まもなく亡くなって、二人しか成人しなかった。避妊などの経験も知識もない。

一方、漢陽で生まれ育ち、重慶で村の男性と結婚して息子を産み、一九五一年に村に来た2―9さんは、抗日戦争期に「節育会」に入って避妊薬を入手していたという。2―9さんは語る。

### ●2―9さん

一九四九年に息子を産んだ。（重慶の）病院でだ。…………娘は一九五三年に生まれた。このあたりのHという（生産）大隊のあたりで産んだ。ああ、村のおばあさんが取り上げてくれた。…………

私は自身で二人産んだ。あの頃、国民党の頃に節育会というのがあって、フランス《（ママ）》のサンガー夫人が、中国の農村女性はたくさん産んで苦労なのを見て節育会を作った。それは薬をくれた、一五元で！　上の息子を産んでから、薬を使って産まないようにしたが、その後薬がなくなって娘を産んだ。自分では産みたくなくて、薬を使ってずっと避妊していた。飲み薬ではなくて外用薬で、薬を使って産まないようにする。なんて薬かって？　覚えてないさ！　うん、産みたくなかった。子供を産んだら教育費とかたくさんかかって、あの頃はたいした学校もなくて学費もいらなかったが、子供一人育てるのは容易なことじゃない！　薬はどこで買ったかって、買うんじゃなくて出してくれる、（生産）大隊ではなくて節育会で。節育とは産まないことで、会員になったら、一五元で薬をくれる。薬をもらったら、月経の後使えば、ずっと産まなくてよい。節育会！　病院じゃなくて。フランス《（ママ）》のサンガー夫人が中国へ来た時…………七七事変があって日本軍が侵略してきて、それで節育会も解散した。娘を産んだのは解放後のことさ、私は解放以前には薬を使ってて、薬を使ってたのは抗日戦争の頃だ。その後、もう産まないと、身ごもっても保たず、妊娠一、二カ月で自然流産した。流産したのは何年かって、そんなこと覚えてないさ、流産は流産さ、結局いらないのさ。流産は三回した、娘を産んだ後は一回だけ、二回は娘を産む前だ。娘を産んだ後は避妊には行かず、とどのつまり身ごもっても保たせず、直接要らないようにした。避妊リングとか避妊薬とかの類は何もなくて、ようは子供が要らないなら薬か何かが必要だ！　あの瓶の薬を使い終わってしまったら、もう薬はなかった。（二〇一〇年二月一八日）

彼女は、民国時期に華中の大都会である重慶で節育会を知って生殖コントロールを実行していた、当時の都市女性としても大変先進的なケースであった。だが村に来てからは避妊の方法はなかった。都市と農村のリプロダクションに関わる落差を身を以て経験した稀なケースといえる。

以上のように、一九五〇年代のB村では、近代的な避妊などの生殖コントロールが行われていた様子は見受けられない。

とはいえ、村の女性たちがまったく「自然に任せて」子供を産んでいたかというと、そうではない。紅花で堕胎する方法が民間で伝わっていたと「はだしの医者」だった1—Aさん（前出）は語っている。[17]また八〇年代初頭のことだが、2—6さんは中絶しようと思って医者の所に行ったが留守だったので、特定の所に生えている「掘ると白くて食べると甘いもの」を自分で掘って食べたら翌日流れた、という。[18]このように産みたくない時に堕胎する伝統的な方法は伝えられていたようだが、望まない妊娠を避ける避妊の方法は、なかったように思われる。

## (2) 計画出産の導入——一九六〇年代末

K県で計画出産工作が始まったのは一九六〇年代前半で、一九六三年五月には県節制生育委員会（六四年に計画出産委員会と改称）が成立している。湖南省では一九六四年に省計画出産委員会が成立し、主として男性の精管結紮による避妊の推進が図られた。K県でも、県の文化教育部門で働く幹部や教員らに対して率先して計画出産を行うことが要請されている。[19] 文化大革命による混乱をへた後、一九六八年に国務院に計画出産指導グループ(計画生育領導小組)がもうけられ、湖南省では一九六九年に計画出産指導グループと実施機関が再建された。K県でも一九六九年に初めて女性の卵管結紮手術が可能になった。[20]

B村では、六〇年代半ばまでに計画出産の宣伝などがあった様子はなく、それが始まったのは、六〇年代末である。すでに六人の子供がいた3—16さんは、結紮の呼びかけを聞いて、喜んで応じた。

### ●3—16さん:子どもは六人

あの頃は産みたくなくても方法がなくて、まだ結紮とかリングとか提唱されてなかった。結紮が始まったのはその後だ。私は結紮したのはとても早い方で……二番目に行った。六八年に末子を産んでるから、六九年だったか、末っ子を産んだ後だ。希望して、結紮したんだ!……あの頃はまだ補助はなくて、呼びかけだけだったが、結紮はあまりよく思われていなかった。でもあとに行った人には補助があるようになって、私は後で一緒に二〇元補助費をもらった。でも私が行った時にはなかった。(二〇一〇年九月四日)

また2—2さんは、六八年に第四子を産んでいたが、まもなくまた妊娠し、中絶してその場でリングを入れた。

17……中国医学の散血の薬として売られているので、容易に入手できた。この方法は七〇、八〇年代に流行らなくなったという。

18……2—6さん:二〇一〇年二月一七日インタビュー。

19……『K県志(送審稿)』二〇〇九年、九七一頁。「K県文教系統開展計画生育工作的情況」、湖南省計画生育委員会辦公室編『計画生育資料(一)』(一九六四年一〇月五日)湖南省檔案館所蔵檔案217—1—5。

20……当代中国叢書編輯部編『当代中国的湖南(下)』中国社会科学出版社、一九九〇年、一五六頁。K県衛生志編纂領導小組編『K県衛生志』雲南人民出版社、一九八九年、一九頁。

## 2―2さん

私は何人子供がいるかとか、計画したことはなくて、産み終えてからリングを入れに行った。うん、産みたくなかった。一番下が産まれてから、さらに一度出来たことがあって、いらないと思ったので中絶しに行った。養いきれない。どこでリングを入れるかって、隣の鎮で、一人で一〇里（五キロメートル）歩いて行った。……中絶して、直接リングを入れて、帰った。夫とちょっと相談して、舅姑はわかってるんだかどうか、どうやって反対するっていうんだい。

（二〇一〇年二月一六日）

このようにB村では、六〇年代末に避妊の呼びかけが始まって近代的な生殖コントロールが導入された。すなわちリング（子宮内避妊具＝ＩＵＤ）と「絶育」と呼ばれた女性の卵管結紮による永久不妊手術、そして人工流産である。男性の精管結紮は、「上では男性の結紮を提唱していたけれども、この村では男性を結紮に行かせるように説得はしていない。だって男が結紮したら体が弱くなって労働点数を稼げなくなる」（P支部書記[21]）として推進されておらず、基本的に生殖コントロールは女性のすることであった[22]。

B村では、リングの着脱・結紮手術・人工流産手術などの処置は村の中ではできず、郷衛生院（または近隣の鎮の衛生院）まで行く必要があった。当初は自分で出向く必要があったので、これを実行したのはかなり強い意志を持った女性である。のちに、「動員」が始まると、巡回医療隊が郷衛生院にやってくるときに、婦女主任に付き添われて集団で郷へ行って結紮手術を受けるのが一般的になった。なお、これらの手術は無料で、七〇年代になると、奨励のために栄養費などの補助が出る時もあった。

### (3) 計画出産の普及――一九七〇年代初め

一九七〇年代の中国では、農村部も含めて広範に計画出産が推進されるようになった。全国的には一九七一年七月の「五一号文件」の発出が画期とされるが、湖南省ではそれに先立つ同年五月の指示により、七三年までに各地区・市・県に計画出産指導グループ（計画生育領導小組）が成立し、また文化大革命で機能停止していた母子保健機構が回復して計画出産と母子保健工作を専門に行うことになった。K県には、省内でも比較的早い一九七一年八月に県計画生育領導小組が出来ている。[23]

B村でも、一九七〇〜七一年頃に計画出産のキャンペーンが開始された。具体的には結紮手術（絶育）を受けるよう村の女性を説得することで、四人の子供がいたP支部書記の妻は、七二年に手術した。しかし当時のキャンペーンはまだそんなにきつくはなかった、という（P支部書記）。

湖南省でも六〇年代から「子供は二人がいい、多くても三人まで」という宣伝は始まっていた。[24] しかし二男一女の子供がいた3―17さんは、一九七三年に結紮手術に行くように要請されたが、「まだ三人しか産んでいない。もう一人女の子がほしい」と言ったら黙認された。[25]

この村でも七〇年代はじめに女性の結紮手術をしようという計画出産の宣伝が広まったが、まだどんな場合に結紮するというルールはなく、強制性も感じられていなかった。

### (4) 徐々に強化される計画出産――一九七〇年代半ば

一九七三年五月、省計画会議で計画出産が議題になり、一九七五年の出生率の目標が下達された。一一月には

21……P元支部書記（5―Bさん）は一九六〇年から八九年まで、B村の支部書記（村長に相当）を務めた。二〇一一年九月三日インタビュー。

22……インタビューした女性の中で、夫が精管結紮していた人は幹部（婦女主任）および女性医師だけで、一般の農民には見あたらなかった。なお、表6―4からもわかるように、一九九〇年代以降は、コンドームの使用もひろまった。

23……彭佩雲主編『中国計画生育全書』中国人口出版社、一九九七年、一三三九頁。前掲『K県志（送審稿）』九七一頁。

24……前掲彭佩雲主編『中国計画生育全書』一三三九頁。前掲『当代中国的湖南（下）』一五七頁。

25……3―17さん：二〇一〇年九月四日インタビュー。

全省計画生育工作会議が開かれ、一九八〇年までの全省人口発展規画が制定される。七四年四月には、省計画生育領導小組が「計画出産の若干の問題に関する試行方法」を発布して、農村では、男満二五歳・女満二三歳以上の晩婚と、一夫婦に子供二人、出産間隔は四年以上空けること、を提唱することとした。また生殖コントロールの措置は一律に無料とし、手術に伴う休暇を規定した。K県では、一九七四年に計画出産・母子保健の二つの部門が合併して「計婦弁」が設置される。[26]

P支部書記は、計画出産の動員は七四年から一年ごとに厳しくなったという。息子が三人いた3—14さんは、この年、結紮を拒否して、村の中を引き回された。

●3—14さん

三番目の倅を産んだ後、大隊では私を結紮手術に行かせようとしたけれど、私はどうしても娘が欲しかった！　私は（生産隊の）婦女隊長で、大隊では会を開いて私に説得して結紮させようとした。結紮のこと？　七四年は一番ひどくて、厳しかった。言うことを聞かないと、私は緑の帽子を被って街を引き回された！　あの緑の帽子はとても高くてとがっていて死にそうに恥ずかしい！　…………私は婦女隊長も、あの時、辞めさせられた。（二〇一〇年九月四日）

当時は文化大革命の後期で、政治的に「問題あり」とされたら引き回されることがあったが、計画出産の動員に従わないこともその理由となったのである。結局彼女は意志を通し、翌年五月に女の子を産んで、一〇月に「超過出産」と言われて結紮手術を受けた。

一九七五年は、全国的に計画出産のキャンペーンが展開され、「一人っ子政策」開始以前では一番多くの手術が行われた年である。先の3—17さんも、もうひとり女の子を産んだ後、「あんたのところはこれでバランスが取れた、二男二女だ」といわれて、この年に手術を受けた。その際、砂糖の配給券と、二〇元の補助がでた。すでに結紮していた3—16さんはこの年の様子をこう語る。

### 3—16さん

七五年には規定があって、規定（に合って指名）（コラム1参照）された人を結紮に行かせた。私たちの所のGという人は、結紮に行かせられて泣いた。結紮が終わって家に帰って、まだ泣いている。三人産んだんだから何を泣くことがある、もっと産みたいの？　私の妹も結紮して、彼女は息子一人娘五人いたけど、やっぱり死ぬほど泣いて、息子一人だから、万が一、跡継ぎがなくなったらどうしよう、と。あ〜あ………（二〇一〇年九月四日）

彼女は三人子供のいる人に結紮させることに問題を感じていないが、その言葉からは、手術が不本意だった女性もいたことがわかる。彼女の妹は、跡継ぎを確保するという家父長制との矛盾のために泣いていた。

P支部書記（前出）は、当時は男女に関係なく二人に出産を制限していた、という。「はじめ出産を制限するというのは二人しか産んではいけないということだった。二人というのは、男女に関係なく二人までということだ。……そういう風に何年かしていた。七五、七六年頃のことで、七八年までそうだった」という。幹部にはそのような上級からの指示が届いていたのである。

ただし、村人はそれほど厳しくは受け止めていなかった。3—6さんは、「あの頃の計画出産は、まず三人までは産んでも良い、四人目はダメだ、ということだった」という。ただし3—6さんは、それを知りつつ第四子を七六年に「無理に産んだ」。すでに二男一女がいた彼女の状況は次のようである。

26………前掲彭佩雲主編『中国計画生育全書』一三四〇頁。前掲『K県志（送審稿）』九七一頁。

## ●3―6さん

もともと次男（第三子）を産んで、もう産まないと思っていた、でないとどうしてこんなに間が空いているもんかね。その後、一度流した。三番目を産んでリングを入れて、落ちて（妊娠して）から一度流して、またリングを入れて、また落ちて、四番目が出来た。人が何度も流すのは良くないというのを聞いて、また流すのをためらって、最後の一人を冷や冷やしながら産んで、それから結紮して、産むのをおしまいにした。……七六年頃は、まだそんなに厳しくないし罰金もなかった。あとで結紮すれば良かった。（二〇一〇年九月二日）

七六年頃は、四人目の出産も、「あとで結紮」すれば黙認されていたので、彼女は、子供は三人で良いと思っていたが、人工流産を繰り返して自分の健康を損ねるより政策に反してもう一人産むことを選んだ。

私達がインタビューした女性のうち、七〇年代に末子を産んでいる七人には皆四人以上の子供がいた（表6―4参照）。その後、末子出産時にすでに四〇歳を超えていた一人以外はみな卵管結紮をしている。なお、一九七〇年代にはリングを使っていない人もおり、まだ皆に必ずリング装着が要請された様子はない。

このように、B村には、一九六〇年代末から計画出産の推進が始まり、近代的な生殖コントロールの手段が政策的に提供されるようになった。七〇年代には幹部のところに「子供は二人」の指示は来ていたが、村人は「子供は三人まで」がめやすと捉えていた。とはいえ、実際には多くの人が四人以上の子供を産んでおり、徹底度はいまひとつだった。

女性たちは計画出産を推進する政策を一つの与件としながら、出産行動を決定していた。「三人まで」では不満足で、「無理に産む」人も多く、そのことにあまりためらいはない。希望の人数を産み終えれば、キャンペーンに応じて結紮手術をする。村の女性たちは、したたかな対応によって自身の希望を実現しようと立ち回っていた。

## 3　計画出産の強化――一九七八年以降

一九七〇年代末、改革開放政策の開始とほぼ同時に、計画出産が強化されて、「一夫婦に子供一人」を基本とする「一人っ子政策」が始まる。B村の状況はどうだったろうか。

### ⑴　政策の変化

湖南省では、一九七九年三月に省政府が「子供は一人がいい、多くても二人まで」の方針を打ち出し、一〇月には、全省計画出産工作現場経験交流会が開かれ、「一組の夫婦に子供一人」の宣伝が開始された。この年、省全体への指示に先駆けてK県では計画出産弁公室が県直属の機構となった。一九八三年には、湖南省では元旦から春節までが「計画出産宣伝月」とされ、九六万組の夫婦が出産調整を行った。同年、省の指示によりK県の計画出産弁公室は計画出産委員会に改組された[27]。

この時期、計画出産工作の要求はもっとも厳しく、農村部も含めておしなべて「只生一個」が要求された。しかしそれは各地で大きな反発と混乱を巻き起こし、政府は政策の修正を余儀なくされて、一九八四年四月、中共中央は「七号文件」を批准し、計画出産政策の修正（緩和）を打ち出した。湖南では、八四年一一月、省政府が「第二子の出産に関する暫行規定（関於二胎生育的暫行規定）」により、幹部・都市住民等は子供は一人のみとし、農村では一三種の状況の場合は計画的に二人目を出産できる、とした。一九八七年六月、中共湖南省委・省政府

27……前掲彭佩雲主編『中国計画生育全書』一三四〇～一三四一頁。前掲毛況生主編『中国人口（湖南分冊）』四四三頁。前掲『当代中国的湖南（下）』一五九頁。前掲『K県志（送審稿）』九七一頁。

は、農村で一人目が女児の場合、四年以上間隔を空ければ二人目が出産できる、とした。一九八九年一二月にはこれらを条例化した「湖南省計画出産条例」が制定されて、湖南省の農村も「一・五子」の体制が定まった。K県では一九八五年、県計画生育委員会が計画生育工作局に改組されて組織が強化されている。[28]では、このような政策の変化は、村の現場にどのように及んでいたのだろうか。[29]

### (2) B村の現場での変化

支部書記は、七八年から政策が厳しくなった、という。

**●P支部書記(5—Bさん)**

七八年になって突然厳しくなった。引産(中後期の人工流産、コラム2参照)させろといって、(規定以上に)妊娠していたら、皆引産しろという。つまり娘二人の人も引産させて、政策ではその上に結紮もさせなければならない……結紮は七八年が一番厳しかった。(二〇一一年九月三〇日)

村の婦女主任だった3—18さんも、この年、上級から工作隊がやってきた時に結紮手術を受けさせられた。彼女は最初の男児が夭折した後に四人娘が続いて、息子が欲しかったのだが、幹部の立場上、手術を受けざるを得なかったのである。

**●3—18さん:当時の婦女主任**

(産めるものなら)やはりもう一人産みたい、息子を一人。……四番目を生んだ頃(一九七七年)は産むのは許されなくて、自分は無理にもう一人産んで、結局のところ田舎なんで、村の支部書記はこの話を上に報告しなかった。私が四人目を産むのは、やっぱり息子が欲しいんだろうと思ってのことで。でももう四人も産んでしまった! 地区

（県の上の行政レベル）の工作隊が上からやって来てウチの村を工作拠点にして、私は絶対に結紮しなくてはならないと言われた。ここは当時、「落後している」と評価されて、上の工作隊がここにやって来たんだ。……実際の話、私が結紮に行ったのも一〇〇パーセント不本意なことだ。よくもまあ計画出産がこんなにきつい時に私にやらせて、村の女性と一緒に結紮に行くなんて！（二〇一〇年九月五日）

彼女は計画出産に責任のある立場と、自身の希望との板挟みに苦しんだ。「これ（計画出産）は私の責任だから」「毎日毎晩この仕事のために村の人のところを走り回って」いたが、自身が息子に恵まれなかったので、政策に反して四人目を「無理に」産んだ。任務への忠誠よりも本音は息子が欲しくて、それは村の支部書記にも黙認されていたが、計画出産工作が強化される中で、模範を示すべき立場の彼女は、もはやどうしようもなくなって手術を受けたのである。この村に外部の計画出産工作隊が入ったのは、この七八年が最初だった。

さらに計画出産が強化され、全国で「例外なき一人っ子政策」が始まって普遍的に「子供一人」が要求されるようになると、この村にもその波が及んだ。次の女性は一九八〇年四月から政策が変わり、二人目の出産が許されなくなったという。

## 2―6さん

（自分が）二番目を産んだのは八〇年の正月だった。七月になって兄嫁が娘を産んだ時には、もう計画出産になっ

28……前掲『当代中国的湖南（下）』一五七頁。前掲彭佩雲主編『中国計画生育全書』一三四一頁。前掲『K県志（送審稿）』九七一頁。

29……White, Tyrene, *China's Longest Compain: Bith Planning in the People's Republic, 1949-2005*, Cornell University Press, 2006, Chap. 5 によると、農家の生産請負の際に、計画出産の規定を守ることを誓約させる村もあるというが、B村ではこのようなことはなかった。地域によって、また村によって、計画出産の実施方法はかなり違いがある。

ていて、彼女のところは家のベッドやら箪笥やらみんな罰金に取られた。政府はあの時、何の挨拶もなしに、何もいわず、四月に上から政策が来た。あの時、彼女はまだ産まれる前で、きつく彼女を「引産」させようとして、五、六月にもう産まれるというのに、それでも引産させようとした。彼女はずっと実家に隠れていて、七月に娘を産んだ。六月には彼女の家の瓦まで降ろして、全部罰金に取っていった！　私はちょっと早く産んだから、正月に産んだ時には何もそういう危険はなかった。彼女は二人産んだだけなのに、超過出産だということがあるものかどうか。その二年後にはもうそんなに厳しくはなくなって、ゆるくなって随分経つ。いちばん厳しかったのは八〇年後半の頃で、ベッドも、タンスも、それからさらに豚を一頭だったと思うけど、本当にたくさんのものを持っていかれた。（二〇一〇年二月一七日）

変化の第一は、二人目の出産が許されなくなったことであり、妊娠していたら、人工流産が要求された。妊娠中後期でも、「引産」させる。[30] 3—19さんも、「八二年の頃は、計画出産が本当に厳しかった時期だ。ウチの隣の家の奥さんは、上の息子を産んだ後、娘を身ごもって、政府は彼女にどうしても流しに行かせようとしたけど、彼女は行かずに産んで、罰金を払った！」[31]と言い、ここからも八〇〜八二年には二人目の出産も不可とされていたことがわかる。

変化の第二は、とはいえ、上述の二例とも第二子を産んでいるように出産を強行するケースも多く、その場合は罰金（物品のことも多い）を徴収するようになったことである。他にも、「規定外」の子供を産んで罰金を払った人は少なくなかった。

このように、「超過出産」となる妊娠がわかれば人工流産（中絶）が要求され、中絶せずに（逃げおおせて）産んだ場合には罰金を払うことが、この時期以降、計画出産に関するルールとなった。

八〇年代初頭の二人目から超過出産になる状況は長くは続かず、やがて前述のように湖南省の農村でも、「第一子が男なら一人、女なら間隔を空けて二人まで」の「一・五子」の規定ができた。それに合わない妊娠がわかれば、人工流産が要請され、従わない場合は工作隊が妊婦の家までやって来る。支部書記によれば、この村でも「引産」が数人あった。また、人工流産せずに逃げおおせて、産んで罰金を払う家族も多かった。しかもこの村では、第一子の男女にかかわらず、間隔を空ければ二人目の出産は許容され、空いていなければ罰金を払った（1—Aさん、前出）。インタビューした女性で八〇年代に末子を産んでいる人は九人いるが、子供二人の人が六人、子供三人の人は三人だった（表6—4参照）。このうち五人は、間隔不足または三人目の超過出産で罰金を払っている。さらに2—10さん（後出）は、一九八九年に四女を産んで罰金を払い、続いて九一年に五女を産んだ。

次は、三人目を産んだ人の話である。

**2—1さん**

三人目を産んだのは一九八三年四月のことで、こっそり産んだ。……生産隊では私が身ごもっているのはわかってて、私はだぶだぶの服を着て長いこと隠してた。産んだ後、結紮に行った。もちろん、罰金を払った。たぶん三〇〇元だった。（二〇一〇年二月一六日）

村の女性たちの口ぶりからは、政策に反して子供を産んで罰金を払うことへの罪悪感は感じられず、村の人々もそれを容認している。八〇年代のB村では、「超過出産」の子を産んで罰金を払うことが頻繁に行われており、同時に、「規定外」の妊娠の中絶も——ときに強制的に——行われていた。

30……その後、妊娠後期の「引産」は行ってはいけないという通達が出ている。コラム2参照。
31……3—19さん：二〇一〇年九月五日インタビュー。

### (3) 強制される生殖コントロール

八〇年代には、生殖コントロールの措置についての要請も厳格になった。計画出産の全国的な方針を示した一九八四年の「七号文件」には、「多子の出産を規制するため、自願の原則のもとで、二子または二子以上いる夫婦に、一方が結紮することを提唱してもよい」とされている。[32] 湖南省では八〇年代、農村では産後はリングによる避妊を主とし、二子以上産んだ後は結紮を主とするという方針が推進されている。[33]「あんたが生殖年齢の女性だったら、一人目を産んだら一〇〇日後にリングを入れる、そうでないとすぐまた妊娠しちゃうからよくない、子供の年齢は空ける必要があるじゃない。四年経ってから二人目を産む指標がもらえる、産もうとしたら必ず四年はリングをしなくてはいけなくて、そしたら取り出して二番目を産んでもよくなる。」(3—Aさん：産婦人科医[34])という。

B村でも産後にリング装着を要請された話は、八〇年代の前半から見えるようになっている。2—5さんは、八四年の第一子出産後、リングを「入れに行かされた」。が、知り合いの「はだしの医者」に金を払って取りだしてもらい、八六年に第二子を産んで、罰金を払っている。[35]

4—3さんは、八二年の第二子出産後すぐ、リングの装着を要請された。しかし密かに人に頼んでそれを外して八四年に第三子を出産した。彼女は次のように語る(以下、ゴシック体の部分は、インタビューワーの発言)。

#### ●4—3さん：第一子、第二子はともに女の子

あの頃、計画出産が始まっていた。私は二番目の子を産んですぐ、リングを入れに行かなくてはならなかった。うん、上から要請された。W産婆は、そんな必要ないと言って、リングを入れたらすぐ取り出せと言った。W産婆は、私の次の子は絶対男の子だとも言った。……知っている人を捜してリングをはずしてもらえと言った。その後、私たちはそうして、本当に男の子が生まれた！

**——知った人を捜すって？　誰かがはずしてくれたの？**

この辺には自営の医者がたくさんいるから！

**──どこで捜したの？**

近くで退職した医者が開業してたから。

**──どうして産むことができたの？**

それは当時の支部書記のＰが助けてくれたお陰もあって……（彼は政策の）隙間を利用したら、と言った……

（二〇一一年三月四日）

当時のリングは、故意に取り出さなくても、脱落が非常に多いことが全国的に問題になっていた。[36] 前述の３─６さんもリングをしていても妊娠しているし、２─１さんは脱落したままにして超過出産した。彼女は言う。

### ●２─１さん

私はリングがはずれて三番目（八三年生）を産んだ。でなければ、どうして歳が五年も離れてるもんですか！ でも私は自分でリングが外れたのがわかっていた。けどもう一度入れてもらいに行かなかったのは、気持ちの中でもう

32……七号文件は、前掲彭佩雲主編『中国計画生育全書』二四～二五頁。また、第一章六一～六二頁参照。
33……前掲『当代中国的湖南（下）』一五八頁。
34……３─Ａさん：二〇一〇年八月三一日インタビュー。
35……２─５さん：二〇一〇年二月一七日インタビュー。
36……第５章参照。また、産婦人科医の３─Ａさんは「帯環懐孕」について次のように語った。
（リングをつけてるのに妊娠する人は）以前はすごく多かった。どうしてかって？ 今のリングはＴ型やＶ型、花型が多くてよくなってるけど、以前のはみんなＯ型の子宮の中で動きやすいのだったから。子宮はＴ形をしてるんだけど（リングが）ちょっと動いただけで精子と卵子が出合いやすくなって、受精したらもう妊娠じゃない、だから以前はリングをしてても妊娠する人はすごく多かった。（二〇一〇年八月三一日）

一人産みたいと思ってたからだ。（前出）

このように、八〇年代にはこの村でも、悉皆的に出産経験のある女性にリング装着が要請されるようになった。とはいえ、こっそり取り出して（あるいは脱落してもそのままにして）子供を産んで罰金を払った人は少なくなかった。

また、子供を二人産んだ女性は、結紮手術をすることが要請されるようになった。ある女性は次のように語る。

**3―19さん**

二番目（八二年生）を産んだ後、結紮に行った！　お上の要請だ！　当時は補助があって、八〇元もらった。私たちはひと組ずつ行った。たくさんの人が一緒に行った。罰金なのよ、行かなかったら！　それに、あの頃家の夫の母方おじは村の支部書記だったので、私を先頭に立たせて、それでできるだけ早くに行った！　あの頃は、二人子供を産んでいたらリングではダメで、必ず結紮だった。（二〇一〇年九月五日）

このように「子供二人産んでいたら結紮（絶育）」が原則になって、郷に巡回医療隊が来る時に、該当者が指名されて集団で出かけて手術を受けたのである。結紮手術について、先の4―3さんは続いて語る。

**4―3さん**

私は結紮してる。八三年に三人目の子を産んだ後に結紮した、県まで行って。

**――婦女主任のTIが結紮するように言ってきたの？**

当時、P（支部書記）がずっと結紮の手配の責任を負っていた。彼が連絡してきて言うことには、私は三人目を産んでるから、さっさと県に行って結紮しろ、そうすれば誰も上に報告しない、と。だからみんなは郷で結紮してたけど、私一人は県まで行って結紮した、うん。（前出）

このように、八〇年代にはB村でも、基本的に二子以上産んだ人には結紮手術させることになった。インタビューした女性で八〇年代に末子を産んで手術を受けていないのは、ともに長く不妊症に苦しんだ3—11さんと3—12さんのみであった。

## 人工流産

「計画外」の妊娠がわかったら、「補救措置」＝人工流産することも、ルールになった。とりわけ中後期の人工流産は「引産」と言われるが、強制的にそうさせることもしばしば行われた。P支部書記は語る（発言中には個人の名前が出てくるが、個人名が特定できない形でイニシャルにした。以下同じ）。

### P支部書記

……あの頃は引産もさせていて、この村でも二、三は引産した。一人はMsだ。それからもう一人、Ygは、彼女は（他所に）逃げて（隠れていて）、罰金を取ろうと思って、家の豚を引っ張ってきた。七八年か七九年に罰金が始まったと思う。村幹部は人の恨みを買うしかないのさ！　人を怒らせるしか！　子供を身籠っても産むことが許されなくて引産したのは、他にLwやLjもいて、みんな引産した。ただ逃げおおせ（て産んだ）た人からは罰金を取った。豚やら家の中の机やタンスやらを取り上げて罰金にした。（前出）

処置に当たっていた郷病院の産婦人科医も、当時の様子を語る。

### 3—Aさん：産婦人科医

#### ——計画出産は、何年からかなり厳格になって緊張するようになった？

八三、八四年の二年は、かなり緊張していた。……あの頃、X郷にいた時、ほんとに真夜中の一二時ごろに呼び出されて注射を打ったりした。あの人たちは人（妊婦）を捉まえてきて、（そうしたら）引産の注射をするしかないじゃないか。

**——どうして夜中にやってくるの？**

夜でないと捉まらないからさ、村では「ドアを叩きに行く」という。あの人たちが人を引っ張ってきたら、私らを呼んで注射させる。どのみち引産の注射を打ったらそれでいいのさ、胎児はダメになるから。……私たちだって、どうしようもない。私たちは、結局いわれたことをするしかない。（二〇一〇年八月三一日）

「引産」のことは、厳しい計画出産がもたらした悲劇として、村人の記憶にとどめられている（コラム2参照）。以上のように、B村でも八〇年代に、第一子を産んだら悉皆的にリングを装着し、第二子を産んだら結紮（絶育）する、「計画外」の妊娠の場合は人工流産する、という体制がつくられていった。規則をすり抜けて「超過出産」した場合は、罰金を取る。それらはしばしば強制的・暴力的なやり方で執行された。その最前線の幹部、すなわち村の支部書記はどう対応していたのか。より詳しく見よう。

## (4) 支部書記の対応——村幹部のエージェンシー

厳しくなった計画出産に村人を従わせる——場合によっては、産みたがっている「超過出産」の妊婦を人工流産に連れて行く——には、ときとして計画出産工作隊が妊婦の家までやってきて、実力行使を行う。当時の計画出産の工作（コラム4参照）について、支部書記だった5—Bさんは語っている。

**●P支部書記（5—Bさん）**

**——この村で計画出産（の工作）をやる時には誰が先頭に立ったの？**

もちろん支部書記が先頭に立ってやる！……こういうことは全部大隊の幹部が行ってやった！　支部書記と、副書記と、村民委員会の六、七人で。

**――それに加わる女性の幹部は婦女主任一人だけなの？**

女性は婦女主任だけだ、支部書記が先頭に立つ。女性は彼女だけだけど、彼女には罰金を取ったりするような胆力はない。今ではこういう仕事はやりやすくなった、今の人は産みたがらない、考え方が開けた。

**――上からはどういう指示があったの？**

要は会を開いて呼び出されて、上から言われたら一回（妊婦の家に）行って（工作を）やる。郷から工作組が派遣されて来たら、彼らと一緒に行く。最初に上からの工作組が来て仕事を監督されたのはたぶん七八年のことで、厳しくなった時だ。

**――「計画出産突撃隊」があったの？**

いいや、ここではそんなものはなかった。やたらと人を引っ張ったりできない。もし逃げているとしたら捜しに行って、逃げてないなら家まで行って呼び出して引産に行かせる。喧嘩腰で、怒鳴ったりして。（工作に）行くときには男たちだってお茶や煙草を勧めたりせずに、怒って喧嘩腰になる。あの頃は考えが開けてなかったから。

**――あなたが自分で行ったの？**

超過出産があって行かなければ処分を受ける、行くしかない。その実、ここは始まった頃はすごく〝右〟（軟弱）で、娘だけの人には無理に結紮させていない。村にも若干の権限はあるんで、息子一人娘一人の人は結紮させたけど、でも娘だけの人には（無理に行かせない）。三人娘が続いて、その後もう一人息子を産んだ人もある。

**――皆あなたにすごく感謝してるでしょう？**

うん、感謝されてる。そうでないとこの村では、絶対にやっていけない。あの頃は「伝宗接代（という男系血統の存続を重んじる）」観念があっただろう。今の人は男でも女でも構わないけど、あの頃はそうじゃなかった。……

**――じゃああなたはそういう人に同情してる？**

もちろん同情しないわけがないだろう⁉　上からきつく言われて、自分が行ってそうしなかったから処分されるから、そうしただけだから。規則で何人かしか産めないんだから。……

——この辺りでは、男性が結紮手術することはあった？

男はない、結紮は全部女性に行かせた。上では男性の結紮を提唱していたけども。この村では男性を結紮に行かせるように説得はしていない、だって男が結紮したら体が弱くなって労働点数を稼げなくなると言われてたので、そしたらどうやって家を持っていくんだ。だから男を説得して結紮に行かせることはしていない。八〇何年かのすごく厳しくなった時に、専業隊が来て罰金を取ったけど！

——この村は先進的だと表彰されたことはあった？

計画出産で？ それはなかった。さっき話したように、娘二人の人に結紮に行かせたり強制したりしてないから。うん、八〇年の頃に工作隊がやって来たことがあった。郷で計画出産を専門にする工作隊を作って各村を回っていて、ようはもし村の工作が進展していなかったら工作隊を要請して村に来てもらうんだ。でもここはやらなかった。この村では、こちらから来てくれと言ったことはない。この村では超過出産があれば罰金を取る、上の工作隊に来てくれと頼みはしない、来て貰ったらその人たちの食事なども用意しなくちゃならないから。

……今、昔の計画出産工作を思い出して考えてみても、人口が多いと、国家は養いきれない。土地が少ないから。やっぱり計画出産は必要だ！（前出）

## 一回ごとの「工作」と罰金

B村の人々は、「計画出産は一回ごと」[37]で、上級の圧力の強弱によって、時期ごとに「厳しかった」「緩かった」という風に表現する。それは年に何度か、村の外の上級から要請があった時に、「超過出産」となる妊婦の家に行って中絶するよう「工作」（説得）をすることである（結紮手術への動員も、一回の「工作」に数えられることがある）。そのような嵐が過ぎたら、村ではまたしばらく無風状態が続く。一九九〇年代に計画出産工作を日常的に行うようにという指示が浸透するまでは、この村では「計画出産は一回ごと」だった。

「工作」は、相手が頑強に考えを変えない場合、暴力的な実力行使になることもある（コラム4参照）。P書記のいう「工作」とは、そのような実力行使のことで、お茶を飲むような穏やかな雰囲気ではなく、支部書記が先頭に立ち、胆力のない婦女主任などは役に立たない喧嘩腰の荒っぽいものである。

こうした「工作」の際、近隣の他村では、村の中の人がやると「面子が立たな」くて、「その後の村のいろんな工作が出来なくなる」ので、上級に計画生育工作隊の派遣を頼んで、外部の人間に荒っぽい工作をやらせていた（5—Aさん、近村の元婦女主任）[38]。だがB村では、「超過出産があれば罰金を取る、上の工作隊に来てくれと頼みはしな」かったという。ここからは、妊婦の家に「工作」に行き、派手に罰金の金品を徴収したりして政策執行のポーズをとりながら、産むこと自体は見逃したケースがあったことが推測される。「人によっては考えが開けてないんで怒鳴られたけど、それはその場限りのことだから」。村外の工作隊ではその家の事情を斟酌して手心を加えたりすることは出来ないから、呼ばなかったのではないか。したがって、この村は計画出産で表彰されたことはないが、P元支部書記はそんなことを気にしていない。

## 家父長制的配慮

B村のP支部書記は、「上からきつく言われて、自分が行ってそうしなかったら処分される」から上級の指示に従わざるをえないといいながらも、「村にも若干の権限はあるんで」裁量の範囲内でさまざまな「配慮」をしていた。それは「娘だけの人には、無理に結紮させていない」という、どの家にも息子を確保するための、明確に家父長制的なジェンダー・バイアスのある配慮である。彼は、上級の要求をやり過ごして息子のいない女性に結紮を強要しなかっただけでなく、前述の4—3さんのケースのように、村人に情報を流してもいた。政策をそ

37……2—6さん（前出）「計画出産というのは一回一回ごとのもので、一回やったらまた暫くはない。この村の幹部たちは人の恨みを買うことはせず、逆にいろいろ情報を漏らしてくれる。まだ手術しないなら行かなくていい、今はまだ一人産めるとか、政策はそんなにきつくなったとか、言ってくれる……」

38……5—Aさん：二〇一一年八月二九日インタビュー。

のまま実行するのではなく、上からの評価を犠牲にしても家父長的農民家族の存続に配慮し、村人からおおいに感謝されている。

計画出産の現場の状況は、その場の幹部の対応によって多様である。この村のP支部書記は、絶対的な国家の代理人《エージェント》ではなく、政策と村の実情との間に立って、両者の摺り合わせに苦慮していた。彼が配慮したのは、どの家にも息子を確保することで、彼は村の家父長制家族の利益を体現するエージェント（代理人＝行為主体）だったのである。

## (5) 女性の生殖能力は誰のものか？

結紮手術を受けたある女性は次のように言う。

●2―7さん

私らは基本的にみんな手術に行く。保険をかけるわけよ、自分が恐いから！　うちのJの奥さんは、リングを入れては落ちて、たんびに中絶に行って、結局全部で四、五回流した。私らはみな、自分で希望して結紮に行く、べつに手術は恐くない、先を争って行った。べつに大手術じゃなくて、手術台に上がれば終わるまで八分間しかかからない！　私らは基本的にみんな結紮に行ってる、でないと村の中で説得して行かせる。（二〇一〇年二月一八日）

彼女は、子供を産み終えた女性は、絶育の手術に行くことを歓迎しているという。リングのように脱落して中絶することになる心配がないからで、その後の体調についてもQ村と同様、おおむねリングより評価は高い。村の手配で無料で受けられる手術を歓迎した女性は少なくなかったろうが、望まない場合でも、「説得」されて手術するしかなかった。

結紮手術をめぐっては、政策の厳しかった八一年に、次のようなことも起きている。

### 2—6さん

八一年はというと、結紮手術に行くようにという通知があって、私の生産隊では、L某、H某、M某、S某、それにP某の妻が五人一緒に、家の人にも自分の夫にも言わずに、そのまま郷の講堂に連れて行かれた。上から何とかいう医者が来て結紮手術をするので手術をしに行け、ということだった。終わってから彼女たちの夫に通知して、それで彼らは死ぬかと思うほど怒った。彼らが怒ったのは他でもない、彼らに知らせずに結紮手術に連れて行ったということだ。（前出）

夫たちに知らせずに手術が行われて、村の男性たちが怒ったという、村の多くの人の記憶に残っている事件である。村の女性の生殖能力は、国家のものなのか、夫のものなのか。この時、両者の矛盾は極大化した。では、当の女性はどう思っていたのか。上の2—6さん自身は、息子が二人いて結紮しているが、手術を受けた時の様子は以下のようだった。

### 2—6さん

私らは八二年に手術に行った。……支部書記はうちの姑に、私たちはしばらく手術に行かないように、そのうち政策がゆるくなるだろうから、と言った。でも私は自分で行こうと思った、たくさん産んだら大変だから。私の母の世代はあんなにたくさん産んで、彼女らの頃は計画出産はなかったから、もしあったら一人か二人だけしか産んでなかったろう。今はこんなに良い政策があって、こういう技術があって結紮手術して産まないようにできるのに、なんで行かないことがあるもんかね。あの頃は堕胎薬を飲んで、でも飲んでも堕ろせなかった人も多い。考えても方法もなかった。今は、私らは考えられる方法がある。見てごらん、誰が行きたくないものか。（同前）

興味深いことに、本来政策を推進すべき支部書記は「キャンペーンをやり過ごしてもっと産んだらよい」と示唆したのだが、彼女自身は進んで結紮手術に行ったのである。支部書記は政策をサボタージュしようとしているが、この女性はその裏をかいて政策に従って自分の希望を実現している。

前出の、リングを密かに外して第二子を産んで間隔不足で罰金を払った2―5さんは、その後、「もし計画出産がなくても、私等はもっと産もうとは思わなかった」と、結紮している。村の女性たちは場合によっては政策に違反して罰金を払い、場合によっては政策が提供する手術を利用して、可能なやり方で、自分の望むだけの子供を産む／産まない希望を実現しようとしている。

以上のように、八〇年代初頭、全国的に強制力を持った計画出産政策が展開されるようになった中で、B村でも「子供は一人」とされたが、やがて「間隔をあけて二人まで」がめやすとなった。また、第一子を出産した女性はリングで避妊し、第二子を出産したら結紮手術を受けることが悉皆的に要求された。規定からはずれた妊娠には中絶が要求され、工作隊が押しかけて「引産」させるような「野蛮な」方法も採られるようになった。

一方でこの村では、密かにリングをはずしたり、「超過出産」の子を産んで罰金を払ったりすることも頻繁に行われており、規定からはずれた生殖行動も黙認ないし公認されていた。幹部も、女児だけの家庭には結紮手術を強要せず、家父長制家族の再生産に配慮していた。女性自身は、時には政策の裏をかき、時には政策に「乗って」、自身の希望する生殖行動を実現しようとした。

B村では、女性たちの生殖能力をめぐって、政策すなわち国家・村の幹部・夫や姑などの家族・女性自身などが、それぞれの思惑をもって、複雑な交渉と駆け引きを個々のケース毎に展開していた。その結果、八〇年代のこの村では、全体として出生率は低下するものの、「超過出産」も頻繁に見られた。

しかし八〇年代末から九〇年代にかけて、状況はまた変化する。

## 4　厳しい政策執行——一九九〇年代

### (1)　政策執行の厳格化

一九九〇年代前半、計画出産の政策執行は、さらに厳しくなる。すなわち中共中央・国務院は一九九一年五月に「計画出産工作を強化し厳格に人口増加をコントロールすることについての決定（関於加強計画生育工作厳格控制人口増長的決定）」（九号文件）を出したが、この内容は計画出産をさらにしっかりと指導するため、各レベルの党・政府の指導者が責任を持って工作を進めよ、というものである。[39] 前述のように湖南省では「湖南省計画生育条例」が一九八九年一二月に制定されていたが、その厳格な執行が要請された。湖南省の党・政府は九〇年代に入って省内の行政組織は人口目標責任管理を実行するよう要求し、毎年会議を開いて各地の人口目標執行状況を評価し、各指導者の人口への意識とコントロールへの緊迫感を強化した。K県でも、計画出産は郷鎮長が責任者となり、党と政府が責任を持つこと、とされた。[40]

このような中で、第三子以降の出産が少なくなかったB村でも、そのような状況は許されなくなっていった。八七年に第一子を産んでいる2—3さんは、八八年に次の子を産んだ時は、罰金などの状況はなかったが、その子は夭折し、九〇年に産んだ二番目の息子には罰金を払わなくてはならなかった。彼女は語る。

**●2—3さん**

八八年に女の子を産んだが、死んでしまった。一カ月になるかどうかという頃に、破傷風だった……後悔しないな

39……路遇・翟振武主編『新中国人口六十年』中国人口出版社、二〇〇九年、八一七頁。第一章六二頁参照。

40……前掲彭佩雲主編『中国計画生育全書』一三四一頁。前掲『K県志（送審稿）』九七一頁。

んて事、あるもんですか！　この女の子を産んでから後、次を産めなくなって、……一男一女でよかったのに！　二番目（の息子）を産んだ時は私たちは罰金を払わなくちゃならなくて、ベッドも布団もなくなって眠ることもできなかった、家の経済は苦しかったのに、七二〇元も払ったのよ！　あの頃の七二〇元がどれだけの値打ちがあったか！

八八年に産んだ時にはまだ罰金は払わなくてよかったけど、八九年九〇年に政府が出した政策で、その時に産んだ子は罰金を払って、その前に産んだのはかまわない。罰金は九一年の半ば頃で、あの頃うちの村では、みな同じ様に罰金を払わなくちゃならなかった！　八〇何年の頃にはまだ産むのが許されて、比較的ゆるくて、（強制的に）結紮に行けといったようなこともなく、罰金もいらなくて、八八年に生まれた女の子はそういうことは全然なくて、しかも女だった。（二〇一〇年二月一七日）

また、娘ばかりだった2―10さんは、九一年に五人目の子供を「引産」させられた。次のような情況だった。

### 2―10さん

……二番目（八六年生）を産んで、その頃は結紮はまだそんなに厳しくなくて、三番目（八七年生）を産んだ時もせかされなかった。でも四番目（八九年生）の時には厳しくなって、結紮に行けとせかされたが、でも自分では行きたくなかった。お上は強制しないかって？　罰金よ！　人民元を出すんだわ！　あの頃の一〇〇〇斤の米穀相当の金を払った、四番目の時に。末っ子（九一年生）の時は、罰金は関係なかった、ただ必ず引産しろと公社から通知が来た……

それから最後の子供、九一年二月生まれだけど、これも話がある。……この子はもともと産んではいけなかったので、病院で「引産」で産まされた！　私を掴まえて病院へつれてきて産ませたんだ！　私は旧暦の六月に身ごもって次の年二月の上旬に産んだのだが、引産で、月満ちてなかった！　六月に妊娠して七月に結紮して、言わせてもらえば、私はあの時身ごもってから結紮しようとして、自分でわかっていた！　……七カ月あまりに大きくなってから、私を掴まえて引産に連れて行った。あの時、公社の節育弁公室の人が私を掴まえて病院に連れて行った。T1は婦女主任で、支部書記のYjも私のことを報告して、彼らだってどうしようもない、こういう政策だったから。うん？　私に何が言えるかね？　私に引産の注射をしたのはYxで、彼女は医者で、……どういうもんだか、たぶんわざと致命的なところをはずして打った。それで死なずに生きて産まれてきて、産まれたら病院では解毒の注射を打ってくれた。引産したけど死なず、解毒注射を打たせてくれた。あの時は運がよくて、……帰った後、子供は三日間水を飲まずに、毒水はベッドの上でたくさん流れた。毒水は黄色だった。幸いなことに、娘は頭までやられずに、今でも末っ子はほんとに賢い子だ。……Yxは知っていて、うん、郷の病院の婦人科の医者だ、女性の。私を彼女はそんなによくは知らないけど、でも私には彼女はすごく印象深くて、私に引産注射をする時に致命的な場所を避けくれた。Tlは彼女に裏から手を回したんじゃないかと思う、そういうことだ。（二〇一〇年二月一八日）

息子が欲しかった彼女は、八〇年代は結紮手術から逃げ回っていたが、九一年には逃げられなくなって結紮した。が、その時すでに妊娠しており、妊娠七カ月になって婦女主任に連れて行かれて「引産」した。しかし早産させられたこの娘は、生き延びて成長した。2—10さんは、婦女主任が致命的なところをはずして引産するよう医者に手を回してくれたのではないかと思っている。彼女は言う、「彼らだってどうしようもない、こういう政策だったのだから」。

その後、九〇年代には「第一子が男児の場合は一人っ子、女児の場合は間隔を空けて二人目まで」という「一・五子」の規定がこの村でも定着したことが、表6—4からわかる。また、「二人産めば結紮」という指針も、例外はあるが原則的に実行されている。

女性たちの語りを聞いてみよう。次は、九〇年生まれの息子がいる女性である。

### 3—20さん

二人目を産もうとしても、許されない！　ありがたいことに産んではいないし、そんなことをしたら金がかかって死んでしまう。九一年の頃、息子が一歳になったばかりの時、妊娠して五カ月になったが、引産した。リングがうまく装着できなくて身ごもったのだが、産むのは許されず、言うことには産んだら罰金だって！　私が引産するというので実家の母はひと泣きして、惜しいといった。夫は要らないと言って、死ぬほど罵られた。ちょうど家では豚を飼ってて、一〇〇斤（五〇キログラム）あまりになっていた。姑は産んでほしい、産めばいい、この豚を殺して罰金を払えばいいと言った。私はいやだった、家はこんなに貧乏だから、産んでも育てきれない！　それに誰も看る人がいない。九一年に引産して、九三年にまたもう一度、流した。…………子供はもう形が出来ていて、一男一女の双子だった。（二〇一〇年九月五日）

彼女は、「本当は娘もほしい」が、厳しく制限されて産めない。もっとも、彼女自身、姑から「罰金を払って産め」と言われた時は、養育の負担を考えて産みたくなかった。

## (2)　人工流産の増加と婦人科検診

九〇年代には、計画外に妊娠したら「補救措置」＝中絶するというルールにより、人工流産を経験した女性が増えている。例えば3―10さんは一九九九年に女児を産んでいるが、二〇〇〇年に妊娠して、「第二子は上が四歳になるまで次を産んではいけなかった」ので人工流産しているし、二〇〇〇年に女児を産んだ3―8さんも、第一子出産の一、二年後に「四年空かないと産めない」ので「間隔が足りず」人工流産した。[41]

次のようなケースもある。

**3―1さん**

……産んでからすぐにはリングをしていなくって、一、二年してからつけた。人民病院で「引産」をして、その時は、知った人の紹介があるので一〇〇元しかかからなかった。人によっては二〇〇～三〇〇元いるらしいけど。その後リングをつけた。着けて一年余りして、お腹が痛くなって副作用があったので、取り出した。その後はずっとコンドームを使っている。引産の後、一、二年の間に人工流産をもう二回した。一回は丸薬を飲んで流した。村の医者のY先生が薬をくれた。二回目は病院へ行った。丸薬では効果がなくて流れないんじゃないかと思ったから。知っている人に頼んだから、二回とも一〇〇元だった。一人しか産んじゃいけないもの！（二〇一〇年九月二日）

先の3—20さんが双子を中絶した時には、自宅で流そうとして「プラスチックみたいな」管をかけて、お腹が死にそうに痛くなり、大きな血の塊が出てきた。その後、病院に運ばれたが、三つの座布団全部に浸みるくらい出血し、「もうちょっと遅かったら命がなくなっていた」と医者に言われた、という。

計画出産の施行の厳格化に伴って、「計画外」に妊娠した場合の「補救措置」＝人工流産を行うことが増加した。人工流産の経験者は、九〇年代以降に第一子を産んだ一三人のうち八人にのぼっており、複数回の経験がある女性も多い。「計画外」の妊娠は人工流産することというルールは、女性たちの健康を相当に脅かしている。当局はそれを避けるため、しっかりと避妊するように、という指導を繰り返した。

## 婦人科検診

この村でも、九〇年代から生殖年齢の女性に対する婦人科検診が始まり、調査当時も行われていた。村人は、次のように言う。

### 2—5さん

上から人が来て検診をするんで、自分から病院には行かない。上からって、郷の衛生院から村の役所へ人が来るの

41……3—10さん：二〇一〇年九月三日インタビュー、3—8さん：二〇一〇年九月二日同。

さ、来ようと思ったら来る。放送で連絡する、結局五〇歳以下の結婚している女性がたくさん検査に行く。私みたいに問題ないと何も検査することはないけど、結紮手術した人も検診しなくちゃいけなくて、女性だけ。検診はタダだけど、でももし何か病気が見つかったら金を出さないと薬をくれない、婦人科の検診で、女性の健康に配慮するといって、毎年一回ある。結紮手術してない人が行く検診はまた別に、毎年二回。それは生殖年齢の女性の検診で、リングがおちてないかどうか、妊娠してないかどうか、調べる。出稼ぎに出てる人も呼び出して帰らせて、それはもう厳しい。彼女たちに聞いた話では、その検診は超音波診断装置を使って速くできる、前のようにパンツを脱いで、手袋をして探るのとは違う。（前出）

女性の健康に配慮するためということで、五〇歳以下の女性は皆、毎年一回検査を受けるが、結紮していない女性は、さらに二回、合計毎年三回、超音波診断装置で子宮を映して、リングが入っているか、妊娠していないかを調べる。「ちょっと（超音波診断を）撮るだけで、一分間もかけなくて、他に何を聞くでもない、妊娠してるかどうか検査するだけだ。検査に来るのは上から男性が三人、一人は運転、一人は名前の登録、一人は検査。婦女主任も一緒にいて、私たちを呼びたてる。彼女は放送で私たちの名前を呼ぶ」（3—20さん、前出）。「もし検診の時に妊娠していることがわかったら、（超過出産でなくて）産んでいいなら許して、ダメなら流しに行かせる。しかも自分で金を払って。彼ら（お上）は金まで出すほど良くしてなんかくれるもんか！」（3—10さん、前出）。村人は、検診を「あれは、ようするに、リングをしているか、妊娠しているかどうかを見るわけよ」（2—1さん、前出）と認識している。そして、「一回結紮したら、村の婦人科検診は通知してこなくなる」（3—19、前出）ので、たしかに計画外の出産を防ぐことが目的といえる。

これは九二、九三年頃に始まったもので、超音波診断装置を使い出したのは、九六年以後だという（5—Aさん、隣村の婦女主任、前出）。その前は、「パンツを脱いで、手袋をして探」っていたというから、村の女性たちの反感の感じられる口吻も理解できよう。

以上のように、九〇年代になってB村でも計画出産の執行は厳格化され、それまでのような「片目をつぶって」計画外の出産を見逃すことは困難になった。

## 5 政策執行の緩和と出産観の変化——二〇〇〇年代以降

第一章でみたように、一九九〇年代後半になると、中国の出生率は低下を見せた。これが計画出産工作の強化によるものか、それとも経済が「離陸」して成長軌道に乗り人々が多くの子供を欲しがらなくなったからかについては、いくつかの意見がある。九五年には国連第四回世界女性会議が北京で開催され、リプロダクティブ・ヘルス&ライツの重要性が提起された。計画出産工作も、リプロダクティブ・ヘルスを重視して、人道的な「優れたサービス」（優質服務）を行う方向への転換が始まった。[42]

### (1) 生育意識の変化

B村の生殖年齢の女性の生育意識も、以前と比べると変化が見える。次は、迷いつつも二人目を産んで娘二人いる女性の話である。

**●3—7さん：娘は一九九三年生まれと二〇〇三年生まれ**

今、避妊はコンドームでしている。結紮はしてない。村では毎年三回婦人科検診があり、行く時もある。もっと産

42……顧宝昌「計画出産の改革——リプロダクティブ・ヘルスをめぐって」若林敬子編著『中国　人口問題のいま——中国人研究者の視点から』（筒井紀美訳）ミネルヴァ書房、二〇〇六年。前掲路・翟主編『新中国人口六十年』八二六頁。

んでよいとしても、私は産みたいとは思わない。生活のかかりや、育てる費用や、私らには負担しきれない。舅の考えは絶対違うと思うけど。私や夫は違う。私はもともとこの二番目は人工流産するつもりだったけど、母が私に、男でも女でも子供二人いたら助け合えるじゃないと言ったので、それでこの子を産んだ。（二〇一〇年九月二日）

このように、九〇年代以降、上の世代とは異なって、養育の負担を考えて多くの子供を望まない若夫婦が見えるようになっている。また、政策では許されるが二人目は要らないと決めたケースも見える。

### 4―2さん

私たちは九七年に結婚して、女の子が一人いる。九九年二月生まれだ。……決まりではもう一人産めるけど、もうこれ以上いらない。なぜなら、一つは、私は妊娠中、つわりがひどかったことと、もう一つは経済条件がよくなくて、金がかかりすぎる。べつに男の子が欲しいとは思わない。夫もそうだ。私たちがそういう考えだから、舅姑も何も言わない。姑は男の子が欲しいみたいだけど。（二〇一一年三月四日）

婦女主任も「今はもう考え方が開けたから、以前とは違う。娘でも息子でも、じいさんばあさんはどっちでも喜ぶ」（4―4さん）[43]という。次の女性は、もう一人産むことよりも、都市戸籍に変更することで開けるかもしれないチャンスを重視している。

### 3―4さん：娘は二〇〇九年生まれ

……（実家のある）Q農場では、そのうち退職年金とか仕事とかのチャンスがあったりするかもしれないので、子供の戸籍はそちらにもって行った。……ここ（B村）に戸籍登録すると、今女の子一人だから、二人目を産む指標がもらえる。でもQ農場ではそれはなくて、たくさん罰金を払うことになる。なぜならあそこは今、新農村建設をやっていて、「三農主義」で二人目を産むことを許さない。私たちは農村戸籍ではなくて、都市戸籍に数えられている。

私自身も産みたいという気持ちはなくて、一人で充分だ。舅は意見があるかもしれなくて、姑はべつにかまわなさそうだ。夫はとどのつまり私の意見に従うんで、彼は私が一人だけでいいなら一人でいい、それでおわり、という。私は早くに彼に、もし一人しか産まなくてもいいかどうかと聞いたが、彼は、あんたが一人と思うなら一人でいい、と。（二〇一〇年九月二日）

こうして二一世紀のB村では、第一子が女の子で第二子が出産可能でも「指標を返還」する人も出現するようになった。その背景には、政策の執行が厳しくなって「超過出産」が容易ではなくなったことだけでなく、生殖年齢の夫婦の考え方が変化していることがあった。Q村の若い世代と同様、B村の若夫婦も経済的な負担を考えて、二人目を強くは産みたがらなくなった。親世代の影響力も以前より小さくなっている。

さらに、婦女主任（4―4さん）によれば、調査当時、「ふつう超過出産する人は、息子がいる上に娘も欲しくて、そういうケースは、（罰金を払って）戸籍を登録して絶対育てるでしょう」という。「超過出産」は、以前のように息子が欲しくてではなく、娘も欲しくてのものに変化しているのである。

### (2) 政策執行の緩和――「優れたサービス」

村人たちが、あまりたくさんの子供を産みたがらなくなって、計画出産の取り締まりも以前ほど緊張したものではなくなった。婦女主任は語る。

#### 4―4さん：村の計画生育専任幹部（婦女主任）

43……4―4さん：一九九四年から調査当時までB村の婦女主任（計画生育専任幹部）。二〇一一年三月六日インタビュー。

……婦女主任を計生専幹（計画生育専任幹部）と言うようになったのは、この三、四年のことで、生殖年齢の女性のサービスに専門に責任を持つから。……名称変更は、仕事のやり方が以前の野蛮なやり方から、「優れたサービス」のやり方へと変わったことと関連している。お上自身が、以前は野蛮なところがあったと認めているわけよ。（二〇一一年三月六日）

彼女は、「優れたサービス」のやり方に変わったのは七、八年前からで、「現在では、計画出産はかなり人道的なやり方をするようになった」という。すでに子供のいる再婚カップルの出産許可についてもそうだし、妊婦保健カードが導入されたこともそうである。また、結紮も強制されなくなった。[44]婦人科検診についても、変化が見える。

### ●4―4さん

毎年三回、上から婦人科検診がやって来る。対象は四九歳以下の出産年齢の女性だ。それ以外の女性も希望すれば受けられる。……あの頃は計画出産が厳しくて、緊張してたでしょ？　以前は一五〇人の検診が必要だったら、一四〇人が来ていたけれど、今は無理だ。みんな出て行って家にいない。彼女たちも、「ようは産まなかったら、それでいいんでしょ」と思っている。罰金の問題がなければ、あまり気にしない。私たちも婦人科検診をする目的は「優れたサービス」をすることで、妊娠していないかどうか、病気がないかどうかを見るだけ、そういう風に思っている。（前出）

彼女は、「私は長いことこの仕事をしているけど、すごく難しいことには遭ってない」という。隣村の婦女主任も、近年は出産管理の仕事に大きな困難はない、と言う。[45]二一世紀には、「野蛮」な計画出産の工作は、ようやく過去のものになりつつあった。

### (3) 出稼ぎとリプロダクション

B村では、二〇〇〇年代には四〇歳以下の若い人の多くは出稼ぎに出るようになった。婦女主任(前出)も「村の四九歳以下の生殖年齢の女性は全部で三〇〇~四〇〇人だけど、うち八〇~九〇人が出稼ぎに出ている」という。調査当時は村に住んでいても、以前に出稼ぎの経験のある人もいる。そのため、遠方からの婚入女性も見えるようになっており、村人の生活にも大きく影響している。

2—4さんは、二〇〇五年に女児を産んだが、夫の従兄に預けて夫婦で広州に出稼ぎに行っていたため、帰ってきた時には子供が自分たちをわからなかったという。[46] リプロダクションには、次のような影響が見える。

#### ●3—3さん:子供は二〇〇九年生まれの女の子

実家は江蘇省で、社会主義新農村になっている。……ダンナは上海で出稼ぎしている工場で知り合って、もともと遠すぎるというので、家の者はやや反対だった。……避妊に関しては、私は現在、リングをしている。子供が八、九カ月になってから衛生院にいって入れた。実家のあたりでは計画出産委員会があって、毎月コンドームを届けてくる。ダンナは遠くにいるので、何の意味もない。出稼ぎに行っている時には、職場も何も関係ない。病院で二回、人工流産をしたことがあって、費用は大体一四〇〇~一五〇〇元くらいで、二回の間隔は二カ月くらい空いていた。あの時はまだ結婚してなくて、子供が欲しくなかった! 薬も飲んで、避妊の方法をいくらか講じていた。(二〇一〇年九月二日)

44……4—4さん:「政策によると、二人産んだら卵管結紮の手術をすることになってるけど、もし身体がよくないならリングを入れてもいい。全部本人の自覚と希望による。現在は、リングを推奨している。」Q村からかなり遅れて、この村でも結紮(絶育)からリングへ、生殖コントロールの方法が移行しつつある。

45……1—Aさん:前出。彼女は本章のはじめに紹介した、以前村で助産をしていた「はだしの医者」だが、九一年から隣村の婦女主任も務めている。助産が禁じられてからは、もっぱら婦女主任(計画出産専任幹部)の仕事をしている。

46……2—4さん:二〇一〇年二月一七日インタビュー。

●3―2さん

私は一九八八年生まれで、実家は隣の県だ。広東省の東莞で出稼ぎをしていた頃に、同僚が今の夫を紹介してくれて、一、二年付き合ってから結婚した。……私は〇九年に二二歳で結婚した。娘は二〇〇九年八月にK県人民病院で生まれたが、当時彼女を妊娠してから結婚したんで、でなかったらそんなに早く結婚しない。……避妊はしていない。夫はずっとよそで出稼ぎしていて帰ってくることは少ないので、帰った時はコンドームを使う。時には婦女主任が、向こうから届けてくれる。実家のあたりでは、そもそも計画出産に関するサービスは全然ない。以前付き合っていた人がいて、うっかりして妊娠してしまって、別れてから流そうと思って、自分で病院へ行って飲み薬を買ってきて流した。でもちゃんと全部流れなくて、また病院へ行って〝子宮をきれいに〟した。薬を飲んでから一週間消毒の注射をして、その後検査をしたら何か病気だと言われて、ほんとに大変だった。薬と入院とで全部で一〇〇〇元あまり使った。出稼ぎ先では、男女が一緒に住むようなことはとても多い。ある友達はそうやって七、八回も中絶している。何で避妊しないかって？　それは彼ら二人の間のことだから。よそに出稼ぎに来てる時に、人に言うのも言いにくい。（二〇一〇年九月二日）

ここからは、出稼ぎに出た若い男女が知り合って、未婚で妊娠し、中絶することが頻繁に起きていることがわかる。こうした中で、身体（と心）の健康を損なう女性も少なくないだろう。[47] なお、彼女の場合は婚前妊娠で、二二才の結婚は晩婚の規定からもはずれるが、咎められなかったようだ。第四章でみた上海の場合と異なって、B村では婚前妊娠による「できちゃった婚」の出産は、問題になっていないように見える。

次のようなケースもある。

●3―15さん：二〇〇四年生まれ、二〇〇九年生まれの二人の娘がいる。四川省出身

……私のこの上の娘は以前つきあっていた男性との間にできた。ものがわかってなくって、結婚せずに産んだ！　それでこの子は今になってもまだ戸籍がない。実家のあたりの郷医院で、帝王切開で産んだ。……上の子を産んで数

カ月後に父親から連絡があって、親族が認めないのでこの娘はいらない、金持ちを捜して一〇万元でこの子を売るように、と言ってきた。……下の娘はこの近くの婦幼保健院で、やはり帝王切開で産んだ。……下の娘を産んで病院にいた時、私の父が駆けつけてきた。なぜなら、いくらこの娘の父親が、この辺では男の子も女の子も関係ないと言っても、心配だった。子供が産まれて泣き声を聞いて、男か女か尋ねて、女の子だとわかったら、私は気持ちがすごく焦った。何のかんのいっても、どちらかというと女の子だったら、自身の結婚や家庭に影響するかもしれないと思って、そしたら大出血してしまった……。

実家のあたりの病院で産む時には出産許可証は関係なくて、あの辺ではそういうものは作らない。

この（下の）娘の時は出産許可証が要って、節育弁公室へ直接行って作った。村で証明書を書いて、それを自分で持って郷の出産ステーションに行く。それから検査に行って、ようやく作ってくれる［傍にいた夫が補充］。

子供の戸籍を登録するには、さらに病院で出生証明を書いてもらわなくてはならない。

**――上の娘はここで戸籍登録ができるの？**

今はまだ登録してない。たぶん登録する時には、いくらか罰金を払わなくてはいけないだろう［夫］。

**――あなた達は超過出産になるの？**

べつに政策に適合しないことにはされないけど、でもいくらか金がかかるんじゃないか［同］。（二〇一〇年九月四日）

このケースでは、上の子が女の子だったので、以前の恋人とその親族から要らない、と言われて結婚できなかった。下の子の時にその父（夫）が子の男女は関係ない、と言っても女の子では結婚に響かないか心配だったという。上の子は、学校に入る前には、罰金を払って戸籍登録をするつもりだ、ということであった。この子は、戸

47……また、梁鴻『中国はここにある――貧しき人々のむれ』（鈴木将久・河村昌子・杉村安幾子訳）みすず書房、二〇一八年）は、夫が長期の出稼ぎで村に残されている妻のセクシャリティを案じている。B村でも出稼ぎの夫と離れている妻は少なくないことがインタビューからわかる。

籍登録されていない、いわゆる「闇っ子（黒孩子《ヘイハイツ》）」である。このケースは婚姻外出生なので、計画出産の規定外になり、「計画外」の子の戸籍登録は罰金を払ってから、というのが村のルールになっている。計画出産政策は、様々な理由による「計画外」の子の戸籍登録を困難にし、それはその子の社会的な生存を脅かす。もっとも村の現場では、この子はまだ就学前で、当面困ってはいないようでもある。

さらに次のようなケースもある。彼女は一九九三年と二〇〇三年にそれぞれ女児を産んでいる。

### ●3—7さん

**——二番目とは十年も開いてるのね？**

それは、間に何人か、駄目になったから。一番大変だったのは、妊娠したのにわからなくて、お腹の中で死んでしまったとき。二〇〇二年七月の話で、お腹は痛いし、血を吐くし。病院で調べたら、医者の言うには、胎児の気を動かしたんだと。だって私は妊娠してるなんて知らなかったから。前に広州で手術をしてから帰ったから。

**——何の手術？**

流産を一回した。腹膜炎を起こして、手術しに行った。二〇〇〇年のことだ。それでお医者さんが、このあと産める可能性は少ないと言ったので、あまり避妊をしていなかった。だって（出稼ぎの夫と離れていて）関係なかったから。それで気がついた時はもう三カ月になっていた。その時稲刈りをしていて、なんか感じが違うと自分で思って、「はだしの医者」のところへ行って看てもらったら、彼女の言うには、あんたは子供が出来てるからすぐに県の節育局へ行って検査しないといけない、と。で、検査したら、お腹の中で死んでた。私たちは計画出産の対象だから、ふだん何かあって気分が悪いとか変だとかいう時は節育局へ行って検査する。そこの医者はわりと責任感があって、女性の心身のことがわかってるから。節育局でかかった費用は一六〇元余りだったかしら。広州でのとき？　その時は四、五万元もかかった！　私はあの時はね、腹膜炎がすでに爛れててかなりひどくて、輸血だとか救急だとか死ぬかと思った。（二〇一〇年九月二日）

以上のような語りからは、二〇〇〇年代になって改革開放が進展する中での社会変化とともに、村の女性のリプロダクションのあり方にも大きな変化が起こっていることがわかる。出稼ぎが一般化して社会が流動化する中で、婚前妊娠が増加し、人工流産を繰り返す人も少なくない。一方で、「優れたサービス」が村にも浸透しはじめて、以前の「野蛮な」計画出産の方法は改善され、当局も女性たちのリプロダクティブ・ヘルスを考慮するようになりだしている。

## 6　中国農村の計画出産

これまで見てみたB村の計画出産について、時期ごとに変化をまとめた上で、Q村との異同に留意しつつ、村の幹部と女性のエージェンシーについて考察する。

### (1)　B村の計画出産の変遷

B村では、一九六〇年代に計画出産の提唱が始まって近代的な生殖コントロールが導入された。計画出産に積極的な幹部や医療人員のいないこの村で、当初、これを実行したのはかなり強い意志を持った女性である。七〇年代になると計画出産の宣伝・動員が展開され、リングや卵管結紮（絶育）による生殖コントロールが広まった。七〇年代には「子供は三人まで」がめやすと考えられていたが、それ以上に「無理に」産む人も多く、そのことにあまりためらいは見られない。希望の人数を産み終えれば、計画出産のキャンペーンに応じて結紮手術を受ける。村の女性たちは、置かれた状況にしたたかに対応して希望する生殖行動を実現しようとしていた。

全国的に「一人っ子政策」が始まった八〇年代初頭、B村でも「子供を一人しか産んではいけない」という工作が展開されて混乱がみられた。やがて「子供は間隔をあけて二人まで」が計画出産のめやすとなり、第一子を出産するとリングで避妊し、第二子を出産したら結紮手術を受けることが悉皆的に要請されるようになった。強力に政策が推進される中で、ルールからはずれた妊娠には人工流産が要請され、場合によっては工作隊が押しかける「野蛮な」方法も採られるようになった。しかしこの村では、密かにリングをはずしたり、罰金を払って「超過出産」の子を産むような規則からはずれた生殖行動も頻繁に行われており、幹部にも黙認されていた。

九〇年代になって、この村でも政策の規定どおりの第一子が男の子なら子供一人、女の子なら間隔を空けて二人の「一・五子」システムが定着した。背景には、政策の執行が厳しくなって超過出産が容易ではなくなったこと、生殖年齢の夫婦の考え方が変化したこと、がある。「超過出産」となる妊娠で人工流産を強いられる女性が増え、心身が損なわれることも少なくなかった。

二一世紀のB村では、「リプロダクティブ・ヘルス」の考え方を取り入れた「優れたサービス（優質服務）」がそれまでの「野蛮」な方法に代わって提唱されるようになり、計画出産の工作方法は以前よりソフトなものになった。人々の生育観の変化や出稼ぎが一般的となった村の生活状況も相まって、計画出産とリプロダクションは新たな様相を呈している。

以上のようなB村のリプロダクションの変化は、この村の社会的経済的条件の下で、国家の政策、村幹部、家族、そして生殖の当事者たる女性などが、複雑な交渉を展開した結果であった。B村は、清末以降に開発の始まった東北地方遼寧省に位置するQ村とは異なって、古くから中国の歴史の舞台であった華中平原にある、豊かな伝統を持つ村である。父系家族の存続を重視する「伝宗接代」の観念が脈打っており、また地域の人々の間には、薬草をはじめとする民間医療の知識と経験が蓄積されていて、専門の医療者の手を借りない出産も一九八〇年代まで当たり前に行われていた。このように国家の医療システムから相対的に自立してリプロダクションが営まれていたこの村では、かえって出産の近代化の実現は遅れ、乳児死亡率も遅くまでかなり高かった。また、村幹部が計画出産の推進に積極的ではなく、全国の農村の基準より多い子供の数がめやすとなっていた。B村では、母子保健であれ、計画出産であれ、よくも悪くも上からの政策がすぐには浸透せず、容易にリプロダクションが近代化・正規化・国家化しなかったのである。女性達はこうした中で、めやすとされる以上に子供を産みたい時には、リングをはずしたり、逃げたり隠れたりする。産みたくない時には、家族の反対を無視して政策を利用する、などの様々な対応をみせた。計画出産は、彼女たちが生殖の自己決定権《リプロダクティブ・ライツ》を模索する際の、二〇世紀後半の新たな与件となっていたのである。

## (2) 幹部と女性のエージェンシー

B村の計画出産とリプロダクションの状況は、上海はもちろん、Q村とも相当に異なっている。それには、環境や条件の変化の中で交渉するB村の幹部と女性の行為主体性《エージェンシー》のあり方が大きく関わっていた。

### ▒幹部のエージェンシー――「良い幹部」とは何か

B村の幹部は、Q村の幹部とははっきりと異なっている。どちらの村にも、村人に尊敬される「良い幹部」がいた。とはいえ、どのように「良い」幹部であるのかは、まったく異なる。

Q村のD婦女主任は、「子供を少なく産む」国家の政策を厳格に施行する模範幹部であった。踵をすり減らして人々に説得して回り、罵られることを厭わず、身内に厳しく次男三男の男系子孫が絶えても嫁に絶育させるという、『蛙』の「伯母さん」を彷彿とさせる人物である。

対して、B村の婦女主任は、自身に男の子がないことを苦にして超過出産で四人目まで出産し、支部書記もそれを黙認した。支部書記は男の子がいる女性には結紮させても女の子だけの人には「片目をつぶって」見逃し、ときには上からの政策をサボタージュしていた。「野蛮」な「工作」が必要な時には、「計画出産工作隊」を村の外から呼ぶのではなく、村の中の人間で行って手心を加えた。彼の「配慮」は、どの家にも男の子を確保して家父長制家族の再生産を可能にするという、明確なジェンダーバイアスを持ったものである。彼は、国家の代理人《エージェント》というよりは、父系家族の存続を第一とする村（の家父長たち）を代表して国家と交渉していたといえる。

このように、正反対の「良い幹部」が存在することに、計画出産の複雑さが透けて見える。

国家の政策は幹部を通して村に浸透させるしかない構造の中で、幹部の裁量の余地は大きく、彼らのエージェンシーの違いがそれぞれの村の計画出産に及ぼした影響は大きかった。こうした構造が、中国の計画出産の実態が現場によってばらつきが大きいことを招いていた。

中国の農村には、こういった二種類の「良い幹部」以外に、村人に無理を強いて恨まれる幹部もいた。公平でないやり方で、また無慈悲に、自身の業績のために村人に中絶・不妊手術を強要する幹部や、村人の生活を顧みずに厳しく罰金を取り立てて私懐を肥やす幹部などである。中国農村の実態をえぐったルポルタージュとして話題になった『中国農民調査』[48]には、そのような悪徳幹部の実例が見える。こうした幹部の「悪徳」ぶりは、計画出産への村幹部の責任が大きくなった一九九〇年代にエスカレートし、現場の幹部が恣意的に罰金を取り立てることのできる構造は、計画出産がらみの汚職を蔓延させて大きな社会問題となった。

## ▒女性のエージェンシー

計画出産が導入されて、村の女性たちには、多くの（男の）子を産むことが期待されるだけでなく、産む／産まないの選択が可能になった。Q村の女性たちはそうした中で、政策だけではなく、経済条件、仕事とのかねあい、家族の意向、身体や健康状態、さらには個人の志向など、様々な要因を考慮して決断していった。

B村の女性たちの語りからは、希望する産む／産まないを実現するためのさらに複雑な駆け引きもかいま見えた。彼女たちは、産みたい時には政策の裏をかいて「超過出産」となる子供を産み、希望するだけの子供を産み終えたら、家族や幹部に告げずに政策の提供する結紮手術を受けるなど、さまざまなやり方で自身の希望する生殖行動を実現しようと交渉していた。計画出産の導入は、中国の女性たちを「産むべき宿命」から解放し、産む／産まないを選択し実行する主体としての形成を促した。だがもちろん彼女たちは全く自由に振るまえるわけではなく、それぞれの生きる場の条件の下で、行為主体性《エージェンシー》を発揮して、自身の生殖する身体を統御しようとすることになる。

中国の計画出産は、人の再生産を国家の統制下に置こうとするものである。村の現場では、国家の代理人《エージェント》たる幹部が女性たちの生殖する身体を管理し、「計画外」の出産を防ぐため、一人産めばリング、二人産んだら結紮を義務づけ、また定期的な婦人科検診によってつねに生殖年齢の女性の身体を掌握しようとする。こうした体制は、八〇年代から九〇年代に、計画出産が厳しくなるにしたがって整えられていった。「もちろん私は村の管轄下にある!」(2—4さん、前出)のだ。

村人たちは、こうした国策を受け容れざるを得ないが、夫たちが自分の妻が知らない間に結紮手術に行かせられたことに怒りを爆発させたように、時として矛盾が噴出する。彼らは、妻の身体への自己の権利を国家が勝手に侵犯したことに強く反発した。

そもそも生殖する女性の身体は誰のものなのか? 国家か、夫か。家族か、当の女性か。計画出産の矛盾が先鋭化した時、具体的な様相で立ち現れたこの問題は、しかしながら計画出産下の中国農村だけでなく、どの人類の社会もがかかえてきたものでもある。

そのような中で、当の女性たちは、政策や、村の幹部や、姑や夫などの家族が、様々に介入してくる自分の身体にどのように向き合っていたのだろうか。彼女たちの身体は、村や夫の管理下にあって、完全に自分自身のものではないが、複雑な駆け引きを駆使して多様なアクターと交渉し、自身の想いを実現しようと模索していた。

女性たち自身の希望も、時代と環境の中で変化している。早い時期には多かったぜひとも男の子を産みたいという人は減り、二一世紀には、経済条件を重視して男女にかかわらず子供は一人でよいという人が多くなった。また、出稼ぎが一般化する中で、未婚の男女の性関係が広まるとともに、夫と離れているので避妊は関係ないという女性も少なくなく、女性のセクシャリティも変化している。女性たちは置かれた状況の中でエージェンシー

48……陳桂棣・春桃『中国農民調査』人民文学出版社、二〇〇四年。(日本語版は陳桂棣・春桃『中国農民調査』(納村公子訳)、文藝春秋社、二〇〇五年)。

を発揮しようとしているが、その具体的なあり方は多様である。

九〇年代から中国各地の農村で始まった婦人科検診も、生殖する女性の身体をめぐるさまざまなアクターの駆け引きのひとつの焦点となった。生殖年齢の女性が妊娠していないかを調べるために始まった婦人科検診は、初期には罰金で脅して招集していたが、人々があまり多くの子どもを産みたがらなくなってからは、そんなに「緊張」したものではなくなり、自身の健康のために進んで検診に行くQ村のB—4さんのような人もいた。人工流産や避妊の措置を行う計画出産サービスセンター（節育局、口絵写真8参照）についても、「節育局の医者は割と責任感があって、女性の心身のことがわかっている」（3—7さん）と信頼を置いている女性もいる。生殖する女性の身体を管理するために始まったシステムを、「優れたサービス」としてリプロダクティブ・ヘルスを促進するためのものに読み替えようという試みは、医療者と女性の双方で始まっている。

数十年にわたる村の計画出産の歴史は、多様なアクターが世代の再生産—リプロダクションをめぐる交渉を繰り返した積み重ねであった。村に導入された避妊や人工流産などの生殖コントロールをはじめとする産む身体を統御する技術は、さまざまなアクターによって読み替えられながら、時期によってケースによって、その意味を転換させてきた。そうした交渉は、現在も、これからも、変化する条件の中で続けられてゆく。

「一人っ子政策」の末期、政府系 WEB ページ（人民ネット＞強国論壇＞E 政広場）で盛んに行われていた国家人口与計画生育委員会への建議による計画出産改革の議論（2010 年 12 月）。現在、このページは見ることができない。

半世紀あまりの歩みをへた中国の計画出産は、二〇一六年から「二人っ子政策」の段階に入った。終章では、計画出産の歩みとそこでの重要な論点を確認した上で、アジアの他地域と比較しつつ、リプロダクションの現在とこれからを展望する。

## 1　本書の各章の内容

はじめに、本書の各章の内容を振り返ってみよう。

第一章では、まず前近代から近代の中国の人口動態を通観して、それが「自然な」ものではなく家族の存続を目的とする社会的人為的な作為の結果であり、ジェンダー要因が大きく影響していることをみた。続いて中華人民共和国成立以来の、振幅の大きい人口動態と人口政策の変遷を確認した。

第二章では、中華人民共和国成立前後の性と生殖をめぐる言説空間の変化をみた。人民共和国政府はそれまでの政権と異なって、生殖に対しても強い介入を行った。一九五〇年代に生殖コントロールに対する政策は取り締まりから推進へと大きく変化して計画出産が始まったが、政策の方向転換を正当づける目的として「国家の富強」や「速やかな社会主義建設」が掲げられた。このような議論の展開の中で、リプロダクションが政治に統御されるようになり、その後は政策が変化しても、「生殖を国家が統御する」構造は、確固としたものとなった。

第三章は、一九五〇～六〇年代の上海において、全国に先んじて生殖コントロールが普及してゆく過程を明らかにした。当時、女性たちが広範に就業して新たな社会関係を構築しつつある中で、計画出産の宣伝は末端まで浸透してゆき、一九六〇年代前半までに幼時不就学の労働者層の女性にも、生殖コントロールが手に届くものになった。女性たちは仕事と家事・育児との二重負担《ダブル・バーデン》の下で積極的に生殖コントロールを導入し、六〇年代半ばには出生率は急速に低下し始めた。彼女たちは、産み育てるだけの人生から脱却し、働き学ぶとともに、近代医療の下で子供を産み、また、産むこと／産まないことを選択する行為主体《エージェント》として自己形成していった。計画出産は、したたかなエージェントとしての女性たちの主体形成を促進すると同時に、生殖する女性個人の身体への国家・社会による介入の始まりを意味するものでもあった。

第四章では、一九七〇年代末から八〇年代初頭の上海で「一人っ子体制」が定着する過程を見た。七〇年代までに上海では、「晩婚・晩産、子供は二人まで、出産間隔は四年以上」の計画出産が普及していた。職場「単位」によって人々の生活が全面的に保障される体制の下、他の地域以上に人口圧力の高い上海では、「例外なき一人っ子政策」が始まり、職場「単位」や地域を動員した計画出産推進体制が強化されてゆくと、「計画外」の出産は急速になくなって、八二年までに生まれる子供はほぼ第一子のみという「一人っ子体制」が完成した。

第五章は、中国農村の中でも計画出産が順調に進展した、東北地方遼寧省Q村の計画出産の展開をたどった。この村では、一九六〇年代から避妊が導入されて村の女性に普及し、七〇年代には「絶育」（卵管結紮）が普遍的に実施されて出生数が急速に減少した。計画出産は、「子供を少なく産む」という新たな規範として村に導入され、権力関係を背景にした具体的な人間関係の中で、村人はそれに動員されていった。多くの子どもを望む家父長制に抗して、出産と養育を担う女性が政策と同盟し、出産抑制が実現したといえる。近代的な生殖コントロールの手段は、人民公社の行政システムと一体化した農村合作医療のシステムの中で独占的に提供され、行政と医療の両面で優秀な女性幹部に恵まれていたこの村では、計画出産すなわち国家の生殖への介入は、当然の行政・医療システムの一環として定着した。Q村では八〇年代から政策どおりの（第一子が男なら子供一人、女なら間隔を空けて二人の）「一・五子」の出生動向が実現し、生殖年齢の女性の身体は、しっかりと国家に掌握されるようになった。

第六章では、計画出産がより複雑な過程をたどった華中地方湖南省B村の状況をみた。ここでも一九六〇年代に近代的な生殖コントロールが導入され、七〇年代には計画出産の宣伝・動員が展開されたが、規範以上の子供を「無理に」産む人も多かった。八〇年代初頭には、「子供は一人」の政策が展開されて混乱が見られたが、やがてやや緩和される。第一子を産んだらリングで避妊、第二子を産んだら「絶育」が要求されるようになり、ルールからはずれた妊娠には人工流産が要求され、工作隊が押しかける「野蛮な」方法も採られるようになった。しかし八〇年代のB村では、密かにリングをはずしたり、罰金を払って「超過出産」の子を産むような、規定からはずれた生殖行動も頻繁に行われ、幹部にも黙認されていた。B村の幹部は、国家の代理人《エージェント》というよりは、父系家族の存続を第一とする村の家父長を代表して国家と交渉していた。村の女性たちは、産みたい時には政策の裏をかいて「計画外」の子供を産み、産みたくない時には、家族の意向を無視して政策を利用するなど、複雑な交渉を行いながら希望する生殖行動を実現しようとするエージェンシーを発揮した。九〇年代以降、政策の執行が厳しくなって、この村でも「一・五子」体制が定着した。女性たち自身の希望する生殖のあり方も、改革開放が進展し出稼ぎの広まる社会経済の変化の中で変化していっている。

以上を踏まえて、中国の計画出産をめぐる諸論点について考察する。

## 2　一九五〇年代以来の計画出産の延長としての「一人っ子政策」

中国の「一人っ子政策」は、一九七九年に突然始まったのではなく、一九五〇年代以来の計画出産が強化されたものである。都市部の早いところでは五〇年代後半、農村でも六〇年代には「子供を少なく産む」宣伝が始まり、そのための生殖コントロールの手段が提供されるシステムが各地で整えられて、中国の出生率は一九七〇年代に急速に低下していた。しかし七〇年代末に改革開放政策による近代化が始められようとした時が、ちょうど人民共和国初期に生まれたベビーブーマーが生殖年齢に突入する時期に当たり、予想される急速な人口増を抑えるために、強制力を持った国家の基本政策としての「一人っ子政策」が行われることになった。それを実施するための条件である、都市での職場「単位」や地域の居民委員会を通じた、あるいは農村での人民公社の生産大隊（村）を通じた人々の掌握、プライマリ・ヘルスケアの普及による乳幼児死亡率の低下、行政と医療のシステムによる生殖コントロールの普及と生殖する女性の身体の掌握などは、社会主義時代に——地域や現場による差が非常に大きいとはいえ——すでに整えられていた。豊かな社会を実現するためには、発展の足枷となる人口増加のコントロールが必須であるとして、中国は改革開放の開始と同時に、人の出生を国家が完全に統御する政策を始めたのである。

## 3　地域と現場による差異の大きさ

中国の「一人っ子政策」を含む計画出産は、地域や現場による偏差が非常に大きい。それは、第一に、政策自体の曖昧さから来るものである。中国の人口政策は、一九六〇年代以来、出産抑制を基調としたが、「どのように」「どの程度」抑制するのかは、公開された文献だけではよくわからないことが多い。七九年から「一組の夫婦に子供一人」を基本とする「一人っ子政策」が展開されるようになっても、公文書にはそれを「強制する」とは書かれずに、あくまで「説得」と「自発性（自願）」による、とされている。政策執行の現場では、権力関係を伴う具体的な人間関係に基づいて政策は進められており、強制的と捉えられるやり方もしばしば行われていた。そのような方法による政策執行はシステム化しており当然と考えられていたといえる。

第二に、地域による違いが大きい。周知のように中国では、都市と農村の制度の違いをも含んだ地域格差がたいへん大きい。そうした中で全国統一の政策を行おうとしても、実際にはそれぞれの地域で可能な事しかできない。そのため、都市では厳格な「一人っ子」政策が要求されても、多くの農村は「一・五子」体制となり、各地の条例が先に整備され、全国的な法は最後に制定する方法がとられた。

さらに第三に、政策は幹部を通してしか村人へ伝えようがないにもかかわらず、現地の幹部のあり方が多様であった。本書第三部でみたように村人の信任篤い幹部の中にも、上からの政策を熱心に推進する者も、家父長制家族の存続を第一とする村を代表して国家と交渉する者もいた。それ以外に、権力を使って自己利益を追求する幹部も各地に存在した。

このように計画出産をめぐっては、統一され明示された基準によらず、その場の条件や人間関係に合わせて、政策が執行される構造が存在した。これを単に「遅れた、困った情況」と考えるよりは、むしろ条件が違うのだからやり方も同じにはできない、と社会的に公認、許容されていたと捉える方が適切である。[1] こうした政策執行の構造は、社会の変化に伴って変容するので、将来的には統一に向かうであろうし、現在その方向に向かっている。私たちは中国社会を理解しようとする際、このような政策執行の構造を念頭に置く必要がある。

## 4 計画出産および「一人っ子政策」は、中国の女性にとってどのような意味を持ったのか

生殖の当事者である女性のリプロダクティブ・ヘルス&ライツにとって、計画出産と「一人っ子政策」はどのような意味を持ったのだろうか。答えは両義的で、複雑である。

計画出産は、当初、「子供を少なく産む」ことの提唱として始まり、「自願」に基づいて生殖コントロールが行われた。近代的な生殖コントロールを知らずに多くの子供を産み続けていた女性たちにとって、これは福音となった。計画出産は、多くの子供——とりわけ男の子——を産み育てよという伝統的家族制度の圧力から女性を解放し、家父長制に抗して女性達に産まない自由を獲得させた。広大で辺鄙な所も多い中国農村に、近代的な生

殖コントロールを、無償で、不就学の人を含む全ての生殖年齢の女性に届けることは、社会主義中国の行政と医療のシステムによってこそ可能であった。同時に、伝統的な家父長制の規範とは対立する「子供を少なく産む」という考えは、中国共産党＝国家の権威の後ろ盾があってこそ、中国農村で普及することが可能であったといえる。党＝国家は、その代理人《エージェント》である医療と行政の女性幹部をつうじるジェンダー・センシティブな方法で、計画出産の考えと手段を生殖する女性とその家族に届けた。その浸透は個々のケースごとに複雑な過程をたどったが、七〇年代までの計画出産は、総体としては女性たちに歓迎され、大きな成果を挙げたといえる。同時に、このような過程を通じて、党＝国家は生殖する女性の身体を掌握していった。

一九七九年から計画出産が強化され、国外で「一人っ子政策」と呼ばれる体制になった。都市では厳格な「一夫婦に子供一人」、農村では当初の混乱をへて「第一子が男なら子供一人、女なら間隔を空けて二人」の「一・五子」のシステムが実施された。このような体制は容易に受け容れられないことも多く、複雑な交渉が繰り広げられたが、その様相は地域によって相当に異なっていた。

上海では、社会主義下で生殖年齢の女性は基本的に社会労働をするようになっており、職場「単位」（と居住地域の居民委員会）によって掌握され、各種の生活上の権利を与えられると同時に、管理されるようになっていた。彼女たちはそのようなルートを通して計画出産の宣伝を知り、それを実行することを要請された。母子保健の医療網はよく整備されていて、生まれた子供が健康に育つことは期待できたし、そのための費用なども労働保険によって保証されていた。彼女たち自身も働いて収入を得ていて老後に子供に頼る必要は少なく、また仕事と家庭の二重負担《ダブル・バーデン》を抱えた忙しい生活を送っていた。こうした中で、「子供は一人（只生一個）」の強い要請が上からなされた時、従った場合の現実的心理的問題は相対的に少なく、拒否した時の制裁による社会的な不利益は大きなものだったといえる。上海では、生殖年齢人口の急増という人口圧力の下で、「例外なき一人っ子政策」を推進する必要があると考えられたが、それを貫徹しうる条件は七〇年代末までにすでに整っており、八〇年代初頭に急速に「一人っ子体制」が成立した。

一方、農村部でも、遼寧省Q村のように相対的に母子保健が整備され計画出産の推進に熱心な女性の行政幹部と医療幹部がいたところでは、七〇年代までに計画出産はよく普及しており、「子供は二人」の家庭も多くなっていた。そうした基礎の上に婦女主任が固い決意で「一・五子」体制を推進すれば、その浸透は可能であった。しかしながら湖南省B村では、近代医療によるプライマリ・ヘルスケアは必ずしも浸透せずに八〇年代にも乳児死亡がかなりあり、村幹部は計画出産の推進よりも各家庭に男児を確保することを重視していた。そうした所では、九〇年代になって党＝国家の上級がより強い圧力で幹部に政策執行を迫るようになるまで、「一・五子」体制は実現しなかった。

いずれの地域でも生殖年齢の既婚女性は避妊が義務づけられ、「計画外」の妊娠は「補救措置」＝人工流産することが社会的ルールとなった。そうした中で生殖の当事者である女性の心身は、傷つけられることが増えた。人工流産が増加し、何度も人工流産を重ねざるをえなかった女性も少なくない。とりわけ妊娠中後期の「引産」（中絶目的の分娩誘発）は、計画出産の負の面を代表する暗い記憶として多くの人の脳裏に刻まれている。

九〇年代後半以降、中国政府はリプロダクティブ・ヘルスを重視した「優れたサービス」を掲げて、より人道的な計画出産を実施しようと務めるようになる。生殖年齢の夫婦の生育観念も変化して、必ずしも多くの子供や男児を産もうとしなくなり、緊張は緩和されたが、「優れたサービス」が行き渡るには時間がかかっている。

計画出産は、そのはじめの時期、中国女性を産み続ける運命から解放したが、「一人っ子政策」開始後は彼女たちのリプロダクティブ・ヘルスとリプロダクティブ・ライツを大きく損なった。中国における生殖コントロールの普及は、他のアジアの地域の家族計画以上に強力に上からの政策によって実現し、それだけ正負の影響も大きかったといえる。

## 5 中国家族のジェンダー構造から見た計画出産と「一人っ子政策」

ジェンダー視点から見たとき、「一人っ子政策」を含む計画出産について、どのようなことが言えるだろうか。中華人民共和国の行政システムは、女性の利益代表としての婦女連合会を各レベルに配置し、都市の職場「単位」の工会には婦女委員会、村の生産大隊には婦女主任を置くことになっていた。医療システムも、産婦人科は女医が中心で、村の「はだしの医者」にも女性を一人は配置するなど、ジェンダー・センシティブなものであり、それが初期の計画出産が女性に浸透し歓迎された要因でもあった。しかし「一人っ子政策」の実施に際しては、第一章で見たように、ジェンダー要因はほとんど考慮されずに、「例外なき一人っ子政策」が決定された。そのため男児を切望する農民たちがこれを受け容れずに大混乱が起こり、政府は農村部における明白な男尊女卑のジェンダー・バイアスをもった「一・五子」体制への変更という、家父長制との妥協を余儀なくされた。これによって混乱はいくらか落ち着いたものの、その後も性別選択的中絶、出生性比のアンバランス、女児や女児を産んだ母親への虐待、大量の戸籍のない「闇っ子」(「黒孩子」——そのほとんどは女児である)の出現などの重大な社会問題が続いた。これらの背景には、根強い父系血統主義がある。

「一・五子」体制を含む「一人っ子政策」は、たしかに中国の経済発展と世界の環境問題の緩和に貢献した側面があるかもしれないが、そのための犠牲の多くは(胎児に始まる各年齢層の)女性が払ってきた。きわめてジェンダー不平等な負担であり、声の小さいジェンダーであったために女性の犠牲は実際よりも小さく評価されていると思われる。

「一・五子」体制を含む「一人っ子政策」が一世代以上実施された結果、多くの家庭で父系家族の再生産が不可能になり、それに対応した制度の整備も進められた。中国経済の高度成長による社会変化もあり、男子の跡継ぎにこだわらない人は増えた。出生性比のアンバランスは、適齢期の男女比に大きなアンバランスをもたらし、男あまりの結婚市場での女性の価値の上昇も見られる。また、一人っ子の女児に多くの教育資金が投下されるなど、とりわけ都市では、以前より女児の地位が向上しているという指摘もある。[2] いずれにせよ、今後の中国の家族は、双系的な方向に変化せざるを得ないことは疑いない。[3] してみると、「一人っ子政策」は、女性と女児、女の胎児の巨大な犠牲を伴いながら、中国社会が男女平等でジェンダー公正な社会に向かうための重要な契機となるのかもしれない。

強固な父系社会であったために、人口問題にもとりわけジェンダー要因が強く影響する構造を持っていた中国社会は、少子化の中でその構造を変化させる可能性を、現在、大きくはらんでいる。

## 6 東アジアのリプロダクション――多様なアクターの交渉のアリーナ

序章で述べたように、リプロダクションすなわち次世代の育成は、産む女性とそのパートナーや家族、育てる人の職場や地域社会、国家とその代理人《エージェント》である家族計画のスタッフや行政幹部および医療者、さらには国際社会までの各種のアクター＝ステイクホルダーが、多様な交渉を展開するアリーナである。

中国の伝統社会では家父長制家族が再生産の権限を握っていたが、中華人民共和国では国家がリプロダクションを統御するようになり、そうした中で生殖する身体を持つ女性は近代的な生殖コントロールの手段を手に入れ、政策の代理人であるべき幹部や職場「単位」や医療者や夫・舅姑などの家族といった、それぞれの思惑を持つアクターと多様な交渉を繰り広げてきた。そして、そうした交渉を繰り返す中で、人々の性や生殖に関する考えと行動は、政策や経済や医療・技術などの条件の変化とも相まって、変化してきた。

本書でその軌跡を辿った中国各地の過去半世紀のリプロダクションの変化を、アジアの他地域、とりわけ日本をはじめとする東アジア地域と比較しながら、その歴史的な意味を考察しよう。

一九五〇年代の中国における計画出産の開始は、戦後のベビーブームによる人口増に対応して家族計画を導入した日本の状況と似たところがあり、とりわけ全国でも先行した上海の状況は、日本における家族計画の展開から時期的にもそれほど隔たっていなかった。戦後の日本は、婚姻率の非常に高い皆婚社会で大多数の夫婦が二、三人の子供をもつようになり、落合恵美子はこれを再生産平等主義という特徴を持つ「家族の戦後体制」の成立と呼ぶ。[4]続いて韓国・台湾でも、家族計画が政策的に進められて出生率が低下した。中国でも、中華人民共和国成立後の土地改革と家族改革を中心とする社会変化の中で、それまで結婚できなかった貧しい人々も家庭を形成することが出来るようになり、[5]計画出産が普及して「子供は二人が良い」の宣伝が行き渡って出生数が減少した。日本では生殖が私領域化されていったのに対して、中国では生殖が国家化されたからこそ、根強い家父長制に抗して女性たちが「産むべき宿命」から「解放」されることができたという違いはあるが、上からの家族計画／計画出産が推進されて、皆が結婚して少数の子供を産む社会が実現したという共通点は意外と大きいかもしれないし、韓国社会・台湾社会も似た点があるかもしれない。田間泰子は、日本における生殖の私領域化は強い政治性を帯びており、婚姻内で、障害を持たない子供を産むようにという誘導がなされているという。[6]中国では、計画

2……大濱慶子「中国の高等教育拡大にみる性差の構造——都市・農村、社会階層及びジェンダーの分断と再編」『中国女性史研究』二二、二〇一三年。大濱は、一人っ子政策と同時に展開した改革開放の中で、都市の女性への教育投資が増えたとし、改革開放による経済的なジェンダー格差の拡大の影響を大きく受けている農村女性と対比させて、都市の女性と農村の女性とは、この時代の光と闇を体現している、とする。

3……小浜正子「現代中国の家族の変容——少子化と母系ネットワークの顕現」、同編『ジェンダーの中国史』（アジア遊学一九一）勉誠出版、二〇一五年、参照。

4……落合恵美子『二一世紀家族へ（第四版）』有斐閣新書、二〇一九年。

5……小野和子「婚姻法貫徹運動をめぐって」『東方学報』四九、一九七七年。また小浜正子「中華人民共和国の成立とジェンダー秩序の変容」、小浜等編『中国ジェンダー史研究入門』京都大学学術出版会、二〇一八年所収、も参照。

6……田間泰子『近代家族』とボディ・ポリティクス』世界思想社、二〇〇六年、同「『産む・産まない・産めない』と日本の戦後——女たちの人生」、小浜等編『アジアの出産と家族計画』勉誠出版、二〇一四年。

出産の強化につれて、「計画外」の妊娠は人工流産するようにという形で、リプロダクションは政治化されていった。[7]

韓国の社会学者チョン・キャンスプは、急速に近代化にともなう社会変化が起こった日本・韓国・台湾・香港などの東アジアの状況を「圧縮された近代」と呼ぶ。そして、家族主義的な社会である東アジアでは、急速な社会変化にともなうリスクを家族が緩和してきたが、少子高齢化が欧米よりもはるかに急速に進んで、やがて逆に家族がリスクになり、「家族からの逃走」すなわち人々が世代の再生産に伴うコストを引き受けることを回避することが起きて、出生率の低下が起こっているという。[8] 現在、東アジアは世界で最も出生率の低い地域となっているが、家族主義的な文化的背景があり、老人介護や次世代養育を社会化するための充分な施策が取られていないこの地域で、出生率がたいへん低いことの説明として、説得力のあるものだろう。

こうした状況は、計画出産による急速な出生率の低下と、改革開放後の経済成長に伴う社会変化を経験した中国にもかなり共通するものがある。中国では子供の数は国家が決めるものとされているが、近年は生殖年齢の夫婦が子育てのコストを考えて許可されるだけの子供を産むのを回避することも少なくない。われわれは、「一人っ子政策」とその後の中国を、異なった世界の他者とばかり考えてはいられない。

中国の生殖コントロールには、「絶育」と人工流産という女性に負担の重い方法が多用されたが、日本でも少なくない妊娠中絶によって出生統制が行われている。しかし女性たちはたんなる犠牲者ではないし、自身のおかれた状況の中で、知恵を絞って多様なステイクホルダーとの交渉を繰り広げ、その集積が少しずつシステムを動かしてもきた。

もちろん、中国の農村部で「一人っ子政策」が厳しい時期に行われていたような「野蛮」な工作が、日本で頻繁に繰り広げられたわけではない。とはいえ、旧優生保護法による強制不妊手術を長期間行っていた日本社会は、「計画外」の妊娠を有無を言わさず人工流産させてきた中国の状況を他人事とは言えない。それぞれに、その政治性によって、誰がどのような生命を生み出して良いかが決められてきたのだから。

また、日本では妊娠二一週以前の中絶は実質的に自由化されているものの、刑法堕胎罪は現存しており、生殖の自己決定権《リプロダクティブ・ライツ》が権利として確立しているわけではない。こうした状況は、家族計画を推進しながらも妊娠中絶が禁じられてきたアジアの国々とも、また中国とも、じつはかなり似通っている。そうしたなかで女性たちは、それぞれの現場で多様な交渉を繰り広げ、生殖する身体を自身で統御して実質的なリプロダクティブ・ライツを獲得しようとしてきた。さらに現在、リプロダクションをめぐっては、テクノロジーの進展のなかで、生殖補助医療の拡大や出生前診断[9]の普及などの新たな状況があり、それは国境を超えたビジネスとしても広がっている。新たな生命の操作や選別につながる可能性もあるテクノロジーを推進するのかどうか、実施にはどのような規制が必要なのかといった問題には、それぞれの社会の多様なアクター＝ステイクホルダーが関わっている。

　中国のリプロダクションをめぐるシステムは、現在も多様なアクターの交渉によって再構築されつつあり、それは日本を含むアジアの社会とつながっている。

7……なお、中国の計画出産における優生主義について、本書ではほとんど述べることが出来なかったが、コラム２「婚前健康検査と優生」で触れたように、非常に強力な優生政策が行われている。

8……張慶燮（チョン・キャンスプ）「個人主義なき個人化――「圧縮された近代」と東アジアの曖昧な家族危機」、落合恵美子編『親密圏と公共圏の再編成――アジア近代からの問い』京都大学学術出版会、二〇一三年。

9……柘植あづみ「出生前診断　絡み合った歴史――障害者と女性　二つの運動の間で」『朝日新聞』二〇一九年一〇月二〇日、等参照。

# 参考文献一覧

**（檔案）**

上海市檔案館所蔵檔案

Ａ22　中共上海市委宣伝部檔案
Ａ23　中共上海市委教育衛生工作部檔案
Ｂ1　上海市人民政府檔案
Ｂ3　上海市人民委員会文教辦公室檔案
Ｂ25　上海市人口問題研究委員会檔案
Ｂ98　上海市第二商業局檔案
Ｂ242　上海市衛生局檔案
Ｂ335　上海市計画生育委員会檔案
Ｃ1　上海市総工会檔案
Ｃ31　上海市婦女聯合会檔案
Ｑ400　（国民政府）上海市衛生局檔案

湖南省檔案館所蔵檔案

217—1—5　湖南省計画生育委員会辦公室編『計画生育資料（一）』（一九六四年一〇月五日）

**（新聞・雑誌等）**

『圖書日報』
『申報』
『文匯報』
『新民晩報』
『紅旗』
『人民日報』
『朝日新聞』

## （日本語・中国語文献）


秋山洋子「中国におけるフェミニズムと女性／ジェンダー研究の展開」、小浜等編『中国ジェンダー史研究入門』二〇一八年。

秋山洋子編訳『中国女性―家・仕事・性』東方書店、一九九一年。

石島紀之「保甲制度から居民委員会へ」、日本上海史研究会編『建国前後の上海』研文出版、二〇〇九年。

ウィットワース．サンドラ『国際ジェンダー関係論――批判理論的政治経済学に向けて』（武者小路公秀他監訳）藤原書店、二〇〇〇年。

江上幸子「近代中国における家族および愛・性をめぐる論議」、小浜等編『中国ジェンダー史研究入門』二〇一八年。

易富賢『大国空巣――反思中国計画生育政策』中国発展出版社、二〇一三年。

袁永熙主編『中国人口（総論）』中国財政経済出版社、一九九一年。

小川快之「清代江西・福建における「溺女」習俗と法について――「厚嫁」「童養媳」等の習俗との関係をめぐって」、山本英史編『中国近世の規範と秩序』東洋文庫、二〇一四年。

小野和子「婚姻法貫徹運動をめぐって」、『東方学報』四九、一九七七年。

王政「居委会的故事――社会性別与一九五〇年代上海城市社会的重新組織」、呂芳上主編『無声之声（Ⅰ）近代中国的婦女与国家（一六〇〇―一九五〇）』中央研究院近代史研究所、二〇〇三年。

大濱慶子「中国の高等教育拡大にみる性差の構造――都市・農村、社会階層及びジェンダーの分断と再編」、『中国女性史研究』二二、二〇一三年。

岡本隆司編『中国経済史』名古屋大学出版会、二〇一三年。

荻野美穂『「家族計画」への道――近代日本の生殖をめぐる政治』岩波書店、二〇〇八年。

荻野美穂『中絶論争とアメリカ社会――身体をめぐる戦争』岩波書店、二〇〇一年。

荻野美穂『生殖の政治学――フェミニズムとバース・コントロール』山川出版社、一九九四年。

落合恵美子『二一世紀家族へ（第四版）』有斐閣新書、二〇一九年。

落合恵美子「東アジアの低出生率と家族主義――半圧縮近代としての日本」、同編『親密圏と公共圏の再編成――アジア近代からの問い』京都大学学術出版会、二〇一三年。

何亜福『人口危局――反思中国計画生育政策』中国発展出版社、二〇一三年。

郭文華「美援下的衛生政策――一九六〇年代台湾家庭計画的探討」、李尚仁編『帝国与現代医学』台北：聯経、二〇〇八年。

郭我力編著『新女性手冊』上海・中国図書雑誌公司、一九四〇年。

葛剣雄主編『中国人口史（全六巻）』復旦大学出版社、二〇〇〇～二〇〇二年。

賀蕭（Gail Hershatter）「生育的故事――一九五〇年代中国農村接生員」、王政・陳雁編『百年中国女権思潮研究』復旦大学出版社、二〇〇四年。

外務省監訳『国際人口・開発会議「行動計画」――カイロ国際人口・開発会議（1994年9月5―13日）採択文書』世界の動き社、一九九六年。

京都大学人文科学研究所研究報告『中国近現代論争年表（下）一九四九～一九八九』同朋舎出版、一九九二年。

魏津生・王勝今主編『中国人口控制評估与対策』高等教育出版社、一九九五年。

グリーン、シャーリー『避妊の世界史』（金澤養訳）講談社、一九七四年。

権慈玉（クォン・ジャオク）「韓国における朴正熙政権の開発事業と家族計画事業――一九六〇―一九七〇年代を中心に」木本喜美子・喜堂嘉之編『ジェンダーと社会――男性史・軍隊・セクシュアリティ』旬報社、二〇一〇年。

小浜正子「「はだしの医者」の誕生と消滅――中国農村の母を支えた女性医療者たち」、高田京比子・長志珠恵・三成美保『〈公〉を担う〈母〉の構築――〈母〉と息子の比較文化史』神戸大学出版会、近刊。

小浜正子「中国の人口政策－計画出産下の農村幹部と女性」、小島宏・廣嶋清志編『人口政策の比較史――せめぎあう家族と行政（家族研究の最前線④）』日本経済評論社、二〇一九年。

小浜正子「中華人民共和国の成立とジェンダー秩序の変容」、小浜等編『中国ジェンダー史研究入門』二〇一八年。

小浜正子「現代中国の家族の変容――少子化と母系ネットワークの顕現」、同編『ジェンダーの中国史』（アジア遊学一九一）勉誠出版、二〇一五年。

小浜正子「上海女性の生育をめぐる語り」、高田幸男・大澤肇編『新史料からみる中国現代史――口述・電子化・地域文書』東方書店、二〇一〇年。

小浜正子「中華人民共和国初期の上海における人口政策と生殖コントロールの普及」、富田武・李静和編『家族の変容とジェンダー』日本評論社、二〇〇六年。

小浜正子「中華人民共和国成立前後の上海における母子衛生政策の研究」、同『中国近現代における母子衛生政策の研究』二〇〇六年。

小浜正子『中国近現代における母子衛生政策の研究』平成一四～一七年度科学研究費補助金（基盤研究C２）研究成果報告書、二〇〇六年。

小浜正子「中華人民共和国初期の上海における人口政策と生殖コントロールの普及」、富田武・李静和編『家族の変容とジェンダー――少子高齢化とグローバル化の中で』日本評論社、二〇〇六年。

小浜正子『近代上海の公共性と国家』研文出版、二〇〇〇年。

小浜正子・秋山洋子編『現代中国のジェンダー・ポリティクス――格差・性売買・「慰安婦」』勉誠出版、二〇一六年。

小浜正子・何燕侠・姚毅『中華人民共和国における生殖コントロールと女性たちの対応』平成一八～二〇年度科学研究費補助金（基盤研究C）研究成果報告書、二〇〇九年。

小浜正子・下倉渉・佐々木愛・高嶋航・江上幸子編『中国ジェンダー史研究入門』京都大学学術出版会、二〇一八年。

小浜正子・松岡悦子編『アジアの出産と家族計画――「産む・産まない・産めない」身体をめぐる政治』勉誠出版、二〇一四年。

小浜正子・姚毅『中国農村におけるリプロダクションの変遷――B村の女性たちの語り（資料集）』平成二一～二三年度科学研究費補助金（基盤研究C）「中国の計画生育政策とリプロダクティブ・ヘルス／ライツの研究」報告資料集、二〇一四年。

胡煥庸主編『中国人口（上海分冊）』中国財政経済出版社、一九八七年。

胡桂香『中国的計画生育政策与西村婦女一九五〇―一九八〇』中国社会科学出版社、二〇一七年。

跨世紀的中国人口（湖南巻）編委会編『跨世紀的中国人口（湖南巻）』中国統計出版社、一九九四年。

跨世紀的中国人口（遼寧巻）編委会編『跨世紀的中国人口（遼寧巻）』中国統計出版社、一九九四年。

顧宝昌「計画出産の改革――リプロダクティブ・ヘルスをめぐって」、若林敬子編著『中国 人口問題のいま――中国人研究者の視点から』（筒井紀美訳）ミネルヴァ書房、二〇〇六年。

湖南省衛生庁『一九八七年湖南省衛生統計資料』一九八八年。

湖南省K年鑑編委会編『K県年鑑（一九九四年）』編者刊、一九九四年。

湖南省K年鑑編委会編『K年鑑一九九三年』中国文史出版社、一九九三年。

湖南省K年鑑編委会編『K県年鑑（一九九二年）』編者刊、一九九二年。

呉躍農「邵力子与馬寅初的『新人口論』」、章立凡編『記憶往事未付紅塵』陝西師範大学出版社、二〇〇四年。

江蘇省教育学院・江蘇省電化教育館編画『人口教育掛図』人民教育出版社、（一九八二年）。

侯楊方『中国人口史（第六巻）一九一〇―一九五三年』復旦大学出版社、二〇〇一年。

国家統計局編『中国統計年鑑』中国統計出版社、各年版。

国家統計局人口和就業統計司編『中国人口統計年鑑 二〇〇五』中国統計出版社、二〇〇五年。

国家人口和計画生育員会編『中国人口和計画生育史』中国人口出版社、二〇〇七年。

国史全鑑編委会編『中華人民共和国国史全鑑・第一巻』団結出版社、一九九六年。

坂元ひろ子『中国民族主義の神話』岩波書店、二〇〇四年。

澤田佳代『戦後沖縄の生殖をめぐるポリティクス――米軍統治下の出生力転換と女たちの交渉』大月書店、二〇一四年。

澤田佳代「「日本一」の出生率と沖縄の子産み――日米支配と家父長制下の家族計画」、小浜等編『アジアの出産と家族計画』、二〇一四年。

シービンガー、ロンダ『植物と帝国――抹殺された中絶薬とジェンダー』（小川眞里子・弓削尚子訳）工作社、二〇〇七年。

ショーター、エドワード『女の身体の歴史』（池上千寿子・太田英樹訳）勁草書房、一九九二年。

ジョーダン、ギリジット『助産の文化人類学』（ロビー・デービスーフロイド改訂・拡張、宮崎清孝・滝沢美津子訳）日本看護協会出版会、二〇〇一年。

史成礼編著『中国計画生育活動史』新疆人民出版社、一九八八年。

嶋澤恭子「ラオスにおける「生殖コントロール」の様相――女性の健康プロジェクトとしての導入」、小浜等編『アジアの出産と家族計画』二〇一四年。

白井千晶編『（アジア研究・別冊4）アジアのジェンダーとリプロダクション』静岡大学人文社会学部・国際シンポジウム報告集、静岡大学人文社会科学部アジア研究センター、二〇一五年。

蔣海義画『計画生育漫画選』中国文聯出版公司、一九八七年。

上海衛生工作叢書編委会編『上海衛生一九四九―一九八三』上海科学技術出版社、一九八六年。

上海衛生志編纂委員会編『上海衛生志』上海社会科学院出版社、一九九八年。

上海市年鑑委員会編『上海市年鑑（民国二四年）』上海市通志館、一九三五年。

上海史人民政府秘書処『上海市総合統計一九四八年』（編者刊）（一九四九年）。

上海市政府統計処編『上海市統計一九四七年』（編者刊）一九四七年。

上海宣伝画芸術中心『中国宣伝画』編者刊、二〇一一年。

上海婦女志編纂委員会編『上海婦女志』上海社会科学院出版社、二〇〇〇年。

朱楚珠・李樹茁『計画生育対中国婦女的双面影響』西安交通大学出版社、一九九七年。

周春燕『女体与国族――強国強種与近代中国的婦女衛生一八九五―一九四九』台北：国立政治大学歴史学系（政治大学史学叢書一九）二〇一〇年。

邵力子、傅学文編『邵力子文集』（下冊）中華書局、中国近代人物文集叢書、一九八五年。

秦兆雄『中国湖北農村の宗族・家族・婚姻』風響社、二〇〇五年。

鈴木七美『出産の文化人類学――産婆世界の解体から自然出産運動へ』新曜社、一九九七年。

瀬地山角「少子高齢化の進む東アジア――「東アジアの家父長制」からの二〇年」、同編『ジェンダーとセクシュアリティで見る東アジア』勁草書房、二〇一七年。

浙江省衛生防疫站・杭州市衛生防疫站編画『衛生宣伝美術資料』人民衛生出版社、一九七八年。

全国婦聯婦女研究所『一九九五～二〇〇五年――中国性別平等与婦女発展報告』社会科学文献出版社、二〇〇六年。

宋則行主編『中国人口（遼寧巻）』中国財政出版社、一九八七年。

孫世菊編『大連医薬衛生与計画生育信息』東北財経大学出版社、一九九三年。

孫沐寒『中国計画生育史稿』北方婦女児童出版社、一九八七年。

田間泰子「「産む・産まない・産めない」と日本の戦後――女たちの人生」、小浜等編『アジアの出産と家族計画』勉誠出版、二〇一四年。

田間泰子『「近代家族」とボディ・ポリティクス』世界思想社、二〇〇六年。

田間泰子『母性愛という制度―子殺しと中絶のポリティクス』勁草書房、二〇〇一年。

『大連市衛生志一八四〇―一九八五』大連出版社、一九九一年。

高橋梵仙『堕胎間引の研究』第一書房、一九八一年。

竹内啓「紹介論文『中国人口史』葛剣雄主編 復旦大学出版社」『国際学研究』二五、二〇〇四年。

竹内啓「葛剣雄主編『中国人口史』論評」*International & regional studies*, 26, 二〇〇五年。

丹野美穂「民国期中国における「清潔」の希求と「国民」の創出――新生活運動の婦嬰衛生工作からみえるもの」『（立命館大学）言語文化研究』一〇―五・六、一九九九年。

中央人民政府衛生部衛生画館編審委員会主編『中国衛生画刊』編者刊、一九五〇年。

中華人民共和国衛生部編『二〇〇四年中国衛生統計年鑑』中国衛生出版社、二〇〇四年。

中華全国婦女聯合会婦女研究所・陝西省婦女聯合会研究室編『中国婦女統計資料一九四九―一九八九』中国統計出版社、一九九一年。

中国人口文化促進会・北京市計画生育宣伝教育中心編『学唱知用法』中国人口出版社、二〇〇二年。

中国第二歴史档案館編『中華民国史档案史料匯編 第三輯政治（一）』江蘇人民出版社、一九九一年。

中国第二歴史档案館編『中華民国史档案史料匯編 第五輯第一編政治』江蘇人民出版社、一九九四年。

張開平・温益群・梁平編『従赤脚医生到郷村医生』雲南人民出版社、二〇〇二年。

張開寧主編『中国性与生殖健康三〇年』社会科学文献出版社、二〇〇八年。

張済順『遠去的都市――一九五〇年代的上海』社会科学文献出版社、二〇一五年。

張済順「性与性別――一群文化人的社会関懐―以『西風』為中心的考察」、姜進主編『都市文化中的現代中国』華東師範大学出版社、二〇〇七年。

張詒和『嵐を生きた中国知識人』（横澤泰夫訳）集広舎、二〇〇七年。

張建平『中国農村合作医療制度研究』中国農業出版社、二〇〇六年。

張慶燮（チョン・キャンスプ）「個人主義なき個人化――「圧縮された近代」と東アジアの曖昧な家族危機」、落合恵美子編『親密圏と公共圏の再編成――アジア近代からの問い』京都大学学術出版会、二〇一三年。

趙婧『近代上海的分娩衛生研究（一九二七―一九四九）』上海辞書出版社（上海城市社会変遷叢書）、二〇一四年。

陳永世編著『中国近代節制生育史要』蘇州大学出版社、二〇一三年。

陳桂棣・春桃『中国農民調査』人民文学出版社、二〇〇四年（日本語版：陳桂棣・春桃『中国農民調査』（納村公子訳）文藝春秋社、二〇〇五年）。

陳勝利・安斯利，冠爾『中国各省生育率手冊（一九四〇―一九九〇）』中国人口出版社、一九九二年。

陳明光主編『中国衛生法規史料選編一九一二―一九四九・九』上海医科大学出版社、一九九六年。

蒂倫・懐特（Tyrene White）「中国計画生育方案的起源」、李小江等主編『性別与中国』北京：生活・読書・新知三聯書店、一九九四年。

鄭衛東『村落社会変性与生育文化―山東東村調査』上海人民出版社、二〇〇七年。

田雪原・王国強編、中国人口学会著、法政大学大学院エイジング総合研究所訳『中国の人口資源――豊かさと持続可能性への挑戦』法政大学出版局、二〇〇八年。

当代中国的計画生育事業編輯委員会編『当代中国的計画生育事業』当代中国出版社、一九九二年。

当代中国叢書編輯部編『当代中国的湖南（下）』中国社会科学出版社、一九九〇年。

湯兆云『農村計画生育与人口控制』江蘇大学出版社、二〇〇九年。

中山まき子『身体をめぐる政策と個人――母子健康センター事業の研究』勁草書房、二〇〇一年。

波平恵美子編『性と生殖・国家の政策』お茶の水女子大学21世紀ＣＯＥ「ジェンダー研究のフロンティア――〈女〉〈家族〉〈地域〉〈国家〉のグローバルな再構築」C-5, F-GENS Publication Series 14, 二〇〇六年。

日本上海史研究会編『建国前後の上海』研文出版、二〇〇九年。

ノーグレン、ティアナ『中絶と避妊の政治学——戦後日本のリプロダクション政策』(岩本美砂子監訳)青木書店。

バンクス夫妻『ヴィクトリア時代の女性たち——フェミニズムと家族計画』(河村貞枝訳)創文社、一九八〇年。

白維忠「我覚延安時期関於節育問題的討論」、『西北人口』一九八五年第一期。

莫言『蛙』上海文芸出版社、二〇〇九年(日本語版:莫言『蛙鳴』(吉田富夫訳)中央公論新社、二〇一一年)。

幅崎麻紀子「「リプロダクションの文化」としての家族計画——ネパールにおける生殖統制の条件」、小浜等編『アジアの出産と家族計画』二〇一四年。

浜口允子『現代中国 都市と農村の七〇年』左右社、二〇一九年。

兵頭智佳「リプロダクティブ・ヘルス/ライツに関するバックラッシュとトランスナショナルなNGOによる対抗戦略」、根村直美編『ジェンダーと交差する健康/身体——健康とジェンダーⅢ』明石書店、二〇〇五年。

兵頭智佳「人口政策におけるリプロダクティブ・ヘルス/ライツとトランスナショナルNGOネットワークの役割」、根村直美編『ジェンダーで読む健康/セクシュアリティ——健康とジェンダーⅡ』明石書店、二〇〇三年。

兵頭智佳「国際人口会議行動計画と思春期リプロダクティブ・ヘルス/ライツ—カイロ国際人口・開発会議を中心として」、原ひろ子・根村直美編『健康とジェンダー』明石書店、二〇〇〇年。

フーコー、L ミシェル『性の歴史Ⅰ 知への意志』(渡辺章訳)、新潮社、一九八六年。

フレーフェルト、ウーテ『ドイツ女性の社会史——二〇〇年の歩み』(若尾祐司等訳)晃洋書房、一九九〇年。

傅大為『亜細亜的新身体——性別・医療・与近代台湾』群学出版有限公司、二〇〇五年。

夫馬進『中国善会善堂史研究』同朋舍、一九九七年。

藤田真一『お産革命』朝日新聞社、一九七九年。

古厩忠男・高橋孝助編『上海市——巨大都市の形成と人々の営み』東方書店、一九九五年。

文匯報報史研究室『文匯報史略一九四九・六—一九六六・五』文匯出版社、一九九七年。

ポッツ、マルコム『文化としての妊娠中絶』(池上千寿子訳)勁草書房、一九八五年。

彭佩雲主編『中国計画生育全書』中国人口出版社、一九九七年。

マクラレン、アンガス『性の儀礼——近世イギリスの産の風景』(荻野美穂訳)人文書院、一九八九年。

マン、スーザン『性からよむ中国史——男女隔離・纏足・同性愛』(小浜正子・L・グローブ監訳、秋山洋子・板橋暁子・大橋史恵訳)平凡社、二〇一五年。

松岡悦子編『子どもを産む・家族をつくる人類学——オールターナティブへの誘い』勉誠出版、二〇一七年。

松岡悦子『出産の文化人類学——儀礼と産婆(増補改訂版)』海鳴社、一九九一年。

松岡悦子・小浜正子編『世界の出産——儀礼から先端医療まで』勉誠出版、二〇一一年。

松岡悦子・大日向純子・小浜正子・嶋澤恭子・幅崎麻紀子・宮薗夏美『東南アジアにおける近代化とリプロダクションの変容』平成一八年度〜二〇年度科学研究費補助金基盤研究(B)研究成果報告書、二〇〇九年。

松岡悦子・小浜正子・嶋澤恭子・姚毅『アジアにおけるリプロダクションの歴史的変遷——医療化の要員と女性への影響』（二〇一一～二〇一四年度）科研基盤（B）海外研究成果報告書、二〇一六年。

松本彩子『ピルはなぜ歓迎されないのか』勁草書房、二〇〇五年。

三成美保『ジェンダーの法史学——近代ドイツの家族とセクシュアリティ』勁草書房、二〇〇五年。

三成美保・姫岡とし子・小浜正子編『歴史を読み替える——ジェンダーから見た世界史』大月書店、二〇一四年。

毛況生主編『中国人口（湖南分冊）』中国財政経済出版社、一九八七年。

姚毅「中国における医療・身体とジェンダー」、小浜等編『中国ジェンダー史研究入門』二〇一八年。

姚毅「「はだしの医者」の視覚表象とジェンダー」、中国女性史研究会編『中国のメディア・表象とジェンダー』研文出版、二〇一六年。

姚毅「中国における代理出産と「母性」——現代の「借り腹」」、小浜編『ジェンダーの中国史』二〇一五年。

姚毅「国家プロジェクト、医療マーケットと女性身体の間—中国農村部における病院分娩の推進」、小浜等編『アジアの出産と家族計画』二〇一四年。

姚毅『近代中国の出産と国家・社会——医師・助産士・接生婆』研文出版、二〇一一年。

姚毅「母子保健システムの連続と転換——建国前後の北京市を中心に」、『近きに在りて』五八、二〇一〇年。

姚毅「母性自決か、民族改良か——一九二〇年代の中国における産児調節の言説を中心に」、『中国女性史研究』一一、二〇〇二年。

楊念群『再造〝病人〟——中西医衝突下的空間政治（一八三二—一九八五）』中国人民大学出版社、二〇〇六年。

吉澤誠一郎「二〇世紀中国における人口論の展開」、『歴史学研究』九七八、二〇一八年。

ラジェ、ミレイユ『出産の社会史——まだ病院がなかったころ』（藤本佳子・佐藤保子訳）勁草書房、一九九四年。

李学文編『大連市衛生志一九四〇—一九八五』大連出版社、一九九一年。

李小江等編『平等与発展』北京：生活・読書・新知三聯書店、一九九七年。

李中清・王豊『人類的四分之一——馬爾薩斯的神話与中国的現実（一七〇〇—二〇〇〇）』北京：生活・読書・新知三聯書店、二〇〇〇年。

李貞徳『女人的中国医療史』三民書局、二〇〇八年。

李東輝「中国農村地域における「隠された子ども」の生活実態」、『日本家政学会誌』五三—一一、二〇〇二年。

李東輝「中国農村女性の出産意識に影響を与える要因に関して——農村地域における「黒孩子」の実態調査から」、（奈良女子大学）『人間文化研究科年報』一七、二〇〇一年。

李伯重「堕胎・避孕与絶育」、李中清等『婚姻家庭与人口行為』北京大学出版社、二〇〇〇年。

劉静貞「殺子与溺女——宋人生育問題的性別差異」、鮑家麟編『中国婦女論集 第五集』稲郷出版社、二〇〇一年。

林麗月「風俗与罪愆——明代溺女記録及其文化意涵」、遊鑑明主編『無声之声（Ⅱ）近代中国的婦女与社会（一六〇〇—一九五〇）』中央研究院近代史研究所、二〇〇三年。

路遇主編『新中国人口五十年（上・下）』中国人口出版社、二〇〇四年。

路遇・翟振武主編『新中国人口六十年』中国人口出版社、二〇〇九年。

呂芳上「個人の選択か、国家の政策か：近代中国産児調節運動の展開——サンガー夫人の訪中および『婦女雑誌』の産児調節特集より」、村田雄二郎編『『婦女雑誌』からみる近代中国女性』二〇〇五年。

梁軍・許孔玲「計画生育予婦女生育健康之利弊害—河南農村入戸訪談調査報告」、李小江等編『平等与発展』北京：生活・読書・新知三聯書店、一九九七年。

梁鴻『中国はここにある——貧しき人々のむれ』（鈴木将久・河村昌子・杉村安幾子訳）みすず書房、二〇一八年。

遼寧省人口普査弁公室主編『世紀之交的中国人口（遼寧編）』中国統計出版社、二〇〇五年。

若林敬子『中国の人口問題と社会的現実』ミネルヴァ書房、二〇〇五年。

若林敬子『現代中国の人口問題と社会変動』新曜社、一九九六年。

若林敬子『中国の人口問題』東京大学出版会、一九八九年。

若林敬子・聶海松編著『中国人口問題の年譜と統計——一九四九～二〇一二年』御茶の水書房、二〇一二年。

若林敬子・杉山太郎編『ドキュメント中国の人口管理』亜紀書房、一九九二年。

K県衛生志編纂領導小組編『K県衛生志』雲南人民出版社、一九八九年。

K年鑑編委会編『K県年鑑（二〇一〇年）』K県史志辦公室刊、二〇一〇年。

（K県史志辦公室編）『K県志（送審稿）』（未刊稿）二〇〇九年。

K県志編纂委員会編『K県志』中国文史出版社、一九九二年。

W市檔案局・W市志史辦公室編『W年鑑二〇〇五』遠方出版社、二〇〇五年。

W市志史辦公室編『W年鑑二〇〇〇』遼寧人民出版社、二〇〇一年。

W市志史辦公室編『W年鑑一九九七』大連出版社、一九九七年。

W市地方志編纂委員会編『W志』大連出版社、一九九四年。


**（英語文献）**

Bray, Francesca, *Technology and Gender: Fabrics of Power in Late Imperial China,* Berkeley: University of California Press, 1997.
Dikötter, Frank, *The Discourse of Race in Modern China,* London: Hurst &Company, 1992.
Dikötter, Frank, *Sex, Culture and Modernity in China: Medical Science and the Construction of Sexual Identities in the Early Republican China,* London: Hurst & Company, 1995.
DiMoia, John P. "Let's Have the Proper Number Children and Raise Them Well!": Family Planning and Nation-Building in South Korea, 1961-1968', *East Asian Science, Technology and, Sociery: an International Journal,* vol2, Number3, 2008。
Furth, Charlotte, *A Flourishing Yin: Gender in China's Medical History, 960–1665,* University of California Press, 1999.
Greenhalgh, Susan, *Cultivating Global Citizens : Population in the Rise of China,* Harvard Press, 2010.
Greenhalgh, Susan. *Just One Child. Science and Policy in Deng's China.* Berkley and Los Angeles: University of California Press, 2008.

Greenhalgh, Susan. & Winckler, Edwin A. *Governing China's Population: from Leninist to Neoliberal Biopolitics.* Stanford: Stanford University Press, 2005.

Guo Shenyang, "Shanghai: Pioneer of Fertility Decline in People's Republic of China--Trends and Determinants of Fertility Transition, 1950-1984", (PhD. Dissertation, University of Michigan 1990.)

Kuo, W. H. 'When state and policies reproduce each other: making Taiwan a population control policy' In A.K.L.Chan, G.K. Clancery & H.C. Loy,ed., *Historical Perspectives on East Asian Science, Technology and Medicine,* Singapore: Singapore University Press, 2002.

Mei Fong, *One Child : The Story of China's Most Radical Experiment,* Houghton Mifflin Harcourt, 2016.（邦訳：メイ・フォン『中国「絶望」家族――「一人っ子政策」は中国をどう変えたか』（小谷まさ代訳）草思社、二〇一六年）。

Mosher, Steven W., *A Mother's Ordeal : the story of Chi An : One Woman's Fight against China's One-child Policy,* Warner, 1993（邦訳：『チャイニーズ・マザー（上）（下）』（池田真紀子訳）祥伝社、一九九五年）。

Mosher, Steven W., *Broken Earth : the Rural Chinese,* Free Press, 1983（邦訳：モーシャー、スティーブン・W『中国農民が語る隠された過去――一九七九―一九八〇年、中国広東省の農村で』（津藤清美訳）どうぶつ社、一九九四年）。

Spence, Jonathan, *The Search for Modern China,* 2nd edition 1999. New York : W.W. Norton.

Scharping, Thomas, *Birth Control in China 1949-2000: Population Policy and Demographic Development*, Routledge Curzon, 2003. p.xiv.

White, Tyrene, *China's Longest Compain: Birth Planning in the People's Republic, 1949-2005,* Cornell University Press, 2006.

Wu, Yi-Li, *Reproducing Women: Medicine, Metaphor, and Childbirth in Late Imperial China,* University of California Press, 2010.

（ウェブサイト）

「人口与計画生育法」http://www.gov.cn/xinwen/2015- 人口与计划生育法 12/28/content_5028414.htm（二〇一九年一〇月一九日アクセス）

「中国、人口減少に反転「二七年から」 政府系シンクタンク予測」SankeiBiz（二〇一九・三・七） https://www.sankeibiz.jp/macro/news/190307/mcb1903070500011-n1.htm（二〇一九年一一月九日アクセス）

2008 Population Reference Bureau, FAMILY PLANNING WORLDWIDE, 2008 DATA SHEET（http://www.prb.org/pdf08/fpds08.pdf）（二〇一三年三月一四日アクセス）

# あとがき

　はじめて中国に行ったのは、まだ学部生の一九八〇年のことだった。上海の交差点を行きかう人々の大群に、「なんと人の多い国だろう」と驚いたことを覚えている。今にして思えば、かの地で「一人っ子政策」がまさに始まった頃だった。

　その後しばらく文献による近代上海の歴史研究に集中し、九〇年代初めには留学の機会を得て上海で暮らして多くの友人を得た。二一世紀のはじめ、上海史の研究を一段落させて次のテーマに取りかかろうとした時に、「一人っ子政策」を研究してみようと思ったのは、日本では論外のトンデモ政策だと思われているそれを、情理をわきまえた中国の友人たちが（ときとして不満をもらすことはあっても）基本的に受け容れているように見える、そのギャップが気になっていたからだろう。とはいえ、当時はまだ継続中だった「一人っ子政策」に正面から取り組むことは、現代中国研究や社会調査の素人だった私には無理があり、とりあえず歴史学者らしく、半世紀前に計画出産が始まった頃の様子を、伝手をたどっておばあさんたちから聞き取ることからスタートした。

　今以上に中国語も中国社会の常識もわからずにとりかかった聞き取りは、思い出すだに冷や汗ものなのだが、寛大な友人たちに助けられてインタビューを始めると、すぐにおばあさんたちの話に引き込まれた。一大決心をして「絶育」した時の心の震えや、仕事と育児で忙しい中で懸命に働いた日々の手ごたえなど、置かれた環境の中で喜怒哀楽や戦略的思考を持ちながら精一杯生きた、生身の中国女性が感じられた。檔案から読み取れる政策の変化が直接おばあさんたちの経験に影響していることがわかった時には、立体的に現代中国社会が見えてきた思いがした。上海の計画出産についてある程度の見通しが出来てきたころ、「上海は特別で、それで中国のことがわかるわけではない」と言われて、とにかく農村の様子を調べてみようと考え、共同研究者に恵まれてQ村の調査をする機会を得た。そこは、それまで研究してきた大都会とは全く異なった世界だった。それで何度かQ村に通って、政策の貫徹ぶりに驚いていると、「私の知っている村は全然違う」という中国の友人がいて、べつのタイプのB村で調査を始めた。こうして私は、深みにはまっていったのだ。

とはいえ、計画出産をめぐる事実の重さと複雑さは、正直私の手に余るものがあった。計画出産についての日本の研究は問題の大きさに比べるとあまりに少なく、これはジェンダー視点が弱い日本の中国研究の欠点なのか、それとも政治的に「敏感」な課題が避けられているということなのかわからないが、そうした中で研究していると自分の非力さが痛感された。結局、他の研究や業務もたくさんあるのを言い訳に、まとめるのにずいぶん時間がかかり、その間に「二人っ子政策」が始まって、中国のリプロダクションは次のステージに入った。とはいえ、「一人っ子政策」は終了しても、強制力を持った計画出産が継続していることから、生殖補助医療や出生前診断や商業化といった他国と共通する課題まで、中国のリプロダクションをめぐる問題はまだまだ山積していて、それは日本社会にとっても他人ごとではない。ともあれ私は研究を世に出して、多くの人々と問題を共有できればと願っている。

本書の各部分は、以下の論文などとしてすでに発表しまたは発表予定である。ただし、いずれも今回、大幅な加筆修正を加えている。

序　章　1.「『計画出産』の闇を見つめて――内側から視た『一人っ子政策』」、『東方』三六九、二〇一一年
　　　　2～5、書き下ろし
解　説　「二〇世紀後半アジアにおけるリプロダクションの展開」、小浜正子・松岡悦子等編『アジアの出産と家族計画――「産む・産まない・産めない」身体をめぐる政治』勉誠出版、二〇一四年、「序」
第一章　1．3．「ジェンダーとリプロダクションから見た中国人口史」、秋田茂編『MINERVA世界史叢書第8巻　人と健康の世界史』ミネルヴァ書房、近刊。
　　　　2．「生殖コントロールとジェンダー」、飯島渉・久保亨・村田雄二郎編『シリーズ二〇世紀中国史

第三巻　グローバル化と中国』東京大学出版会、二〇〇九年

4．書き下ろし

第二章

「非合法堕胎から計画生育へ——建国前後の性と生殖をめぐる言説空間の変容」、日本上海史研究会編『建国前後の上海』研文出版、二〇〇九年（中文版：「従〝非法堕胎〟到〝計画生育〟——建国前後性和生殖之言論空間的変遷」、姜進・李徳英主編『近代中国城市与大衆文化』新星出版社、二〇〇八年）

第三章

1．書き下ろし

2．「中華人民共和国成立前後の上海における母子衛生政策の研究」、『中国近現代における母子衛生政策の研究』平成一四～一七年度科学研究費（基盤研究C2）研究成果報告書、二〇〇六年

3～5．「計劃生育的開端——一九五〇—一九六〇年代的上海」『中央研究院近代史研究所集刊』第六八期、二〇一〇年（日文版：「中国における計画生育のはじまり——一九五〇～六〇年代の上海を中心に」『近きに在りて』第五八号、二〇一〇年。「中国におけるバース・コントロールの方法」服藤早苗・三成美保編『権力と身体』明石書店、二〇一一年）

第四章

書き下ろし

第五章

1～3．「中国農村計画生育的普及——以一九六〇—一九七〇年代Q村為例」『近代中国婦女史研究』第一九期、二〇一一年（日文版：「「一人っ子政策」前夜の中国農村——Q村における「生まない」選択の登場」、前掲小浜等編『アジアの出産と家族計画』）

4～5．書き下ろし

第六章

1～4．「ある中国農村における計画出産の展開——湖南省B村の場合」、松岡悦子編『子どもを産む・家族をつくる人類学——オールターナティブへの誘い』勉誠出版、二〇一七年

5～6．書き下ろし

終　章

書き下ろし

最近、身近に赤ちゃんが産まれることがあって、新しい小さな命をみつめていると、子どもは希望だとしみじみと感じる。新しい命を無条件に歓迎することのできる社会には、中国も日本もいまだ小さくない距離があるが、人類の壮大な実験であった中国の計画出産と「一人っ子政策」について実態をふまえて考えることは、そうした社会への途を考える際に意味なしとしないだろう。

この研究ができたのは、たいへん多くの方のおかげである。まず第一に、インタビューに応じて自身のリプロダクションや仕事について語ってくださった、上海、Q村、B村およびその周辺地域の多くの女性と若干の男性に感謝する。すでに故人となった方も含むたくさんの女性に聞かせていただいた人生の大切なひとコマは、いずれもたいへん印象的なものであった。また、一緒にフィールド調査を行った共同研究者である大連大学法学院の何燕侠教授と、日本大学・東京大学等講師の姚毅博士に感謝する。姚毅さんとはこの十数年、たくさんの調査・研究をしてきたが、彼女のタフで卓越した能力のおかげで多くの研究成果を挙げるとともに中国社会への理解を深めることができた。インタビューが可能になったのには、多くの友人たちの助けがあった。すべてのお名前を記すことは出来ないが、上海の調査をさまざまにアレンジしてくださった、張済順・華東師範大学教授、沈祖煒・元上海社会科学院経済研究所研究員、羅蘇文・上海社会科学院歴史研究所研究員を、彼らが紹介してくれた方たちを含む多くの人を代表する意味を込めて挙げさせていただく。

この間、たくさんの先生方や研究仲間に助けられて研究を進めてきた。中国女性史研究会と日本上海史研究会は、この三〇年間あまり、私の研究のベースであった。これらの研究会や、また中国現代史研究会のメンバーなどとの果てしない議論によって、私の研究がつくられてきた。計画出産の研究を始めてからは、平成一八～二〇年度科研基盤Ｂ「東南アジアにおける近代化とリプロダクションの変容」と平成二三～二六年度科研基盤Ｂ「アジアにおけるリプロダクションの歴史的変遷――医療化の要因と女性への影響」（ともに研究代表者は松岡悦子元旭川医大・奈良女子大教授）、および現在も継続中の科研基盤Ｂ「現代アジアのリプロダクションに関する国際比較研究――ジェンダーの視点から」（研究代表者：白井千晶静岡大学准教授）のメンバーや、出産の聞きとりについて教えてくださった前の職場の同僚の中山まき子さんなど、アジアをはじめとする各地のリプロダクションを専門とする研究者たちとの議論や共同研究で学んだことは大きい。また、三成美保・奈良女子大教授をはじめとする世界各地のジェンダー史を研究する比較ジェンダー史研究会のメンバーとの共同研究によって、大きく視野を広げることが出来た。二〇〇八年一二月に林美莉研究員のご尽力により中央研究院近代史研究所に訪問学者として招聘していただき、台湾のジェンダー史研究者・リプロダクション研究者と交流をもてたことは、もうひとつの視点で中国の計画出産を考える契機となった。二〇一一年度には、スタンフォード大学フーヴァー研究所に客員研究員として滞在させていただき、すばらしい環境の中で研究を深めることが出来た。受け入れてくださった郭岱君教授をはじめとする同大学の皆さんに深く感謝する。

文献調査は、研究拠点としている(公財)東洋文庫をはじめとして、上海図書館、上海市檔案館、上海社会科学院図書館、同歴史研究所資料室、大連図書館、湖南省図書館などの現地の図書館・文書館や、中央研究院近代史研究所資料室、香港中文大学中国研究服務中心、中国国家図書館、スタンフォード大学東アジア図書館、カリフォルニア大学バークレー校東アジア図書館などの各地の専門図書館や関連機関で行った。各機関の専門性の高い職員の方たちに感謝する。本書のベースとなったフィールド調査は、平成一四~一七年度科研費(基盤研究C(2))「中国近現代における母子衛生政策の研究」、平成一八~二〇年度科研費(基盤研究C)「中華人民共和国における生殖コントロールの進展と女性たちの対応」、平成二一~二三年度科研費(基盤研究C)「中国の計画生育政策とリプロダクティブ・ヘルス/ライツの研究」(いずれも研究代表者:小浜正子)によって行った。さらに、平成二五~二七年度科研費(基盤研究C)「歴史的視点による中国のジェンダー秩序に関する総合的研究」および平成二九~三二年度科研費(基盤研究B)「東アジアにおける家族とセクシャリティの変容に関する比較史的研究」(ともに研究代表者:小浜正子)、また日本大学文理学部人文科学研究所による個人研究費・総合研究費によって、継続した研究が可能になった。本書の出版には、令和元年度科学研究費研究成果公開促進費(課題番号19HP5242)の交付を得た。関係各位に感謝する。

本書の表紙や口絵に使用した『人口教育掛図』は、スタンフォード大学歴史学部におられたLyman Van Slyke教授が収集されたものを、その学生であったジョン・ポプキンズ大学のTobie Myer-Fong教授から、アメリカ滞在中に提供されたものである。また、第二章扉に写真を掲げた『中国衛生画刊』は、以前、福士由紀氏から借用したものである。記して感謝する。

本書の刊行には、京都大学学術出版会の鈴木哲也編集長にさまざまにお世話になった。熟達の編集者と一緒に本を作る作業は楽しく、豊かに発想が広がるものだった。すてきなカバーデザインは、『中国ジェンダー史研究入門』に続いて森華さんが担当して下さった。

この研究を始めた時にはまだ世話が必要だった娘と息子は、しっかり成長して独立してくれた。フィールド調査だ学会だと飛び回って家を空けることの多い私を、いつも暖かく待っていてくれる夫・高綱博文には感謝の言葉もない。本書を、夫と子供たち、その家族に捧げる。

小浜　正子

二〇二〇年一月

## ら行



## 人名索引

## ま行



## や行

## は行

## な行

## た行

## さ行

## か行

# 索引

## 事項索引

## 著者紹介

小浜　正子（こはま　まさこ）

1958年，大阪府に生まれる。

京都大学文学部東洋史学科卒業，お茶の水女子大学大学院人間文化研究科単位修得退学。お茶の水女子大学博士（人文科学）。

鳴門教育大学助教授をへて，現在，日本大学文理学部教授。（公財）東洋文庫研究員。

著書に，『中国ジェンダー史研究入門』（共編著，京都大学学術出版会，2018年），『アジアの出産と家族計画──「産む・産まない・産めない」身体をめぐる政治』（共編著，勉誠出版，2014年），『歴史を読み替える──ジェンダーから見た世界史』（共編著，大月書店，2014年），『近代上海の公共性と国家』（研文出版，2000年）等。

一人っ子政策と中国社会


2020年2月28日　初版第一刷発行
2021年5月20日　初版第二刷発行

著　者　　小　浜　正　子
発行人　　末　原　達　郎

京都大学学術出版会
京都市左京区吉田近衛町69番地
京都大学吉田南構内（〒606-8315）
電　話（075）761-6182
FAX（075）761-6190
Home page http://www.kyoto-up.or.jp
振　替　01000-8-64677

ISBN978-4-8140-0262-7
Printed in Japan

印刷・製本　亜細亜印刷株式会社
カバーデザイン　森　華
定価はカバーに表示してあります